새로 쓰는 지역사와 세계사

연구방법·교육모델과 사례

이화 지역사·세계사 총서 001

새로 쓰는 지역사와 세계사

연구방법·교육모델과 사례

초판 1쇄 발행 2023년 2월 13일
초판 1쇄 인쇄 2023년 2월 20일

저 자   함동주·고바야시 소메이·김영미·김호동·남종국
         리전더·박혜정·이명미·정병준·최재영·최해별
펴낸이   윤관백
펴낸곳   선인
등 록   제5-77호(1998. 11. 4)
주 소   서울특별시 양천구 남부순환로48길 1
전 화   02)718-6252/6257
팩 스   02)718-6253
E—mail   sunin72@chol.com

정가   35,000원
ISBN   979-11-6068-783-5 93900

이화 지역사 · 세계사 총서 001

새로 쓰는 지역사와 세계사

연구방법 · 교육모델과 사례

함동주 · 고바야시 소메이 · 김영미 · 김호동 · 남종국
리전더 · 박혜정 · 이명미 · 정병준 · 최재영 · 최해별

머리말

　이 책은 이화여자대학교 사학과 4단계 BK21사업 「공존의 미래를 위한 지역사와 세계사 교육연구팀」의 연구결과를 종합하기 위해 기획된 것이다. 이화여대 사업팀은 3단계 BK사업이었던 「공존의 미래를 위한 동아시아사 전문인력 양성팀」의 연구와 교육 실적을 질적 및 양적으로 계승·발전시키고 최근 세계 역사학계의 교육 연구 경향을 반영하여 세계사 전문연구자를 양성하는 것을 목표로 매진하고 있다. 그러던 중 2022년 11월 사학과가 이화여자대학교 "Frontier 10-10" 사업에 선정되면서 세계사 연구와 교육 사업이 더욱 탄력을 받게 되었고, 본교의 재정적 지원을 받아 이 책을 출판할 수 있게 되었다.

　세계 역사학계의 최근 연구 경향은 국가를 초월하여 세계사로 나아가고 있으며, 역사학의 전통적인 연구방법 및 방향과 다른 구조적인 패러다임 전환을 모색하고 있다. 이화여대 사업팀이 추구하는 새로운 세계사는 교역, 이주, 네트워크 등 국경을 초월한 인간의 움직임, 지구적 차원의 교류와 접촉이 만든 관계성에 주목하여 광범위한 시공간에서 펼쳐진 역사를 새롭게 검토하는 것이다. 이러한 새로운 세계사의 개념과 문제의식을 기반으로 이화여대 사업팀은 교류사, 해양사, 의료사, 전쟁사 등으로 연구를 범주화하고 지역연구자 간의 공동연구와 세계사적 관점의 교육을 실시하고 있다.

　이런 연구와 교육의 목적 하에 지난 2년간의 다양한 학문적 노력의 결과를 종합하기 위해 이화여자대학교 사업팀의 학술대회, 워크숍, 『이화사학연구』등에 발표된 논문들을 중심으로 관련 분야의 중요 연구들을 선별해 이 책을 꾸리게 되었다. 이 책의 제목인 『새로 쓰는 지역사와 세

계사 : 연구방법·교육모델과 사례』는 이화여대 사업팀의 문제의식과 고민을 고스란히 담고 있다. 이 책은 지역사와 세계사의 연구방법과 교육모델 그리고 구체적 사례연구를 다룬 주요 연구 성과를 소개하고 공유하는 것을 목표로 하고 있다.

책은 크게 3부로 구성되어 있다. 각부는 연구방법론과 구체적 사례연구의 유형에 따라 구분된 것이다.

제1부는 '지역사와 세계사 연구방법·교육모델'을 다루고 있는데, 지역사를 통한 세계사 이해를 시도하는 다양한 연구방법을 제안하고 성찰하며 또 이상적 교육모델을 검토한 것이다. 김호동(서울대)의 「'변방사'로 세계사 읽기: 중앙유라시아사를 위한 변명」은 중앙유라시아사의 핵심 요소인 실크로드와 유목국가의 두 요소가 하나의 통합된 세계사를 이해하는 데 갖는 의미를, 최재영(서울대)의 「일본의 '동부유라시아'연구의 전개와 방향」은 동부유라시아라는 새로운 연구 범주가 제기된 배경과 특징 그리고 한계 등을 각각 소개하였다. 두 편의 논문은 지역사 연구 범주를 통해 전통적인 '동양사'라는 시야를 벗어날 필요성과 또 그러한 시도가 가질 수 있는 한계를 동시에 짚어주기에 시사하는 바가 크다. 박혜정(연세대)의 「세계사 교육 강화를 위한 세 가지 교수 모델: 세계문명사, 빅히스토리, 문자/이미지 사료학습」은 현재의 '서양문명사' 중심의 세계사 교육에서 벗어나 전 지구적 상호연계성과 상호작용을 주축으로 삼은 새로운 세계사 교육을 위해 세 가지 교수 전략, 즉 세계문명사, 빅히스토리, 문자·이미지 사료학습을 제안하며 대학 세계사 교육의 방향을 제시해주었다. 최재영·박혜정선생님은 이화여대 특강을 통해 학문적 성취를 공유해주시면서 새로운 지역사·세계사 연구 교육이라는 사업팀의 문제의식에 적극 공감해주셨다.

제2부는 지역사와 세계사의 구체적 연구사례로 '지(知)의 유통과 교역'부분을 다루었다. 동아시아라는 지역적 범위에서 지식과 종교 경전이

어떻게 유통, 전파되었는지 또 몽골 시대 아시아에서 이루어진 유럽 상인들의 교역과 그 의미를 짚었다. 리전더(李貞德, 대만)의 「밖에서 본 중국: 『의심방(醫心方)』의 서적 인용과 부인과(婦人科) 논술」은 10세기 경 중국의 의서를 인용하여 편찬된 일본의 의서 『의심방(醫心方)』을 분석하여 의학 지식에서 나타난 중국과 일본의 시각차를 살펴보고 '중국 의학의 일본화'의 사례 연구를 제시하였다. 김영미(이화여대)의 「11세기 후반 '석마하연론'의 동아시아 유통과 영향」은 불교 경전 『석마하연론』을 통해 고려, 요, 송, 일본의 불교 교류 양상을 파악하고 그 유통 배경을 고찰하여 11세기 후반 동아시아 불교계의 구체적 양상을 복원하였다. 최해별(이화여대)의 「동아시아 전통 검시 지식의 계보: 검시 참고서의 편찬·전파·변용을 중심으로」는 13~18세기 검시(檢屍) 참고서의 출판과 유통을 통해 동아시아 전통 검시 지식의 형성과정과 그 계보를 복원하였다. 위 세 편의 논문이 지식의 유통이었다면, 남종국(이화여대)의 「몽골평화시대 아시아에서 유럽 상인들의 상업활동」은 일칸국에서 활동한 제노바 상인과 장인들, 인도 서해안의 항구도시 및 중국 남부의 항구도시 등에서 활동했던 유럽 상인들의 활동 사례를 소개하며 근대가 들어서기 전 몽골 시대 유럽과 아시아 간 교역의 의미를 강조하였다.

　제3부는 지역사와 세계사의 구체적 연구사례로 '인적 교류와 경험'을 다루고 있다. 고려-몽골의 인적 교류, 재조 일본인, 한국전쟁 포로, 재미한인 공산주의 그룹 등의 경험을 포함하고 있다. 이명미(경상대)의 「고려-몽골간 사신들, 확장된 공간에서 정치를 매개하다」는 고려와 몽골의 사신 왕래 중 고려의 정치적 분쟁을 조정하기 위해 파견되었던 몽골 측 사신들의 활동과 같은 시기 고려 측 사행의 양상을 주목하여 고려-몽골 관계의 특징을 설명하고 있다. 함동주(이화여대)의 「1900년대 초 재조일본인 사회의 변화와 명사록 출판」은 러일전쟁 이후 조선에 이주한 일본인들의 증가세 속에 특히 이들이 명사록 출판을 통해 재조 일

본인 사회에 미친 영향력을 고찰하였다. 고바야시 소메이(小林聰明, 일본)의 「M. L. 오스본의 포로교육경험과 '관전사(貫戰史, Trans-War History)'로서의 심리전」은 한국전쟁기 심리전에 참가한 미국인의 기록을 통해 한국전쟁기 포로교육 및 심리전이 제2차 세계대전부터 베트남전까지 연결되는 구조적 맥락에 위치했음을 밝히고 있다. 정병준(이화여대)의 「1950년대 재미한인 '독립'그룹의 비미(非美)활동조사위원회(HUAC) 청문회 소환과 추방」은 냉전이 한창이던 1950년대 재미한인 공산주의자 그룹이 미국 비미활동조사위원회 청문회에 소환되고 추방되는 과정을 추적한 것이다.

이화여대 사업팀은 새로운 지역사·세계사 연구교육을 표방하고 있지만, 현실적이고 구조적인 제약 속에 지역사 및 세계사에 대한 새로운 연구동향과 그 성과를 온전하고 충분하게 반영하기는 어려웠다. 그러기에 이 책은 많은 한계를 노정할 수밖에 없지만 새로운 지역사·세계사 연구교육에 대한 필요성과 중요성을 강조하고 관련 문제의식을 공유한다는 그 출발점으로서의 의의는 분명하다. 새로운 지역사·세계사 연구와 교육은 다수의 연구자와 학문후속세대 그리고 다양한 학문공동체의 공감과 동의 속에 성장·발전할 수 있고 이를 통해 비로소 시민권을 얻게 될 것이다. 그 지난한 노력의 여정에서 이 책은 작지만 의미 있는 기여를 할 수 있으리라 기대한다.

이 책을 준비하는 과정에서 많은 분들의 도움과 협력을 받았다. 먼저 원고를 기꺼이 수록하도록 허락해주신 김호동, 최재영, 박혜정, 리전더, 김영미, 최해별, 남종국, 이명미, 함동주, 고바야시 소메이, 정병준 선생님께 감사의 말씀을 전한다. 책을 만드는 과정에서 노력을 아끼지 않은 장수지(이화여대) 선생님, 원고의 교정·교열을 담당한 이화여자대학교 사학과 대학원의 송하연, 남기정, 이보름, 이희재, 황유나, 이미경, 심주은, 윤선아, 김연지, 정보영 등 대학원생들에게도 감사를 표한다. 무엇보다도 이 책이 출판될 수 있도록 아낌없는 지원을 해주신 이화여자대학교 김은미 총장님께 감사드린다. 또한 선뜻 출판을 맡아준 선인출판사 윤관백대표와 편집부 직원들께도 심심한 사의를 표한다.

이 책을 통해 맺은 다양한 국내적·국제적 학문의 연대와 연계가 지역사·세계사 연구교육을 위한 디딤돌이 되기를 희망한다.

2023년 1월
함동주

목차

제1부

지역사와 세계사
연구방법·교육모델

'변방사'로 세계사 읽기
중앙유라시아사를 위한 변명

김호동

I. 머리말

1. '중앙유라시아'란 무엇인가?

필자가 중앙유라시아의 역사를 연구하는 목적이 무엇이고 또 그러한 연구가 한국의 역사학계에서 어떤 의미를 지니는 것인가 하는 문제에 대한 필자의 소견을 개진하기에 앞서서, 대다수의 사람들에게는 '중앙유라시아'라는 용어 자체가 생소하리라고 생각되기 때문에 먼저 그에 관해서 간략하게 설명을 하는 것으로써 이 글을 시작하고자 한다.

중앙유라시아(Central Eurasia)[1]는 문자 그대로 유라시아의 중앙부에 위치한 건조지대를 가리키며, 이곳에는 스텝이라고도 불리는 초원 지대와 오아시스 도시들을 포함하는 사막 지대가 자리잡고 있다. 지리적인 범위를 말하자면 동쪽으로는 대흥안령 산맥의 동쪽 기슭에서 시작하여

---

1) '중앙유라시아'라는 용어는 데니스 사이노어(Denis Sinor) 교수가 *Introduction à l'étude de l'Eurasie centrale* (Wiesbaden: Otto Harrassowitz, 1963)라는 자신의 저서에서 제목으로 사용한 뒤 학계에 널리 사용되기 시작하였다.

몽골리아·준가리아·카자흐스탄 초원을 거쳐서 흑해 북방의 킵차크 초원을 넘어 헝가리 평원(푸스차)이 서쪽의 경계를 이룬다. 북쪽으로는 침엽수림이 펼쳐지는 타이가 지대의 남방 한계선에서부터 시작하여 남쪽으로는 본격적인 농경이 가능해지는 지역의 경계까지 확대되어 있다.

중앙유라시아의 지리적 범위 가운데 특히 중요한 부분은 바로 이 남쪽의 변경 지대이다. 이곳은 유목세력과 농경세력 상호 간의 역관계의 변화에 따라 그 귀속이 바뀌고 유동적이었으니, 예를 들어 북중국의 장성 연변, 하서회랑 지대, 힌두쿠시 산맥 북방의 아프가니스탄과 이란 동북부의 후라산 지방이 그러했다. 일찍이 오웬 라티모어는 이러한 지역을 가리켜 '내부 변경(inner frontier)'이라고 불렀는데,[2] 마치 내외 몽골을 구분하는 것이 그러하듯이 중국의 관점에 입각한 명칭이라고 할 수 있다. 그래서 필자는 이를 '농목전이지대'라고 부른 바 있다.[3]

그런데 중앙유라시아는 지리적 개념일 뿐만 아니라 역사적·문화적 개념이기도 하다는 점에 주목할 필요가 있다. 즉 동아시아, 남아시아, 서아시아, 유럽 등지가 모두 각자에게 독특한 문화적 특징을 공유하는 역사적 단위였던 것처럼, 중앙유라시아도 다른 문화권과 구별되는 독자성을 갖고 있으면서 동시에 내적으로는 상호 유사한 요소들을 공유하는 하나의 문화권이었다. 그런 의미에서 중앙유라시아라는 용어를 창안한 장본인인 사이노어가 중앙유라시아는 '자연지리적(physio-geographical)' 개념이지, 그 자체가 갖는 고유한 문화적 요소들-예를 들어 문자·종족·종교·언어 등-을 통해서 적극적으로 정의될 수 있는 개념이라고 보기는 힘들며, 유라시아 대륙에서 정주 세계의 변경 '너머에' 존재하는 지역이라는 소극적인 개념일 뿐이라고 주장한 것은 납득하

2) O. Lattimore, *Inner Asian Frontiers of China*, New York: American Geographical Society, 1951.
3) 金浩東, 『몽골제국과 세계사의 탄생』, 돌베개, 2010, 31-34쪽.

기 어렵다.[4] 필자는 중앙유라시아라는 것이 유라시아의 다른 지역과 구별되는, 그 자체가 보유하는 생태·문화·역사적인 특징을 통해서 적극적으로 규정될 수 있는 개념이라고 생각한다. 그것을 한마디로 정의한다면 '유목—오아시스 문화권'이라고 할 수 있다. 이곳에는 초원과 사막이라는 두 가지 상이한 지역이 존재하고, 초원에는 유목민이 그리고 사막의 오아시스에는 정주민이 살았다. 오아시스의 주민들은 정치적으로 취약했기 때문에 유목민의 지배를 받거나 강력한 유목제국 안에 편입되기 일쑤였다. 그러나 그들은 실크로드를 통해서 원거리 교역을 주도하는 국제상인으로 활동하며 유목민들과 긴밀한 협력관계를 유지했고, 동시에 유목민들에게 정주 지역의 발달된 문화와 기술을 전달해 주기도 하였다.

중앙유라시아는 초원과 오아시스라는 상이한 생태 환경 속에서 살았던 유목민과 정주민이 정치적으로는 지배·종속의 관계를 통해서 결합되고, 동시에 경제·문화적으로는 교류·호혜를 통해서 상호 역사적으로 긴밀한 관계를 맺으면서 살아왔던 독자적인 문화권이었다고 말할 수 있다. 나아가 이 지역은 실크로드가 통과하는 핵심 지역이자 거대한 유목제국들이 흥망을 거듭한 고향이기도 했다. 실크로드와 유목제국, 이 두 요소는 세계사에 심대한 영향을 끼쳤다. 뿐만 아니라 중앙유라시아의 역사는 우리나라의 역사를 이해하는 데에도 긴요하다는 점을 잊어서는 안 될 것이다. 한반도는 압록강과 두만강 너머로 만주의 삼림 지대와 흥안령 동록의 초원지대와 인접하고 있어, 그곳을 무대로 활동했던 투르크·몽골계의 유목민들 뿐만 아니라 퉁구스계의 삼림민들과도 깊고 지속적인 역사적 관계를 유지하였기 때문이다.

---

4) D. Sinor ed., *The Cambridge History of Early Inner Asia*, Cambridge: Cambridge University Press, 1988, pp. 2, 14, 16 참조.

2. 한국에서 '변방사' 연구의 의의와 특징

중앙유라시아사는 오늘날 여러 가지 다른 이름으로 불리고 있다. '중앙아시아'나 '내륙아시아'와 같이 지리적으로 비교적 엄밀하게 규정된 용어들이 널리 사용되고 있으나, 앞에서도 지적했듯이 이 지역이 포괄하는 범위가 아시아에만 국한된 것이 아니라 흑해 북방의 초원도 포함되므로, 이런 점을 감안하여 '중앙유라시아'라는 새로운 용어를 사용하는 학자들이 늘어나고 있는 추세이다. 그런데 과거에 한·중·일 삼국에서는 이 지역의 역사를 지칭할 때 '서역사'니 '북방민족사'니 '만몽사'와 같은 용어를 자주 사용했다. 여기서 이러한 용어들의 기원과 그 적절성을 논할 생각은 없지만, 지금은 거의 사용되지 않게 된 이러한 용어들이 중국이나 한국을 중심에 놓고 중앙유라시아는 그 서쪽이나 북쪽에 위치한 변방 지역이라는 인식에서 생겨난 것이라는 점은 분명하다. 다시 말해 과거에 중앙유라시아의 역사는 중국·한국의 '변방사'로 인식되었는데, 그런 입장에서 이루어진 연구들의 경향과 특징을 간단히 살펴보도록 하자.

해방 이후 한동안, 학문에 종사하는 사람들이 차분하게 앉아서 연구에 정진한다는 것은 정말로 어려운 일이었다. 역사학의 경우도 마찬가지여서 연구자의 숫자는 제한되어 있었고 연구 여건도 극히 열악한 상황이었다. 따라서 동양사에 종사하는 소수의 연구자들이 우선 급한대로 중국사 연구에 치중할 수밖에 없었던 것은 당연한 일이었다. 고병익(高柄翊)은 1968년 「동양사학(東洋史學)의 과제(課題)」라는 글에서 동양사를 구성하는 3대 문화권으로 동아시아의 중국문화권, 남아시아 인도문화권, 서아시아 이슬람 문화권을 꼽은 뒤, "우리는 동양사 속에서의 여러 갈래의 전통과 문화 가운데 대체로 중국문화권에 속해 왔다. … 따라서 우리의 현실적인 관심은 자연 중국의 역사와 문화에 대해서 가장 많이 쏠리지 않을 수 없다. 지금까지도 동양사라고 하면 거의 중국사(中國史)와 동의어(同意語)로 쓰이게끔 된 까닭이 여기에 있다."라고 토로하였던 것이다.[5] 즉 동양사에 속하는 여러 분야 중에서도 중국사 연구에 많은 관심과 노력이 집중되었던 까닭은 역사적으로 우리와 중국이 직접적이고 밀접한 관계를 맺고 있었을 뿐만 아니라 우리 문화가 중국의 중심으로 하는 한자·유교 문화권의 일부였기 때문이었다. 적어도 1960년대까지는 사정이 그러했다.

소위 '변방사' 연구도 바로 이같은 중국 중심의 동아시아 문화권에 대한 관심, 거기에 속하는 우리 나라의 역사와 문화를 올바로 이해하려는 노력과 긴밀한 연관성 속에서 이루어졌다. 원대사회와 여원관계에 대해 일련의 논문을 쓴 고병익, 거란(遼)·여진(金) 및 고려와의 관계에 대해서 다대한 업적을 낸 이용범(李龍範)의 문제의식이 그러했다. 뿐만 아니라 한국과 중국과의 역사적 관계를 다루는 한중관계사 연구의 한 갈래로서 고려 시대에 거란·여진·몽골과의 관계나 조선 시대에 만주(淸朝)와의 관계가 주목받았던 것 역시 이 시대 '변방사' 연구의 중요한 특징을 이룬다.

고병익·이용범 두 분이 우리나라의 중앙유라시아사 연구의 제1세대라고 할 수 있다면 그 분들에게 훈도를 받은 제2세대에 속하는 분들은 기본적으로 '변방사'적인 관점을 유지하면서 요(遼)·금(金)·원(元) 등 소위 '정복왕조'에 대한 연구에 매진하였다. 예를 들어 거란·요대사 방면에 김위현(金渭顯)·최익주(崔益柱)·서병국(徐炳國), 여진·금대사 방면에 이동복(李東馥)·이현(李鉉), 몽골·원대사 방면에 주채혁(周采赫), 여진·청대사 방면에 김종원(金鍾圓) 등을 꼽을 수 있다. 이들의 연구는 거란이나 여진의 부족제 구성에 대한 연구에서부터, 금대의 맹안모극제나 원대의 제색호계 혹은 청대의 팔기제에 이르기까지 제도적인 측면에 대한 연구, 그리고 이들 민족과 국가와 한반도의 고려나 조선과의 사이에

---

5) 高柄翊,『아시아의 歷史像』, 서울대학교出版部, 1969, 344–346쪽.「東洋史學의 課題」는 처음에『政經研究』1968년 10월호에 실렸던 글이다.

서 벌어진 전쟁과 외교, 경제적 교섭 등에 관한 연구에 이르기까지 다양한 분야에 걸쳐 있다.

그러나 1980년대에 들어서면서 중앙유라시아사 연구에 새로운 변화가 보이기 시작하였다. 그것은 중국사 연구에서 일어난 변화와 유사한 맥락을 갖고 있다. 즉 중국사에 대한 연구가 종래 한국사 이해의 외연적 확대라는 자기중심적 문제의식에서 벗어나 중국의 역사 그 자체를 분석하려는 경향으로 바뀌기 시작한 것이다. 민두기(閔斗基)는 그러한 작업들의 결과를 1973년에 『중국근대사연구(中國近代史研究)』(서울, 일조각[一潮閣])로 묶어서 출간하였는데, 고병익이 이 책의 서문에서 "중국역사(中國歷史)의 내면적(內面的)인 주요 문제를 본격적으로 파고 들어간 연구서적(研究書籍)으로서 우리나라에서는 처음"이라고 지적한 바와 같이 한국에서의 중국사 연구가 새로운 단계에 진입했음을 알리는 것이었다. 그런데 동양사에 속하는 분야 가운데에서 중국 이외에 다른 지역에 대해서도 이와 유사한 경향이 비록 시기적으로 조금 더 늦기는 했지만 나타나기 시작하였다. 그리하여 일본, 베트남, 인도 등지를 비롯하여 중앙유라시아에 대한 연구도 그 자체의 역사 발전의 특징과 의미를 탐구하는 방향으로 전환되기 시작하였던 것이다. 또 그런 문제의식에서 출발하였기 때문에 투르크·몽골·만주 등 여러 민족들이 사용하는 언어와 문자를 공부하고 익혀서 현지 언어로 쓰인 자료들을 활용한 연구들을 내게 되었다. 1980년대 이후에 시작된 이러한 경향은 앞의 두 세대와는 구별된다는 점에서 제3세대라고 할 수 있을 것이다.

필자가 1996년에 해방 이후 1995년에 이르기까지 반세기에 걸쳐서 우리나라에서의 '내륙아시아사' 연구의 성과와 특징에 대해서 정리한 글을 발표한 바 있는데,[6] 그로부터 벌써 20년이 흘렀고 그동안 이 제3세대에

---

6) 1945년 해방 이후 1995년에 이르기까지 약 반세기에 걸친 우리나라에서의 '내륙아시아사' 연구의 궤적 및 그 특징에 관해서는 필자가 「韓國 內陸아시아史 研

속하는 학자들의 연구 성과도 상당히 축적되었다. 여기서 그 내용을 자세히 검토할 여유는 없지만 간단하게 몇 가지 주목할 만한 점만 지적해 두고자 한다. 먼저 1996년 중앙아시아 학회가 창립된 이래 이 학회를 중심으로 중앙유라시아의 역사·언어·고고미술·복식 등 다양한 분야에 종사하는 연구자들이 지금까지 지속적으로 만나서 토론하고 연구 결과를 발표해 오고 있다는 점을 언급해야 할 것이다. 학회지『중앙아시아연구』도 1996년에 제1호가 나온 뒤 지금까지 19호 (2012년부터는 연 2회)가 발간되었다. 물론 중앙유라시아사 방면의 학자들이 이 학회지 이외에『역사학보』와『동양사학연구』를 위시한 다른 학술지에도 기고를 하고 있음은 두말할 필요가 없다.

지난 20년간 중앙유라시아사 연구에서 가장 눈에 띄는 점은 첫째는 연구자 수의 증가이고 둘째는 현지어를 활용한 연구의 증대일 것이다. 특히 몽골사 그중에서도 몽골제국사 부분에 연구자들이 많아졌는데, 이개석·김호동·윤은숙·김장구·최윤정·고명수 등이 그러하다. 돌궐·위구르 시대에는 정재훈, 거란 연구에 이재성, 근현대 몽골에 이평래가 있다. 뿐만 아니라 현재 박사학위를 막 끝냈거나 학위과정에 있는 젊은 연구자들이 장차 본격적인 활동을 시작한다면 연구자의 층은 더욱 두터워질 것이다. 한편 현지어로 된 사료를 우리 말로 번역한 것들이 나와서 연구에 도움을 주고 있는데, 대표적으로 페르시아어로 된 라시드 앗 딘의『집사』,[7] 한자로 음역된 몽골어인『몽골비사』,[8] 고대 투르크어로 된 돌궐비문[9] 등을 꼽을 수 있다. 물론 현지어에 대한 관심이 한문 사료의 경시를 의미하는 것은 결코 아닐 것이다. 오히려 상이한 언어로 된 자료

    究의 어제와 오늘」(『中央아시아研究會會報』第一號, 1993, 2-17쪽)에서 비교적 자세하게 정리한 바 있다.
7) 金浩東,『라시드 앗 딘의 집사』전4권, 사계절, 2002-2018.
8) 유원수,『몽골비사』, 사계절, 2004.
9) 탈라트 테킨 저, 이용성 역,『돌궐비문연구』, 제이앤씨, 2008.

들을 비교하여 종합적으로 검토함으로써 균형 잡힌 역사상을 그려낼 수 있을 것이다. 그런 의미에서 동북아역사재단에서 추진한 '중국 정사 외국전(中國 正史 外國傳)' 역주(譯註) 사업이 2014년 완결되어 모두 23권의 출간되었는데,[10] 이로써 흉노(匈奴)·선비(鮮卑)·유연(柔然)·돌궐(突厥)·회골(回鶻)·거란(契丹)·여진(女眞)·몽골(蒙古)·토욕혼(吐谷渾)·토번(吐蕃) 등 중국의 북방과 서방에 거주하던 여러 민족들에 대한 한문 기록을 손쉽게 접할 수 있게 되었다. 김위현(金渭顯)이『요사(遼史)』를, 그리고 이성규·박원길 등이『금사(金史)』를 우리말로 완역한 것 역시 중요한 성과라고 할 수 있다.[11]

이처럼 제3세대의 연구자들은 중앙유라시아라는 지역을 과거와는 달리 중국이라는 굴레에서 벗어나 그 나름대로의 독자성을 갖는 연구 분야로 정착시키는 데에는 성공했지만, 역설적으로 그렇다면 무엇 때문에 그 지역을 연구하는가 하는 문제에 새로운 대답을 찾지 않을 수 없게 되었다. 왜냐하면 앞선 세대에게는 물론 중국사 혹은 한국사의 이해를 확충하기 위해서라는 분명한 답이 준비되어 있었기 때문이다. 그러나 무엇을 위해서 희귀하고 진기한 언어를 배워서 우리와는 별로 직접적인 관계도 없어 보이는 그런 지역과 민족의 역사를 연구하는 것인가 하는 질문에 대한 대답은 자명하지도 또 용이해 보이지도 않는다. 본고는 바로 이런 질문에 대해 필자 나름대로 숙고하며 고민했던 내용의 일단이라고 할 수 있다.

---

10)『譯註 中國 正史 外國傳』전23권, 동북아역사재단 편, 2002-2014.
11)『國譯 遼史』上·中·下, 檀國大學出版部, 2012;『國譯 金史』全4권, 檀國大學出版部, 2016.

II. 세계사와 중앙유라시아사

국내외 역사학계에서 근년에 들어와 두드러지게 나타나는 현상 가운데 하나는 '세계사'에 대한 관심의 증대이다. 물론 여기서 '세계사'라 함은 '세계의 역사'가 아니라 '하나의 통합된 세계사'를 뜻한다. 특히 인터넷을 통한 웹(world wide web)의 네트워크가 지구상의 여러 지역과 인간을 하나의 네트워크로 연결하면서 '지구화'가 극적인 방식으로 진행됨에 따라, 인류의 역사를 지역·민족·국가·종교로 나뉜 개별적인 단위들이 아니라 하나의 통합된 전체로서 파악하려는 연구들이 시도되고 있다. 여기에는 월러스틴(I. Wallerstein), 아부-루고드(J. Abu-Lughod), 프랑크(G. Frank) 등이 서로 구체적으로 주장하는 바는 다르지만 '세계체제(a world system)'라는 것을 통해서 '세계사'를 이해하려고 하는 부류가 있는가 하면, 맥닐(W. McNeill)이 기치를 올린 뒤 호지슨(M. Hodgson), 매닝(P. Manning), 벤틀리(J. Bentley), 던(R. E. Dunn) 등으로 이어지며, 지구적 규모의 다양한 정치·경제·문화적인 교류의 존재를 확인함으로써 세계사를 구성해내려는 '세계사학파(a world history school)'도 있다.[12] 이러한 새로운 경향 속에서 중앙유라시아라는 지역의 중요성과 이곳의 주민들, 즉 초원의 유목민과 오아시스 정주민들의 역사적 역할이 주목을 받기 시작하였다. 특히 실크로드와 유목국가라는 두 가지 측면이 여러 지역을 연결하여 하나의 세계사를 가능케 하는 핵심적인 역할을 한 것으로 인식되어 학자들의 연구가 집중되고 있다. 이제 중앙유라시아사에서 핵심적인 이 두 요소가 세계사의 구성과 이해에 어떤 의미를 갖는지에 대해서 간단히 살펴보도록 하자.

---

12) 이들 학자의 이름과 연구 성과를 다 열거하기는 어렵고, R. E. Dunn의 *The New World History: A Teacher's Companion*(Boston: Bedford, 2000)에 중요한 사람들의 글이 조금씩 소개되어 있어 '세계사' 연구의 흐름과 특징을 아는 데에 도움이 된다.

1. 실크로드

먼저 실크로드라는 것에 대해서는 대체로 익숙한 용어이기 때문에 별다른 설명을 필요로 하지 않을 듯 보이지만, 사실 보다 구체적인 내용으로 들어가 보면 이 역사적 개념에는 여러 가지 문제와 함정들이 있다는 것을 알 수 있다. 우선 실크로드가 대항해의 시대가 시작되는 16세기 이전에 유라시아를 관통하는 교통로였다는 점은 주지하는 바이다. 그런데 이 실크로드에 대한 이제까지의 대중적인 관심은 물론 학문적 연구조차도 대체로 중국(동아시아)과 서방(서아시아와 지중해 세계) 사이에 이루어진 인물의 왕래, 물자의 교류, 종교와 기술의 전파 등에 맞추어져 있었다. 그러나 이러한 경향은 두 가지 문제를 내포하고 있다. 하나는 문명 교류의 양쪽 끝, 이를테면 장안과 바그다드·로마에만 관심이 집중되어 정작 그러한 교류에서 핵심적인 역할을 했던 중앙유라시아가 도외시되고 있다는 것이고, 또 하나는 실크로드로 상징되는 유라시아 내륙의 교류에는 동서간의 관계뿐만 아니라 남북을 축으로 하는 유목민과 정주민 사이의 접촉과 교류도 중요하다는 사실이 간과되고 있다는 것이다.

이러한 문제점들은 이미 다른 학자들에 의해서 지적된 바이고 필자 역시 이러한 비판에 대해 적극적으로 동감하는 바이다.[13] 실크로드를 단지 동서문명을 연결하는 '가교'에 불과하고 실크로드가 통과하는 현장인 중앙유라시아는 문명의 '교차로'로만 인식한다면, 실크로드가 유라시아 대륙의 여러 지역에 산재한 독자적인 문명권들을 매개함으로써 인류의 역사를 하나의 통합된 실체로서 이해할 수 있게 하는 역사적 계기들을

---

13) 실크로드를 어떻게 파악·이해해야 하느냐 하는 문제를 둘러싸고 특히 일본학계에서의 논쟁이 뜨거운데, 가장 최근에 대두된 논의로 다음 두 사람의 글을 참조하시오. 森安孝夫, 『シルクロードと唐帝國』興亡の世界史 卷5, 東京: 講談社, 2007; 間野英二, 「シルクロ ー ド史觀'再考 ― 森安孝夫氏の批判に關聯して」, 『史林』91-2, 2008, pp. 402-422.

놓쳐버릴 위험이 있다. 예를 들어 동아시아나 서아시아 혹은 유럽을 각각 거대한 문명의 톱니바퀴에 비유해 보자. 이제까지 실크로드는 이들 톱니바퀴가 서로 맞물려 돌아가게 하는 일종의 윤활유와 같은 것으로 이해되었다. 그러나 실크로드는 윤활유와는 기본적인 성격이 다른 것이었다. 실크로드는 단지 하나의 '길'이 아니라 그 길을 내포하고 있는 '지역', 즉 '선(線)'이 아니라 '면(面)'이었기 때문에, 윤활유처럼 다른 객체를 위해서만 존재하고 기능하는 것이 아니라 그 자체가 하나의 독자적인 객체이자 세계였기 때문이다. 실크로드가 동서문명의 교류를 가능케 했던 까닭은 그것이 하나의 길이었을 뿐만 아니라 그 길을 담고 있는 중앙유라시아라는 지역이자 문명이기 때문이었다. 다시 말해서 실크로드는 다른 문명의 톱니바퀴들을 연결하는 또 하나의 거대한 톱니바퀴였던 것이다.

그러나 유라시아 혹은 더 넓게 아프로-유라시아 세계를 구성했던 여러 문명들이 마치 톱니바퀴들처럼 실크로드라는 또 다른 톱니를 통해서 맞물려 돌아가는 것이었다는 비유를 했다고 해서, 그것이 마치 하나의 정연하고 예측가능한 메카니즘을 이루었던 것으로 오해하면 곤란할 것이다. 실크로드로 맞물린 문명들은 각자 내적으로 독특하고 변화무쌍한 역사적 단위이지 결코 고정된 실체는 아니었다. 이들 여러 문명의 상호 관계 역시 때로는 긴밀하고 치열한 양상을 보이지만 때로는 이완되고 소원한 모습을 띄기도 하였으며, 문명들 상호간의 관계의 변화는 세계사의 통합성의 밀도에 영향을 미쳤다. 전체적으로 볼 때에는 근대로 내려오면서 이러한 밀도가 더 높아진 것이 사실이지만, 그렇다고 시간의 흐름에 정비례해서 반드시 그렇다고 말하기는 어렵다. 유라시아 각지에 정치·경제적으로 안정된 체제들이 자리잡게 되면 사신의 교환, 상인의 활동, 승려의 순례 등을 통해 교류가 활발하게 이루어졌다. 반면 제국들이 붕괴되고 정치적 혼란이 격화되면 이러한 교류는 크게 교란될 수밖에 없었다. 물론 그렇다고 세계사적인 연관성이 파괴되고 갑자기 지역 단위의 역사로 되돌아간 것은 아니었다. 전쟁과 정복, 이주와 망명 등 안정적인 시기와는 다른 양상의 교류가 이루어지기 때문이다.

이처럼 실크로드는 다양한 방식의 교류와 연결을 통해서 개별 문명권들을 묶어줌으로써 세계사적 통합의 연결고리의 역할을 해왔다. 그러나 16세기 이후 대항해의 시대가 시작되면서 그러한 역할에 변화가 생기기 시작하였다. 아프리카 남단을 돌아서 인도양으로 진출한 서구의 해양국가들은 서아시아와 인도 및 동남아와 중국 해안 각지에 주요한 거점들을 장악하였다. 더구나 증기엔진의 발명으로 말미암아 종래 계절풍과 돛대의 속박에서 벗어난 것은 해상 교통에 혁명적인 변화를 가져왔다. 막대한 양의 물자가 인도양을 통해서 운반되기 시작했고 상대적으로 실크로드의 중요도는 감소될 수밖에 없었다. 물론 실크로드를 통한 교류 자체가 줄어들거나 사라진 것은 아니었다.[14] 그러나 18세기 이후 중국과 러시아가 사실상 유라시아 대륙을 분할 지배하게 됨으로써 실크로드의 운명은 결정적인 전기를 맞게 되었다. 몽골리아·티베트·신강 등을 정복하는 소위 '중국의 서진'과, 시베리아를 장악한 뒤 카자흐스탄까지 병합한 '러시아의 남진'으로 인해 중앙유라시아라는 독자적인 문명권은 사라지게 되었고, 이에 따라 그것을 무대로 존재할 수 있었던 실크로드 역시 역사의 무대에서 자취를 감추어 버렸다.

2. 유목국가

실크로드가 유라시아 각 지역의 문명들을 횡적으로 이어주는 고리였

---

14) 佐口透, 『ロシアとアジア草原』, 東京: 歷史春秋, 1980; Rossabi, Morris, "The 'Decline' of the Central Asian Caravan Trade," *The Rise of Merchant Empires: Long-distance Trade in the Early Modern World, 1350~1750*, Cambridge: Cambridge University Press, 1990, pp. 351-370.

다면 유목국가는 이들 문명권과 연결된 종적인 축의 일방(一方)이었다. 실크로드가 둘 혹은 그 이상의 상이한 문명들을 연결하는 고리의 역할을 했다면, 유목국가는 연결하는 역할이라기보다는 그 자체가 정주 농경문명들과의 직접적인 접촉과 대면을 통해서 세계사의 통합성을 담보하는 역할을 했다. 유목국가가 그러한 역할을 할 수 있었던 까닭은 이 글의 모두에서 지적했듯이 유목민의 고향인 초원이 유라시아 대륙을 중앙부를 관통하며 동서로 넓게 펼쳐져 있고, 그 남쪽으로 다양한 정주 농경지대가 전개되어 있기 때문이다. 따라서 유목민들은 만리장성 이남 중원의 제국들, 중앙아시아의 오아시스 도시들, 이란·이라크·시리아 등지의 서아시아 국가들, 소아시아와 러시아의 국가들과 마주할 수 있었다. 어떤 학자는 실크로드가 '문명간(civilizational)' 교류라면, 유목국가는 '생태간(ecological)' 교류를 표상한다고 보았다.[15] 그 양상은 상이했다고 하더라도 유목국가는 실크로드와 함께 세계사의 두 개의 공통분모를 이룬다고 할 수 있다.

역사상 유목사회, 아니 더 나아가 유목국가가 정주 농경국가처럼 정치적 제도나 경제적 생산력 혹은 문화적 수준에서 지속적인 발전을 이룩했느냐의 여부에 대해서는 논란이 있었다. 즉 초원이라는 생태적 조건과 유목이라는 생산양식의 특성으로 인해 유목사회·국가는 정주사회·국가와는 달리 정체되거나 일정한 단계를 넘지 못하고 순환하는 패턴을 보였다는 주장이 있는가 하면, 한계는 인정할 수 있다고 하더라도 그 나름대로의 발전과 진화가 있었다고 보는 견해도 있다.[16] 필자는 이러한 논의

---

15) David Christian, "Silk Road or Steppe Road? The Silk Roads in World History," *Journal of World History* 11, no. 1, 2000, pp. 1–26.
16) 유목사회·국가의 정체 혹은 발전을 둘러싼 담론들에 대해서는 하자노프 저, 김호동 역, 『유목사회의 구조』, 지식산업사, 1990; 바아필드 저, 윤영인 역, 『위태로운 변경』, 동북아역사재단, 2009, 25–84쪽; Nicola Di Cosmo, "State Formation and Periodization in Inner Asian History," *Journal of World History* 10, no. 1, 1999, pp. 1–40 등을 참조하시오.

에 깊이 간여하고 싶지 않지만 적어도 우리의 논의와 관련시켜 볼 때 일정한 발전과 변화의 패턴을 찾아볼 수 있지 않을까 생각한다. 즉 흉노에서 돌궐로, 그리고 몽골제국으로 이어지는 과정에서 유목국가의 규모는 점점 더 팽창했고 세계사의 통합에 기여했던 역할도 그만큼 더 커졌다. 흉노의 강역은 서쪽으로 알타이 산맥을 넘지 못했으나, 돌궐은 카스피해까지 확장되었으며, 마침내 몽골은 유라시아 거의 대부분을 정복하였다. 유목국가의 사이즈뿐만 아니라 그 접촉의 범위라는 면에서 볼 때 흉노가 '동부유라시아형 유목국가'라면, 돌궐은 '중앙유라시아형 유목국가'이고, 몽골은 '유라시아형 세계제국'을 건설했다고 할 수 있다.

흉노는 장성 이남의 중국 즉 진한제국과 화친·전쟁·조공 등 다양한 관계를 통해서 긴밀하게 연관되어 있었다. 이 두 나라의 역사는 쌍방 가운데 어느 한 쪽을 빼놓고는 이해할 수 없다. 흉노의 분열과 패망의 역사를 한제국과의 전쟁 없이는 이해할 수 없듯이, 한 무제 시대의 다양한 정책과 그로 인한 중국 사회의 변화를 흉노라는 존재를 전제하지 않는다면 논의할 수 없을 것이다. 그만큼 양국의 역사는 서로 얽혀 있었던 것이다. 그러나 이러한 긴밀한 연관성의 범위는 기본적으로 파미르 고원의 동쪽에 국한되어 있었고, 그런 의미에서 한-흉노의 세계사적 통합성은 '동부유라시아'라는 한계를 지녔다고 할 수 있다.

그러나 돌궐의 시대가 되면 사정은 달라진다. 제국의 경계는 알타이와 파미르를 넘어 카스피해까지 확장되었고, 동쪽으로는 수당제국의 변경에서 서남쪽으로는 사산조 페르시아, 서북쪽으로는 비잔티움의 변경과 대면하였다. 돌궐 유목민들과 손을 잡은 중앙아시아의 이란계 소그드인들은 중국과 이란과 비잔티움을 잇는 국제 교역을 장악하였다. 그들은 중국산 비단을 서방으로 넘겨서 판매했을 뿐만 아니라 서방의 종교인 조로아스터교·마니교·기독교도 동방으로 전달해 주었다. 750년 서방에서 압바스 혁명을 통해서 아랍의 헤게모니를 무너뜨린 장본인이 이란계 주민들이었다면, 751년 당제국의 존립을 위협했던 安史의 난의 핵심 세력도 이란계 소그드인과 돌궐인들이었다. 동아시아와 서아시아가 돌궐 제국 그리고 그 뒤를 이은 위구르 제국을 매개로 서로 연결되어 있었음을 알 수 있다.

몽골제국의 출현은 흉노에서 돌궐로 이어지는 일련의 발전 과정이 정점에 도달했음을 시사하는 동시에, 유목국가가 세계사의 통합에 얼마나 큰 역할을 했는가를 보여주는 좋은 예라고 할 수 있다. 유럽에서 중국에 이르기까지, 또 시베리아에서 인도와 이집트에 이르기까지, 유라시아의 모든 지역이 몽골이라는 공통된 요소에 의해 영향을 받았다. 몽골의 시대에 일어난 광범위한 인적·물적인 교류, 문화적인 소통이 각 문명 사이의 거리를 얼마나 좁혀놓았는가에 대해서는 구태여 강조할 필요도 없을 것이다.[17] 다만 이러한 교류와 소통이 개별적인 문명권에 어떠한 변화를 가져다주었는가, 그러한 변화들이 포스트 몽골 시대에 각 지역의 상이한 역사적 운명과 어떠한 상관관계를 갖고 있는가 하는 문제에 대해서는 아직 충분한 연구가 진행되지 않고 있다. 장차 그러한 연구들이 축적된다면 세계사의 통합성과 몽골제국의 역할에 대해 보다 분명한 이해를 얻을 수 있을 것이다.

실크로드와 마찬가지로 유목국가 역시 18세기 중반 이후 더 이상 그 역사적인 역할을 할 수 없게 되었다. 그것은 앞에서도 설명하였듯이 청 제국에 의한 준가르 유목국가의 멸망, 러시아에 의한 카자흐 유목민들의 병합 등을 통해서, 유목민들은 과거와 같은 유목국가를 건설할 만한 동력을 상실하게 되었기 때문이다. 이처럼 실크로드와 유목국가가 동시에 역사의 무대에서 퇴장하면서 중앙유라시아라는 지역 역시 세계사를 연결하는 고리로서의 역할을 할 수 없게 되었다.

---

17) Thomas T. Allsen, *Culture and Conquest in Mongol Eurasia*, Cambridge: Cambridge University Press, 2001.

III. 한국사와 중앙유라시아사

1. 중앙유라시아 커넥션

앞에서도 지적했듯이 우리나라에서 중앙유라시아사에 대한 연구는 한국이나 중국과 깊은 역사적 연관성을 지닌 '변방' 혹은 '북방' 지역에 대한 관심에서 촉발된 것이었다. 그 가운데에서도 거란·여진·몽골 등이 일찍부터 주목을 받았던 까닭도 고려와의 정치·군사적 관계가 깊었기 때문이었다. 따라서 이들 북방 민족에 대한 연구는 대체로 한국사 혹은 중국사와의 관계를 중심으로 이루어졌고, 그들 자체의 역사나 문화에 대한 문제의식은 희박한 편이었다. 앞서 언급한 제1세대와 제2세대의 연구들이 거의 대부분 한문 자료에 의존할 수밖에 없었던 이면에는 투르크·몽골·만주 등의 희귀 언어를 습득하기 어려운 국내의 환경 탓도 있겠지만, 그들을 중국과 한국이라는 한자문화권의 '변방'으로 이해했기 때문이기도 하였다.

그러나 이들 북방 민족의 역사가 단순히 동아시아 한자문화권의 변방에 그치지 않고, 유라시아 대륙 전체와 연결된 중앙유라시아의 역사이자 세계사의 중요한 구성 요건이라는 사실은 앞에서 누차 강조한 바이다. 비단 고려시대 뿐만 아니라 그 이전의 삼국 시대와 통일신라 시대, 그리고 그 이후의 조선시대에도 중앙유라시아와의 관계가 우리나라의 역사적 발전에 적지 않은 영향을 미쳤다. 한국사를 중국을 중심으로 하는 동아시아 한자문화권을 넘어서서 중앙유라시아와의 연관성을 탐구함으로써 더 넓게 세계사와의 연관성을 조망할 필요가 있다. 즉 역사적으로 우리나라의 중앙유라시아 커넥션을 밝히는 일은 한국사가 통합적인 세계사 속에 어떤 위치를 점하는가를 이해하는 데에도 중요한 의미를 갖는다.

여기서 각 시대마다 어떠한 커넥션이 있었는지를 열거할 여유도 없고 또 필자에게는 그럴 만한 전문적인 지식도 없기 때문에 고려 시대에 몽골제국과의 관계를 한 가지 사례로 들어서 설명하는 것으로 만족하고자 한다. 고려는 몽골의 침공에 대해 30년에 걸친 항쟁을 끝내고 1260년 대칸 쿠빌라이에게 복속의 의사를 밝혔고, 이후 1350년대 공민왕의 반원 정책 이후 정치적 독립을 도모하기 전까지 거의 1세기에 걸쳐 고려는 쿠빌라이와 그의 후계자들이 통치하는 카안 울루스(大元)와 긴밀한 관계를 맺었다. 흔히 '몽골 간섭기'로 불리는 이 시기의 고려의 정치적 위상에 대해서는 다양한 견해들이 엇갈리고 있으나, 비록 정치적으로 종속된 '속국'의 지위에 머무르긴 했으나 독자적인 군주(國王)를 갖고 행정·징세·법제 등 다양한 방면에서 독자적인 국가로서 존속했다는 사실은 부인하기 어렵다. 그렇지만 고려의 국왕은 카안 울루스의 황실과 혼인을 통해서 '부마(駙馬)'로서의 지위를 획득함으로써 제국의 핵심집단인 제왕(諸王)의 일원으로서 활약했던 것도 사실이다.[18]

독자적인 군주인 국왕의 지배 아래에 있는 속국으로서건, 혹은 제국의 최고 귀족인 부마의 지배를 받는 속령으로서건, 13세기 중반 이후 1세기간 고려는 몽골제국과 뗄래야 뗄 수 없는 관계를 유지하게 되었다. 이 시기 한반도에서 발견되는 중요한 정치·경제·문화적 요소들을 몽골제국과의 관계를 배제하고는 논의하기 어려울 것이다. 그리고 이러한 요소들은 유라시아 대륙을 지배했던 몽골제국 영내의 다른 지역에서 발견되는 여러 요소들과 연동되었기 때문에, 단순한 여몽관계의 차원을 넘어서 세계사적 맥락 속에서 이해되어야 하는 것들이기도 하다.

충렬왕이 쿠빌라이의 딸과 혼인한 이후 고려의 왕들은 대대로 황실

---

18) 金浩東, 『몽골帝國과 高麗』, 서울대학교 출판부, 2007; 李玠奭, 『高麗—大元 관계 연구』, 지식산업사, 2013; 森平雅彦, 『モンゴル覇權下の高麗』, 名古屋: 名古屋大學出版會, 2013.

의 몽골 여인들과 혼인을 하였다. 물론 개중에는 고려 여인을 모친으로 둔 경우도 있지만 이미 혈연적으로 고려 왕실은 상당 부분 몽골화했다고 볼 수밖에 없다. 더구나 이들은 왕자의 신분으로 몽골 조정에 가서 친위(親衛, 투르칵)의 일원으로 생활하면서 몽골의 언어와 관습을 익혔다. 『고려사』에는 충선왕 이후 고려 국왕들의 몽골식 이름(蒙古諱)이 기재되어 있는데, 충선왕은 이질 부카, 충숙왕은 아라나트시리, 충혜왕은 부다시리, 충숙왕은 바스마 도르지, 충정왕은 미스켄 도르지, 공민왕은 바얀 테무르였다. 이들은 단지 이름만 몽골식으로 불렸던 것이 아니라 카안 울루스에 머물 때 몽골어를 모국어처럼 말하면서 황실의 귀족들과 교유했던 것이다. 따라서 고려 국왕들이 성장하며 교육받고 다른 사람들과 접촉하면서 갖게 된 사유의 구조라든가 세계관 등이 당시 몽골 귀족들과 상당 부분 공유되었으리라는 것은 생각하지 어렵지 않다.

고려 왕가와 몽골 황실 사이에 맺어진 이러한 연관성은 고려-몽골 관계의 다양한 양상 가운데 일부분에 불과하다. 관리, 사신, 학자, 역관, 상인, 공녀 등 각종 계층과 집단이 카안 울루스 치하의 몽골제국으로 건너갔고 거기서 활동했다. 그런가 하면 제국 측에서도 다양한 종류의 사람들이 고려로 왔다. 이처럼 광범위한 인적인 교류와 문물의 교환은 고려와 카안 울루스 사이에만 일어난 현상이 아니라, '팍스 몽골리카'라는 표현이 말해주듯이 몽골제국을 구성하는 여러 울루스들 사이에, 또 이 울루스들과 그 외부에 있는 지역들과의 사이에서도 빈번하게 보이는 현상이었다.[19] 따라서 고려 시대의 한국사를 이해하려고 할 때 몽골제국과의 연관성을 제외한다면 제한적인 결과를 얻을 수밖에 없을 것이다. 그 연관성은 세계사 속의 한국사를 파악하는 관건이 되기도 하는데, 시대에

---

19) Kim Hodong, "The Unity of the Mongol Empire and Continental Exchanges over Eurasia," *Journal of Central Eurasian Studies* 1, 2009, pp.15-42.

따라 이러한 연관성의 강도는 차이가 있겠지만 고려 시대 이전과 이후에도 이처럼 한국사의 대외 커넥션을 탐구할 때 중앙유라시아 세계로 눈을 돌릴 필요가 있다.

2. '중국'에 대한 새로운 인식

중국사에 대한 우리 지식의 축적과 심화가 한국사의 이해에 큰 도움이 된다는 사실은 새삼 강조할 필요도 없다. 일제강점기나 해방 직후에 우리나라의 중국사 연구자들 가운데 상당수가 한국사를 보다 깊이 이해하기 위한 하나의 방편으로 전공을 선택했던 것도 사실이다. 한중관계사 연구에 종사하는 학자들의 경우도 그들의 연구가 궁극적으로 중국사가 아니라 한국사를 위한 것이었음은 두말할 나위도 없다. 그런데 한국이 상고 시대 이래로 끊임없이 관계를 가져왔던 중국이라는 역사적 실체에 대해서 근자에 들어와서 여러 가지 논의가 진행되면서, 기왕에 우리가 막연하게 갖고 있던 중국에 대한 관념도 재고해야 할 필요가 생기게 되었다.

과거에 중국의 역사를 한민족(漢民族)을 중심으로 하는 중화문명의 형성과 발전의 과정으로 보는 '고전적'인 주장은 오늘날 더 이상 통용되지는 않는다. 중국의 역사는 만리장성을 가운데 두고 북방 유목민족과 남방 농경민족 사이의 투쟁의 과정이라는 식으로 단순한 논리를 펴는 사람도 이제는 찾아보기 어렵다. 위트포겔은 1949년에 출판한 책에서 遼·金·元과 같이 이민족이 세운 왕조들이 일방적으로 한화(漢化)된 것이 아니라 그들 고유의 문화와 한민족의 문화가 서로 융합하여 새로운 형태의 문화가 만들어졌다고 하는 소위 '정복왕조론'을 설파하였다.[20] 일본의 대

---

20) K. Wittfogel & Feng Chia-sheng, *History of Chinese Society: Liao (907~1125)*, Philadelphia: American Philosophical Society, 1946.

표적인 중국사학자인 미야자키 이치사다(宮崎市定)도 이에 앞서 1940년에 고대 이래로 북방 민족의 '소박(素朴)'과 한민족의 '문명(文明)'이 서로 교차하고 영향을 주고 받으며 중국의 역사가 발전되어 온 과정을 묘사하였다.[21] 우리나라에서도 박한제 교수는 위진남 북조와 수당 시대를 대상으로 연구하면서 북방 호족(胡族)의 문화와 남방 한족(漢族)의 문화가 서로 융합하여 '호한체제(胡漢體制)'를 형성시켰다고 주장하였다.[22] 최근 미국의 핸슨(V. Hansen)은 『열린 제국(Open Empire)』이라는 흥미로운 제목으로 기원전 1200년에서 기원후 1600년에 이르기까지 중국사 개설서를 출간했는데,[23] 기원전 1200년부터 기원후 200년까지를 '중국적 원형의 창조기', 기원후 200년부터 1000년까지를 '서방과의 대면기', 1000년부터 1600년까지를 '북방과의 대면기'로 규정하였다. 이것을 필자가 앞에서 주장한 내용과 연관지어 본다면 두 번째 시대는 '실크로드', 세 번째 시대는 '유목국가'와의 대면을 의미하는 것이라고 볼 수 있다. 어느 정도 단순화한 느낌이 들기는 하지만 중국은 초기의 '중국적 원형'이 보존되고 발전된 '닫힌 제국'이 아니라 끊임없이 서방과 북방에서 밀려오는 새로운 요소들을 수용하고 변화될 수밖에 없는 '열린 제국'이라는 주장에 대해서는 필자도 공감하는 바이다.

한족이 아닌 이민족들이 건설한 여러 왕조들에 대해서 이처럼 유연한 관점에 선 주장들이 제기되었고 그 타당함에 대해서는 대부분의 학자들이 동감을 표시함에도 불구하고, 중국의 문화적 특징 일반에 대해서는 정형화된 관념이 지금까지 그대로 받아들여지고 있다는 점은 이상한 일이다. 그 대표적인 것이 니시지마 사다오(西嶋定生)가 주장한 '동아시아

---

21) 宮崎市定, 「東洋における素朴主義の民族と文明主義の社會」, 東京: 冨山房, 1940(『アジア史論考』上卷, 東京: 朝日新聞社, 1976 再收).
22) 朴漢濟, 『中國中世胡漢體制研究』, 一潮閣, 1988.
23) 발레리 한센 저, 신성곤 역, 『열린 제국: 중국. 고대 ― 1600』, 까치, 2005.

론'이라고 할 수 있는데, 한자·유교·불교·책봉체제 등을 중국문화의 핵심적 요소로 보고 그러한 요소들이 동아시아의 한국·일본·베트남 등지로 확산되어 일종의 동질적인 문화를 공유한 '역사세계'가 형성되었다는 주장이다. 근자에 우리나라에서도 이러한 주장을 모태로 하여 제창된 '동아시아 담론'을 둘러싸고 열띤 논란이 벌어지고 있는데, 그 구체적인 내용에 대해서는 필자가 소상히 알지도 못하거니와 여기서 천착하여 논할 바도 아닌 듯하다. 다만 그러한 담론을 주장하는 학자들은 위에 지적한 항목들을 중국의 핵심적 문화요소로 인정하고 한국과 일본 등 동아시아의 나라들이 그런 요소들을 공유하고 있다고 보고 있음은 분명하다.

그렇다면 오호십육국과 북위, 거란과 여진, 그리고 몽골과 만주가 통치하던 시대의 중국에 대해서는 어떻게 말할 수 있는가. 만약 우리가 그런 시대에서도 한자·유교 등등을 핵심적 문화요소로 운운한다면 위트포겔 이래 여러 학자들이 주장했던 문화적 다원주의 혹은 통합적 문화융합 현상은 설 자리를 잃어버리지 않겠는가. 물론 그러한 요소들이 중요성을 상실하게 되었다는 것은 아니다. 다만 그러한 전형적인 '중국적(한족적)' 요소들 이외에 외래적인 요소들도 동시에 주목을 하지 않으면 안 된다는 점을 지적하려는 것이다. 과연 몽골이나 만주 출신의 황제들이 주재하는 어전 회의에서 어떤 언어가 사용되었고 어떤 문자로 된 칙령들이 작성되었겠는가. 몽골어와 만주어를 빼놓고 한어(漢語)·한자(漢字)만을 이야기한다면 얼마나 역사적 현실과 동떨어진 것이겠는가.

그런 의미에서 만주인들이 건설한 왕조인 청제국에 대해서 전통적인 중화적 왕조사관에 입각하여 한화(漢化)를 강조하던 관점을 비판하고, 만주족·한족을 위시하여 몽골·티베트·위구르 등을 포괄하는 다민족·다문화의 제국이었으며, 왕조의 거의 말기까지 만주어가 공식문서에서 사용되었으며 팔기제를 통해서 만주족의 정체성도 보존되었다는 주장이 제기되었다. 처음에는 구미의 청대사 연구자들 사이에서 제기된 학설이었는데 '신청사(新淸史, New Qing History)'라는 이름으로 알려지게 되었고 다수의 학자들의 호응을 얻고 있다.[24] 최근에는 중국 학자들도 이에 깊은 관심을 보이기 시작했고[25] 혹자는 대단히 격렬한 반응을 보이기도 하였다.[26]

필자는 몽골인들이 세운 정권인 원제국에 대해서 마찬가지로 왕조사관적인 이해 방식을 비판하고 새로운 관점을 제시한 바 있다.[27] 즉 '대원(大元)'이라는 국호는 일반적으로 알려져 있듯이 쿠빌라이(元 世祖)가 중원의 왕조적 전통을 본받아 새로운 왕조의 명칭으로 지은 것이 아니라, 몽골제국의 몽골식 명칭인 '예케 몽골 울루스'를 한자로 표기하기에 어려움이 있었기 때문에 주역에 있는 전아(典雅)한 표현을 따와서 한자식 명칭을 지은 것이라는 사실을 밝혔다. 다시 말해 원조를 상당 정도의 한화를 거쳐서 중국적인 왕조로 변모한 것이라고 보는 기존의 견해는 당시 한인 지식인들이 표방했던 것이며, 몽골인이나 색목인으로 알려진 비한인들은 쿠빌라이와 그 후계자들의 정권을 몽골이라는 세계제국 가운데 동부 유라시아를 지배했던 '카안 울루스'라고 생각했던 것이다. 대원제국에 대한 당시 이 두 가지 상이한 관점 가운데 우리는 한인들의 관점만을 받아들여 왔던 것이다.

이렇게 볼 때 이민족들이 건설한 왕조들에 대한 이해, 나아가 중국사에 대한 이해라는 면에서 볼 때 중앙유라시아적 관점은 매우 중요하다고 할 수 있다. '신청사'를 주장하는 학자들의 주장이나 필자가 원대사를 바라보는 시각의 맞고 그름을 떠나서, 한화론과 왕조사관의 굴레에 얽매여

---

24) *Asian Empire at Qing Chengde*, London & New York: Routledge Curzon, 2004; Joanna Waley-Cohen, "The New Qing History (Review article)," *Radical History Review* 88, 2004, pp. 193-206.

25) 党爲, 『美國新淸史三十年: 拒絕漢中心的中國史觀的興期與發展』, 上海, 上海人民出版社, 2012; 姚大力, 「"新淸史"之爭背后的民族主義 — 可以從"新淸史"學習什 麼」, 『淸帝國性質的再商權: 回應新淸史』, 汪榮祖 編, 台北: 遠流出版社, 2015.

26) 李治亭, 「"新淸史": "新帝國主義"史學標本」, 『社會科學學報』 第728期, 2015.

27) 金浩東, 「몽골帝國과 大元」, 『歷史學報』 192, 2006, 221-251쪽.

36 새로 쓰는 지역사와 세계사

마치 한자나 유교와 같이 한족의 문화적 요소들이야말로 가장 핵심적인 것인양 생각하고, 반면에 투르크·몽골·만주 등 이민족들과의 오랜 접촉·교류·지배를 통해서 발생한 다민족·다문화적인 측면을 무시한다면, 중국이라는 역사적 실체를 올바로 이해하지 못할 것이다.

따라서 만약 우리가 중국이라는 존재에 대해서 이제까지 생각했던 것과는 다른 관점에서 바라보게 된다면, 그러한 중국이 한국에 대해서 끼친 역사적 영향에 대해서도 다시 평가할 수밖에 없을 것이다. 근자에 들어와 고려와 원과의 관계를 다루는 연구들 가운데 원제국이 전형적인 한인왕조와는 다르다는 점을 감안하면서 새로운 문제를 찾아내고 학술적인 성과를 올리고 있는 것이 그 좋은 예라고 할 수 있다.[28] 이러한 현상은 조선과 청과의 관계에서도 나타나고 있어, 청 제국의 만주적인 관점이 조선과의 관계에서 어떤 식으로 반영되는가를 추적한 흥미로운 연구도 나왔다.[29] 이러한 사례들은 모두 중앙유라시아사에 대한 우리의 이해가 깊어지면 질수록 중국사에 대한 이해의 폭도 넓어지고 그것이 궁극적으로는 한국사 이해의 지평도 넓혀주는 결과를 낳는다는 사실을 잘 보여준다고 할 수 있다.

Ⅳ. 맺음말

이상에서 우리나라에서 중앙유라시아사와 관련된 연구의 흐름과 특징, 중앙유라시아의 역사가 실크로드와 유목국가라는 두 가지 요소를 통

---

28) 李玠奭, 『高麗-大元 관계 연구』, 지식산업사, 2013; 윤은숙, 「蒙·元 帝國期 웃치긴家의 東北滿洲 支配」, 강원대학교 박사학위 논문, 2006; 李康漢, 「13~14세기 高麗-元 交易의 展開와 性格」, 서울대학교 박사논문, 2007; 李命美, 「고려-몽골 관계와 고려국왕 위상의 변화」, 서울대학교 박사논문, 2012.

29) 丘凡眞, 「淸의 朝鮮使行 人選과 '大淸帝國體制'」, 『人文論叢』 59, 서울대학교 인문학연구원, 2008, 179~228쪽.

해서 세계사를 횡과 종으로 연결하는 역할을 했다는 사실, 그렇기 때문에 중앙유라시아사 연구는 하나의 통합된 세계사의 이해를 위해 긴요하다는 점, 나아가 중국은 물론 한국도 중앙유라시아와 긴밀한 역사적 관계를 맺고 있었기 때문에 좁게는 한국사 넓게는 한국과 중국을 포함하는 동아시아의 역사를 세계사적인 맥락 속에서 이해할 때 중대한 의미를 지닌다는 점들을 설명하였다.

어떤 의미에서는 우리나라에서 그동안 중앙유라시아사에 대한 관심과 연구가 부족하지 않았다고 볼 수도 있다. 앞에서도 지적했듯이 이미 해방 직후 제1세대, 제2세대를 거쳐 오늘날 제3세대 및 젊은 학자들에 이르기까지 이 지역에 대한 관심은 결코 고갈된 적이 없었다. 그러나 문제는 이 지역에 대한 관심의 성격에 있다. 즉 초기에 중국이나 한국의 '변방'으로서 인식되고 동아시아 문화권의 역사를 보다 깊이 이해하기 위한 일종의 보조 수단으로 연구하는 경향이 강했다. 1980년대 이후 종래 '변방사'적인 한계를 극복하고 중앙유라시아를 그 자체의 역사적 독자성을 지닌 지역으로 간주하고 연구하려는 학자들이 활동하기 시작했고 그런 방면에서 적지 않은 성과를 거둔 것도 사실이다.

그러나 이처럼 연구의 '내용'은 변화했지만 연구의 '형식'이 변하지 않는다는 데에 작금의 문제가 있다. 다시 말해 중앙유라시아 각 지역을 연구하는 학자들은 여전히 대학교의 사학과 안에서 독자적인 활동 공간을 인정받지 못하고 있다. 이들이 취직을 하기 위해서 여전히 '중국사'의 일부 혹은 연관된 분야로 응모하지 않으면 안 되는 것이 현실이다. 몽골제국사 연구자는 '원대사'로, 돌궐·위구르사 연구자는 '당대사'로, 흉노사 연구자는 '한대사'를 표방하지 않으면 취직 자체가 거의 불가능하기 때문이다.

이러한 상황은 비단 중앙유라시아사에만 국한된 것은 아니다. 아마 국내의 대부분의 학문 분야에서 이러한 불균형을 쉽게 찾아볼 수 있을 것이다. '동양사' 분야에서 중국사와 일본사가 차지하는 비중은 충분히 인정한다고 하더라도, 서아시아와 남아시아 그리고 중앙유라시아 등 아시아 대륙에서 지역적 크기의 면에서도 2/3 이상을 차지할 뿐만 아니라, 세계사에서도 동아시아에 못지 않는 중요한 역할을 했던 지역의 역사에 대한 홀시는 우리 역사학의 건전하고 균형있는 발전을 위해서도 결코 바람직하지 않을 것이다. 한국의 정치·경제·문화적 위상도 이제는 동아시아를 넘어 세계를 무대로 뻗어나가고 있는 오늘날 우리의 역사 연구가 여전히 동아시아 중심 체제로 머물러 있다면 어떻게 되겠는가.

다른 학문 연구의 경향도 그러하듯이 역사학 역시 시대의 변화에 부응하지 않으면 안된다. 21세기는 분명히 세계가 하나로 긴박하게 얽히면서 움직이는 시대이다. 비록 한국이 유라시아 대륙의 가장 동쪽 끝에 있지만 이제는 중국과 일본과 함께 이루었던 전통적인 동아시아 삼국체제의 틀을 넘어서서 유라시아 대륙 전체를 조망하지 않으면 안 될 것이다. 한국에서 동양사 연구의 외연을 확대하고 내용을 충실하게 하기 위해서 현재의 상황에 대한 개선 방안들이 마련되어야 할 것이다. 필자가 일견 생소하고 중요하지 않은 듯 보이기까지 한 중앙유라시아사를 위해 굳이 '변명'을 한다면, 그것은 그 역사에 대한 이해가 우리에게 유라시아와 세계를 조망하는 안목을 갖게 하는 데에 조금이라도 도움이 되지 않을까 생각하기 때문이다.

◈ 참고문헌

金浩東, 『라시드 앗 딘의 집사』 전4권, 사계절, 2002-2005.
_____, 『몽골제국과 세계사의 탄생』, 돌베개, 2010.
_____, 『몽골帝國과 高麗』, 서울대학교 출판부, 2007.
金渭顯, 『國譯 遼史』 上·中·下, 檀國大學出版部, 2012.
高柄翊, 『아시아의 歷史像』, 서울대학교出版部, 1969.
동북아역사재단편, 『譯註 中國正史 外國傳』 전23권, 2002-2014.
柳元秀, 『몽골비사』, 사계절, 2004.
李玠奭, 『高麗-大元 관계 연구』, 지식산업사, 2013.
바아필드, 『위태로운 변경』, 윤영인 역, 동북아역사재단, 2009.
朴漢濟, 『中國中世胡漢體制硏究』, 一潮閣, 1988.
발레리 한센, 『열린 제국: 중국, 고대—1600』, 신성곤 역, 까치, 2005.
탈라트 테킨, 『돌궐비문연구』, 이용성 역, 제이앤씨, 2008.
하자노프, 『유목사회의 구조』, 김호동 역, 지식산업사, 1990.

佐口透, 『ロシアとアジア草原』, 東京: 歷史春秋, 1980.
森安孝夫, 『シルクロードと唐帝國』, 興亡の世界史 卷5, 東京: 講談社, 2007.
森平雅彦, 『モンゴル覇權下の高麗』, 名古屋: 名古屋大學出判會, 2013.
党爲, 『美國新清史三十年: 拒絶漢中心的中國史觀的興期與發展』, 上海: 上海人民出
　　　版社, 2012.

Allsen, Thomas T. *Culture and Conquest in Mongol Eurasia*. Cambridge,
　　　UK: Cambridge University Press, 2001.
Dunn, R. E. *The New World History: A Teacher's Companion*. Boston:
　　　Bedford, 2000.
Lattimore, Owen. *Inner Asian Frontiers of China*. New York, American
　　　Geographical Society, 1951.
Millward, James A. et al. *New Qing Imperial History: The Making of
　　　Inner Asian Empire at Qing Chengde*. London & New York,
　　　Routledge Curzon, 2004.
Sinor, Denis ed. *The Cambridge History of Early Inner Asia*. Cambridge,

Cambridge University Press, 1988.

Sinor, Denis. *Introduction à l'étude de l'Eurasie centrale*. Wiesbaden, Otto Harrassowitz, 1963.

Wittfogel, K. & Feng Chia-sheng. *History of Chinese Society: Liao (907~1125)*. Philadelphia, American Philosophical Society, 1946.

金浩東, 「몽골帝國과 大元」, 『歷史學報』, 192, 2006.

_____, 「韓國 內陸아시아史 硏究의 어제와 오늘」, 『中央아시아硏究會會報』第一號, 1993.

高柄翊, 「東洋史學의 課題」, 『政經硏究』 1968-10.

丘凡眞, 「淸의 朝鮮使行人選과 '大淸帝國體制'」, 『人文論叢』 59, 서울대학교 인문학연구원, 2008.

李康漢, 「13~14세기 高麗-元 交易의 展開와 性格」, 서울대학교 박사논문, 2007.

李治亭, 「"新淸史": "新帝國主義"史學標本」, 『社會科學學報』 728期, 2015.

李命美, 「고려-몽골 관계와 고려 국왕 위상의 변화」, 서울대학교 박사논문, 2012.

尹銀淑, 「蒙·元帝國期 웃치긴家의 東北滿洲支配」, 강원대학교 박사논문, 2006.

間野英二, 「'シルクロード史觀'再考 -- 森安孝夫氏の批判に關聯して」, 『史林』, 91- 2, 2008.

宮崎市定, 「東洋における素朴主義の民族と文明主義の社會」, 東京: 冨山房, 1940. (『アジア史論考』上卷, 東京: 朝日新聞社, 1976 再收)

姚大力, 「"新淸史"之爭背后的民族主義 —可以從"新淸史"學習什麼」, 『淸帝國性質的再商榷: 回應新淸史』, 汪榮祖編, 台北: 遠流出版社, 2015.

Christian, David, "Silk Road or Steppe Road? The Silk Roads in World History," *Journal of World History* 11, no. 1, 2000.

Di Cosmo, Nicola. "State Formation and Periodization in Inner Asian History," *Journal of World History* 10, no. 1, 1999.

Kim Hodong, "The Unity of the Mongol Empire and Continental Exchanges over Eurasia," *Journal of Central Eurasian Studies* 1, 2009.

Rossabi, Morris. "The 'Decline' of the Central Asian Caravan Trade," *The Rise of Merchant Empires: Long-distance Trade in the Early*

Modern World, 1350~1750. Cambridge, Cambridge University Press, 1990.

Waley-Cohen, Joanna. "The New Qing History (Review article)," *Radical History Review* 88, 2004.

일본의 '동부유라시아' 연구의 전개와 향방

최재영

I. 일본의 '동부유라시아'에 대한 학계 관심

일본에서 중국의 당대사(唐代史) 연구와 관련하여 가장 큰 학회인 당대사연구회(唐代史硏究會)는 1년에 한 번 발행하는 학회지인 『당대사연구(唐代史硏究)』에 전년도 여름 심포지움의 기획 발표 논문을 특집으로 매년 게재한다. 2020년 8월에 공간된 제23호의 특집 논문은 '동부유라시아론을 고찰한다'라는 기획으로 열린 2019년 가을 심포지엄 때 발표된 논문으로 구성되었다.[1] 일본 당대사연구회에서 동부유라시아와 관련하여 2016년에 이미 '동부유라시아의 정치공간-도성과 의례(儀禮)'라는 기획으로 심포지움이 개최된 적이 있었다.[2] 지난 네 차례의 심포지움에

---

[1] 『唐代史硏究』 제23호에 게재된 논문은 모두 4편이다. 즉 森部豊의 「中國'中古史' 硏究と'東ユーラシア世界'」, 古松崇志의 「10~12世紀ユーラシア東方における '多国體制'再考」, 橋本繁의 「古代朝鮮の出土文字史料と'東アジア文化圈'」, 그리고 廣瀬憲雄의 「日本史からの東部ユーラシア(世界)論」 등이다.

[2] 일본 당대사연구회의 2016년 여름 심포지움에서 발표된 논문은 『唐代史硏究』 제20호(2017)에 모두 5편이 게재되었다. 즉 內田昌功의 「隋唐長安城の外郭の系譜」, 林美希의 「唐・長安城の禁苑と北衙」, 松本保宣의 「宋人を中心とする唐代朝議制度理解について-'入閣'とは何か?」, 藤原崇人의 「捺鉢と法會-道宗朝を中

서 두 차례나 '동부유라시아'를 내건 심포지움이 열렸다는 것은 '동부유라시아'가 일본학계에서 주목받는 중요 의제라는 점을 전해준다.

더구나 '동부유라시아'라는 용어를 논문 제목에 포함한 논문이 2010년 무렵부터 많이 늘어났고[3] 일본의 동양사학계에서 두루 사용하고 있다는 점을 고려하면 그 관심도는 매우 높다고 할 것이다. 앞서 언급한 일본 당대사연구회의 2019년 여름 심포지움은 2010년 무렵부터 일본의 동양사학계, 특히 7~13세기를 다루는 중국사·내륙아시아사학계 및 일본 고대사학계에서 '동아시아'라는 용어를 대신하여 '동유라시아', '동부유라시아', '유라시아동부', '유라시아동방' 등의 용어를 사용하는 연구가 등장하고 이후 그 용어를 사용하는 연구가 점차 증가하고 있는 학계의 경향을 반영하여 기획된 것이기도 하였다.[4]

또한 '동부유라시아'에 대한 관심은 '동부유라시아'에 대한 연구 지원을 국가로부터 받으며 그 용어를 연구소 이름에 내건 연구소의 설립에서도 확인된다. 도쿄에 소재한 센슈대학(專修大學)의 '고대동유라시아센터'가 그것이다. 센슈대학의 사회지성개발연구센터에 부속된 '동아시아세계사센터'가 「고대동아시아세계사와 유학생(留學生)」이라는 연구 프로젝트가 끝난 뒤 없어지고 문부과학성(文部科學省) 주관 '사립대학전략적연구기반형성지원사업'의 지원을 5년 동안 받는 「고대동유라시아세계의 인류(人流)와 왜국(倭國)·일본(日本)」이라는 연구 프로젝트를 수행하기 위해 '고대동유라시아센터'가 2015년에 설립되기도 하였다.[5]

心に」, 그리고 仁藤敦史의 「倭国における政治空間の成立―都市と王權儀禮」 등이다.

3) 黃東蘭, 「東部ユーラシア'は'東アジア'に.取って代わるのか―近年の'東アジア世界論'批判を踏まえて」, 『愛知縣立大學外國語學部紀要(地域研究國際學編)』52, 2020, 143쪽.

4) 古畑徹, 「2019年度夏期シンポジウム'東部ユーラシア論を考える'主旨說明」, 『唐代史研究』23, 2020, 3쪽.

5) 飯尾秀幸, 「研究プロジェクトを開始するにあたって」, 『專修大學社會知性開發硏

그리고 '동부유라시아'에 관한 논의는 일본 내 당대사학계나 일본고대사학계에만 한정되지 않았다. 일본 각지의 여러 역사단체가 결집하여 결성된 역사과학협의회(歷史科學協議會)는 매월 발간하는 학술지인『역사평론(歷史評論)』에 각 호마다 특집 기획 논문을 게재하는데 '역사학의 초점'이라는 기획으로 일본사, 중국사, 서양사 등 각 분야의 주요 연구 경향을 소개하곤 한다. 2016년 11월에 발간된『역사평론』제779호에는 '2016년 역사학의 초점'이라는 기획으로 모두 6편의 논문이 게재되었는데[6] 중국사 분야의 연구 동향과 관련하여 '동부유라시아'에 관한 논문 1편이 실렸다.[7] 그 논문의 머리말에 있는 일부 구절을 통해 '동부유라시아'에 관한 연구가 일본에서 최신 연구 경향으로서 얼마나 주목을 받고 있는지를 엿볼 수 있다. 그 구절을 옮기면 다음과 같다.

　　'동아시아'는 등한시되고 있다고 해도 과언이 아니다. 서방의 연구자는 대개 '동아시아' 지역 그 자체에 관심이 없고 관찰하거나 이해하고자 하는 의욕도 없는 듯하다. 영국제국사의 문맥에서 겨우 언급하고 있는 정도일 뿐이다. 일본사 분야에서는 인접했기 때문에 '동아시아'에 대한 관심은 결코 낮지 않지만 일본열도를 주된 무대로 삼고 있기 때문인지 이해가 다소 부족하다.
　　밖으로부터 접근만이 아니다. '동아시아연구' 내부에서도 그러하다. 예를 들면 일찍이 당대(唐代)에 중심으로 한 '동아시아세계'라는 독자적 세계 질서가 존재한다고 보고 그 연구가 성행하기도 하였다. 그런데 이것도 근년에는 거의

究センター古代東ユーラシア研究センター年報』1, 2015, 1쪽.
6) 『歷史評論』제799호에는 '2016년 역사학의 초점' 기획으로 일본고대사 관련 논문 1편, 일본중세사 관련 논문 1편, 일본근대사 관련 논문 1편, 일본현대사 관련 논문 1편, 중국사 관련 논문 1편, 그리고 서양사 관련 논문 1편 등이 게재되었다.
7) 岡本隆司, 「東アジア'と'ユーラシア'-'近世''近代'の研究史をめぐって」, 『歷史評論』799, 2016. 이 논문은 제목으로 보면 일본을 포함한 국제관계사로 볼 수 있을 수 있겠으나 논문의 저자 오카모토 다카시(岡本隆司)가 중국근대사 전공자이며 이 논문의 논지를 중국사를 소재로 전개하고 있기 때문에 중국사 관련 논문으로 구분하였다.

같은 시기와 지역을 '동부유라시아'세계로 바꿔 말하고 있다. 10세기 이전에
만 그치고 있는 것은 아니다. 시대가 더 내려가 이른바 '근세' 이후도 '유라시
아'가 유행하고 있다. 말하자면 '중앙유라시아세계', '유라시아 동방' 등이다.
'동아시아' 그 자체는 아마 사어화(死語化)되어 소멸해 가는 듯한 추세이다.[8]

　　이 구절은 '동부유라시아' 유행이 중국사의 경우 10세기 이전 시대에
한정되지 않고 근세 이후에도 이어지고 있다고 하여 '동부유라시아'가
일본내 중국사 연구 전반에 큰 관심을 끌고 있다는 점을 지적하고 있다.
이러한 연구 경향의 흐름은 중국사 개설서에서도 확인되는 듯 하다. 일
본 방송대학(放送大學) 교재로 중국사 개설서가 출간되기도 한다. 2013년
에 출간된『역사에서 본 중국』이라는 제목의 중국사 개설서에서는 선사
시대(先史時代)부터 당대(唐代)까지만 '동부유라시아'의 관점에서 중국
사의 전개를 설명하고 있지만[9] 2020년에 출간된『중국과 동부유라시아
의 역사』라는 제목의 중국사 개설서에서는 제목에도 나와 있듯이 중국
사 전체를 '동부유라시아' 관점에서 기술하고[10] 있기 때문이다. 또한 약
30년의 기간을 두고 일본의 역사학계의 주요 성과와 연구 경향을 전문
연구자와 역사에 관심이 높은 대중들에게 알기 위해 기획된[11] 『암파강좌
세계역사(岩波講座 世界歷史)』의 새로운 시리즈가 2021년에 출간되기
시작하였는데 중국사의 위진남북조수당사에 해당하는 시기인 4세기~
8세기를 다루는 제6권의 부제가 '중화세계의 재편과 유라시아동부'라고

---

8) 岡本隆司, 「'東アジア'と'ユーラシア'－'近世''近代'の研究史をめぐって」, 37-38쪽.
9) 吉澤誠一郎 編, 『歷史からみる中國』, 放送大學出版振興會, 2013. 선사시대부터
　　당대까지 부분은 중국고대사 전공자인 아베 유키노부(阿部幸信)가 작성하였다.
10) 佐川英治·杉山淸彦 著, 『中國と東部ユーラシアの歷史』, 放送大學出版振興會,
　　2020.
11)『岩波講座 世界歷史』는 처음에는 1969년부터 2년에 걸쳐 모두 31권으로, 두
　　번째로 1998년부터 2년 동안 모두 28권으로 출간되었으며, 2021년에는 모두
　　24권으로 기획되어 현재 출간 중에 있다.

할 정도로[12] '동부유라시아'는 현재 일본 역사학계에 주목을 받고 있는 상황이다.

그런데 일본 학계에서 '동부유라시아'에 대한 관심이 높아지고 유행하는 이유는 무엇일까? 앞에서 제시한 구절에서 그 이유를 짐작할 수 있다. '동아시아' 용어 자체가 사어화(死語化)될 정도로, 종래 일본학계에서 성행하였던 '동아시아세계'를 바탕으로 한 연구와 그 주장이 중국사를 설명하는 데 적절하지 않다는 인식이 일본 학계에 퍼져 있다는 것이다. 곧 '동부유라시아'를 바탕으로 한 연구는 '동아시아세계'를 넘어서기 위한 시도라고 할 수 있을 것이다. 이어서 '동부유라시아'를 둘러싼 연구가 어떤 함의를 가지고 진행되고 있는지를 구체적으로 서술하고자 한다.

II. 일본의 '동부유라시아' 연구의 함의

일본에서 진행되고 있는 '동부유라시아'에 관한 연구를 설명하기에 앞서 '동부유라시아'를 연구 대상으로 하고 있기 때문에 그 지역 범위를 어떻게 설정하고 있는지 우선 살펴볼 필요가 있다.

일본학계에서는 '동부유라시아' 외에도 '유라시아 동부', '동유라시아', '유라시아 동방' 등 여러 용어가 사용되고 있으며 그 지역 범위도 연구자

---

12) 荒川正晴 等 編, 『岩波講座 世界歷史 06-中華世界の再編とユーラシア東部 四～八世紀』, 岩波書店, 2022. 이 책에는 모두 10편의 논문이 수록되어 있는데 동부유라시아 1편, 유목지역사 1편, 유목지역사 1편, 동남아시아사 1편, 티베트사 1편, 한국사 1편, 중국·일본관계사 1편, 중국사 3편이다. 이것은 1969년의 『岩波講座 世界歷史』의 해당 시기를 다루는 제5권의 부제가 '동아시아세계의 형성 II'이고 게재된 12편의 모두 중국사 논문이라는 점, 그리고 1999년의 『岩波講座 世界歷史』의 해당 시기 제9권의 부제가 '중화의 분열과 재생 3~13세기'이고 수록된 12편의 논문 가운데 중국사 논문이 7편이라는 점과 비교하면 동아시아라는 관점도 반영되어 있지 않고 중국사의 비중도 매우 낮아졌다는 것을 알 수 있다.

마다 다르다. 이런 여러 용어 가운데 가장 많이 사용하는 용어인 '동부유
라시아'의 지역 범위도 역시 다르다. '동부유라시아' 관련 대표 연구자의
'동부유라시아'의 지역 범위에 대한 정의를 기존 연구 성과의 내용을 바
탕으로 제시하면 〈표 1〉과 같다.

〈표 1〉 '동부유라시아' 관련 용어와 그 지역 범위

용어	연구자	제시 연도	지역 범위
유라시아 대륙동부	세오 다쓰히코 (妹尾達彦)	1998	주로 현재의 중화인민공화국(中華人民共和 國)·외몽골을 제외한 청조(淸朝)의 통치 공간
유라시아 동부		2018	일반적으로 동아시아라고 부르는 지역. 중국대 륙·시베리아 동부·한반도·일본열도·동남아시 아를 포함.
동유라시아	우에다 마코토 (上田信)	2006	중국 운남성(雲南省) 대리(大理)를 중심으로 한 반경 3,000㎞ 동심원 지역. 서쪽으로는 이 란고원 동부, 북쪽으로는 몽골고원, 동쪽으로 는 중국 동북지방·한반도·일본 규슈 서부, 남 쪽으로는 필리핀과 동남아시아 도서지역·인도 아대륙의 동반부를 포함.[13]
동부 유라시아	스가누마 아이고 (菅沼愛語) 스가누마 히데오 (菅沼秀夫)	2009	동아시아에서 중앙아시아까지의 지역
동부 유라시아	모리베 유타카 (森部豊)	2010	파미르 고원 동쪽의 유라시아대륙 동부
동부 유라시아	야마우치 신지 (山內晋次)	2011	일본·중국·한국을 포함하는 '동아시아'와 그 주변의 해역세계(海域世界) 및 몽골고원·티베 트고원을 포함하는 '중앙아시아'를 합친 광역의 역사세계. 동아시아(일본·중국·한국·북한)+ 동북아시아+중앙아시아+동남아시아

---

13) 이 범위 설정은 2006년에 공간된 우에다 마코토의 저서에서 기술되어 있는 것
이다(上田信, 『東ユーラシアの生態環境史』, 山川出版社, 2006, 6쪽). 그보다 1
년 앞서 우에다 마코토는 2005년에 공간한 저서에서 14세기부터 19세기까지
의 중국사를 이해하기 위해 '동유라시아'라는 공간 틀을 설정하는 것이 중요하
다고 주장하였다. 그는 '동유라시아'의 범위를 동해·발해·황해·동중국해·남중
국해 및 그 바다에 접한 육지와 도서로 구성된 공간, 시베리아 동부를 포함한
북동아시아, 티베트고원·몽골고원을 포함한 중앙아시아, 일본열도와 한반도를
포함한 동아시아, 동남아시아 그리고 인도 일부 지역이라고 하였다(上田信,
『中國の歷史09 海と帝國 明淸時代』, 講談社, 2005, 31쪽).

용어	연구자	제시 연도	지역 범위
동부 유라시아	히로세 노리오 (廣瀨憲雄)	2011	파미르 고원의 동쪽, 대부분의 경우 동아시아 지역과 일치.
동부 유라시아	히로세 노리오 (廣瀨憲雄)	2014	니시지마 사다오(西嶋定生)의 '동아시아세계'에 포함되지 않는 몽골고원과 티베트고원도 포함.
유라시아 동방	후루마쓰 다카시 (古松崇志)	2011	하나의 연결된 지역으로서 유라시아대륙을 강하게 의식하는 개념. 대개는 파미르고원 동쪽의 공간을 함의. 중국본토·한반도·만주지역·동시베리아·몽골·하서회랑(河西回廊)·동투르키스탄·티베트·운남(雲南)·인도차이나반도 포함.
동부 유라시아	아베 유키노부 (阿部幸信)	2013	황해·동중국해·남중국해·티베트고원·몽골고원으로 둘러싸인 반폐쇄적인 공간
동부 유라시아	스즈키 야스타미 (鈴木靖民)	2016	유라시아를 둘로 나누었을 때 동부지역. 중국을 중심으로 하며 파미르고원·말라카의 동쪽. 교역과 종교를 매개로 한 사람과 물자의 이동·교류·교역에 의해 인도·페르시아·사라센까지를 포함.
동부 유라시아	사가와 에이지 (佐川英治)	2020	중국과 서로 강한 영향 관계를 맺은 여러 나라와 여러 민족이 얽혀 있는 역사 무대

※ 참조: 黃東蘭, 「'東部ユーラシア'は'東アジア'に取って代わるのか―近年の'東アジア世界論'批判を踏まえて」, 『愛知縣立大學外國語學部紀要(地域研究國際學編)』 52, 2020, 149–150쪽. 단 사가와 에이지(佐川英治)의 범위 규정은 佐川英治·杉山淸彦 著의 『中國と東部ユーラシアの歷史』(放送大學出版振興會, 2020), 25–26쪽 참조.

〈표 1〉에 보듯이 '유라시아대륙 동부', '동유라시아', '유라시아동방', '동부유라시아' 등이 가리키는 지역 범위는 연구자마다 다르다. '중국본토·한반도·만주지역·동시베리아·몽골·하서회랑·동투르키스탄·티베트·운남·인도차이나반도 포함'처럼 구체적으로 그 지리적 범위를 제시한 경우도 있지만 '동아시아에서 중앙아시아까지의 지역'처럼 논자들 사이에 이견이 있을 수 있는 동아시아와 중앙아시아에 대한 범위로만 간단히 제시하여 '동부유라시아'의 범위를 모호하게 정의한 경우나 '중국과 서로 강한 영향 관계를 맺은 여러 나라와 여러 민족이 얽혀 있는 역사 무대'처럼 지리적 설정이 아니라 역사적 사실에 근거하여 설정한 경우도 있어 그 지역 범위를 하나로 통일하여 파악하는 것이 쉽지 않아 보인다.

또한 지리를 사용하여 지역 범위를 제시한 경우에서도 '파미르고원의 유라시아대륙 동부'처럼 파미르고원 동쪽의 유목지역과 정주지역, 즉 육지 지역을 중심으로 설정한 것도 있고 '중국을 중심으로 하며 파미르고원·말라카의 동쪽'처럼 육지 지역만이 아니라 해안지역과 도서지역을 포함하여 '동부유라시아'의 범위를 설정한 것도 있어 지리를 기준으로 하여 '동부유라시아'의 지역 범위를 정의하기도 어렵다. 그 범위가 가장 좁은 것은 '동아시아와 티베트고원·몽골고원'이라는 것이고 가장 넓은 것은 '중국을 중심으로 하며 파미르고원·말라카의 동쪽'이라는 것이므로 그 폭이 매우 크다고 할 수 있다.

하지만 〈표 1〉의 지역 범위 설정에서 최소한의 공통점은 있다. 모두 '동아시아' 지역을 포함하고 있다는 점이다. 이것은 달리 표현하면 '동아시아' 지역을 넘어선 지역을 상정하였다는 것이다. 여기에서 '동부유라시아' 연구의 함의를 유추할 수 있다. 즉 종래 진행되어 왔던 '동아시아' 연구를 넘어서서 새로운 역사상을 제시하려는 것을 지향한다는 것이다. 이런 지향은 〈표 1〉의 연구자 대부분의 연구 분야가 대외 관계사 혹은 동서교류사라는 점과 관련이 있는 것 같다. 그들의 전공 시대와 연구 분야를 간단히 제시하면 스기누마 아이고(菅沼愛語)의 전공 시대와 연구 분야는 중국 요금사(遼金史)·대외관계사이고 모리베 유타카(森部豊)의 전공 시대와 연구 분야는 중국 수당사(隋唐史)·동서교류사이다. 야마우치 신지(山內晋次)의 전공 시대와 연구 분야는 일본고대사·교역사이고 히로세 노리오(廣瀬憲雄)의 전공 시대와 연구 분야는 일본고대사·대외관계사이다. 후루마쓰 다카시(古松崇志)의 전공 시대와 연구 분야는 중국 요금사(遼金史)·대외관계사이고 스즈키 야스타미(鈴木靖民)의 전공 시대와 연구 분야는 일본 고대사·대외관계사이다.[14] 그런데 그들의 전공

---

14) 〈표 1〉의 연구자 가운데 세오 다쓰히코(妹尾達彦)의 전공 시대와 연구 분야는 중국 唐代史·도성사이고 우에다 마코토(上田信)의 전공 시대와 연구 분야는

시대를 보면 일본 고대사 연구자가 상대적으로 가장 많은 편이다.[15]

이 가운데 '동부유라시아' 연구에서 활발한 활동을 하고 있는 연구자를 소개하면 다음과 같다. 우선 가장 적극적으로 '동부유라시아'에 관한 입론을 전개하고 있는 연구자는 일본고대사 전공자인 히로세 노리오이다. 그는 가장 먼저 이 용어를 사용하였고 2010년 이후 '동부유라시아'에 대한 학계의 관심을 유도하였다고 평가를 받고 있기 때문이다.[16]

2010년 5월 히로세 노리오는 일본 역사학연구회(歷史學硏究會) 전국대회의 한 분과인 고대사분회(古代史分會)의「고대에서 교류와 질서 형성」이라는 주제하에서「왜국(倭國)·일본사(日本史)와 동부유라시아−6~13세기에서 정치적 연관 재고(政治的聯關再考)」라는 제목의 글을 발표하였다.[17] 이 글은 니시지마 사다오(西嶋定生)의 '책봉체제론(冊封體制論)'·'동아시아세계론'이나 이시모다 쇼(石母田正)의 '동이(東夷)의 소국론(小國論)'·'국체적 계기론'으로 설명해 온 '동아시아 속의 일본사'

중국 명청시대사(明淸時代史)·생태환경사이다. 아베 유키노부(阿部幸信)의 전공 시대와 연구 분야는 중국 한대사(漢代史)·정치사이고, 사가와 에이지(佐川英治)의 전공 분야와 연구 분야는 중국 위진남북조사(魏晉南北朝史)·제도사·도성사 등이다. 이 가운데 세오 다쓰히코의 경우 '유목지역과 정주지역의 연동'이라는 관점과 '지구사'라는 관점에서 '유라시아대륙 동부' 혹은 '유라시아 동부'를 설정하였고(「中華の分裂と再生」,『岩波講座 世界歷史 9 中華の分裂と再生(3~9世紀)』, 岩波書店, 1999;『グローバル・ヒストリー』, 中央大學出版部, 2018 참조) 우에다 마코토는 '생태환경사'의 관점에서 '동유라시아'를 설정하였다(『東ユーラシアの生態環境史』, 山川出版社, 2006 참조). 아베 유키노부와 사가와 에이지는 각각 분문에서 언급하였던 중국사 개설서 즉『역사에서 본 중국』과『중국과 동부유라시아의 역사』를 새롭게 쓰기 위해 '동부유라시아' 설정을 활용한 듯 하다.

15) 동부유리아시론과 일본고대사 학계의 동향에 대한 간략한 소개는 정순일의 「동부유라시아론과 해역아시아사−일본학계 고대 연구의 새로운 동향」(『동북아역사문제』 97, 2015) 참조.

16) 古畑徹,「何爲東(部)歐亞史近年來日本古代東亞史硏究的新動向」,『南開史學』 2019-02, 39쪽.

17) http://rekiken.jp/annual_meetings/2010.html(검색일: 2021.07.05) 이 발표는 2010년 10월에 간행된 日本 歷史學學會의 학술지『歷史學硏究』872호에 게재되었다(廣瀨憲雄,「倭國·日本史と東部ユーラシア−6~13世紀における政治的聯關再考」,『歷史学研究』872, 2010).

의 역사상에 대해 의문을 제기하는 것에서 시작되었다. 특히 니시지마 사다오의 이론이 ①중국왕조에 필적하는 북방·서방의 여러 세력과의 관계를 제외하고 있다는 점(지역적 문제), ②중국왕조 가운데 세력이 강하였던 수·당전기가 분석의 중심 대상이었고, 당 후기 이후가 지닌 역사적 위치를 충분히 부여하지 않아 주변 여러 세력에 강한 영향을 준 당의 전성기를 바르게 평가하고 있지 않다는 점(시기적 문제), ③'선진지역 [제국(帝國)]이 주변 여러 세력에 영향을 주었다'는 형태로 역사적 관련성을 제시한 결과 주변 여러 세력을 주체적 존재로서 위치를 부여하고 있지 않다는 점[역사상(歷史像) 문제] 등의 문제점을 안고 있다고 비판하였다. 즉 수당왕조의 역사상이 실상보다 거대하게 상정되었고 왜국(倭國)·일본(日本)의 역사 전개의 원동력을 필요 이상으로 동아시아에서 찾아 일본사의 실상을 제시하지 못한다고 보았다.[18] 그는 ①의 지역적 문제에 대해서는 '동부유라시아(파미르고원 동쪽)'라는 지역을 설정하여 중국의 북방·서방의 여러 세력과의 외교 관계를 포함하고 ②의 시기적 문제에 대해서는 오대(五代)/북송(北宋)·남송(南宋)/요금(遼金)시대까지도 시야를 넓혀 당의 전성기가 지닌 역사적 의미를 재검토하며, ③의 역사상(歷史像) 문제에 대해서는 왜국·일본을 포함한 주변 여러 세력을 독자의 국제 질서를 지닌 주체적 존재로서 위치를 부여하여 복수의 국제 질서가 병존하는 다원적 외교 관계를 상정함으로써[19] 니시지마 사다오의 이론의 문제점을 해결할 수 있다고 하였다. 이 주장을 구체적으로 증명하기

---

18) 廣瀬憲雄, 「倭國·日本史と東部ユーラシア-6~13世紀における政治的聯關再考」, 30쪽. 이시모다 쇼의 '東夷의 小帝國'論에 대해서는 ①임나(任那)를 직할령 혹은 식민지라는 인식하에서 '동이의 소제국'론을 전개한 점, ②왜국·일본만을 '소제국'이라고 이해하여 한반도의 삼국(고구려·백제·신라), 발해, 베트남 등도 독자적 국제 질서를 지니고 있다고 보지 못한 점 등 문제점을 지적하였다(廣瀬憲雄, 「序章 古代東アジア地域對外關係の研究動向」, 『東アジアの國際秩序と古代日本』, 吉川弘文館, 2011, 12쪽).

19) 廣瀬憲雄, 「東アジア世界論倭の現狀と展望」, 『歷史評論』752, 2012, 5쪽.

위해 히로세 노리오는 중국왕조의 기준으로 수당대~북송대까지 파미르 동쪽에 있던 여러 세력들 사이의 외교문서와 외교의례를 분석하였다.[20]

이를 바탕으로 그는 대중을 위한 교양서인 『고대일본외교사-동부유라시아 시점에서 다시 읽기』에서 '동부유라시아'의 범위 및 자신의 연구 의미를 알기 쉽게 제시하였다. '동부유라시아'의 범위에 대해서는

니시지마 사다오설에서 제시한 '동아시아'로 살펴보는 것이 아니라 근래 동양사의 연구동향을 반영하여 '동부유라시아'라는 지역을 설정한다. 이 경우 동부유라시아의 범위는 파미르고원(현재의 중국·타지키스탄·아프가니스탄·파키스탄에 걸쳐 있는 평균 5,000m의 고원)의 동쪽지역이다. 이것은 니시지마 사다오설에는 포함되어 있지 않은 중국의 북쪽·서쪽의 여러 세력, 특히 몽골고원과 티베트고원의 세력을 포함하는 것이 목적이며 그 내부의 외교 관계는 남쪽의 농경왕조와 북쪽의 유목왕조 양자, 시기에 따라 서쪽의 유목왕조를 포함하는 삼자의 관계를 중심으로 전개되었다고 볼 수 있다.

또한 동부유라시아 범위를 파미르고원 동쪽으로 설정한 것에 대해 보충 설명을 하고자 한다. 파미르고원은 당의 영역 판도가 가장 넓었을 때 일시적으로 그 서쪽 끝에 위치하였으며 그곳에서 남하하면 인도에 이를 수 있는 교통 요충지이다. 그리고 파미르고원은 단지 실크로드의 통과점이 아니라 문화적 분수령으로서 위치한다는 점도 중요하다.[21]

라고 하였고 그 연구 의미에 대해서는

---

20) 그 결과물이 2011년에 출간된 그의 첫 저작(廣瀨憲雄, 『東アジアの國際秩序と古代日本』, 吉川弘文館, 2011)이다. 이후 자신의 연구를 진행하여 두 번째 연구 저작(『古代日本と東部ユーラシアの國際秩序』, 勉誠出版, 2018)을 출간하였는데 그 가운데 서장(序章)(이유진 옮김, 「동부유라시아와 동아시아-정치권과 문화권의 설정」, 『동국사학』69, 2020)이 국내에 번역 소개되어 있다.
21) 廣瀨憲雄, 「第一章 東アジアと東部ユーラシア」, 『古代日本外交史-東部ユーラシアの視點から讀み直す』, 講談社, 2014, 33쪽.

동부유라시아라는 새로운 틀은 일견 현대라는 시대에 적합한 것처럼 받아들여진다. '동아시아에서 동부유라시아로'라는 지리적 확대, '일원적 국제 질서에서 복수의 국제 질서의 병존으로'라는 중심─주변 관계의 상대화, 그리고 중국과 일본의 위상에 대한 다시 보기는 세계화, 냉전후 지역 분쟁의 확대, 일본 지위의 상대적 저하라는 현대 사회에서 진행중인 여러 문제와도 합치하며 새로운 세계사 구상에 도전하는 데도 큰 도움이 될 것이다.[22]

라고 하였다. 그는 '동아시아'를 넘어선 '동부유라시아'를 설정하고 그 지역의 국제 질서에 대한 새로운 조망이 곧 현대 사회를 이해하는 데 도움을 줄 것이라고 하였다. 이는 현재 사회에 자신의 연구 의미를 피력한 것이라고 이해할 수 있다. 6세기~10세기 사이의 중국사와 일본사에 역사적 전개와 관련하여서는 '중심─주변 관계의 상대화'라는 표현에서 니시지마 사다오의 '동아시아세계'론에서 보이는 중국 중심주의의 탈피, 즉 중국사의 상대화를 주장하는 한편, 일본사의 중국 종속 역사성 탈피, 즉 일본의 주체적 위상을 강조하려는 것을 엿볼 수 있다.

일본고대사 학계에서 니시지마 사다오의 '동아시아세계'론을 비판하며 '동부유라시아'를 거론하는 연구가 히로세 노리오의 연구만이 있는 것은 아니다. 히로세 노리오의 연구에 앞서 이미 니시지마 사다오의 주장에 비판적이었던 야마우치 신지(山內晋次)는 엔랴쿠(延曆) 23년(804)에 당나라에 파견된 '엔랴쿠(延曆)의 견당사(遣唐使)'와 죠와원년(承和元年, 834)에 파견된 '죠와(承和)의 견당사(遣唐使)'를 통해 9세기의 국제정세에 갖는 역사적 획기성을 설명하기 위해서는 '동아시아'의 틀로써는 논증하기 어렵다고 생각하여 일본열도·중국·한반도를 포함한 동아시아와 그와 연결된 해역세계 및 몽골고원·티베트고원을 포함한 중앙아시아를

---

22) 廣瀬憲雄,「終章 新たな世界史像の模索」,『古代日本外交史─東部ユーラシアの視點から讀み直す』, 227쪽.

포함하는 광역의 역사세계로서 '동부유라시아'를 설정하였다.[23] 이러한 연구작업에 이어서 '동아시아'라는 틀에 때때로 '답답함'을 느끼고 니시지마 사다오가 주장하는 자기완결적 역사 세계로서 동아시아세계의 존재에 대해서는 의문을 제기하면서 '동아시아'를 벗어나서 사람·사물·정보 등이 연결된 지역 단위로서 '동부유라시아'를 설정하면 보다 실태에 가깝고 역동적인 역사를 묘사할 수 있다는 입장을 피력하였다.[24]

야마구치 신지의 연구 방향과 성과는 다른 연구자에게도 영향을 주어 미나가와 마사키(皆川雅樹)는 헤이안 시기의 대외 교역에서 거래되는 '당물(唐物)'의 성격, 일본 고대 왕권에 의해 '당물'이 증여되고 소비되는 관계를 통한 내적 질서의 형성 및 동부유라시아의 향료 교역과 정치적 의의를 논증하는 글을 발표하며 '동부유라시아'라는 시야가 일본사의 틀이나 일본인을 위한 '동아시아세계'론을 뛰어넘는 다원적 관계성을 검증하는 데 유효하다는 것을 강조하기도 하였다.[25]

일본에서 '동부유라시아' 논의를 주도하고 있는 또 한 명의 연구자는 1960년대 후반부터 일본 고대사를 연구하여 특히 일본 대외 관계사·교류사에 주목할 만한 연구 성과를 거둬왔던[26] 스즈키 야스타미(鈴木靖民)이다. 그는 양(梁) 원제(元帝)가 찬술한 「직공도(職貢圖)」의 새로운 일문

---

23) 山内晉次, 「九世紀東部ユーラシア世界の變貌－日本遣唐使關係史料を中心に」, 古代學協會編, 『仁明朝史の研究－承和轉換期とその周邊』, 思文閣出版, 2011, 3-4쪽.
24) 山内晉次, 「'東アジア史'再考－日本古代史研究の立場から」, 『歷史評論』 733, 2011, 54쪽. 야마우치 신지의 '동부유라시아'의 범위와 관련하여 '동부유라시아'를 크게 '내륙세계'와 '해역세계'로 구분하고 있는 것이 특징이다.
25) 皆川雅樹, 「日本古代の対外交易と'東部ユーラシア'」, 『歷史学研究』 885, 2011, 35-36쪽.
26) 스즈키 야스타미의 일본 고대 대외 관계사·교류사와 관련하여 그의 대표적 단독 저서는 다음과 같다. 鈴木靖民, 『古代対外関係史の研究』吉川弘文館, 1985; 鈴木靖民, 『日本の古代国家形成と東アジア』, 吉川弘文館, 2011; 鈴木靖民, 『倭国史の展開と東アジア』, 岩波書店, 2012; 鈴木靖民, 『古代日本の東アジア交流史』, 勉誠出版, 2016; 鈴木靖民, 『古代の日本と東アジア－人とモノの交流史』, 勉誠出版, 2020.

(逸文)인 청(淸) 장경(張庚)의 「제번직공독권(諸番職貢圖卷)」을 분석하며 '동부유라시아세계'의 구조를 제시하였다. '동부유라시아세계'는 중심-주변(중심)-변연(邊緣, 변경)이라는 삼부구조(三部構造)로 이루어져 있다고 상정하였다. '동부유라시아세계'에는 중국 왕조가 중심이 되어 그 주변 국가가 주변이 되는 것과 주변 국가가 중심이 되어 그 주변 국가의 주변 국가가 주변이 되는 경우로 이루어져 있다는 것이다. 전자의 경우에 중심인 중국 왕조는 '대국(大國)'이고 그 중심의 주변 국가는 '소국(小國)'이라고 하였고 후자의 경우 주변 국가가 중심인 경우 그 주변 국가의 주변 국가는 '방소국(旁小國)'이라고 하였다. 즉 '동부유라시아세계'는 중심=대국-주변=소국-주연=방소국으로 이루어 있다고 주장하였다. 이러한 구조가 중국 남북조시대(南北朝時代)에서 확인되며 7·8세기 수와 그를 이은 당이라는 중화제국(中華帝國)의 확대 시기에 당을 중심으로 하여 구심을 향하는 주변과 그 주변에 연이어 있는 여러 나라와 여러 지역이 광역의 동부유라시아세계를 다중적으로 구성하여 관계를 맺고 교류하였다고 하였다.[27] 그런데 그의 '동부유라시아' 개념은 '동부유라시아' 범위 설정을 거론한 연구자 대부분이 '동부유라시아'를 '동아시아'의 대체 개념으로 사용하고 있는 것과 다른 특징이 있다. 스즈키 야스타미는 '동아시아'를 '동부유라시아'의 한 부분이며 '동부유라시아세계론'의 입론(立論)에는 '동아시아세계론'이 필요하며 '동유라시아세계론'은 동아시아의 역사상을 다시 파악하고 재구성하는 것과 연결되어 있다는 견해를[28] 제시하였다.

이상에서 언급한 연구자들의 주장에서 공통된 점은 우선 니시지마

---

27) 鈴木靖民, 「東アジア世界史と東部ユーラシア世界史−梁の國際關係・國際秩序・國際意識を中心に」, 『專修大學東アジア世界史研究センター年報』 6, 2012, 154−156쪽.
28) 鈴木靖民, 「終章 東アジア交流史と東アジア世界・東部ユーラシア世界」, 『古代日本の東アジア交流史』, 406쪽.

사다오의 '동아시아세계론'의 문제점을 지적하고 그 이론을 대체하는 대안으로 '동부유라시아세계론'을 제시하고 있다는 것이다. 이것은 1960년대 등장한 니시지마 사다오의 역사 이론을 극복하기 위해 새로운 이론으로 새로운 역사상을 제기하였다는 점에서 의미가 있다고 할 수 있다. 그런데 그 이론이 일본 고대사 연구자에 의해 주도되고 있다는 점은 흥미롭다. 그렇다면 일본 고대사 연구자들이 '동부유라시아론'을 거론하는 이유는 무엇일까? 이와 관련하여 야마우치 신지의 '동아시아세계론은 일본사를 상대화하였고, 동부유라시아는 중국, 중국사 그 자체를 상대화하였다'는 언급이[29] 주목된다. 이 언급에서 일본 고대사 연구자들에게는 '동아시아세계론'이라는 틀에서 일본사를 설명할 경우 일본은 중국이라는 절대적 기준으로 평가할 수밖에 없어 일본의 주체적 역할을 부각할 수 없다는 인식이 있다는[30] 것을 엿볼 수 있다. 결국 일본 고대사 연구자들의 '동부유라시아'에 관한 연구는 중국사에 기준을 둔 역사 서술에서 벗어나 일본의 주체성을 강조하는 일본 중심의 역사 서술을 도모하고자 하는 함의를 가지고 있다고 판단된다.

III. 일본의 '동부유라시아' 연구에 대한 비판과 그 향방

앞서 언급했듯이 일본의 '동부유라시아' 연구는 곧 니시지마 사다오의 '동아시아세계론'을 비판하고 그를 극복하기 위한 것이다. 이에 따라

---

29) 山內晉次, 「東アジア史」再考−日本古代史研究の立場から」, 45쪽.
30) 이러한 인식은 발해사(渤海史) 연구자인 후루하타 도루(古畑徹)의 주장에서도 확인된다. 그는 니시지마 사다오의 책봉체제론이 중국의 대외 정책과 제국구조를 파악하는 데 유효하지만 주변 여러 나라의 주체성이나 그 광역 세계에 있는 주변 여러 나라의 역사적 위상을 부여하는 데는 유효한 방법이 아니기 때문에 그 대안으로 '중앙아시아론'과 '동부유라시아론'이 등장하게 되었다고 하였다(古畑徹, 「東部ユーラシア世界のなかの渤海國」, 『渤海國とは何か』, 吉川弘文館, 2018, 119쪽).

'동아시아세계론'을 견지하는 입장에서 연구를 진행한 연구자들도 '동부유라시아' 연구에 대한 의견을 제출하였다. 현재 일본에서 '동아시아세계론'의 논의를 주도하고 있는 이성시(李成市)는 '동부유라시아' 연구에 대해 비판적 의견을 표출하였다. 그는 「동아시아세계론과 일본사」라는 글에서 '동부유라시아' 연구를 직접 언급하지 않았으나 다음과 같이 에둘러 '동부유라시아' 연구를 비판하였다. 즉 ·

현재로서는 동아시아세계론을 대체할 새로운 이론이 제창되지 못한 채 동아시아세계론에 대한 개별적 비판이 분산적으로 이루어지는 상황이다. 유념해야 할 것은 필자를 포함하여 오해에 기인한 비판이 적지 않다는 점이며, 이로 인해 논의가 점점 더 혼미해지는 듯하다. 동아시아세계론을 대체할 포괄적인 이론을 구축하기 위해서는 필수적으로 동아시아세계론의 내용을 깊고 자세하게 조사해야 한다.[31]

라고 하였다. 이 구절에서 언급하고 있는 '동아시아세계론'에 대한 개별적 비판이 '동부유라시아'를 주창하는 연구자들의 '동아시아세계론'에 대한 비판이라고 볼 수 있는 것은 그 글에서 야마우치 신지의 비판을 그 예로 들고 있기[32] 때문이다. 이성시는 결국 '동부유라시아' 연구에 대해서 ①니시지마 사다오의 '동아시아세계론'을 깊이 이해하지 못한 채 비판하고 있다는 점[33], ②'동아시아세계론'을 대체할 만한 이론 체계를 갖추고 있지 못하다는 점을 지적하고 있다. 즉 이성시는 현재 일본에서 '동부유

---

31) 이성시 지음, 박경희 옮김, 「제12장 동아시아세계론과 일본사」, 『투쟁의 장으로서의 고대사』, 삼인, 2019, 268-269쪽(初出: 李成市 「東アジア世界論と日本史」, 『岩波講座 日本歴史 卷22-歴史學の現在』, 岩波書店, 2016, 43-44쪽).
32) 이성시 지음, 박경희 옮김, 「제12장 동아시아세계론과 일본사」, 271-273쪽.
33) 가네코 슈이치(金子修一) 역시 '동부유라시아' 연구를 주창하는 연구자들이 1960년대 이래 축적 되어온 '동아시아세계론'에 근거한 연구 성과에 대한 연구사를 충분히 검증할 필요가 있다고 비판하였다(金子修一, 「東アジア世界論の現在」, 『駒澤史學』 85, 2016, 75쪽).

라시아' 연구가 '동아시아세계론'에 대한 오해에서 비롯된 미성숙한 이론이라고 비판하고 있는 듯하다.

이러한 비판보다 더 나아가 '동부유라시아론'의 학문적 검증과 개념에 대한 구체적인 비판도 있다. 한대(漢代) 황후·황태후 등을 소재로 황제 지배를 연구한 쓰카모토 쓰요시(塚本剛)는, '동부유라시아론'은 대중 강연을 통해 자신의 입론을 전파하고 있을 뿐 학문적 검증을 충분히 거치지 않고 있으며, 시대 구분으로서 '고대(古代)'에 대한 명확한 개념 규정을 하지 않은 채 '동부유라시아론'의 주된 분석 대상 시기인 '6~13세기'를 '고대'라고 인식케 하여 기존 시대구분에서 포함하는 한대를 제외하여 한(漢)에 대한 역사적 평가를 부당하게 하고 있다고 하였다. 그는 '지리적 호칭'으로서는 '동부유라시아론'이 아시아사 연구자 가운데 많은 사람들이 지지하고 있지만 고대의 역사적 공간 개념으로서 '동부유라시아세계'를 상정하는 아시아사 연구자는 보지 못했다고 하며 '동부유라시아세계론'이 '고대동아시아세계론'을 대체할 수 없다고 단언하였다.[34]

또한 일본고대사 연구자인 고치 하루히토(河內春人)는 2018년에 출판된 히로세 노리오의 두 번째 단독 연구서에 대한 서평에서 그가 지역으로 고정화된 '동부유라시아'를 정치권(政治圈) 혹은 문화권(文化圈)으로 설명하는 것에 대해 정치권이나 문화권은 역사적으로 확대되거나 축소되는 공간적 가변성을 지니고 있어 지역적으로 고정화될 수 없다는 점과,[35] 그가 '동부유라시아'를 하나의 정치권으로 묶는 일률적인 규정으로 한문문서(漢文文書)인 외교문서의 서의(書儀)를 든 것에 대해 '동부유라

---

34) 塚本剛, 「前四史からうかがえる正統觀念としての儒敎と皇帝支配-所謂外戚恩澤と外戚政治について學術的背景とその東アジア世界への影響」, 『アジア遊學 242: 中國學術の東アジア傳播と古代日本』, 勉誠出版, 2020, 22-25쪽.
35) 황동란(黃東蘭)도 '동부유라시아연구'에서 광역 공간을 구성하는 각 지역 사이에 어떠한 문화적 사회적 관련성이나 공통성이 있는지에 대한 실증적 연구가 이루어지지 않고 있다고 보았다(黃東蘭, 「東部ユーラシア'は'東アジア'に取って代わるのか-近年の'東アジア世界論'批判を踏まえて」, 159쪽).

시아' 개념을 통해 중국사를 상대화하려는 '동부유라시아론'의 의도가 한 문문서라는 중국의 정치적 방법으로 규정됨으로써 중국사 중심주의로 되돌아간다는 점을 제기하였다.[36] 고치 하루히토의 비평 역시 '동부유라 시아' 연구의 이론적 틀과 연구 방법이 지닌 문제점을 지적한 것이라고 할 수 있다.

결국 일본 내에서 나온 '동부유라시아연구'에 대한 비판을 종합하면 역사 이론으로서 '동부유라시아' 연구가 아직 성숙되어 있지 못하여 '동 아시아세계론'을 뛰어넘는 대안이 되지 못한다는 것이 주된 비판이라고 정리할 수 있을 것이다.[37] 간단히 말해 '동부유라시아론'은 학문적 이론 으로서는 충분한 자격을 갖추고 있지 않다는 것이다. 그럼에도 '동부유 라시아' 연구가 일본에서 관심을 받는 이유는 무엇일까? 이와 관련하여 '동부유라시아세계론'이 현재 빠른 속도로 시민권(市民權)을 얻고 있다는 지적이[38] 주목된다. 이는 일본 대중의 '동부유라시아세계론'에 대한 호응 이 높고 그에 대한 지지를 의미한다. 니시지마 사다오가 1950~1960년 대의 현실을 마주보는 움직임 속에서 '동아시아세계론'을 구상하였다는 것을[39] 참고하면 '동부유라시아세계론'도 일본 대중의 지지를 얻을 정도 로 현재 일본 사회 현실을 반영한 것일 수 있을 것이다. 물론 '동부유라 시아세계론'을 주장하는 연구자 모두가 이 점을 의식하고 연구를 진행하

---

36) 河內春人,「書評: 廣瀨憲雄著『古代日本と東部ユーラシアの國際關係』,『史學雜誌』129-8, 2020, 49~50쪽.

37) 일본 학계의 '동부유라시아' 연구에 대한 비판적 논의에서 가네코 슈이치를 제외하고 당대사(唐代史) 연구자로서 이를 전론한 글을 발표한 연구자를 찾아 보기 힘들다. 일본 당대사 연구자들이 '동부유라시아' 연구에 대해 비판적인지는 판단하기 쉽지 않다.

38) 塚本剛,「前四史からうかがえる正統觀念としての儒敎と皇帝支配-所謂外戚恩澤と外戚政治について學術的背景とその東アジア世界への影響」, 22쪽.

39) 이성시,「엮은이 해설」, 니시지마 사다오 지음, 이성시 엮음, 송완범 옮김,『일본의 고대사 인식-'동아시아세계론'과 일본』, 2008, 305쪽(初出: 李成市,「解說」, 西嶋定生 著, 李成市 編,『古代東アジアと日本』, 岩波書店, 2000, 273쪽).

는 것은 아닐 것이지만 '동부유라시아세계론'의 시민권 획득이라는 지적은 '동부유라시아' 연구가 일본 사회의 현실과 무관하지 않다는 한 측면을 보여 준다고 할 것이다. 그런데 일본 학계의 논의에서 '동부유라시아' 연구의 사회적 배경을 언급한 내용은 쉽게 눈에 띄지 않는다. 다만 중국출신으로서 일본 아이치현립대학(愛知縣立大學) 외국어학부 소속의 활동란(黃東蘭)은 중국에 일본의 '동부유라시아' 개념을 소개하는 중국어논문에서 '동부유라시아' 연구가 등장할 수 있는 사회적 배경으로서 일본인의 중국에 대한 높은 비호감도를 들었다.[40] 일본인의 중국에 대한 높은 비호감도는 최근에도 변함이 없는 것 같다.

[그림 1]은 미국의 싱크탱크 기관인 퓨 리서치 센터(Pew Research Center)가 2002년부터 2021년까지 조사한 세계 여러 나라의 중국 비호감도를 그림으로 나타낸 것이다.[41] 이 조사 결과가 그리 틀리지 않다는 것은 우리나라에서 진행된 외국에 대한 호감도 조사 결과를 통해서 간접적으로 확인된다. [그림 2]는 국내 한 시사잡지에서 2018년 이후 2021년 5월까지 조사한 한국인의 북한·중국·미국·일본에 대한 호감도를 표시한 것으로[42] 이 그림에서 한국인의 중국인에 대한 호감도가 2018년이후 계속 낮아지고 있다는 사실을 알 수 있는데 이는 퓨 리서치 센터의조사 결과와도 같기 때문이다. [그림 1]에서 보듯이 퓨 리서치 센터에서조사한 16개국 가운데 중국에 대한 비호감도가 가장 높은 나라는 일본으로 일본인 10명 가운데 약 9명이 중국에 대해 호감을 갖고 있지 않다.

---

40) 黃東蘭, 「作爲隱喩的空間-日本史硏究中'東洋''東亞'與'東部歐亞'槪念」, 『學術月刊』 51-2, 2019, 163쪽. 2015년 일본 정부에서 행한 일본인의 중국 호감도 조사에서 일본인의 중국 비호감도는 81.7%이고 호감도는 18.1%로 비호감도가 매우 높았다고 한다.

41) https://www.pewresearch.org/global/2021/06/30/large-majorities-say-china-does-not-respect-the-personal-freedoms-of-its-people(검색일: 2021.07.05)

42) 「반중 정서 리포트」, 『시사IN』 제717호(2021.06.15.), 12쪽.

이런 현상은 비단 현재 갑자기 일어난 것이 아니라 2006년부터 높았었던 것이다. 그 추세에 비추어 2010년부터 '동부유라시아' 연구가 본격화되고 현재까지 지지를 받는 것도 양자 사이의 상관 관계가 있을 개연성이 높아 보인다.[43] 중국에 대한 비호감도가 높은 여론 상황에 부합하기 위해 중국의 중심주의를 내세운 '동아시아세계론'을 대체하고 중국을 '동아시아'의 중심이 아니라 '동부유라시아'의 여럿 중의 하나(one of them)로 위치시켜 중국을 상대화하는 '동부유라시아론'이 개발되고 주요 연구 대상이 되었을 것이다.

그런데 이것은 '동부유라시아' 연구의 향방을 예측하는 한 자료이기도 하다. 즉 일본의 중국에 대한 비호감도가 줄어들고 호감도가 높아지는 상황이 된다면 '동부유라시아' 연구의 힘을 잃게 될 수도 있다.[44] 게다가 '동부유라시아' 연구가 일본 학계에서 이론적 체계성과 정합성이 떨어지고 실증적 연구 내용을 갖추지 못하였다는 비판을 받고 있는 점을 고려하면 여론과 밀접한 '동부유라시아' 연구는 그 생명력이 오래 가지 못할 것으로 추측된다. 따라서 '동부유라시아' 연구의 향방은 우선 역사 이론으로서 체계성을 우선 갖추는 것에 달려 있다고 할 것이다.

현재 중국에서 '동부유라시아'에 대한 관심은 그리 높지 않다. 일본인 연구자나 일본에서 활동하는 중국인 연구자가 '동부유라시아' 개념을 소개

---

43) 일본 사회 여론과 '동부유라시아론'의 대두와 관련하여 위진남북조시대의 출토 문서 전공자인 세키오 시로(關尾史郎)가 자신의 블로그에 올린 「동아시아와 동부유라시아」라는 제목의 글에서 '중국이 주변 여러 세력을 위협하고 있다'는 것이 '동부유라시아론'의 등장 배경이라고 하였다(https://sekio516.exblog.jp/page/7, 검색일: 2021.07.05). 중국의 위협은 일본인의 중국 비호감도를 올린 원인 중 하나일 것이다.

44) 한편 '동아시아' 관점을 견지하며 중국사의 의미를 파악하는 시도도 여전히 진행중이다. '한(漢)'이라는 개념의 역사적 전개를 검토하여 일본에서 근래 정체되고 있는 동아시아사의 틀에 대한 새로운 논의를 환기하고자 하는 책도 출간되었다(岡田和一郎·永田拓治 編, 『漢とは何か』, 東方書店, 2022, 256-257쪽).

% who have an **unfavorable** view of China

■ Most unfavorable   ■ Least unfavorable

	'02	'05	'06	'07	'08	'09	'10	'11	'12	'13	'14	'15	'16	'17	'18	'19	'20	'21
	%	%	%	%	%	%	%	%	%	%	%	%	%	%	%	%	%	%
U.S.	·	·	·	·	·	·	·	·	·	·	·	·	·	·	·	·	73	76
Canada	·	27	·	37	·	36	·	·	·	45	·	48	40	40	45	67	73	73
Sweden	·	·	·	40	·	·	·	·	·	·	·	·	59	49	52	70	85	80
Netherlands	·	34	·	·	·	·	·	·	·	·	·	·	43	42	45	58	73	72
Germany	·	37	33	54	68	63	61	59	67	64	64	60	60	53	54	56	71	71
Belgium	·	·	·	·	·	·	·	·	·	·	·	·	·	·	·	·	71	67
France	·	42	41	51	72	60	59	49	60	58	53	49	61	52	54	62	70	66
UK	·	16	14	27	36	29	35	26	35	31	38	37	44	37	35	55	74	63
Italy	·	·	·	61	·	·	·	·	64	62	70	57	61	59	60	57	·	60
Spain	·	21	38	43	56	41	38	39	46	47	55	50	56	43	48	53	63	57
Greece	·	·	·	·	·	·	·	·	38	37	46	·	37	40	48	32	·	42
Japan	42	·	71	67	84	69	69	61	84	93	91	89	86	83	78	85	86	88
Australia	·	·	·	·	·	·	·	·	35	·	·	33	39	32	47	57	81	78
South Korea	31	·	·	42	49	54	56	·	·	50	42	37	·	61	60	63	75	77
Taiwan	·	·	·	·	·	·	·	·	·	·	·	·	·	·	·	·	·	69
New Zealand	·	·	·	·	·	·	·	·	·	·	·	·	·	·	·	·	·	67
Singapore	·	·	·	·	·	·	·	·	·	·	·	·	·	·	·	·	·	34

Note: Prior to 2020, U.S. surveys were conducted by phone. See topline for results.
Source: Spring 2021 Global Attitudes Survey. Q4h
'Large Majorities Say China Does Not Respect the Personal Freedoms of Its People'

PEW RESEARCH CENTER

[그림 1] 퓨 리서치 센터(Pew Research Center) 조사: 세계 16개국의 중국 비호감도

(2018~2020년은 한국리서치 정기조사 결과,
2021년 5월은 <시사IN> 조사. 0=매우 부정적 100=매우 긍정적)

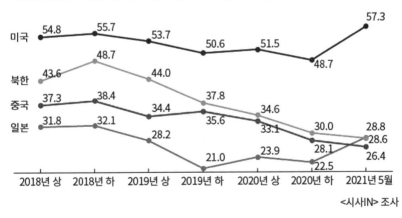

<시사IN> 조사

[그림 2] 시사 IN 조사–북·중·미·일에 대해 느끼는 감정 온도 추이

하거나[45] 수당시대의 동아시아 전쟁에 대한 실증적 연구는 '동부유라시아'
연구 방법에 도움을 줄 것이라는 주장이[46] 있을 정도이다. 한편 우리 학계
에서는 '동부유라시아'를 언급하는 연구가 종종 보인다. 그간 일본의 연구
성과 영향을 작지 않게 받아온 우리 학계에서는 일본의 '동부유라시아' 연
구의 배경과 함의에 주의하며 그 연구의 의미를 평가해야 할 것이다.

---

45) 古畑徹, 「何爲東(部)歐亞史近年來日本古代東亞史研究的新動向」, 『南開史學』
   2019-02; 黃東蘭, 「作爲隱喻的空間-日本史研究中'東洋''東亞'與'東部歐亞'槪
   念」, 『學術月刊』 51-2, 2019.
46) 馮立君, 「東亞抑或東部歐亞」, 『江都學刊』 2019-2, 186쪽.

◆ 참고문헌

니시지마 사다오 지음, 이성시 엮음, 송완범 옮김, 『일본의 고대사 인식-'동아시아
　　　세계론'과 일본』, 2008.
이성시 지음, 박경희 옮김, 『투쟁의 장으로서의 고대사』, 삼인, 2019.

岡田和一郎·永田拓治 編, 『漢とは何か』, 東方書店, 2022.
古畑徹, 『渤海國とは何か』, 吉川弘文館, 2018.
廣瀬憲雄, 『東アジアの國際秩序と古代日本』, 吉川弘文館, 2011.
＿＿＿＿, 『古代日本外交史-東部ユーラシアの視點から讀み直す』, 講談社, 2014.
＿＿＿＿, 『古代日本と東部ユーラシアの國際關係』, 勉誠出版, 2018.
妹尾達彦, 『グローバル·ヒストリー』, 中央大學出版部, 2018.
上田信, 『中國の歴史09 海と帝國 明淸時代』, 講談社, 2005.
＿＿＿, 『東ユーラシアの生態環境史』, 山川出版社, 2006.
鈴木靖民, 『古代日本の東アジア交流史』, 勉誠出版, 2016.
佐川英治·杉山清彦, 『中國と東部ユーラシアの歴史』, 放送大學出版振興會, 2020.
荒川正晴 等 編, 『岩波講座 世界歷史 06-中華世界の再編とユーラシア東部』, 岩波
　　　書店, 2022.

윤재운, 「발해의 동부유라시아정책과 국가전략」, 『신라사학보』 45, 2019.
정순일, 「동부유라시아론과 해역아시아사-일본학계 고대사연구의 새로운 동향」,
　　　『동북아역역사문제』 97, 2015.

岡本隆司, 「'東アジア'と'ユーラシア'-'近世''近代'の研究史をめぐって」, 『歴史評論』
　　　799, 2016.
皆川雅樹, 「日本古代の対外交易と'東部ユーラシア'」, 『歴史学研究』 885, 2011.
古松崇志, 「10~12世紀ユーラシア東方における'多国體制'再考」, 『唐代史研究』 23, 2020.
古畑徹, 「何爲東(部)歐亞史近年來日本古代東亞史研究的新動向」, 『南開史學』
　　　2019-02.
＿＿＿＿, 「2019年度夏期シンポジウム'東部ユーラシア論を考える'主旨説明」, 『唐代
　　　史研究』 23, 2020.

廣瀨憲雄,「倭國·日本史と東部ユーラシア−6〜13世紀における政治的聯關再考」,『歴史学研究』872, 2010.

＿＿＿＿＿＿,「日本史からの東部ユーラシア(世界)論」,『唐代史研究』23, 2020.

橋本繁,「古代朝鮮の出土文字史料と'東アジア文化圏'」,『唐代史研究』23, 2020.

金子修一,「東アジア世界論の現在」,『駒澤史學』85, 2016.

内田昌功,「隋唐長安城の外郭の系譜」,『唐代史研究』20, 2017.

藤原崇人,「捺鉢と法會−道宗朝を中心に」,『唐代史研究』20, 2017.

妹尾達彦,「中華の分裂と再生」,『岩波講座 世界歴史9 中華の分裂と再生(3〜9世紀)』, 岩波書店, 1999.

山内晉次,「九世紀東部ユーラシア世界の變貌−日本遺唐使關係史料を中心に」, 古代學協會編,『仁明朝史の研究−承和轉換期とその周邊』, 思文閣出版, 2011.

＿＿＿＿＿＿,「'東アジア史'再考−日本古代史研究の立場から」,『歴史評論』733, 2011.

森部豊,「中國'中古史'研究と'東ユーラシア世界'」,『唐代史研究』23, 2020.

松本保宣,「宋人を中心とする唐代朝議制度理解について−'入閣'とは何か?」,『唐代史研究』20, 2017.

鈴木靖民,「東アジア世界史と東部ユーラシア世界史−梁の國際關係·國際秩序·國際意識を中心に」,『專修大學東アジア世界史研究センター年報』6, 2012.

仁藤敦史,「倭国における政治空間の成立―都市と王權儀禮」,『唐代史研究』20, 2017.

林美希,「唐·長安城の禁苑と北衙」,『唐代史研究』20, 2017.

塚本剛,「前四史からうかがえる正統觀念としての儒教と皇帝支配−所謂外戚恩澤と外戚政治について學術的背景とその東アジア世界への影響」,『アジア遊學242: 中國學術の東アジア傳播と古代日本』, 勉誠出版, 2020.

馮立君,「東亞抑或東部歐亞」,『江都學刊』2019−2.

河内春人,「書評: 廣瀨憲雄著『古代日本と東部ユーラシアの國際關係』」,『史學雜誌』129−8, 2020.

黃東蘭,「作爲隱喻的空間−日本史研究中'東洋''東亞'與'東部歐亞'概念」,『學術月刊』51−2, 2019.

＿＿＿＿＿,「'東部ユーラシア'は'東アジア'に取って代わるのか−近年の'東アジア世界論'批判を踏まえて」,『愛知縣立大學外國語學部紀要(地域研究國際學編)』52, 2020.

세계사 교육 강화를 위한 세 가지 교수 모델

세계문명사, 빅히스토리, 문자/이미지 사료학습

박혜정

Ⅰ. 머리말

국내 대학에서 세계사 교육을 실천하는 가장 일반적인 방식은 소위 '서양문명사(Western Civilization)' 모델을 따르는 것이다. 서양문명사는 1차 세계대전을 계기로 재점화된 교양교육 운동의 일환에서 토대를 마련한 후, 전간기에 미국의 거의 모든 대학에서 교양필수교과목으로 개설되어 엄청난 성공을 거두었다.[1] 미국의 대학교육 모델을 벤치마킹한 국내 대학교육에서도 서양문명사의 위상은 압도적이다. 서양문명사는 거의 모든 대학에서 다양한 교과목명으로 변주되고 있는데, 그리스·로마 문명으로부터 현대사에 이르는 서양문명사 교과목의 내용 구조 역시 그대로 답습하고 있다. 이러한 서양문명사 유형의 과목들은 국내의 유럽중심주의적 역사교육을 주도하고 재생산하는 데 결정적인 역할을 해왔고, 대부분의 대학에서 세계사 교육의 공백을 메꾸고 있다.

---

1) Gilbert Allardyce, "The Rise and Fall of the Western Civilization Course," *American Historical Review*, vol. 87, no. 3, 1982, pp. 706–709. 서양문명사는 1919년 컬럼비아 대학에서 처음 개설된 것으로 알려져 있다. Ibid., p. 698.

그러나 20세기의 전 지구적 현실은 이미 서양문명 중심의 지식과 시각만으로는 설명할 수 없을 정도로 복잡하게 뒤엉킨 피드백 관계 속에 나선형으로 진화하기 시작했다. 1990년대 말 역사학의 패러다임 전환을 주도하며 괄목할만한 성장세를 기록한 지구사(global history)[2] 열풍은 바로 이러한 지구화에 대한 역사학적 대응이었다. 그 결과는 서양문명사의 본고장 미국에서 가장 뚜렷이 나타났는데, 학계와 교육계 전반에 걸쳐서 서양문명을 넘어서 전 세계와 지구 전체를 조망권에 넣고 초점을 서양문명으로부터 전 지구적 상호연계성으로 빠르게 옮겨가기 시작한 것이다. 오늘날 미국의 고등학생들은 AP(Advanced Placement)[3] 유럽사보다 AP 세계사를 세 배나 더 많이 수강하고 있고, 미국 대학들 역시 2010년 기준으로 대부분 서양문명사를 필수 교과목 리스트에서 제외시키거나 아예 이를 세계문명사(World Civilization)로 대체하는 추세를 보이고 있다.

오늘날 지구화 시대에 걸맞은 광역적이고 합종연횡적 사고능력을 갖춘 인재 육성의 차원에서 세계사 교육 강화에 가장 적극적인 곳은 당연히 세계제국의 위치에 있는 미국이지만, 그에 못지않게 세계사 교육의 강화가 절실한 곳이 대한민국이다. 세계정세 변화에 극도로 취약한 한국의 정치경제적 구조를 생각할 때, 세계사 교육을 현재보다 더 많이, 더

---

2) 오늘날 세계사와 지구사는 점차 큰 의미 차이 없이 혼용되는 추세가 뚜렷해지고 있다. 그러나 사학사적으로 보자면 1990년대 말 지구화의 급진전을 계기로 세계사를 지구사로 대체하기 위한 학문적 패러다임 전환이 진행되었다. 지역 문명사들을 개관하는 식의 세계사 대신에 전 지구적 상호연계성과 상호작용에 초점을 두고 한 덩어리로서의 세계사의 패턴을 규명하려는 지구사 논의가 본격화되었다. 다만 교육과정과 교과명에서는 세계사가 여전히 지배적이기 때문에, 교육 분야에서는 세계사가 지구사보다 훨씬 일반적으로 사용되고 있다. 세계사와 지구사를 개념사적으로 구분한 논의에 대해서는 박혜정, 『하나의 지구 복수의 지구사』, 연세대학교 출판문화원, 2022, 1장을 참고할 수 있다. 본고에서는 총서 주제인 세계사 교육에 맞추어 세계사를 주로 지칭하되, 학문적 패러다임 전환을 강조할 필요가 있을 때에는 지구사라는 표현을 사용할 것이다.
3) AP 교과목에 대해서는 II장을 참고할 것.

잘하는 일은 가히 국가 미래와 직결되는 문제라 하지 않을 수 없다. 그러나 한국의 세계사 교육은 입시교육 중심의 중등교육과정에서 오랫동안 고사 상태에 처해 있음은 물론, 대학교육에서도 특별한 비중을 갖고 있지 못하다. 더 이상 국내 문제와 국제 문제의 이분법적인 구분이 불가능한 현실 속에서 글로컬 감각과 공감력은 21세기를 살아갈 미래 세대가 갖추어야 할 필수교양이 되었다. 특히 21세기가 요청하는 세계사 교육은 단순히 지역 문명을 둘러보듯 개관하며 다문화주의적 지식을 쌓는 것이 아니라 전 세계를 한 덩어리로 연결하는 구조적 동학과 패턴을 발견하고 이해할 수 있는 역사학적 훈련이므로, 이러한 수준의 세계사 교육은 중등교육과정이 아닌 대학교육에서 진행되는 것이 바람직하고 합당하다.

실제로 전 지구적 상호연계성과 상호작용을 주축으로 삼은 새로운 세계사 교육 컨셉이 2007년 세계사 교육과정에 야심차게 도입되었으나, 현장 교사들의 불만과 세계사 교과서의 부실한 구성으로 인하여 2015년 교육과정에서 포기되었고 지역 문명사 중심으로 되돌아갔다. 2022년 교육과정이 다시 지구사 컨셉을 강화하는 방향으로 개정되리라는 예상이 지배적이긴 하지만, 국내 중등교육과정의 세계사 교육의 문제는 교육과정만 바꾼다고 해결될 수준에 있지 않다. 또한 1992년 세계사학회(World History Association)의 창립과 함께 세계사 교육의 강화에 매진해온 미국의 사례를 보더라도 지구사 컨셉을 곧바로 중등교육과정의 세계사 교육에 도입하는 것은 무리수에 가깝다. 소위 '지구적 세계사(Global World History)' 교수 모델은[4] 미국 중등교육과정에서도 극히

---

4) 미시건 대학의 교육학자 베인(Bob Bain)은 그의 동료와 함께 세계사 중등교육과정을 전국 규모로 조사 분석하고, 이를 서양문명사형, 사회과 세계사형, 다문화주의형, 지구적 세계사형으로 분류했다. 이들은 서양문명사적인 서사와 연대기적 구조의 반영 여부, 유럽과 비유럽 관련 내용의 비율, 초지역적이고 비교사적 관점의 반영 여부를 분류기준으로 삼았고, 지구적 세계사형을 가장 바람직한

일부 주에서만 실행되고 있을 뿐, 이 컨셉의 본격적인 교육적 실천은 대학 수준의 AP 교과목에서 이루어지고 있기 때문이다.

따라서 본고의 관심은 중등교육이 아닌 대학 세계사 교육에 있으며, 후자를 미래지향적 형태로 기획, 강화하고 효과적으로 실현하기 위해 다양한 교수 모델을 검토해 보고자 한다. 논의에 들어가기에 앞서 대학의 세계사 교육이 놓여 있는 현실 조건들을 간략히 살펴보자면, 세계사 교육의 중요성에 비하여 세계사 교육의 조건이 매우 불리하다. 일단 세계사는 교수자와 학생 측 모두에게 부담스러운 교과목이다. 교수자 측에서 보자면, 본인의 전공 영역을 뛰어넘을 뿐 아니라 동서양의 문명적 경계를 가로질러 연결하고 통합해낼 수 있는 안목과 이해는 물론이고, 대학 수준의 세계사 교육이 일반화되어있지 않은 상황에서 개척자 정신까지 필요하다. 학교 측에서도 새로이 세계사 교과목을 위한 공간을 마련하기 위해서는 기존 교과목의 비중을 조정해야 하는 등의 민감한 행정적 문제를 감당해야 한다.

그러나 가장 큰 걸림돌은 역시 대학교용 세계사 교과서 혹은 대학 세계사 교수를 위한 최소한의 지침조차 부재하다는 것이다. 현재 국내의 세계사 관련 출판 시장은 흥미 위주의 내용과 구성에 의존한 대중교양서적과[5] 한정적 주제 영역(예: 해양, 전쟁, 전염병 등)을 다루는 교양학술

교수유형으로 평가하였다. Robert B. Bain and Tamara L. Shreiner, "Issues and Options in Creating a National Assessment in World History," *The History Teacher*, vol. 38, no. 2, 2005, pp. 18-19.

5) 미야자키 마사카츠, 오근영 역, 『하룻밤에 읽는 세계사』, 랜덤하우스코리아, 2011; 미야자키 마사카츠, 김진연 역, 『처음부터 다시 읽는 친절한 세계사』, 제3의공간, 2017; 우야마 다쿠에이, 오세웅 역, 『너무 재밌어서 잠 못 드는 세계사』, 생각의길, 2016; 사토 마사루, 신정원 역, 『흐름을 꿰뚫는 세계사독해』, 역사의아침, 2016; 탯 우드, 도러시 에일, 정지현 역, 『세계사』, arte, 2017; 이보영, 『한 권으로 읽는 이야기 세계사』, 아이템북스, 2009; 유시민, 『거꾸로 읽는 세계사』, 푸른나무, 2008; 허버트 조지 웰스, 김희주, 전경훈 역, 『H. G. 웰스의 세계사 산책』, 옥당, 2017; 역사미스터리클럽, 안혜은 역, 『한눈에 꿰뚫는 세계사 명장면』, 이다미디어, 2017.

서로 양분되어있다.[6] 따라서 체계적인 대학 세계사 교육을 위한 자료는 교수자 각자가 새로 편집하는 수밖에 없는 상황인데, 현재 시장에 나와 있는 서양사, 한국사, 동양사 개설서들을 적절히 혼합하는 수준의 교안이 되기 쉽다. 세계사 전체를 꿰뚫는 흐름과 패턴에 대한 체계적이고 진중한 논의를 다루는 책들이 극히 드물기 때문에, 이 부분은 교수자 각자가 메꾸어야 할 몫으로 남게 된다. 적절한 교재의 부재는 학생들 입장에서 볼 때 더 큰 위험 부담이다. 학생들의 세계사에 대한 대중교양, 상식적 차원의 관심은 뜨겁지만, 이를 학점 이수 대상으로 삼는 것은 다른 문제이다. 방대한 역사적 사실의 숲을 뚫고 체계적으로 세계사적 흐름을 파악하는 것은 노련한 교수자의 지도가 동반되더라도 학생 자신의 상당한 시간과 노력 투자를 요한다. 그 결과, 세계사에 관한 학생들의 관심은 기본 소양의 훈련으로 이어지기보다 단편적이고 흥미 위주의 독서와 검색으로 낭비되기 일쑤이다.

세계사 교육의 열악한 환경에 대한 최선의 해결책은 미국에서처럼 대학용 세계사 교과서가 활발히 집필되는 것이겠지만, 아직 세계사가 대학교육 콘텐츠로서 정착, 확산해있지 않은 상황에서 이와 유사한 일이 조만간 한국에서 일어날 가능성은 낮다. 따라서 현재 여건에서는 다양한 교수법적 전략과 혁신을 통해 세계사를 매력적인 교과목으로 탄생시키기 위한 창의적이고 다양한 실험들을 시작할 단계라고 사료된다.

이하 본문에서는 이러한 실험을 위해 크게 세 가지 교수 모델과 교수

---

6) 주명철, 『대항해 시대. 해상팽창과 근대세계의 형성』, 서울대학교출판부, 2008; 로버트 B. 마르크스, 윤용호 역, 『다시 쓰는 근대세계사 이야기』, 코나투스, 2007; 나가타 야키후미, 김혜정 역, 『세계사 속 근대한일관계』, 일조각, 2017; 윌리엄 맥닐, 이내주, 신미원 역, 『전쟁의 세계사 ─ 히스토리아 문디』, 이산, 2005; 윌리엄 맥닐, 김우영 역, 『전염병의 세계사』, 이산, 2005; 이언 모리스, 김필규 역, 『전쟁의 역설』, 지식의날개, 2015; 피터 프랭코판, 이재황 역, 『실크로드 세계사: 고대 제국에서 G2 시대까지』, 책과함께, 2017. 그 외 커피, 빵, 향신료 등 식재료를 중심으로 세계사에 접근한 휴머니스트의 글로벌 히스토리 시리즈가 있다.

법적 전략을 논의해 보고자 한다. 먼저 기존의 서양문명사 모델을 넘어서려는 세계문명사 교수 모델을 미국 대학용 세계사 교과서들을 참고로 고찰해보고, 자연과학과 인문학을 융합하여 최대 규모의 지구사를 천명한 빅히스토리의 교수 모델과 전략을 검토할 것이다. 마지막으로는 독립적 교수 모델로도 적용 가능하지만 앞의 두 유형과 보완적으로 연계될 수 있는 교수법적 모듈로서 문자/이미지 사료학습을 활용한 수업 모델을 검토해보고자 한다. 가장 마지막에 다루기는 하지만, 문자/이미지 사료학습은 현재 역사교육에서 가장 뜨거운 화두로 운위되고 있는 '역사적 사고력(historical thinking)'을 함양하는 데 있어서 개인적으로 가장 효과적인 모델이라고 생각한다.

II. 세계문명사를 활용한 세계사 교육

미국 대학교육 차원에서 세계사를 가르치는 일반적인 교수 모델에서 여전히 서양문명사의 비중은 높은 편이지만, 서양문명사를 세계문명사로 대체하려는 추세가 2010년대에 들어와서 매우 뚜렷해지고 있다. 세계문명사는 일찍이 1960년대에 맥닐(William H. McNeill), 호지슨(Marshall Hodgson), 스타브리아노스(Leften Stavrianos)와 같은 선구자들에 의해 교과목으로 개발, 교수되었다. 이들이 시작한 세계문명사 강의들은 1990년대 말 지구사라는 새로운 패러다임의 부상과 함께 전 지구적인 상호연계성과 상호작용을 적극적으로 고려하는 형태로 거듭났다. 하지만 시카고 대학을 비롯하여 미국 대학에서 서양문명사 유형의 세계사 교육이 세계문명사로 성공적으로 전환되는 데 결정적으로 기여한 요인은 한편으로는 AP 세계사의 정착과 확산, 다른 한 편으로는 지구사 컨셉에 입각한 세계사 교과서 발간의 열풍에서 찾을 수 있다.

AP 세계사는 고등학교 학생들이 수강하는 과목이지만 실제 내용은 대학 수준의 세계사로서 미국 내 상위권 대학으로 진학하려는 우수 학생들이 주로 선택하는 교과목이다. 우리 경우와 마찬가지로 미국의 SAT에서도 세계사 선택율은 하위권이지만, 우수 학생들의 AP 세계사 선택율은 점차 증가세에 있다. 이들이 일반 세계사 과목보다 훨씬 난이도가 높은 AP 세계사에 도전하는 이유는 한 과목 이수를 통해 삼중 혜택을 누릴 수 있기 때문이다. 일단, AP 세계사 과목의 이수평가 수준이 SAT 수준을 훌쩍 웃돌기 때문에 SAT 세계사 시험에서 고득점을 보장받을 수 있고, SAT의 두 개 과목 점수를 요구하는 상위권 대학에 진학하는 데 유리한 고지를 선점할 수 있다. 또한 AP 세계사 시험을 일정 점수 이상으로 통과할 경우 대학 진학 후에 두 학기에 걸쳐 이수해야 할 세계사 교양 과목의 이수를 면제받을 뿐 아니라 각종 장학금 신청이나 역사 관련 취업에서도 유리한 고지를 점할 수 있다.

대학협의회(College Board)에서 관장하는 AP 세계사 표준은 일차적으로 고등학생들의 AP 세계사 과목 교수와 평가를 위한 것이지만, AP 과목이 대학 학점 선취를 목표로 운영되는 만큼 사실상 대학 세계사 교육을 위한 지침 성격을 아울러 갖는다. 따라서 다소 추상적이고 복합적인 내용 때문에 중등교육과정에 곧바로 침투하기 힘든 지구사 관련 학술 연구의 성과가 AP 세계사 표준에 더 적극적으로 반영되는 것은 당연하다.[7] 특히 2016년도 AP 세계사 표준은 사지선다형 평가의 비중을 현격히 줄이고 서술형 평가로 전환하려는 변화를 뚜렷이 보여주었다. 예를 들자면 주어진 6개의 자료를 활용하여 일본과 러시아의 산업화를 비교

---

7) College Board, *AP World History: Modern—Course and Exam Description*, New York: College Board, 2016. 2016년도 판만 봐도 벤틀리(Jerry Bentley), 카라스(Allen Karras), 크리스천(David Christian), 벤자민(Craig Benjamin), 벤튼(Lauren Benton) 등 저명 지구사학자들의 이름을 접할 수 있다.

하는 에세이를 작성하는 식이다. 이러한 수정은 AP 세계사 평가가 명제적 지식 암기에 편향되어있다는 기존의 비판을 진지하게 수용하여 전 지구적인 연계성과 상호작용을 깊고 넓게 사고할 수 있는 능력을 함양한다는 본연의 목표에 충실하려는 노력의 발로이다. 필자가 2012년에 참관했던 시카고 대학 부속고등학교의 AP 세계사 수업은 놀랍게도 '세계사학보(Journal of World History)'에 실린 지구사 연구 논문들을 학생들과 읽으며 토론식으로 진행되고 있었는데, 2016년 AP 세계사 표준의 평가정책의 수정으로 이러한 유형의 수업이 더욱 확산, 강화되었을 것으로 추정된다.

1990년대부터 쏟아지기 시작한 지구사 컨셉에 입각한 대학용 세계사 교과서의 발간 역시 대학 세계사 교육의 활성화에 크게 이바지하고 있는데,[8] 이 중 몇몇 교과서는 AP 세계사용 판본을 따로 내고 있기도 하다. 아래 각주에 소개한 모든 교과서들이 중등교육과정 세계사 교과서에 비해 혁신적 면모를 보이는 것은 아니지만, 대체로 이들은 지역 문명세계를 회람하는 형식의 세계사 내용 구성 방식과 결별하고 철저히 문명 간의 교류, 연결, 통합, 상호작용에 포커스를 맞추는 컨셉을 지향한다.

---

8) Peter N. Stearns, Michael Adas, and Stuart B. Schwartz, *World Civilizations. The Global Experience*, New York: HarperCollins, 1992; Richard Bulliet et al., *The Earth and its Peoples. A Global History*, Belmont: Wadsworth Publishing, 1997; Lanny B. Fields, Russell J. Barber, and Cheryl A. Riggs, *The Global Past*, New York: Bedford/St. Martin's, 1997; Jerry Bentley and Herbert Ziegler, *Traditions & Encounters. A Global Perspective on the Past*, New York: McGraw-Hill, 1999; Jeremy Adelman et al., *Worlds Together Worlds Apart*, New York: W. W. Norton & Company, 2003; Felipe Fernandez-Armesto, *The World: A History*, Englewood Cliffs, N.J.: Prentice Hall, 2006; Ross E. Dunn and Laura J. Mitchell, *Panorama: A World History*, New York: McGraw-Hill Education, 2014; John Coatsworth et al., *Global Connections: Politics, Exchange, and Social Life in World History*, Cambridge, NY: Cambridge University Press, 2015. 이상 열거한 대부분의 교과서들의 최신판은 현재 고려대학교와 경기대학교 중앙도서관에서 열람 가능하다.

요컨대, 닫힌 개념으로서의 지역, 국가, 사회 개념을 지양하고 초민족적이고 초지역적인 연계성을 날실로 삼고 있다는 점에서 공통의 혁신성을 보이고 있다. 특히 지구사적 시각에서 수정 작업이 가장 활발하게 일어나고 있는 인도양 무역세계, 산업혁명, 제국주의와 같은 주제 영역에서 그 차별성이 가장 두드러진다.[9]

이처럼 지구사 컨셉이 주도하고 있는 대학용 세계사 교과서 시장에서 차별적인 컨셉의 새로운 세계사 교과서가 등장해서 작은 돌풍을 불러일으키고 있는데, 인디애나 주 소재의 와바시 칼리지(Wabashi College)의 모리요(Stephan Morillo)가 쓴 『세계사의 틀』이 그것이다.[10] 저명 지구사학자들이 쓴 교과서들을 제쳐두고 이 교과서에 주목하는 것은 중등교육과정에서 세계사를 거의 접하지 못하고 대학에 진학하는 한국 대학생들을 위한 세계사 교육을 위한 실용적인 모델을 제공해줄 수도 있겠다는 판단에서이다. 『세계사의 틀』은 모리요가 리버럴아츠 대학에서 세계사 배경지식이 거의 전무한 학생들에게 교양으로서의 세계사를 십수 년간 가르치면서 얻은 교훈을 바탕으로 집필되었다. 그는 수많은 역사적 사실들을 체계화하고 구조화하는 작업 없이 이야기 형식으로 가르치는 방법의 비효율성을 극복하기 위해서 새로운 교과서가 필요함을 절감했다고 고백한다. 교과서 곳곳의 별난 구성과 도해에는 그의 이러한 교수법적 고민이 그대로 묻어나 있다.

여타 세계사 교과서와 달리 그의 책은 다소 도식적으로 보일 수 있는 방법론에 기대고 있다. 즉 8개의 시기 구분에 따라 8부로 장들이 구성되

---

9) 상술한 세 가지 범주에 따라서 미국의 대학용 세계사 교과서 내용을 비판적으로 검토한 결과는 박혜정, 「유럽중심주의 극복과 전 지구적 연계성 사이에서-미국 대학용 세계사 교과서 7종의 인도양, 산업혁명, 제국주의 내용 분석」, 『역사교육논집』 68집 3권, 2018, 115-142쪽을 참고할 것.
10) Stephen Morillo, *Frameworks of World History*, Combined Volume, Oxford: Oxford University Press, 2014.

고 지역별이 아니라 네트워크, 위계질서(hierarchies), 문화와 같은 포괄적인 분석 모델에 따라 초지역적으로 상호 비교할 수 있도록 내용이 배열되어있다. 각 장의 내용은 학생들이 세계사를 관통하는 장기적인 추세와 패턴을 초지역적 비교를 통해 '발견'하도록 하는 데 초점을 맞추고 있다. 즉 학생들이 이러한 기본 추세와 패턴을 곧바로 암기나 학습의 대상으로 삼기 이전에, 그들 스스로 이를 구체적인 역사과정에 적용하여 검증해내야 할 대상으로 '사용'하도록 계도되고 있는 것이다. 아울러 각 장에서 다루고 있는 사회들에서 이러한 기본 추세와 패턴이 어떻게 문화적으로 어떻게 인식되고 구조(construct)되었는지, 또 각 장에서 다루지 않은 다른 사회의 역사에는 어떻게 적용될 수 있는지 그리고 "만약에 그렇지 않았더라면(what if)"과 같은 질문을 통해 어떤 대안적 가능성을 상상할 수 있는지 학생들이 스스로 세계사의 틀을 완성해보는 심화학습으로 유도되고 있는 점 역시 특기할만하다.[11]

분명 모리요의 교수모델은 본인이 자신하듯이, 일반 모델을 먼저 가정하고 이를 검증을 통해 증명하는 자연과학적 모델에 가까운 교수법을 적용함으로써, 특히 세계사적 내지 인문학적 이해능력과 소양이 부족한 이공계 학생들의 학습효과를 높이는 장점을 발휘할 수 있다. 그러나 그의 교수 모델이 갖는 잠재적 위험, 즉 도식적인 거대서사 위주의 세계사를 배우는 데 그칠 수 있는 부작용에 대한 인지도 중요하다. 교수자가 철저히 학생 주도로 이해, 검증할 수 있는 다양한 경로와 자극을 교실에서 적극적으로 생산해내고 발표, 과제, 평가를 통해 확인하려는 노력이 동반되지 않을 경우, 이러한 부작용은 언제든지 비교우위를 차지할 수 있다. 역사과학의 시대로부터 포스트모던 역사학으로 옮겨 간 이래 우리

---

11) *Ibid.*, pp. xxviii-xxxi. 모리요의 세계사 교과서에 대한 보다 상세한 분석은 박혜정, 「4차 산업혁명 시대의 역사교육 – 대학 역사교육에서 '역사하기(Doing History)' 컨셉 활용하기」, 『역사교육논집』 74집, 2020, Ⅲ장 2절을 참고할 것.

는 거대서사, 구조, 패턴과 같은 개념들이 얼마나 위험한지 너무나 잘 알고 있다. 모리요가 출발점으로 삼고 있는 분석 모델은 그것을 교실에서 어떻게 적용하느냐에 따라 학생들이 역사과학적 세계사를 배울 수도 있고 포스트모던 세계사를 배울 수도 있게 만드는 양날의 칼과 같은 성격을 갖고 있으므로, 교수자의 역사철학적 인식과 태도가 매우 중요하다고 하겠다.

Ⅲ. 빅히스토리를 활용한 세계사 교육

스페인 독감 후 100년 만에 찾아온 전 세계적인 팬데믹과 코로나19에도 불구하고 급속히 악화되고 있는 지구 온난화 및 기후위기의 동시 진행은 인간 사회와 문명에만 집중하는 인간중심적인 고전적 의미의 세계사 교육으로 충분할지 되묻게 한다. 인류가 직면한 전대미문의 전방위적 위기 속에서 그야말로 모든 것을 포괄하는 최대 규모의 역사로서의 빅히스토리에 대한 관심이 국내에서도 커지고 있다. 본래 호주 맥콰리 대학의 역사학 입문 강좌로 시작된 빅히스토리는 2011년 빌 게이츠 재단의 전폭적인 지원을 받아 그 영토를 대학교육을 넘어서 중등교육 현장으로까지 공격적으로 넓혀가고 있다. 국내에서도 빅히스토리는 이화여자대학교의 지구사연구소의 노력으로 처음 역사학계에 소개된 이후로 대학교육과 대중교양 차원에서 빅히스토리에 대한 관심이 꾸준히 증가세를 보이고 있다.

그럼에도 빅히스토리는 인문학과 자연과학의 융합적 토대 위에서 우주, 지구, 생명, 인간의 역사를 통합적으로 이해하는 것을 아젠다로 삼기에 역사 시대의 비중이 30% 정도에 불과하다. 따라서 빅히스토리는 일반 역사학보다 과학사로 이해되기 쉽고 특히 국내 대학의 경우 역사학자보다 자연과학자에 의해 교수되는 비율이 압도적으로 높다. 그렇다면 자연과학적 융합과학에 더 가까워 보이는 빅히스토리를 세계사 교육의 확장적 교수 모델로 고려하는 것이 과연 적절할까?

우선 빅히스토리의 창시자 크리스천은 인류와 세계에 치중된 인간중심적인 지구사와 달리 지구의 역사(Earth history)와 그 지구가 위치한 우주의 역사까지 포괄하는 빅히스토리야말로 진정한 의미의 지구사라고 주장한다.[12] 시간적으로 역사 중심주의를 크게 벗어나 선사시대와 지질시대까지 아우르는 것은 기본이고, 공간적으로는 민족주의와 유럽중심주의를 넘어서 전 세계는 물론이고 지구와 우주 공간까지 대상화하며, 역사 주체와 관련해서도 인간 중심주의를 훌쩍 뛰어넘어 생물계와 물질계 전체를 포괄적으로 다루기 때문이다. 세계사가 하나의 학문과 교육 분야로 부상하는 데 지대한 공헌을 한 맥닐은 일찍이 1970년대부터 인간뿐 아니라 지구상의 생명체 전체를 대상으로 한 '통합생태적(ecumenological)' 세계사를 지향하였고 이러한 세계사 인식은 『전염병의 역사』로 집대성되었다. 그가 크리스천(David Christian)의 『시간의 지도』를 위한 추천사에서 역사서술의 미래를 빅히스토리에서 발견한다고 말한 것도 이러한 맥락에서이다.[13]

실제로 오늘날 기후위기를 비롯한 환경문제는 자연과 문화에 대한 이분법적인 이해에 기초하여 인류 문명사에만 집중해온 세계사 대신에 빅히스토리를 새로운 대안적 패러다임으로 주목하도록 만들고 있다. 특히 미국과 유럽의 대학에서 빅히스토리 강좌 개설이 빠르게 늘고 있는데, 실제 교과목 운영에서도 국내 경우보다 인문학자들이 훨씬 적극적으로 나서는 모양새이다. 이러한 수요를 견인하기 위하여 크리스천은

---

12) David Christian, "'Big History', Globalization and Australia: Towards a More Inclusive Account of the Past," *Australian Academy of the Humanities, Proceedings*, 25, 2000, p. 132 이하.

13) 데이비드 크리스천, 이근영 역, 『시간의 지도 – 빅히스토리』, 심산, 2013, 9-14쪽.

각주 4번에서 언급한 베인과 함께 빅히스토리를 다양한 수준에서 가르칠 수 있는 구체적인 교수법과 수업 운영을 위한 온라인 자료들을 제공하고 있으며, 2013년도에는 AP 빅히스토리를 위한 대학용 교과서도 출간하였다.[14]

교육적인 차원에서도 빅히스토리의 남다른 스케일과 큰 질문들은 기존의 세계사 교육에서는 생각할 수 없는 융합교육 효과를 내고 있다. 빅히스토리를 배우는 학생들은 우주적 규모의 큰 질문들과 씨름하며, 현행 교육체제 속에서 분절적으로 배우는 지식들을 학문적 경계, 시대, 공간을 넘어서 상호 연결하여 새로운 이야기를 논리적으로 표현하는 법을 배우면서 통섭적 사고력, 상상력, 창의력을 함양할 수 있기 때문이다.

이렇게 볼 때 빅히스토리는 인간이 알고 있는 세상에 관한 모든 지식을 동원하여 인류사의 인과관계와 상관관계를 규명하는 가장 큰 규모의 역사로서, 미래 세대를 위한 통섭적이고 학제융합적 학습에 최적화된 신개념의 세계사 과목이라 할만하다. 크리스천과 함께 빅히스토리를 가장 먼저 가르치기 시작한 서던메소디스트 대학의 미어스(John A. Mears)는 1980년대 후반에 12학점 프로그램을 개발했다. 첫 학기에는 물리학, 천문학, 지질학적 관점에서 200억 년 전 빅뱅으로부터 지구가 형성되는 20억 5천만 년 전까지에 걸쳐서 지구 내부에서 작용한 에너지가 지구 표면의 형성과 어떤 관계에 있고 어떤 영향을 미쳤는지를 다룬다. 둘째 학기에는 40억 년 전에서 5억 년 전까지 첫 생명체가 지구상에 출현하기까지의 화학적 반응들의 연쇄작용을 살핀 다음, 유기적 진화론에 관한

---

14) 유럽에서 빅히스토리 교수에 가장 적극적인 곳은 네덜란드의 암스테르담 대학으로서 코세라를 통해 인문학자들이 이끄는 빅히스토리 강좌를 제공하고 있다. https://www.coursera.org/learn/bighistory. 크리스천이 베인과 함께 운영하는 빅히스토리 온라인 자료실은 http://worldhistoryforusall. ss.ucla. edu/. 크리스천이 집필한 AP 빅히스토리 교과서는 David Christian, Cynthia Brown, Craig Benjamin, *Big History: Between Nothing and Everything*, New York: McGraw-Hill, 2013.

생물학적 논의를 이어간다. 셋째 학기에는 인류학, 고고학, 역사학적 관점에서 대략 5, 6백만 년 전부터 BCE 3000년까지의 인류 공동체의 발전에서 관찰되는 두 가지 주된 변형들, 즉 호모사피엔스 사피엔스의 육체적 문화적 발전과 농업혁명 및 도시혁명을 다루는 데 초점을 둔다. 마지막 학기에는 역사학과 사회학적 관점에서 인류의 문명사회들을 다룸으로써 빅히스토리의 대단원을 종결한다.[15]

미어스 교수의 모델은 이후 크리스천, 스피어(Fred Spier), 스톡-브라운(Cynthia Stokes-Brown), 벤자민(Craig Benjamin) 등과 같은 빅히스토리 사가들에 의해 개량, 계승되고 있다. 그러나 실제로 빅히스토리를 2년에 걸쳐 가르치는 것은 어렵기 때문에 다양한 방식으로 운영하기 위한 노력들이 이루어지고 있다. 특히 크리스천은 빅히스토리를 1년 혹은 한 학기 과정으로 압축하고 다른 교과목과 연계하여 가르칠 수 있도록 내용적으로 유연하게 만드는가 하면 과학사가 아니라 세계사의 확장형으로 리모델링하는 등 많은 노력을 기울였다. 또한 빅히스토리를 가르칠 때 가장 큰 걸림돌은 역시 주제를 선택하는 문제인데, 크리스천이나 스피어는 모든 규모에 공통된 현상들과 유사한 행위자들이 존재하고 인간의 역사에서든 우주의 역사에서든 변화의 근본적 법칙이 보편적이라는 전제를 바탕으로 빅히스토리의 구조적인 골격을 완성하였다.[16] 이하에서는 빅히스토리의 기본 플롯을 구성하는 핵심 컨셉들을 간략히 살펴보기로 한다.

빅히스토리의 뼈대를 이루는 세 가지 컨셉은 임계점(thresholds), 집

---

15) John A. Mears, "Evolutionary Process: An Organizing Principle for General Education," *Journal of General Education*, vol. 37, no. 4, 1986, pp. 314-320.
16) John Maunu, "Bringing Big History Down to Classroom Size: Concepts and Resources," *World History Connected*, vol. 6, no. 3, 2009. http://worldhistoryconnected.press.illinois.edu/6.3/maunu2.html

단학습(collective learning), 기원 이야기이다. 우선, 빅히스토리에는 총 8개의 임계점이 있는데, 빅뱅, 별들의 탄생, 새로운 화학원소의 등장, 지구와 태양계의 형성, 생명체의 등장, 집단학습, 농업, 근대혁명이 그것이다. 이들 8개의 임계점은 빅히스토리 고유의 시대구분 컨셉으로서, 새로운 형태의 복잡계(complex system)의 등장을 가능케 한 최적의 골디락스 조건을 갖춘 순간들을 의미한다. 여기서 복잡계란 우주적 시간표에서 뭔가 새로운 것으로서 이전에 존재한 것보다 좀 더 드물고, 더 취약하고 더 많은 에너지 흐름을 통제하는 것으로 정의된다. 예를 들어 별들은 우주의 공백보다 드물고 인간은 별들보다 더 취약한 것과 같다. 이러한 새로운 복잡계의 출현은 물리적, 사회적 중력들 사이의 균형이 바뀌면서 가능해지는데, 수소와 헬륨을 끌어당기는 중력에 의해 별이 탄생하고, 사람들을 끌어당기는 사회적 중력에 의해 첫 도시가 출현하는 것에 비유될 수 있다. 둘째로, 집단학습은 인간의 차별적인 특성으로서 장기적으로 지식을 공유, 보존, 형성할 수 있는 능력을 말한다. 이러한 집단학습이야말로 인간이 역사를 만들 수 있었던 생태적 기술지식의 집합 능력이다. 인간의 집단학습이 가능한 것은 비인간적인 의사소통 형태보다 훨씬 더 개방적이고 의미론적으로도 개방적인 인간 언어의 특징 때문이다. 특히 인간은 상징을 사용함으로써 거대한 양의 정보를 축약하고 저장할 수 있었다. 따라서 현대 인간의 진화를 이해하는 것과 상징 언어의 출현을 이해하는 것은 동전의 양면과 같다. 마지막으로 빅히스토리는 크리스천의 책 제목『시간의 지도』에서 확연히 드러나듯이 지구와 우주 그리고 인간의 기원에 관한 이야기로서, 크리스천은 이를 현대적인 창조 신화로 부르고 있다. 빅히스토리는 최대 규모 즉 우주적 규모에서 과거 전체에 접근하는 이야기이지만, 기존의 여타 기원 이야기들과 배타적인 대척점에 있지 않다. 빅히스토리는 크리스천의 비유대로 러시아 인형 마트료시카와 같아서, 기존의 다른 이야기들을 부정하고 대체하기보다 이

들 모두를 포괄하는 관계에 위치한다.[17]

빅히스토리는 그 규모로 인해서 팀티칭으로 가르치더라도 교수 부담이 클 수밖에 없다. 단적으로 말해서, 일방적인 지식 전수 위주의 교수 모델로는 절대로 가르칠 수 없는 과목이 빅히스토리이다. 따라서 빅히스토리 교수에서는 교수자와 학생 모두의 지식에 대한 발상법의 전환이 필수적이다. 교수자는 지식 전수자가 아닌 선도적 학습자(lead learner)로 자기 위치를 이해해야 한다. 교수자는 행성이 어떻게 만들어졌는지 모를 수도 있지만, 그것을 알 수 있는 방법을 찾을 수는 있기 때문이다. 빅히스토리 수업에서 교수자의 가장 중요한 본분은 자신이 아는 지식을 바탕으로 과거에 의미를 부여하는 '역사적 분석'을 지도하는 것이다. 즉 빅히스토리는 자연과학적 지식을 폭넓게 사용하고 있지만, 학생들이 과학적 현상의 논리를 깊이 있게 이해할 필요가 없다. 교수자는 오히려 학생들이 자연과학적 전문 지식에 너무 깊이 진입하는 것을 저지하고 과학적 이해의 결과물을 역사적 분석과 연계시키도록 자극하는 역할을 맡아야 한다. 이는 예를 들어 금이나 은과 같은 지구상의 화학원소들이 인간의 사회, 정치적 행동의 중요한 요소들에 어떤 영향을 미쳤는가, 금은 왜 특정 지역에서 발견되는가, 금은 왜 화폐로 사용되었는가, 왜 우리는 금을 더 많이 생산할 수 없는가와 같은 질문들을 통해서 가능하다.[18]

빅히스토리는 학생들에게 세 가지의 기본 능력을 함양하는 것을 목표로 한다. 우주의 단위로부터 원자 단위까지 가로질러 사유할 수 있는 능력, 학제융합적 사고방식과 방법론의 사용능력, 새로운 생각과 정보를 조합하여 가설을 개발하고 이를 방어할 수 있는 능력이 그것이다. 이러

---

17) 크리스천, 이근영 역, 『시간의 지도』, 25–26, 31–32, 61, 84–91, 237–239, 296–299쪽.
18) 크리스천이 빌 게이츠 재단의 후원을 받아 개발한 온라인 교수지침인 Big History Teaching Guide을 참고할 것. https://school.bighistoryproject.com/media/homepagemedia/CourseGuide.pdf

한 능력 함양은 빅히스토리 수업의 꽃이라 할 수 있는 '작은 빅히스토리(little Big History)' 프로젝트의 진행을 통해 다양한 성격의 교실에서 성공적으로 이루어지고 있다.[19] 학생들은 물질, 상품, 역사적 과정이나 기술혁신, 사회적 구성물, 제도 혹은 활동 가운데 한 가지를 선정하여 그의 기원에 대한 설득력 있는 빅히스토리를 구성해보도록 지도받는데, 최소한 세 가지 학문 분야를 포함하고 최소한 세 임계점에 걸친 장기적 과정을 추적하는 방식으로 진행된다.

요컨대, 빅히스토리는 광범한 학문분과의 지식들을 교접하여 가설을 세우고, 큰 질문들을 던지면서, 필요한 1차 사료와 2차 문헌들을 찾아 분석하여, 설득력 있는 주장을 펼치고 비판에 대해 자기주장을 방어할 줄 아는 능력을 키울 수 있는 신개념의 세계사 과목이다. 또한 자연계와 인문계 학생이 함께 프로젝트를 진행하며 각자가 알고 있는 지식을 서로 가르치는 과정에서 자연과학 및 인문학적인 기본 지식의 학습성취율이 배가되는 효과도 거둘 수 있다. 학생 간의 상호교수(peer instruction)가 교수자의 일방적인 지식 전수보다 훨씬 높은 효과를 발휘한다는 사실은 이미 전문연구를 통해 입증된지 오래이므로,[20] 교수법적으로도 빅히스토리는 매우 바람직한 모델에 기초해있다고 평가할 수 있겠다.

---

19) Fred Spier, "Big History," Douglas Northrop, ed., *A Companion to World History*, Chichester, West Sussex: Wiley-Blackwell Publishing, 2012, pp. 180-181. 이화여자대학교에서 국내 최초로 빅히스토리를 강의한 김서형은 작은 빅히스토리의 방식으로 빅히스토리 입문서를 출간했다. 김서형, 『김서형의 빅히스토리 - Fe연대기』, 동아시아, 2017.
20) Eric Mazur, *Peer Instruction: A User's Manual*, Upper Saddle River, NJ: Prentice Hall, 1997.

Ⅳ. 문자/이미지 사료학습을 활용한 세계사 교육

사료학습은 그 자체로서 세계사를 가르칠 수 있는 독립적인 교수 모델이기도 하지만 앞의 두 모델을 보완하는 차원에서 활용할 수 있는 모듈의 성격을 아울러 갖는다. 물론 사료학습을 세계사 교육 모델로 간주하는 것에 대해 회의적인 반응이 앞설 수 있다. 특히 세계사 관련한 사료집이 출간되어있는 것이 거의 없고, 있더라도 번역의 문제를 포함해서 교수 내용에 적합한 사료를 선별하는 것은 많은 시간을 요하기 때문에 고른 분포의 주제 영역에 걸쳐서 충분한 분량의 사료를 확보하기는 쉽지 않기 때문이다. 무엇보다도 접근 가능한 사료 범주의 제한성 때문에 세계사 교육의 범위를 축소시킬 수 있다는 근본적인 문제가 제기될 수 있다. 그러나 세계사 교육의 범위 축소의 문제는 교과목 기획을 통해 충분히 극복될 수 있을 것으로 사료된다. 세계사 개설 지식을 선행교과목을 통해 요구할 수 있다면, 세계사적 의미가 각별한 사건, 현상, 인물들을 중심으로 사료학습형 세계사 교과목을 심화교과목으로 충분히 기획해볼 수 있다.

그러나 사료학습을 세계사 교육에서 가능성의 문제로만 접근하기에는 그 중요성이 너무 크다. 교수자와 학생 모두가 시행착오를 거치면서라도 사료학습을 하는 것이 하지 않는 것보다 훨씬 유익하기 때문이다. 세계사는 틸리의 표현을 빌려 말하자면 "큰 구조, 거대한 과정, 거시 비교"에 관한 거대서사이다.[21] 이처럼 추상적이고 유럽중심적인 근대주의와 발전주의에 경도되기 쉬운 거대서사는 아래와 주변의 시선에서 재검증되고 재발견될 필요가 있다. 이러한 작업은 특히 비유럽권에서 세계사를 배울 때 훨씬 중요하고 필수적인 절차이다. 차크라바티의 '유럽의 지

---

21) Charles Tilly, *Big Structures, Large Processes, Huge Comparisons*, New York: Russell Sage Foundation, 1989.

방화' 테제가 역설하듯이, 세계사에서 보편, 중심, 지배의 위치에서 이야기되는 모든 것들은 끊임없이 질문의 대상이 되어야 하고 그것의 대립항과의 관계성 속에서 이해되어야 한다. 사료학습은 거대서사를 구체적인 행위자의 시선에서 재확인하고 또한 이를 통해 거대서사를 낯설게 함으로써 틈을 내도록 자극할 수 있는 최적의 교수 모델이다.

더 나아가서 사료학습은 학생주도의 창의적 역사교육을 실천할 수 있는 매우 유용한 활동 모델이다. 세계대학평가 때마다 지적되는 한국 대학의 문제점 중 하나는 대형 강의가 많고 그로 인해 학습효과가 떨어진다는 것이다. 이것은 교과목 차원의 문제로 끝나지 않고 혁신적 사고와 연구를 장려하는 대학문화의 결핍이라는 보다 큰 문제로까지 연결된다. 코로나19 이전부터 가장 혁신적인 교수법으로 주목을 받아온 역전학습(flipped learning)은 팬데믹과 함께 비대면 수업이 일반화되면서 비로소 뿌리를 내리기 시작했다. 지식 전달형 수업에 그치지 않고 학생 주도의 사료 해석을 수업의 중심으로 삼는 사료학습은 대형 강의에서도 효과적으로 적용될 수 있는 역전 학습형 수업 모델이라 할만하다.

국내 대학에서는 사료 강독 수업을 제외하고는 학생들이 역사 전공과목에서조차 일차 사료를 다루는 일이 극히 드물다. 하지만 미국에서는 대학 교양교과목이나 중등교육과정에서도 역사 관련 수업이라면 학생들은 반드시 일차 사료와 씨름해야 한다. 중등교육과정의 세계사 교과서들이 다양한 장문의 사료들을 발췌해 싣고 있고 대학용 세계사 교과서들은 아예 사료집을 별도로 간행하고 있는 것도 이 때문이다. 독일의 중등교육과정 세계사 교과서는 본문의 서술 분량에 육박하는 많은 사료가 실려있어서, 학생들은 해당 주제에 대한 학습을 본문의 설명 내용이 아니라 직접 사료 분석을 통해 진행하도록 설계되어있다.

우리의 역사수업에서 일차 사료를 더 적극적으로 활용하기 위해서는 무엇보다도 교수자와 학생 모두가 충분한 전문 지식이 전제되어야만 사료를 정확히 이해할 수 있다는 고정관념부터 넘어서야 한다. 특히 교수 자부터가 사료로부터 객관적인 진실을 규명해야 한다는 랑케의 경전 읽기식 태도를 넘어서 '창조적 오독'을 고무하는 포스트모던 역사학적 인식을 좀 더 진지하게 검토할 필요가 있다. 사료 비판이라는 역사학 고유의 방법론을 개발하여 근대 역사학을 정립한 랑케는 사료적 사실이 곧 과거의 사실이라는 전제에서 출발하여 사료 앞의 역사가에게 자신을 완전히 버리는 구도자의 태도를 주문했다.[22] 역사가가 자신의 주관을 완전히 삭제할 때 사료는 스스로 말할 수 있다고 믿었기 때문이다. 랑케 사학의 사료 비판 원칙의 고수는 우리 교실에서 사료를 밀어냈다.

그러나 사료는 과거 사실의 박제물이 아니고 누군가가 특정한 조건하에서 특정한 의도를 갖고 주관적인 관점에서 쓰여진 하나의 텍스트이다. 사료를 해석이 필요한 텍스트로 접근할 때, 비로소 주도권은 사료의 저자로부터 독자인 학생들에게 옮겨올 수 있다. 여러 학기에 걸쳐서 〈서양사사료학습론〉이란 과목을 교수한 필자의 경험으로 볼 때, 학생들의 사료에 대한 오랜 고정관념을 바꾸기란 쉽지 않다. 사료 분석이라는 과제에 직면했을 때 학생들이 보이는 가장 일반적인 행동은 우선 사료의 배경이 되는 시대사적 지식을 수집하고 사료 내용과 관련된 연구결과를 뒤져서 사료 내용을 그 틀 속에 끼워 맞추어 해석하거나 역사학자들이 이미 평가한 사료의 의미를 조사해서 그것을 해석의 잣대로 삼으려고 애쓰는 것이다. 필자는 학기 내내 학생들에게 사료 내용에 관한 배경지식을 조사하기 전에 사료를 정독하면서 사료 저자와의 대화를 통해서 자신만의 질문을 발굴하도록 독려했지만, 학기가 끝날 때까지 학생들은 여전히 그러한 접근을 낯설어했다. 한국 대학생들의 저조한 자기 주도적 학습 능력의 현주소가 현저히 드러나는 대목이다.

---

22) 김기봉, 「랑케의 'wie es eigentlich gewesen' 본래 의미와 독일 역사주의」, 『역사와담론』 39집, 2004, 140-143쪽.

그러나 필자의 수업이 초반에 불충분한 효과를 거두는 데 그쳤던 데에는 사료 분석을 위한 단계적이고 적절한 가이드라인을 제공하고 이에 따라 지도하는 교수 방법론이 부실했던 탓이 컸다. 사료학습을 통해 학생들의 역사적 상상력과 창의적 사고력을 극대화하기 위해서는 교수자의 적절한 사료 선정 작업, 분석 가이드라인의 제시,[23] 효과적인 피드백이 매우 중요하다. 물론 국내 세계사 수업에서 세계사적 주제와 부합하는 사료를 적절히 사용하기 위한 조건은 호의적이지 않다. 사료 분석을 위한 체계적인 가이드라인의 부재와 더불어 맞춤형 사료집의 부재 역시 교수자들이 세계사 수업에서 일차 사료를 활용하는 데 걸림돌이 되고 있다. 서양사 경우에 두 권짜리 사료집이 시장에 나와 있지만,[24] 아쉽게도 수록된 사료들이 매우 짧게 발췌되어 있어서 심도 있는 사료학습을 진행하기에 부적절할 때가 많다.

따라서 국내 번역된『상식론』이나『독일 국민에게 고함』과 같은 고전적인 텍스트 혹은 문학 작품들의 일부를 세계사적 맥락에서 학생들과 함께 강독, 분석하는 것도 좋은 대안이 될 수 있다. 중요한 것은 어떤 종류의 사료를 얼마나 많이 읽느냐가 아니라, 사료를 사용하여 자신의 역사적 해석을 논리적으로 표현하고 이를 통해 역사적 사고방식을 배우는 것이기 때문이다. 조사한 개설 지식을 컨텍스트로 삼아 일차 사료의 텍스트를 이해하는 것이 아니라, 일차 사료로부터 출발하여 거꾸로 기존의 개설 지식을 검증하고 새로운 지식을 스스로 창출할 수 있도록 일관되게 독려하는 사료학습이야말로 역사적 사고력을 훈련할 수 있는 최고의 역

---

23) 리버럴아츠 칼리지인 칼리튼 칼리지(Carleton College)에서 제공하는 다음의 가이드라인은 사료 분석을 지도하는 데 최소한의 나침반 기능을 해줄 수 있을 것이다. https://apps.carleton.edu/curricular/history/resources/study/primary/
24) 김창성, 『사료로 읽는 서양사 1: 고대편-고대 그리스에서 로마제국까지』, 책과함께, 2014; 김창성, 『사료로 읽는 서양사 2: 중세편-게르만족의 이동에서 르네상스 전야까지』, 책과함께, 2014.

전 수업이라고 확신한다.

그림, 조각, 건축물, 장식물, 사진, 만평, 포스터 등과 같은 이미지 사료 역시 문자 사료와 마찬가지로 이미지 제작자의 주장(argument)을 담고 있고 바로 이 주장을 해석과 분석의 대상으로 삼을 수 있다는 측면에서 문자 사료와 동일한 방식으로 활용될 수 있다. 이미지는 학생들이 빨리 흥미를 느낄 수 있고 자료에 다가서는 데 거부감이 적다는 장점을 갖지만, 이러한 장점 역시 교수자의 체계적인 가이드라인 제시가 없다면 교육적 효과로 연결되기보다 감상 수준에서 소비되기 쉽다. 이미지는 문자화된 정보보다 훨씬 고도로 압축된 복합적 정보를 전달하는 매체이기 때문에, 단계적이고 체계적인 분석 가이드라인에 기초한 소위 '이미지 비판(image critique)'의 방법론을 따르는 것이 효과적이다. 이미지 비판은 이미지의 내용과 효과를 구분하고 이미지가 전달하는 논리적, 윤리적, 문화적 가치와 감정적 호소력을 체계적으로 검토하도록 지도함으로써 학생들의 이미지에 대한 비판적이고 분석적인 이해력을 제고하는 교수법이다.[25]

그러나 이미지 자료의 가장 큰 특징은 보는 잣대에 따라 달라질 수 있는 거의 무한대의 해석 가능성을 그 안에 담고 있다는 점이다. 이는 이미지 자료를 해부할 수 있는 도구들이 다양하면 다양할수록 그 안의 정보를 더 많이 펼쳐 보일 수 있음을 의미한다. 따라서 상술한 논리적, 윤리적, 문화적 가치와 감정적 호소력은 이러한 도구의 일부에 불과하고, 교수자는 다양한 분석 도구들을 더 많이 개발할 필요가 있다.

역사적 지도는 다소 특별한 이미지 사료에 해당하는데, 통상 지도는 객관적인 정보를 담고 있는 것으로 여겨지기 때문에, 가치중립적으로 간

---

25) Holly Wills, "Writing Images and the Cinematic Humanities," *Visible language*, vol. 49, no. 3, 2015; Charles A. Hill and Marguerite Helmers, ed., *Defining Visual Rhetorics*, Mahwah, NJ and London: Lawrence Erlbaum Associates, 2004, Chapter 5.

주되기 쉬운 자료를 객관적인 자료로 읽지 않는 독법을 학생들이 훈련할 수 있는 최상의 자료이다. 역사적 시대구분과 마찬가지로 수많은 고지도들 역시 제작자의 의도와 시대적 조건에 따라 공간 구분에 관한 특정 정보를 편향되게 전달하고 있는 자료의 하나이다. 따라서 이러한 인식론이 잘 드러날 수 있는 고지도를 이미지 사료로 선별하여 이를 비판적이고 분석적인 관점에서 읽도록 한다면 학생들의 역사적 사고력의 제고뿐만 아니라 세계사적 문제의식 발전에 특별한 효과를 더할 수 있을 것이다.

특히 그림이나 사진과 달리 시각적인 것과 언어적인 것의 융합적 정보를 담고 있는 영화는 한층 복합적인 해석 능력을 요하는 이미지 사료에 해당한다. 반드시 해당 주제의 시대에 제작된 동영상물이 아니더라도 해당 역사적 주제를 다루는 현대의 역사물 영화도 기본적으로 역사적 사고력을 함양시킬 자료로서는 손색이 없다. 시대적 배경/맥락과 관련한 분석 항목 정도를 조절한다면, 오히려 역사적 현상에 대한 해석을 재차 해석하는 중층적인 사고력을 훈련하면서 해당 주제에 대한 이해도 제고할 수도 있다. 학생들의 영화에 대한 높은 관심이 일반적인 현상이기 때문에, 영화는 늘 역전 수업의 좋은 교재로 각광받아왔다. 미국 대학에서 연극영화과를 통해 이미지 분석 관련 교양과목들을 꾸준히 개발, 운영해온 것도 이러한 이유에서일 것이다.

국내에서도 영화를 인문학 수업자료로 활용하려는 시도가 대학교육과 대중교양강좌 모두에서 큰 호응을 얻고 있다. 그러나 이들 영화인문학 강좌들은 종종 수동적이고 수용적인 영화 감상 차원의 학습을 넘어서지 못할 때가 많다. 일례로 세계사 교육에서 영화를 사용할 때, 시대적 배경과 사건들이 영화에서 단순히 어떻게 묘사되고 있는가를 이해하거나 특정 역사적 사건에 대한 감독의 시각과 해석을 읽어내고 그의 의도와 메시지를 파악, 평가하는 데에만 집중하는 경향이 있는 것이다.

학생들은 역사 관련 영화도 일차 사료와 마찬가지로 과거 사실의 충실한 반영이 아니라 역사적 사실을 감독의 주관적 관점에서 특정 목적을 위하여 해석한 하나의 주장으로 바라보고 그 내용과 효과를 비판이고 분석적으로 이해할 수 있어야 한다. 이를 위해서는 영화의 내용뿐만 아니라 다양한 영화 기법적인 효과에 대한 분석까지 병행되어야 한다는 점에서 영화는 다른 어떤 이미지 자료보다도 복합적인 기준과 잣대를 활용한 분석을 요하는 도전적인 학습자료이다. 무엇보다도 영화에 대한 이미지 비판적 학습은 학생들이 먼 과거의 일차 사료와 현재 우리 주변에 넘쳐나고 있는 이미지들 모두가 역사적 사고와 해석을 요하는 동일한 종류의 텍스트들이라는 사실을 인지하고 그에 대한 지적인 응전을 연마하는 데 좋은 효과를 발휘할 수 있다.

V. 맺음말

1990년대 이래 급진전되기 시작한 지구화는 최근 코로나19, 기후위기, 러시아-우크라이나 전쟁이 동시 진행되는 전대미문의 조합 속에 새로운 단계에 들어서고 있지만, 국내 대학의 역사교육은 여전히 민족사 패러다임에 충실한 형태와 내용을 벗어나고 있지 못하다. 현실 세계는 이미 6G 속도로 연결되며 매순간 변하는데, 미래를 준비해야 할 우리 교육은 아직도 2G 속도로 연결되는 세상을 교재로 삼고 진행되고 있는 것이나 다름없다. 특히 이제까지의 지구화에서 국가 간 교류, 경쟁, 협력 구도가 전 지구적 연결의 양상, 규모, 질적 수준을 좌우하는 인자였다면, 우리가 새로이 직면하고 있는 변화들은 앞으로 전 지구적 연결이 과거와 다른 수준의 복잡계적 양상을 띨 것을 예고하고 있다. 팬데믹과 함께 가속화된 4차 산업혁명 시대의 과학기술 발전이 그렇고, 기후 변화로 대변되는 환경 위기가 그렇다.

이러한 새로운 강력한 지구화 인자들이 추가되면서 그 어느 때보다 불확실성과 가능성이 높아진 시대에 미래 세대가 받아야 할 교육으로서 세계사 교육이 절대로 빠질 수 없다고 역설하고 싶다. 다른 어떤 교육보다도 세계사 교육은 종합적인 성찰과 통섭적인 사고력을 기르는 데 적합한 콘텐츠를 갖고 있다. 인간 세계에 중점을 두든 시야를 지구생태계와 우주로까지 넓히든, 세계사는 학생들이 특정 종족과 민족, 특정 문명과 문화의 경계를 넘어서 인류 전체의 유산을 바탕으로 커다란 사유와 상상을 펼칠 수 있는 거대한 도화지를 제공하고 이를 사용하는 법을 가르칠 수 있는 거의 유일한 교과목이다. 그러나 이러한 세계사 교육의 잠재력을 200% 활용하기 위해서는 현재 서양문명사 중심으로 이루어지고 있는 세계사 교육을 질적인 측면에서 크게 바꿀 필요가 있다. 21세기 세계사 교육은 인류사회가 어떻게 점차 한 덩어리로 연결, 통합되어왔는지 역사적으로 깊이 이해할 수 있도록 함은 물론이고, 여기에 그치지 않고 세계사적 지식을 자연, 지구, 우주의 역사와 연결하여 확장하고, 더 나아가 인류문명의 새로운 발전경로와 인간의 새로운 정체성을 모색할 수 있는 비판적 사고력과 창의적 상상력을 함양하는 방향으로 혁신되어야 한다.

　본고는 이러한 문제의식에서 세계사 교육을 위한 교수 전략을 세 가지 방향으로 탐색하였다. 국내에서 가장 일반적으로 운영하고 있는 서양문명사 유형의 과목을 세계문명사의 범주로 확대하는 방법, 빅히스토리를 통하여 자연과학과 인문학을 융합하는 방법, 그리고 문자/이미지 사료학습을 통해서 학생 주도적인 세계사 교육을 실행하는 방법이 그것이다. 각 대학의 특성과 사정에 따라 이들 교수 모델은 더 무수히 변주될수 있겠지만, 세계사 교육 자체를 경시하는 것은 더 이상 선택안이 될수 없다. 전 세계 국가는 세계사 교육을 강화하기 위한 노력을 이미 경쟁적으로 경주하고 있으며, 더 나아가, 미국 대학들에서 가장 뚜렷이 나타나듯이, 점점 그 시계를 문명에서 전 지구, 다시 우주로 넓혀가는 추세에 있다.

무엇보다도 세계사를 가르치는 방법이 바뀌어야 한다. 교수의 초점을 질보다 양에 맞추고 있는 우리의 대학교육은 세계사나 빅히스토리와 같은 과목을 부담스럽게만 여긴다. 그러나 다량의 정보와 지식 전수에 중점을 두는 세계사나 빅히스토리는 가능하지도 않을뿐더러 무의미한 교육이 될 것이다. 불과 100년 이내에 전혀 다른 문명사적 패러다임 속에 살아가게 될 21세기 세대가 갖추어야 할 역량은 박식함이 아니라 큰 안목과 주도적이고 자유로운 그래서 창의적인 사고력과 인간중심주의를 뛰어넘는 공감 능력이다. 이러한 역량의 함양은 전통적인 의미의 교수자 중심의 강의식 교수법으로는 불가능하다. 수업 진행에 있어서 교수자의 역할이 중요하지 않다는 뜻이 전혀 아니다. 오히려 이러한 역량 함양의 성패가 학생주도의 학습을 위해 수업을 설계, 운영, 변주하는 교수자의 기획 능력에 달려 있다는 점에서 교수자의 역할이 아주 중요하다고 할 수 있다. 세계사와 빅히스토리의 영토를 대학교육과 중등교육 현장에서 공격적으로 늘려가고 있는 미국에서 그 어느 곳에서보다 교수법적 쇄신이 활발히 진행되고 있는 것은 결코 우연의 일치가 아니다.

세계사나 빅히스토리가 어렵고 불가능하게 생각되는 것은 비효율적이고 낡은 교수법 때문이지 교육 내용의 난이도나 양적 규모 때문이 결코 아니다. 결국 국내 대학의 세계사 교육의 성패는 19세기 근대역사학이 세워둔 범주와 방법론에 안주하고 있는 한국 대학들의 역사교육이 얼마나 과감하고 혁신적인 교수 모델을 개발하고 실행하는가에 달려 있을 것이다. 본고에서 제안한 세계사 교육의 세 가지 모델이 이러한 교수법적인 혁신을 시작하는 데 조금이나마 자극이 되길 바란다.

◆ 참고문헌

김서형, 『김서형의 빅히스토리 – Fe연대기』, 동아시아, 2017.
김창성, 『사료로 읽는 서양사 1: 고대편-고대 그리스에서 로마제국까지』, 책과함
　　　께, 2014.
＿＿＿, 『사료로 읽는 서양사 2: 중세편-게르만족의 이동에서 르네상스 전야까지』,
　　　책과함께, 2014.
나가타 야키후미, 김혜정 역, 『세계사 속 근대한일관계』, 일조각, 2017.
데이비드 크리스천, 이근영 역, 『시간의 지도 – 빅히스토리』, 심산, 2013.
로버트 B. 마르크스, 윤용호 역, 『다시 쓰는 근대세계사 이야기』, 코나투스, 2007.
미야자키 마사카츠, 김진연 역, 『처음부터 다시 읽는 친절한 세계사』, 제3의공간,
　　　2017.
＿＿＿＿＿＿＿＿＿, 오근영 역, 『하룻밤에 읽는 세계사』, 랜덤하우스코리아, 2011.

사토 마사루, 신정원 역, 『흐름을 꿰뚫는 세계사독해』, 역사의아침, 2016.
역사미스터리클럽, 안혜은 역, 『한눈에 꿰뚫는 세계사 명장면』, 이다미디어, 2017.
우야마 다쿠에이, 오세웅 역, 『너무 재밌어서 잠 못 드는 세계사』, 생각의길,
　　　2016.
윌리엄 맥닐, 김우영 역, 『전염병의 세계사』, 이산, 2005.
＿＿＿＿＿, 이내주, 신미원 역, 『전쟁의 세계사 – 히스토리아 문디』, 이산, 2005.
유시민, 『거꾸로 읽는 세계사』, 푸른나무, 2008.
이보영, 『한 권으로 읽는 이야기 세계사』, 아이템북스, 2009.
이언 모리스, 김필규 역, 『전쟁의 역설』, 지식의날개, 2015.
주명철, 『대항해 시대. 해상팽창과 근대세계의 형성』, 서울대학교출판부, 2008.
탯 우드, 도로시 에일, 정지현 역, 『세계사』, arte, 2017.
피터 프랭코판, 이재황 역, 『실크로드 세계사: 고대 제국에서 G2 시대까지』, 책과
　　　함께, 2017.
허버트 조지 웰스, 김희주, 전경훈 역, 『H. G. 웰스의 세계사 산책』, 옥당, 2017.

김기봉, 「랑케의 'wie es eigentlich gewesen' 본래 의미와 독일 역사주의」, 「역사와담론」 39집, 2004.

박혜정, 「유럽중심주의 극복과 전 지구적 연계성 사이에서-미국 대학용 세계사 교과서 7종의 인도양, 산업혁명, 제국주의 내용 분석-」, 「역사교육논집」 68집 3권, 2018.

_____, 「4차 산업혁명 시대의 역사교육 – 대학 역사교육에서 '역사하기(Doing History)' 컨셉 활용하기」, 「역사교육논집」 74집, 2020.

_____, 「하나의 지구 복수의 지구사」, 연세대학교 출판문화원, 2022.

Charles A. Hill and Marguerite Helmers, ed., *Defining Visual Rhetorics*, Mahwah, NJ and London: Lawrence Erlbaum Associates, 2004.

Charles Tilly, *Big Structures, Large Processes, Huge Comparisons*, New York: Russell Sage Foundation, 1989.

College Board, *AP World History: Modern—Course and Exam Description*, New York: College Board, 2016.

David Christian, "'Big History', Globalization and Australia: Towards a More Inclusive Account of the Past," *Australian Academy of the Humanities, Proceedings*, 25, 2000.

_____, Cynthia Brown, Craig Benjamin, 1st edition, *Big History: Between Nothing and Everything*, New York: McGraw-Hill, 2013.

Eric Mazur, *Peer Instruction: A User's Manual*, Upper Saddle River, NJ: Prentice Hall, 1997.

Felipe Fernandez-Armesto, *The World: A History*, Englewood Cliffs, NJ.: Prentice Hall, 2006.

Fred Spier, "Big History," Douglas Northrop, ed., A Companion to World History, Chichester, West Sussex: Wiley-Blackwell Publishing, 2012.

Gilbert Allardyce, "The Rise and Fall of the Western Civilization Course," *American Historical Review*, vol. 87, no. 3, 1982.

Holly Wills, "Writing Images and the Cinematic Humanities," *Visible Language*, vol. 49, no. 3, 2015.

Jeremy Adelman et al., *Worlds Together Worlds Apart*, New York: W. W. Norton & Company, 2003.

Jerry Bentley and Herbert Ziegler, *Traditions & Encounters. A Global Perspective on the Past*, New York: McGraw-Hill, 1999.

John A. Mears, "Evolutionary Process: An Organizing Principle for General Education," *Journal of General Education*, vol. 37, no. 4, 1986.

John Coatsworth et al., *Global Connections: Politics, Exchange, and Social Life in World History*, Cambridge, NY: Cambridge University Press, 2015.

Lanny B. Fields, Russell J. Barber, and Cheryl A. Riggs, *The Global Past*, New York: Bedford/St. Martin's, 1997.

Peter N. Stearns, Michael Adas, and Stuart B. Schwartz, *World Civilizations. The Global Experience*, New York: HarperCollins, 1992.

Richard Bulliet et al., *The Earth and Its Peoples. A Global History*, Belmont: Wadsworth Publishing, 1997.

Robert B. Bain and Tamara L. Shreiner, "Issues and Options in Creating a National Assessment in World History," *The History Teacher*, vol. 38, no. 2, 2005.

Ross E. Dunn and Laura J. Mitchell, *Panorama: A World History*, New York: McGraw-Hill Education, 2014.

Stephen Morillo, *Frameworks of World History*, Combined Volume, Oxford: Oxford Unvierstiy Press, 2014.

Carleton College, "How to Analyze a Primary Source," https://www.carleton.edu/history/resources/history-study-guides/primary/

Coursera, 〈Big History〉, https://www.coursera.org/learn/bighistory.

World History for Us All, https://whfua.history.ucla.edu/

John Maunu, "Bringing Big History Down to Classroom Size: Concepts and Resources," *World History Connected*, vol. 6, no. 3, 2009. http://worldhistoryconnected.press.illinois.edu/6.3/maunu2.html

David Christian, 〈Big History Teaching Guide〉,

https://school.bighistoryproject.com/media/homepagemedia/Course Guide.pdf(이상 2022년 11월 29일자 일괄 확인).

제2부

지역사와 세계사 연구 사례 1
: 지(知)의 유통과 교역

밖에서 본 중국

『의심방(醫心方)』의 서적 인용과 부인과(婦人科) 논술

리전더(李貞德)

초겨울 때 아닌 온기가 서실에 가득하니(小春奇暖滿書室),
마음은 매화와 더불어 저절로 날뛰려 하네(心共梅花欲自狂).
옛 향기 그윽함을 그대 괴이히 여기지 마오(馥郁古香君莫怪),
서른 권 『의심방』을 수없이 펼쳤을 뿐이라오(繙披卅卷醫心方).
　　　　－ 모리 릿시(森立之, 1807－1885) 『의심방제요(醫心方提要)』[1]

Ⅰ. 『의심방(醫心方)』의 편찬과 전사(傳寫)

　『의심방』은 일본의 현존하는 최고(最古)의 의서(醫書)이다. 헤이안(平安) 시대(794－1183) 침박사(鍼博士) 단바 야스요리(丹波康賴, 912－995)가 982년에 이를 저술하였고, 984년에 엔유 천황(円融天皇, 969－984 재위)에게 상정(上呈)했다. 이 책은 30권으로 이루어져 있고, 당시 일본에 있는 중국의 의약방서(醫藥方書) 200여 종을 수록하였으며, 의경(醫經), 경방(經方), 방중(房中), 양생(養生), 본초(本草), 침구(針灸),

---

1) 森立之, 『醫心方提要』東京大學史料編纂所編, 『大日本史料』第一編 第21册, 東京: 東京大學出版會, 1986, 208쪽.

불전(佛典), 부록(符錄) 등을 포함하여 모두 11,000조(條)에 달한다.[2] 단바 야스요리가 73세의 고령에 엄청난 거작을 편찬했으므로 학자들은 그 편찬 동기와 목적에 대해 여러 가지 추측을 하였다.[3] 그러나 단바는 책을 쓴 후에 친필 사본을 황실에 바쳤고, 다른 초본(抄本)은 그의 가족이 집정권신(執政權臣) 후지와라 미치미치(藤原道通, 992-1074)에게 바쳤다. 이를 통해 단바의 저작이 왕공귀족(王公貴族)을 주된 독자로 삼고 있었음을 알 수 있다. 미치미치는 일찍이 우지(宇治)에 한거평등원(閒居平等院)을 지었기에 후지와라 가문 초본은 이후에 '우지본(宇治本)'으로 불렸다. 1145년 문장박사(文章博士)는 우지본을 참고하여 황실에 있는 어본(御本)에 다시 표점을 찍고 주를 붙였다. 그 후 어본은 궁중 도서관에 비밀리에 소장되었고, 소수의 어의(御醫)만이 열람할 수 있었다. 외부로 유출된 것은 한 부의 권수가 불완전한 초본이 교토(京都) 인화사(仁和寺)에 소장된 것을 제외하고, 나머지는 대부분 단바의 자손들이 집안에서 소장한 판본을 계속해서 간추려 다른 제목으로 발표한 것들이다. 오기마치(正親町) 천황이 1573년 30권의 어본을 당시 전약두(典藥頭)인 나카라이 즈이사쿠(半井瑞策)에게 하사하게 되면서, 원래 단바 가문과 황실이 독점하고 있던 『의심방』이 외부로 유출되었고, 그중 권22가 나카라이 가문에서 유출되어 많은 사람들의 손을 거쳐 가며 소장되었다. 전체 30권인 『의심방』은 에도시대(1603-1867) 말기에 이르러 도쿠가와 막부(德川幕府)가 한의서를 간행할 때, 안세이(安政) 원년(1854) 나카라

2) 馬繼興, 「『醫心方』中的古醫學文獻初探」, 『日本醫史學雜志』 31-1, 1985, 326-371쪽.
3) 황실의 표창을 받고자 했다는 설은 다음을 참조. Emil C. H. Hsia, Ilza Veith, and Robert H. Geertsma, *The Essentials of Medicine in Ancient China and Japan: Yasuyori Tamba's Ishimpo*, Leiden: E. J. Brill, 1986, p.11. 家學의 傳統을 보존하고자 했다는 설은 다음을 참조. 服部敏良, 『平安時代醫學史の研究』, 東京: 吉川弘文館, 1955(初版)·1988(重印), 139-140쪽. 중생의 치병을 위한 것이었다는 설은 다음을 참조. 杉立義一, 『醫心方の傳來』, 京都: 思文閣, 1991, 3-12쪽.

이 가문에게 대대로 물려온 진본을 공개하도록 하였고 에도의학관(江戸醫學館)에 넘겨 교감(校勘) 및 영사(影寫)하게 하여 마침내 세상에 공개될 수 있었다.[4] 이 글의 첫머리에 소개한 모리 릿시(森立之)의 시는 그가 처음 원본을 보았을 때, 오랜 숙원을 이룬 후의 감회 속에 쓴 것이다. 에도의학관이 『의심방』을 교감 및 영사한 후 1860년에 목판으로 각인하였는데, 이것이 바로 후에 '안세이판(安政版)'으로 통칭되는 판본이다.[5] 기존의 나카라이 가문의 소장본은 1982년 일본 문화청이 구매하여, 1984년 『의심방』 편찬 1,000년 기념과 동시에 국보로 지정되었고 현재 공공기관에서 보관하고 있다.[6]

단바 야스요리의 후예이자 에도의학관의 교감 발간을 관리한 다키모토카타(多紀元堅, 1795-1857)는 안세이판 「각의심방서(刻醫心方序)」에서 그가 본 나카라이 가문 소장본에 대해 다음과 같이 말하였다.

이 책은 권자(卷子)의 형태로 수당(隋唐) 옛 서적의 형식을 엄격히 따르고 있는데 모두 30권으로 인화사(仁和寺) 서목(書目)에 기재되어 있는 것과 부합하다. 글자꼴은 같지 않고 종이의 질도 역시 다르며, 한자의 필획이 기고(奇古)하여 금석유문(金石遺文)과 서로 부합하는 것이 있으며 필획(筆劃)이 힘차 진당(晉唐)의 글씨와 같고 질박하며 꾸미지 않았다. 고향(古香)으로 받들 수 있는 것은 대개 그의 친필이 아니라 그 자제(子弟)가 그렇게 한 것이다. 제8권 「천양이년기(天養二年記)」에 의하면, 대개 당시를 전후하여 나온 판본과 각 집안에서 전해지는 전록본(傳錄本)을 배열하고 짜깁기한 것을 따라 하나의 완성된 책으로 만든 것이! 그중에는 후대 사람들이 보충하여 베낀 것도 있는데,

---

『大日本史料』第一編 第21冊, 「永觀二年(984)十一月二十八日」, 164쪽; 小曾戸洋, 『中國醫學古典と日本』, 東京: 塙書房, 1996, 570쪽, 585쪽; 杉立義一, 『醫心方の傳來』, 63-64쪽, 112-119쪽.
5) 矢數道明, 「江戸醫學における『醫心方』の影寫と校刻事業の經緯」, 『日本醫史學雜誌』31-3, 1985, 303-316쪽; 小曾戸洋, 『中國醫學古典と日本』, 532-585쪽.
6) 『의심방』의 천여 년 동안 나온 여러 종류의 필사본의 원류와 그 유전에 대해서는 다음을 참조. 杉立義一, 『醫心方の傳來』, 290쪽.

역시 수백 년 전의 기록이다. 매 권은 각각 하나의 류(類)를 형성하고 그 아래 자목(子目)으로 나누어져 있다. 그것이 인용하여 증명한 바는 위로는 농황편 장지경(農黃扁張之經)을 근거로 하였고, 아래로는 당(唐) 이전의 여러 저작을 관통하였다. 그것이 논하여 열거한 바는 치병(治病)에서부터 대체로 식물(食物)에까지 매 문(門)에 그 증상을 적었고 그 아래 방(方)을 적었으며 간혹 주명(注明)할 수 있는 부분은 안어(按語)를 부기하였다. 제2권의 침구(針灸)를 논한 부분은 더욱 순서가 있고 그 체례(體例)를 열었는데, 어찌 침박사로서 가장 그 뜻에 깊이 다다른 바가 아니겠는가! 그 체례를 살펴보건대 대개 왕도(王燾)의 『외대비요방(外臺秘要方)』을 따랐으며, 그 인용한 것의 방대함과 입론의 자세함은 확실히 그것을 넘어서며 미치지 못하는 바가 없다.[7]

한국의 승려가 중국의 불교와 의학 지식을 일본에 전해준 이후 일본은 607년 견수사(遣隋使)를 중국에 파견함으로써 마침내 중국의 학술 문화를 직접 흡수하기 시작하였다.[8] 755년 안록산(安祿山)의 난 이후 일본은 당(唐) 왕조의 정국이 나날이 쇠락해가는 상황을 잘 알고 있는 듯했다. 견당사(遣唐使) 혹은 당을 방문하는 승려들 모두 중국의 당시 상황을 보고하여, 일본 조정은 894년 마침내 견당사 파견을 중지할 것을 결정하였고, 907년 당이 멸망하자 중일 간의 교류는 잠시 중단되었다.[9]

---

7) 多紀元堅,「刻醫心方序」,『醫心方』, 台北: 新文豐重印安正版, 1982.
8) 金富軾,『三國史記』, 東亞民俗學稀見文獻彙編 第一輯,『韓國漢籍民俗叢書』5-6 册, 台北: 萬卷樓, 2012. 기록에 의하면, 삼국시대(313-668)의 고구려, 백제 그리고 신라는 남북조시대(南北朝時代) 중국과 모두 교류가 있었다. 그중 백제 와 양조(梁朝)의 교류가 밀접했다. 사인친왕(舍人親王, 676-735)의『일본서기 (日本書記)』(東京: 吉川弘文館, 1971)는 늦어도 흠명천황(欽明天皇) 14년(552) 일본과 백제 사이에 이미 의약지식의 교류가 있었음을 말해준다.『의심방』에는 『백제친집방(百濟新集方)』과『신라법사방(新羅法師方)』등 현재 망일(亡佚)된 의 서들이 수록되어 있는데, 이는 초기 한일 간 의학교류의 증거라 할 수 있겠다. 양조와 백제의 관계에 대해서는 周一良,「百濟與南朝關係的幾點考察」,『魏晉南北朝 史論集』, 北京: 北京大學出版社, 1997 참조. 한·중·일 삼국의 교류에 대해서는 張寅成,「古代東亞世界的禁咒師」, 林富士主編,『宗教與醫療』, 台北: 聯經, 2011, 69-92쪽 참조.
9) 예를 들면 원인(圓仁, 794-864)의『입당구법순례기(入唐求法巡禮記)』를 보면,

『의심방』에 수록된 서적을 보면 송(宋) 초의 상황이 반영되지 않았고, 중국의 의학 관련 출판 사업과 약 100년 정도의 시차가 발생한다. 이유는 다음과 같다. 단바 야스요리는 서적을 인용하면서 반드시 주를 달아서 그 출처를 명확히 하였는데, 당 이전의 여러 의방(醫方)과 다르며, 왕도(王燾)의 『외대비요(外臺秘要)』(752)와 비슷하였다. 이 때문에 다키 모토카타는 그 체계가 『외대(外臺)』에 준한다고 말했다. 『의심방』은 안세이 시기 복각되는데, 이 시기는 마침 일본 문화가 난학(蘭學)의 도전을 받는 시기여서 한방의가(漢方醫家)는 난의(蘭醫)와 경쟁하기 위해 이 책을 귀중하게 여겼다는 것도 미루어 알 수 있다. 그러나 중국인은 이전에 이 의서에 대해 알지 못하였고, 1881년 양수경(楊守敬)이 주일공사를 따라 공사관 참사관에 부임하면서 비로소 처음으로 알게 되었다. 양수경은 취임 전부터 일본에 중국의 진귀한 고서가 많이 소장되어 있다는 것을 듣고, 부임 후부터 수소문하며 찾다가 번의(藩醫)인 모리 릿시와 교류하게 되었다. 모리 릿시는 안세이판의 교감 발간에 참여한 적이 있었고 양수경은 중국에 돌아가기 전 그의 힘을 빌려 고서적 수만 권을 구매할 수 있었고, 『의심방』도 그 안에 포함되어 있었다. [10]

이 책은 중국 고적(古籍)을 기초로 하여 일본 의사가 이를 베껴 써서 편찬한 의서이기에 중국과 일본의 의학사에서 모두 중요한 지위를 점한다. 중국 의학사의 입장에서 보면, 단바 야스요리가 인용한 당 이전 시기 의서는 현재 많이 소실되었다. 양수경의 『일본방서지(日本訪書誌)』에서는 『의심방』을 다음과 같이 칭하였다. "인용된 방서(方書)는 오직 수지

그가 도착한 곳의 지방 관료 체계의 운영을 묘사하고 있다. 이와 관련한 토론은 黃清連, 「圓仁與唐代巡檢」, 『中央研究院歷史語言研究所集刊』 68-4, 1997, 899-942쪽 참조.

10) 양수경(楊守敬, 1839-1915)이 일본에 있을 때, 모리 릿시와 학문을 논하며 우정을 나누었는데, 중국으로 돌아오기 전 그곳에서 대량의 의서를 구입하였다. 이에 관해서는 郭秀梅, 「江戶考證醫學初考-森立之的生平與著作」, 『新史學』 14-4, 2003, 121-156쪽 참조.

(隋志)에서만 보이는 것도 있고, 어떤 것은 수, 당, 송지(宋志)에는 보이지 않고 오직 "기국견재서목(其國見在書目)"에만 있는 것도 있으며, 또 이 책에서만 인용되고 다른 곳에서는 보이지 않는 것도 있다."[11] 소위 "기국견재서목"이라 함은 헤이안 시대 조정 신료인 후지와라 스케요(藤原佐世, ?-897/898)가 896년 전후에 편찬한 『일본국견재서목록(日本國見在書目錄)』을 일컫는 것이다.[12] 이 책의 '의방류(醫方類)' 서적은 160종으로, 『의심방』이 인용한 서적 수에 미치지 못한다. 이는 단바가 인용한 서적이 단지 의방(醫方)에만 한정되어 있지 않고, 불전과 부록에까지 미쳤기 때문이며, 단바 가문의 소장본이 또한 상당했음을 보여준다. 이 외에도 『의심방』이 인용한 방서에는 수당 정사(正史)의 경적지(經籍志)와 예문지(藝文志)에는 보이지 않고 오직 『일본국견재서목록』에만 등장하는 서적이 있다. 이는 곧 단바 가문에 전해져 오거나 일본 비부(秘府)가 소장한 저작들일 것이며, 적지 않은 책이 아마도 『의심방』 편찬 시기에 이미 중국에서는 존재하지 않은 책이었을 것이다. 또한 북송(北宋) 조정이 책을 교감하여 중요 의학 서적을 수정하여 재편찬하였기 때문에, 의학사(醫學史) 학자들은 육조(六朝) 시기의 본래 모습을 고찰하기 위해 『의심방』에 남아 있는 옛 모습을 중시하지 않을 수 없다.

일본 의학사의 입장에서 보면, 『의심방』과 동시대의 일본 의서가 모두 남아 있지 않기 때문에 중요하다. 기록에서 일본이 최초로 편찬했다고 하는 의서인 『대동류취방(大同類聚方)』 100권은 808년에 책으로 편찬되었고, 868년에는 『금란방(金蘭方)』 50권이 나왔는데, 이 모두가 소

---

11) 楊守敬, 『日本訪書誌』卷3「醫心方三十卷」, 『國家圖書館藏古籍題跋叢刊』, 清光緒二十三年宜都楊守敬鄰蘇園刻本影印 제22책, 北京: 北京圖書館出版社, 2002, 675-689쪽.
12) 藤原佐世, 『日本國見在書目錄』, 台北: 新文豐, 清光緒黎庶昌校刊古逸叢書本影印, 1984.

실되어 전해지지 않는다.[13] 일본에서 현존하는 가장 오래된 의서로서 『의심방』은 옛 역사를 연구하는 중요한 보물일 뿐만 아니라, '일본 의학의 시작을 예고'하는 저작으로 평가받고 있다. 20세기 이래 관련 연구는 끊임없이 이어져 오고 있으며, 1984년 1,000주년 기념을 전후하여 공전의 성황을 이루었다.[14]

　필자는 과거 한당(漢唐) 간의 성별(性別)과 의료에 대해 연구를 할 때 『의심방』에 남아 있는 옛 서적의 도움을 받았다. 그런데 인용하는 과정에서 부인 질병 및 여성 신체에 대한 단바 야스요리의 이해 및 그의 산육(産育) 방서 선택과 분류가 모두 그가 인용하고 있는 중국의 저서들과는 다르다는 것을 발견할 수 있었다. 다시 말해, 『의심방』은 현존하는 일본 최고의 의서로서 중국에서 소실된 고서들을 보존하는 보고일 뿐만 아니라 헤이안 시대 의자(醫者)들의 관념을 고찰할 수 있는 중요한 자료이기도 한 것이다. 즉, 중국 부산과(婦産科)의 기원을 재건하는 데 중요한 사료일 뿐만 아니라, 일본 산부인과(産婦人科)의 역사를 볼 수 있는 창구이기도 한 것이다. 『의심방』에서 부인 신체, 질병, 의료 등을 전문적으로 다루는 부분은 주로 권21부터 권24에 집중되어 있다. 권28은 방중술(房中術)을 논하기 때문에 여성과 관련이 있기는 하지만, 그 중점이 남성의 '구수(求壽)'와 '성선(成仙)'에 맞춰져 있다. 이에 본문은 권21에서 권24까지에 그 초점을 맞추어 『의심방』의 기록과 그것이 인용한 중국 의서를 비교하여 단바 야스요리가 어떻게 수집과 편찬을 통해서 부녀 건강에 대한 의견을 나타냈는지 고찰하고, 나아가 중·일 부인과 발전의 공통점과 차이점을 살펴볼 것이다. 권28 「방내(房內)」에서 여성에 대해 언급한 부

---

13) 『대동류취방』의 편찬 배경과 망일, 위작(僞作) 그리고 『금란방』의 편찬과 산일에 관해서는 富士川游, 「第四章-平安朝ノ醫學」, 『日本醫學史』, 東京: 裳華房, 1904, 73-78쪽, 79쪽; 服部敏良, 『平安時代醫學史の研究』, 134-139쪽 참조.
14) 山田慶兒, 「日本醫學事始—預告の書としての『醫心方』」, 『歷史中の病と醫學』, 京都: 思文閣出版社, 1997, 1-33쪽.

분은 이 글의 마지막에서 언급할 것이다. 주된 내용으로 단바 야스요리
는 임신과 태산(胎產)을 '부인병의 원인(婦人諸病所由)'으로 보았으나 이
러한 인식은 풍랭(風冷)이 혈기(血氣)에 영향을 미친 결과로 보는 그가
참고한 중국 의서와는 다른 견해임을 밝히고자 한다.

II. 『의심방』의 부인병(婦人病)에 대한 인식: 임신과 출산을 병의 원인으로

안세이 영사본(影寫本)은 권21-24의 앞부분에 제목을 명시하지 않
았다. 나카라이 가본(家本)은 21권과 22권은 「부인부(婦人部)」로, 23권
은 「산부인부(產婦人部)」로, 24권은 「치무자부(治無子部)」로 표시하였다.
나카라이 가문 소장본은 고본(古本)이기에 표제가 이미 이전부터 존재하
였을지 모르나 이후에 덴요(天養) 2년(1145) 우지본에 근거하여 표점과
보주 교감이 이루어진 것이다. 이에 표제를 단바 야스요리가 직접 정한
것인지 혹은 후대에 덧붙인 것인지는 확실히 알기 어렵다. 안세이판은
비록 나카라이 가본을 저본으로 하여 영사한 것이지만 출판 당시 각 권
의 표제가 보이지 않으니, 다키 모토카타 등이 이를 보류한 것임을 알
수 있다. 그 내용을 살펴보면, 권21은 부인과 질병을 치료하는 내용으로
환자를 모두 '부인(婦人)'으로 칭하였다. 권22는 임신의 각종 문제에 대
해 다루면서 '임부(任婦)'를 대상으로 하였다. 권23은 출산, 난산, 산후
질병에 대해 다루며 '산부(產婦)'라 칭하였다. 권24는 무자(無子)를 치료
하는 것과 자식의 성별, 화복(禍福), 요수(夭壽)를 점치는 내용을 다루며
임신하기를 원하는 여성을 '부인'으로, 자식을 점치는 이를 '모(母)'라고
칭하였다. 그 외에도 권28은 남녀 교접(交接)을 다루면서 여성을 '여
(女)', '여자(女子)', '여인(女人)' 혹은 때때로 '부인'이라고 칭하였다. 이

를 통해 보건대, 『의심방』은 치료해야 하는 여성을 크게 두 가지로 나누었음을 알 수 있다. 첫째는 임신과 출산 과정을 현재 겪고 있는 여성이고, 두 번째는 산육 이외의 여성이다. 단바에게 있어서 여성의 신체가 어떠한 상태에 있는지를 막론하고 '생육(生育)'은 여성의 건강 문제에 있어서 가장 큰 중심이었다.

권21 첫 번째 편 「부인제병소유제일(婦人諸病所由第一)」에서는 글 첫머리에 요지를 밝히면서 부인을 따로 한 부분으로 나누어 설명하는 이유를 밝히고 있다. 단바 야스요리는 3개 조항을 수록하였는데, 두 개의 조항은 손사막(孫思邈, 581-682)의 『천금방(千金方)』을 인용한 것이고, 한 개 조항은 진연지(陳延之)의 『소품방(小品方)』을 인용한 것이다. 이 세 조항의 인용문 중 가장 처음 것은 부인을 따로 한 방(方)으로 나눈 이유를 설명하였는데, 첫째로 혈기부조(血氣不調), 둘째로 태산붕상(胎產崩傷) 때문이라 하였다. 마지막 조항은 건강을 지키기 위해 늦게 결혼하고 적게 출산할 것을 건의하였다. 가운데 조항은 여인의 성정(性情)이 신체에 미치는 영향을 분석하면서 돌보는 사람의 주의를 환기시켰다. 세 조항을 인용하면 다음과 같다.

『의심방』권21 「부인부(婦人部)」 「부인제병소유제일(婦人諸病所由第一)」:
『천금방(千金方)』에서 다음과 같이 말했다. 논하여 이르기를, 무릇 부인(婦人)에 대해 따로 방(方)을 쓰는 것은 혈기(血氣)가 부조(不調)하고, 태산(胎產)이 붕상(崩傷)을 만드는 특별한 까닭이 있기 때문이다. 이런 까닭으로 부인의 병은 남자와 비교할 때 10배나 치료하기 어렵다. 만약 사시절기(四時節氣)에 따라 나타나는 병을 보면 허실냉열(虛實冷熱)로 질환이 되는 것은 장부(丈夫)와 같다. 오직 임신을 하여 병을 가지는 것은 독약(毒藥)을 피하는 것일 따름이다.
또 다음과 같이 말하고 있다. 여인(女人)은 기욕(嗜欲)이 장부(丈夫)보다 많아 병에 걸리는 것이 남자의 배이다. 게다가 자련애증(慈戀愛憎), 질투우에(嫉

妒憂恚), 심저견뇌(深著堅牢), 정부자억(情不自抑) 등으로 병의 뿌리가 깊어 치료를 하여도 고치기가 어렵다. 그러므로 보모의 무리들은 역시 이에 대해 배우지 않을 수 없다. 『소품방(小品方)』에서 이르기를, 옛날에 부인병(婦人病)을 쉽게 치료한 것은 결혼을 늦게 하고 신기(腎氣)가 세워져 병이 잘 걸리지 않아 무슨 상(傷)하는 바가 있지 않아서이다. 지금은 결혼을 일찍 하고 신근(腎根)이 세워지지 않은 상태에서 출산을 하여 신(腎)을 상하게 한 까닭이다. 이러한 이유로 지금의 어린 부인들이 병이 생기면 반드시 치료하기가 어렵다. 일찍 결혼하여 일찍 출산을 하면 비록 병이 없는 자들도 쇠약해진다.[15]

단바는 이 부분에서 『천금방』을 인용하여 부인을 따로 한 부분으로 나눈 이유를 설명했다. 비록 혈기와 태산을 같이 언급하고 있지만 그 다음에 나오는 부인 질병 가운데 혈기와 관련된 것은 단지 흑간(黑奸), 투유(妒乳), 음창(陰創), 월병(月病)이 전부이고, 나머지는 모두 태산에 속한다.[16] 『소품방』 인용 부분은 산육이 여성 신체에 미치는 상해에 대해 지적함으로써 첫 번째 조항과 더불어 그 내용이 전후로 호응한다. 그러나 중간 부분은 갑자기 여성의 성정을 언급하고 있기에 어색하다. 사실, 『천금방』의 「부인방(婦人方)」은 글 첫머리에서 이 부분의 뜻을 밝히고 있는데 이는 단바가 인용한 몇 마디 말에 한정되지 않으며 이 부분은 각각 태산, 월수(月水), 생리(生理), 성정에서 출발하여 부인에 대해 따로 처방을 만들고 이론을 세운 것이다. 이를 인용하면 아래와 같다.

『천금방』 「부인방상(婦人方上)·구자제일(求子第一)」: 논하여 이르기를, 무릇 부인에 대해 따로 방을 쓰는 것은 태임(胎妊)이 붕상(崩傷)을 만들어내는

---

15) 『醫心方』 卷21, 台北: 新文豐影印安政影寫本, 1982, 2쪽.
16) 20세기 초, 후지카와 유우(富士川游)는 헤이안 시기 의학의 발전을 소개하면서 일찍이 이를 가지고 "당시 부인과 범위가 얼마나 협소하였는지 그 정도를 알 수 있다"고 단언하였다. 富士川游, 「第四章-平安朝ノ醫學」, 『日本醫學史』, 101쪽.

특별한 까닭이 있기 때문이다. 이런 이유로 부인의 병은 남자와 비교할 때 10배나 치료하기 어렵다. 경(經)에서 부인을 말할 때 많은 음기가 모여서 항상 더불어 습거(濕居)하니 14세 이상이 되면 음기가 떠다니며 넘쳐 백 가지로 생각하고 노심초사하여 안으로 오장(五臟)을 상하게 하고 밖으로는 자안(姿顏)을 손상시킨다. 월경이 오고 갈 때 전후로 교체되는데, 어혈(瘀血)이 멈추어 뭉치고 중도(中道)가 단절(斷絕)되며 그 안에서 상타(傷墮)되는 것은 다 갖추어 논할 수 없다. 생숙이장(生熟二臟)은 허실(虛實)이 교착되어 악혈(惡血)이 안으로 새어 나와 기맥(氣脈)은 손상되고 다하여진다. 혹 음식에 절도가 없으면 그 손상은 하나가 아니며, 혹 창이(瘡痍)가 아직 다 낫지 않은 상태에서 음양(陰陽)이 합하여지면, 혹 현측(懸廁)에서 오줌을 누면 풍(風)이 아래로부터 들어가 십이고질(十二痼疾)이 된다. 그래서 부인에 대한 방을 따로 쓰는 것이다. 만약 사시절기에 따른 병을 보면 허실냉열(虛實冷熱)로 질환이 되는 것은 장부(丈夫)와 같다. 오직 임신을 하여 병을 가지는 것은, 독약(毒藥)을 피하는 것일 따름이다. 그 잡병은 장부와 같아 모두 여러 권(卷)에 흩어져 있어 다 알 수 있다. 그러나 여인(女人)의 기욕(嗜欲)이 장부보다 많아 병에 걸리는 것이 남자의 배이다. 게다가 자련애증(慈戀愛憎), 질투우에(嫉妒憂恚), 염저견뇌(染著堅牢), 정부자억(情不自抑)하여 병의 뿌리가 깊어져 치료하여도 고치기가 어렵다. 그러므로 양생을 하는 집에서는 특별히 자녀에게 이 3권의 부인방(婦人方)을 가르쳐 익히게 해야 하며 그 정수를 잘 알게 한다면 황급한 와중에도 무슨 걱정할 일이 있겠는가. 무릇 사덕(四德)이라는 것이 여자(女子)의 입신(立身)의 추기(樞機)라면, 산육(產育)이라는 것은 부인(婦人)의 성명(性命)의 장무(長務)이다. 만약 여기에 통하여 밝게 익히지 않으면 무엇으로써 요절을 면할 것인가! 그러므로 보모의 무리들은 역시 배우지 않을 수 없다. 항상 한 권을 잘 베껴 써서 몸에 지니고 다니면서 불우(不虞)에 대비해야 한다.[17]

손사막은 이 글에서 태산붕상을 정확히 살펴보고 이를 기초로 부인의

---

17) 孫思邈,「婦人方上」·「求子第一」,『備急千金要方』卷2, 台北: 宏業書局影印江戸影寫宋刻本, 16쪽.

여러 질병을 논함으로써 진연지 등 육조의 의가(醫家)들이 건의한 늦게 결혼하고 적게 출산하라는 주장에 호응하였다. 그러나 이러한 논설은 조경산육(早經産育) 혹은 좌초위액(坐草危厄)에만 머무르지 않고, 더 나아가 부녀(婦女) 질병의 특징이 태산 능력을 상징하는 월경과 그것이 대표하는 여성 생리 구조에서 오는 것이라고 주장하였다. 월경이 여성의 몸으로 하여금 음습(陰濕) 등 질병의 원인을 모으게 한다거나 혹은 생리 구조가 화장실 가는 습관에 영향을 미쳐 여성이 쉽게 풍질(風疾)에 걸리도록 한다는 등의 서술은 모두 자연적 생리 구조를 보여주는 것이지 조혼과 조산 등의 사회적 행위가 부인병을 특별히 복잡하게 만든다는 것은 아니었다. 그러나 생리적 특징이 병이 생기고 치료가 어려운 유일한 원인은 아니었다. 손사막은 지적하길, 부녀의 심리 특질 또한 그 병을 더욱 골치 아프게 만든다고 하였다. 정서가 건강에 영향을 미친다는 관념은 양생의 전통 속에 계속해서 있어 왔던 것이다. 그러나 이러한 심리적 요소가 신체에 영향을 미친다는 것에 대해서는 대부분 특정한 시공간의 조건적 설명이 따른다. 따라서 반드시 여성의 특징으로만 인식될 필요는 없는 것이다. 이에 비하여 『천금방』은 여성의 심리적 요소가 신체에 영향을 미치는 것의 원인이 그들의 특정한 인간관계나 사회적 환경에서 비롯된 것인지 여부에 대한 내용은 언급하지 않으며, 오히려 사실을 진술하는 어기로 여성의 심리적 특징의 보편성을 언급하며 이것이 여성의 생리 건강에 해를 끼친다고 주장한 것이다. 이러한 논술 방식은 부인을 따로 한 부분으로 떼어 낸 이유가 단지 태산이 일으키는 붕상(胎産崩傷) 때문일 뿐만 아니라 여성이 본질적으로 남성과 다르기 때문임을 설명한다. 그는 단계적으로 추론하여 실로 중국 부인과 전통의 시작을 연 것이다.

『의심방』이 수록한 자료 중 『천금방』은 최대 분량을 차지하며 전체 책의 10분의 1을 넘는다. 그러나 앞의 글에서 알 수 있듯이 단바 야스요리는 손사막의 원문에서 태산붕상 및 여성의 질병 치료의 어려움에 관한 부분만 인용하였고 음습, 월수, 어혈 및 생활 습관이 야기한 풍한(風寒)에 대한 설명 등은 생략하였다. 특히 단바가 발췌한 두 단락의 글은 각각 "『천금방』운(云)"과 "우운(又云)"으로 각각 표시하여, 원문의 "그러나 여인은 기욕이 남편보다 많다"라는 어구를 생략하였고, 이에 손사막이 점층적으로 심도 있게 논술한 여성 신심의 특징에 대한 논리를 잃어버렸다. 그리하여 부인을 따로 한 부분으로 나눈 이유는 단지 출산 문제에 한정되었다. 마지막으로 단바는『천금방』의 두 단락을 간추린 후에 그저 『소품방』의 가산(嫁産)에 대해 논한 글을 덧붙이면서 해제로서의 「부인제병소유제일」을 끝내고 있다. 이러한 그의 취사를 통해, 부인병에 대한 단바의 이해는 주로 '생산'을 둘러싸고 있으며, 중국 의서에서 원래 중요한 지위를 점하고 있던 월경 문제를 그냥 지나쳤음을 알 수 있다.

『소품방』 12권은 당 의질령(醫疾令) 중에서 조정이 의생(醫生)을 훈련시키는 필독 교재로 언급되었고, 일본이 718년 반포한 양로(養老) 율령 중에서도 의침생(醫針生) 수업을 위한 경방으로 언급되었다.[18] 단바야스요리는 여기서 500조가 넘는 부분을 인용하였으니 이를 매우 중시했음을 알 수 있다. 이 책은 북송(北宋) 초 의서를 재편찬할 당시에 이미 소실되었고, 유일하게『의심방』과『외대비요』등의 의약 집록에 그 단편만이 보존되어 있다. 30년 전 일본 학자가 가마쿠라(鎌倉) 시대(1183-1333)의 초본을 발견하였는데, 비록 제1권만 남아 있지만 그 내용이 서(序)와 차례 특징에 대한 것이었기에 그 저작 취지와 각 권의 목록을 살펴볼 수 있다.[19] 그중 병을 진단하고 약을 사용하는 데 주의사항을 말

---

18) 惟宗允亮,『政事要略』(1002/1008?), 黑板勝美編,『新訂增補國史大系』卷28, 東京: 吉川弘文館, 1935-1964, 698쪽.

19) 尊經閣文庫所藏『小品方』第一卷. 고초본(古抄本)은 1984년 고소토 히로시(小曾戶洋)가 발견하였다. 그 석문(釋文)과 연구는 小曾戶洋,「『小品方』書誌研究」,『財團法人前田育德會尊經閣文庫藏小品方·黃帝內經明堂古鈔本殘卷』, 東京: 北里研究所附屬東洋醫學總合研究所, 1992, 63-80쪽 참조.

하는 부분에서, "사람은 어른과 어린이가 성쇠(盛衰)의 이치가 다르니, 부인과 여자는 혈기의 성질이 다르다"라고 하며, 그 병의 증상이 같다고 할지라도 사람에 따라 다르게 처방해야 한다고 강조하였다.[20] 소위 "부인과 여자가 그 치료를 다르게 해야 한다"고 할 때, 기준은 16세 월경이다. 그는 월경을 "월병(月病)"으로 칭하며, 월경이 올 때 풍랭에 걸리며 마땅히 부인방(婦人方)에 따라 치료해야 한다고 하였다. 또한 "월경이 오는 날"과 "보통날"의 치료 방식이 달라야 하고 때문에 여성은 진료를 받을 때 본인이 응당 설명해야 하며 의사도 확인해서 치료가 더 어려워지는 것을 피해야 한다고 했다. 만약 병에 걸렸을 때 월경 중이 아니면 처치 방식은 다른 사람과 다르지 않다.[21] 이로써 보건대, 진연지는 월경을 여성 질병 치료의 중요한 판단 기준으로 보았고, 단바 야스요리가 「부인제병소유」에서 늦게 결혼하고 적게 출산하는 내용만을 인용한 것과는 크게 다름을 알 수 있다. "부인"을 논할 때 『소품방』은 무게 중심을 월경하는 여자에 두었다면, 『의심방』은 임신·출산 중이 아닌 여성에 중점을 두었다. 이렇듯 서로 다른 기초 위에서 부녀의 건강을 바라보았기 때문에 논하는 내용도 자연스럽게 달랐다.

『의심방』이 부인과 질병을 치료하는 데 있어서 월경을 중요시하지 않았던 것은 권21의 다른 편면에서도 알 수 있다. 권21은 총 30편으로 이루어졌으며, 다루고 있는 질병이 동시대 중국 의서가 말한 "부인잡병(婦人雜病)"의 범위를 대체로 벗어나지 않는다. 「부인제병소유제일」 다음으로, 순서에 따라 여성의 흑반면포(黑斑面皰), 투유옹창(妒乳癰瘡)을 치료하며, 아울러 11편의 편폭으로 가려움(陰癢), 통증(痛), 종기(腫), 부스럼(瘡), 굳은살(瘜肉), 냉(冷), 냄새(臭), 음탈(陰脫), 음대불쾌(陰大不快), 소호가통(小戸嫁痛) 및 행방(行房)으로 인해 남편에게 상처 입는 것

---

20) 『小品方古鈔本殘卷』, 5쪽, 釋文 33쪽, 78-87행.
21) 『小品方古鈔本殘卷』, 14-15쪽, 釋文 39-40쪽, 360-365행.

등등 여러 가지 문제에 대해 세세히 다루었다. 그 다음에는 비로소 4편의 분량으로 월경이 고르지 않은 것(月水不調), 월경이 나오지 않는 것(不通), 월경이 그치지 않는 것(不斷) 그리고 복통(腹痛), 붕중루하(崩中漏下, 출혈), 팔하뇨혈(八瘕尿血) 등에 대해 다루었다. 마지막으로 「치부인욕남방(治婦人欲男方)」, 「치부인귀교방(治婦人鬼交方)」, 「치부인령단생산방(治婦人令斷生產方)」 세 편으로 끝을 맺었다. 이러한 편명에서 단바야스요리는 우선 소원방(巢元方)의 『병원론(病源論)』을 간단하게 인용하여 병의 원인을 설명하고, 그 다음으로 치료 약방에 대해 언급하였다. 그러나 그 인용 부분을 상세히 살펴보면 단바가 진연지와 손사막이 쓴 내용은 똑같이 받아들였지만, 소원방의 부녀 건강에 관한 설명에 대해서는 쉽게 있는 그대로 받아들이지 않았다는 것을 발견할 수 있다.

610년경에 책으로 만들어진 『병원론』 50권은 중국 병인(病因) 이론의 선구라 할 수 있으며, 단바 야스요리가 대량으로 인용한 저작이기도 하다. 그중 권37부터 권44까지 부인 건강 문제를 다루고 있고 글 첫머리에서 요지를 밝히며 「풍허노랭(風虛勞冷)」의 영향에 대해 지적하였다. 즉, 만약 "경락에 풍랭을 얻으면 혈기가 냉습하여진다", "만약 풍랭이 자장(子臟)으로 스며들면, 장(臟)이 냉하게 되어 무아(無兒)에 이른다"고 하였다.[22] 책 전체의 구성을 살펴보면, 먼저 경대(經帶, 월경과 그 주기)에 대해 논하고, 후에 태산을 논하며, 혈기를 여성 건강의 지표로서 보고 있고, 조경(調經, 월경을 고르게 하는 것)을 산육의 전제로 보았다. "월수부조(月水不調)"를 논하며, 풍랭이 포내(胞內)로 들어가 상하게 하는 것과 경락(經絡)에 대해 논하면서, 아울러 '월수실조(月水失調)'의 여러 증상에 대해 설명하였다. 그 유량(流量)의 많고 적음을 제외하고도 월경이 오는 빈도수 및 식욕, 배설, 사지(四肢), 나아가 전신에 미치는 충

---

22) 巢元方(ca. 610), 『諸病源候總論校注』 卷37, 北京: 人民衛生出版社, 1991, 1069쪽.

격을 설명하였고, 또한 진맥(診脈)으로 판단하였다.[23] 이는『소품방』및
『천금방』과 일맥상통하며 13세기에 편찬된 중국 첫 번째 부인과 전문 서
적인『부인대전량방(婦人大全良方)』이 치료를 논하는 순서와 상통한다.[24]

『의심방』은 이와 다르다. 앞에서 서술한 바와 같이 단바는 권21「부
인제병소유제일」에서 태산에 대해 집중하여 서술하는데『병원론』을 인
용하지 않았고 풍랭과 경락 등에 대해서는 한마디도 언급하지 않았다.
비록 권21「치부인면흑간방제이(治婦人面黑奸方第二)」부터 유방(乳房),
여음(女陰) 혹은 경대 문제 등 많은 부분에서『병원론』의 혈기에 대한 이
론을 인용하고 그 다음에 약방을 쓰고 있지만, 그 배열 순서에서도 알
수 있듯 병을 진단하고 치료를 하는 것이 결코 풍허노랭이 조성한 경대
문제에서부터 시작하지 않고 얼굴에서부터 아래로는 유음(乳陰)까지 인
체를 위에서부터 아래로 다룬다. 이 외에 '월수실조'는 그의 관심 대상이
아니었으며 그 편폭은 심지어 여음병변(女陰病變)에도 미치지 못한다.
'월수실조'를 논할 때도 비록 관례에 따라『병원론』을 먼저 인용하였지만
과감하게 원문을 삭제하였고 차갑고 따뜻함이 월경의 빈도와 다과(多
寡)에 미치는 영향 등에 관해 몇 마디 말만을 남겨두었을 뿐이다. 월경
의 각종 변화에 대해 그냥 지나쳤을 뿐만 아니라 맥진(脈診)과 관련되는
서술을 삭제하여 100여 자 정도에 달하는 분석을 단 10여 자로 남겼다.
또한 월경과 혈기가 임신과 산육에 미치는 부분도 수록하지 않았다.[25]

고소토 히로시(小曾戶洋)는 일찍이『의심방』이『병원론』을 인용하는
방식에 대해 맥론(脈論)을 수록하지 않고 경맥(經脈)을 삭제하며 기타 약

---

23) 「婦人雜病諸候」・「月水不調候」,『病源論』卷37, 1082-1084쪽.
24) 진자명(陳自明)의『부인대전량방』은「부인이혈위주(婦人以血爲主)」를 논증하였
    는데, 여기에서 반영된 성별화(性別化)된 신체관(身體觀)은 중국 부인과 확립
    의 기초가 되었다. 이에 관해서는 Charlotte Furth, *A Flourishing Yin:
    Gender in China's Medical History, 960-1665*, Berkeley and Los
    Angels: University of California Press, 1998 참조.
25) 「治婦人月水不調第十九」,『醫心方』卷21, 17b-18a쪽.

방을 보충하는 것이라고 설명하며, 이는 방론(方論)에 역점을 두는 임상의학적 성격을 드러내는 것이라 지적한 바 있다.[26] 또한 임상의학적 서적인 만큼 '월수실조'나 '혈기적취(血氣積聚)'를 논할 때에 경맥이나 반복적 증상에 대한 설명을 삭제한 점도 이해할 수 있다. 그러나 이를 기초로 권22의 잉부(孕婦)를 다루는 각종 문제를 살펴보면 독자들은 아마도 그중 크고 작은 것이 하나도 빠짐없이 수록된 정도에 대해 깊은 인상을 받을 것이다. 그중에서도 특히 『산경(産經)』의 10폭 「임부월금맥도(任婦月禁脈圖)」를 인용한 것은 더욱 그러하다.

Ⅲ. 『의심방』의 『산경(産經)』 인용 및 「임부월금맥도(任婦月禁脈圖)」

단바 야스요리가 맥론과 경맥을 삭제했던 경향은 비록 권2에서 침구와 공혈(孔穴)을 언급할 때에도 나타났지만 이 점에 대해 『의심방』 원서가 편집 범례를 싣지 않았기 때문에 학자들은 여러 방면으로 추측을 할 수밖에 없었다. 야마다 게이지(山田慶兒)는 다음과 같이 지적하였다. 즉, 중국 경맥 체계에서 혈(穴)은 경맥 상의 점이고, 기(氣)는 맥(脈) 안에서 순행(循行)하며, 혈은 맥상(脈象)을 표현하는 것이다. 때문에 맥서(脈書)는 그림으로 글을 보충하여 경맥의 흐름 및 그 위의 혈의 위치를 그린다. 그러나 단바가 맥론을 배제했기 때문에 공혈이 고립적으로 존재하게 되어 전신에 산재되어 있는 여러 점의 총집합으로 되었고 기가 순행할 때 맥의 모습 및 서로 상관된 점을 표현한 것이 아니게 되었다. 이 때문에 경맥의 흐름을 묘사하는 부도(附圖)의 필요성이 없어졌다. 야마

---

26) 平馬直樹, 小曾戸洋, 「『醫心方』に引く『諸病源候論』の條文檢討─その取捨選擇方針初探」, 『日本醫史學雜誌』 31-2, 1985, 255-257쪽.

다는 더 나아가 단바가 권2의 「공혈주치법제일(孔穴主治法第一)」에서 사지 구간(軀幹) 위의 각 혈의 자리를 순서에 따라 배열했고, 모든 혈의 이름 아래에 주석을 덧붙여서 신체에서의 위치와 주치(主治)에 대해 언급하였다고 설명하며, 이는 그의 관점대로 취사와 변화를 진행한 결과물이라고 하였다.[27] 재미있는 것은 그럼에도 불구하고 『의심방』 전체에서 맥도(脈圖)가 전혀 없는 것은 아니며 유일한 예외가 권22 잉부를 논할 때의 「금침월도(禁針月圖)」이다.

『의심방』 권22-24는 임신 출산 문제에 대해 다루고 있다. 이 부분에서 근거로 한 것은 『병원론』도 아니고 『천금방』도 아닌 수대(隋代) 덕정상(德貞常)의 『산경(產經)』이다. 권22는 안태(安胎), 양태(養胎), 태교(胎教)의 여러 약방과 술수(術數)에 대해 수록하였고, 마지막으로 「치임부욕거태방(治任婦欲去胎方)」의 몇 가지 내용으로 끝을 맺고 있다. 권23은 산법의기(產法宜忌), 난산구치(難產救治), 산후조리의 방법을 포함하고 있다. 권24는 '무자'를 치료하는 것과 어머니로서 자손의 '화복요수'를 점치는 것을 다루고 있다. 세 권의 내용은 대부분 『산경』에서 발췌하였다. 『산경』은 일찍이 소실되었고 오직 『의심방』을 통해서 그 부분만이 전해지고 있는 것이다. 『의심방』 권22 「임부맥도월금법제일(任婦脈圖月禁法第一)」은 『산경』에서 사람이 어머니 배 속에서 있는 10개월을 설명하는 부분을 인용하였는데, 어떻게 배태(胚胎)하고, 혈맥에서 머리털이 나고, 눈동자가 밝아지는지 등 발육하여 마침내 출생에 이르게 되는 과정에 대해 설명하였다. 또한 각 개월에서 '주태양태(主胎養胎)'하는 경맥을 지적하며 침구해서는 안 되는 혈 자리를 경고하는데, "무릇 부인이 임신을 하면 십이경맥(十二經脈)은 주태와 양태를 하는데, 매월마다 그 맥의

---

27) 山田慶兒, 「日本醫學事始―預告の書としての『醫心方』」. 그러나 야마다 게이지(山田慶兒) 역시 단바 야스요리의 공혈 분류법은 여전히 『갑을경(甲乙經)』과 『천금방』 이래의 전통을 따랐다고 지적하였다.

자리에 침을 놓아서는 안 되며 이를 금하지 않으면 곧 태(胎)를 상하게 하고 다시 어머니에게 해가 되니 신중하지 않을 수 없다. 매월마다 그림을 그려 그것을 피하게 해야 한다"고 하였다. 직접 월부도(月附圖)에 따라 설명하면 다음과 같다.

임신 1월을 '시형(始形)'이라 한다. 음식은 반드시 정숙산미(精熟酸美)해야 하며, 대장부(大丈夫)를 가까이 하지 말고, 맵고 비린 날것을 먹지 않는데, 이것을 재부(載負)가 시작되었다고 이른다. 『병원론』에서 이르기를, 마땅히 대맥(大麥)을 먹는다고 하였다. 일월(一月)은 족궐음맥(足厥陰脈)이 양(養)하여, 그 경(經)에 침을 놓아서는 안 된다. 궐음(厥陰)은 간(肝)으로, 간(肝)의 주근(主筋) 역시 힘쓰는 일을 해서는 안 된다. 침소에 들 때는 반드시 안정(安靜)해야 하며 공외(恐畏)하지 말아야 한다. 「족궐음간맥도(足厥陰肝脈圖)」는 다음과 같다.

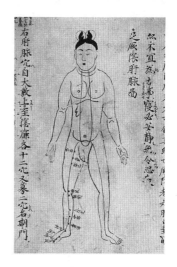

우간맥혈(右肝脈穴)은 대돈(大敦)에서 위로 음련(陰廉)에 이르기까지 각 십이혈(十二穴)이다. 또 모이혈(募二穴)은 기문(期門)이라 이름한다. 또 주이혈(輸二穴)은 척추의 제구추절(第九椎節) 아래 양옆으로 각 일촌반(一寸半)이다. 그 위의 제공(諸孔)에는 또한 침을 놓아서는 안 된다. 여기를 범하면 위태로워진다.[28]

---

28) 『醫心方』 卷22, 3쪽.

이러한 임산부의 인형도(人形圖)는 그 도판 위의 글의 어기(語氣)와 연결시켜 보면 마땅히 『산경』 원서에서 이미 수록하고 있었던 것으로 추측할 수 있으며 단바가 따로 첨부한 것은 아니다. 그 외에도 나카라이 가본, 안세이 영사본 및 이 두 가지를 근거로 하여 만든 궤당고본(簣堂古本) 안의 인형도와 후세의 기타 초본들과 비교해 보면, 나카라이 가본 계열의 인형도에서는 임산부의 정면 모습이 머리를 빗어 둘로 쪽졌고 음부에는 털이 없고 뒷면은 머리를 위로 올려서 내려뜨리지 않았음을 볼 수 있다. 그러나 인화사본(仁和寺本)을 주로 베낀 것은 임산부가 머리를 허리까지 내려뜨렸고 음모도 완전히 드러나서 그 화법이 매우 다르다. 인화사본 계열 중 부녀가 머리를 늘어뜨린 것은 헤이안 시대 그림에서 나타나는 여성의 모습과 비슷하여 아마도 필사 당시 일본풍에 의거하여 그린 것임을 알 수 있다. 이에 비해 나카라이 가본의 여자는 두 갈래로 쪽진 머리 모양을 하고 있는데 중국에서 북조 시대부터 만당(晩唐)까지의 도용(陶俑), 회화 혹은 묘실(墓室) 벽화에서 모두 유사한 머리 모양이 보인다. 일찍이 스기타츠 요시카즈(杉立義一)는 두 계통의 『의심방』의 필사(傳抄) 전통을 분석하였는데 각 판본의 권22에 덧붙여진 인형도의 풍격이 같고 다름을 그 증거로 삼았다.[29] 이를 통해 보건대, 단바가 편찬할 당시 덕정상의 원서 도판을 모사했다는 추정은 대체로 틀리지 않음을 알 수 있다.

『의심방』은 맥론과 경맥의 흐름을 삭제하였기에 침구공혈의 치료를 논할 때에도 역시 경락의 순행을 논하지 않았는데 어째서 권22에서만은 이러한 도판들을 남겨두었을까? 이 그림들과 일반적인 '경맥공혈도(經脈孔穴圖)'는 어떠한 차이점이 있는가? 이 도판은 『의심방』이 유일하게 덧붙인 그림이기 때문에 아마도 현존하는 가장 이른 경혈도일 것이고, 이

---

29) 杉立義一, 『醫心方の傳來』, 190-196쪽.

로 인해 학자들의 호기심을 끊임없이 불러일으켰다. 이 그림들과 현존하는 기타 맥서의 공혈도를 비교해 보면 가장 뚜렷한 차이점은 묘사한 선이 서로 완전하게는 일치하지 않는다는 것이다. 위에 인용한 임신 1개월 「족궐음간맥도(足厥陰肝脈圖)」를 예로 들면 일반 경혈도는 경맥의 흐름을 그리기 때문에 하지(下肢)가 대돈(大敦)에서부터 음렴(陰廉)에 이르기까지 여러 혈을 제외하고도 흉복부(胸腹部)의 혈 자리와 같은 구간(軀幹) 또한 포함한다. 그러나 『의심방』의 도판은 하지에만 한정하여 협복부(脅腹部)의 경맥을 포함하지 않고 또한 경부(頸部)에서부터 태아가 있는 곳까지 붉은 선을 더 그려서 태아를 표시하는 붉은 색 둥근 점과 해당 개월의 주태양태 경맥을 연결하고 있다.[30]

그 다음으로 『의심방』의 금침도(禁針圖)에서 표시하는 공혈은 현존하는 『황제명당경(黃帝明堂經)』, 『침구갑을경(針灸甲乙經)』, 『천금방』이 수록한 것과 서로 일치하지 않는다. 앞에서 인용한 「족궐음맥간도」는 대돈에서 음렴까지 총 12혈인데, 『황제명당경』 등은 단지 11혈이며, 이는 삼음교(三陰交)를 '족궐음간맥'과 '족태음비맥(足太陰脾脈)'의 회혈(會穴)이라 보았기 때문이고 단바 야스요리는 두 개의 경맥에서 이를 모두 표시했기 때문이다.[31] 삼음교의 위치는 전통 의서 간의 의견이 일치하지 않는다. 어느 학자는 일찍이 "복사뼈에서 3촌(內踝上三寸)" 지점과 "복사뼈에서 8촌(內踝上八寸)" 지점의 두 가지 학설을 제기했는데, 전자는 송본(宋本) 『외대비요』를 근거로 한 것으로 현재 일반적인 경혈도가 이 설을 채택하고 있으며, 후자는 『의심방』, 『천금방』, 『천금익방(千金翼方)』,

---

30) 山田慶兒, 「日本醫學事始―預告の書としての『醫心方』」, 24-25쪽.
31) 『醫心方』卷2, 35a쪽; 黃龍祥輯校, 王雪苔審訂, 『黃帝明堂經輯校』, 北京: 中國醫藥科技出版社, 1988, 186-195쪽; (晉)皇甫謐(215-282), 『黃帝針灸甲乙經』卷3, 台北: 台聯國風出版社影印宋刻本, 1991, 68쪽; 「針灸上」, 『千金方』卷29, 514a쪽.

『태평성혜방(太平聖惠方)』이 이에 해당한다고 설명하였다.[32] 그러나 『외대비요』를 살펴보면, 1촌(一寸), 3촌(三寸), 8촌(八寸) 등 3가지 의견이 모두 등장하고, 이들의 인용 출처가 각각 달라 『주후(肘後)』, 『범왕(范汪)』, 『고금록험(古今錄驗)』, 『집험(集驗)』, 『문중(文仲)』 등을 포함하고 있음을 알 수 있다. 이러한 의서들은 『의심방』에서도 보이는데, 이를 통해 육조 수당의 전문가들은 삼음교의 위치에 대해 논쟁하였고, 이를 바탕으로 단바도 그 위치를 스스로 판단한 것임을 알 수 있다.[33] 삼음교 외에도 『의심방』의 「족태음비맥도(足太陰脾脈圖)」에서 대도(大都), 공손(公孫), 태백(太白), 상구(商丘) 등의 혈 자리가 또한 『황제명당경』 이래 여러 저서들이 말하는 위치와 달랐고, 영지(營池), 태음(太陰) 및 「족양명위경도(足陽明胃經圖)」에서의 곡척(曲尺) 등의 혈은 현존하는 『명당경』 등의 맥서에는 등장하지 않는다.[34] 이를 통해 보건대, 당 이전의 여러 경(經)=맥과 혈의 위치에 대한 전문가들의 의견이 일치하지 않았고, 단바가 첨부한 도판은 그의 선택을 보여줄 뿐만 아니라 금침(禁針)하는 데 오류가 없도록 함으로써 임신과 출산에 대한 중시와 『산경』에 대한 그의 신임을 보여준다.

단바 야스요리는 태산봉상을 중시하여 이를 부인병의 원인으로 보았고, 비록 『의심방』을 편찬할 때 경맥을 삭제하는 것을 원칙으로 하였지만, 권22에서는 『산경』의 금맥도(禁脈圖)를 남겨두었다. 그 외에 권23에서는 『산경』의 향좌(向坐)와 피기(避忌)에 관련된 지시를 대량으로 수록

---

32) 3촌과 8촌의 설에 관해서는 孫永顯, 「『醫心方』中的經脈圖」, 『中華醫史雜誌』 31-3, 2001, 175-177쪽 참조.

33) 王燾, 『外臺秘要』, 台北:國立中國醫藥研究所重印新安程敬通訂刻本, 1964·1985. 1촌이라고 적은 부분은 卷16 「虛勞上」, 「集驗」, 456b쪽을 인용하고 있다. 3촌이라고 적은 것은 卷6 「霍亂雜灸法」, 181b쪽의 『肘後方』과 『古今錄驗方』을 인용한 것이다. 또 卷19 「脚氣」의 532b쪽 및 卷39 「明堂灸法」의 1095a쪽이 있다. 8촌이라고 한 것은 卷26 「痔病陰病九蟲等」의 712b쪽이다.

34) 「足大陰脾脈圖」, 『醫心方』 卷21, 7a쪽.

함으로써 '산가안려(產家安廬)', '좌초(坐草)', '매포(埋胞)' 및 각종 '난산구치(難產救治)'와 '산후조리(產後調理)'의 방법을 가르쳐 주었다. 『의심방』권24은 가장 먼저 '무자' 문제를 다루는 것으로 시작하며, 『병원론』과 『천금방』을 발췌하여 모든 무자가 대체로 "부부가 모두 오로칠상(五勞七傷)하여 발생하는 것"이라고 설명하였고, 이어서 『갈씨(葛氏)』, 『승심(僧深)』, 『녹험(錄驗)』, 『기파(耆婆)』, 『천금(千金)』, 『본초습유(本草拾遺)』, 『옥방비결(玉房秘訣)』 등 의방의 몇 개 조항을 인용하여, 방중술, 초약(草藥), 구법(灸法) 및 향을 태워 부처를 모심으로써 임신을 구하는 것, 임신 진단(驗胎), 딸을 아들로 바꾸는(轉女為男) 방법 등을 제공하였다. 그 후 3분의 2 이상의 편폭으로 『산경』의 각종 관상법(相法)을 대량 수록하여, 출생의 연월일시와 동서남북 등의 시간과 방위로 자손의 성별, 연수(年壽), 화복 및 부모와의 생극(生剋) 관계를 점치고, 마지막으로 『산경』의 「상남자형색길법(相男子形色吉法)」과 「상녀자형색길법(相女子形色吉法)」을 통해 배우자에 대해 조언하면서 끝을 맺고 있다. 바꾸어 말하면, 『의심방』은 부인의 여러 질병을 논하면서 태산붕상으로 시작했고, 마지막에는 친자의 혼인으로 끝을 내고 있으며 이어서 권25에서는 소아 부분을 다루면서 여성의 건강과 운명 모두가 산육에 달려있다고 하였다. 그리고 이들 기록의 가장 중요한 출처는 바로 『산경』이었다.

  『산경』은 통론이 아니고 전과(專科)의 저서이며 『의심방』에서 주로 근거로 삼았다는 점은 중시될 만하다. 단바 야스요리가 전체 책에서 가장 빈번하게 인용한 책을 살펴보면, 『천금』, 『옥함(玉函)』, 『주후』, 『신수본초(新修本草)』, 『병원론』 등인데 모두 중국의 주요 의서이다. 그 다음으로 인용한 것은 『본초경(本草經)』, 『명당(明堂)』, 『소품(小品)』 등으로, 이들은 일본에서 당 문화를 받아들인 이래 조정의 의침생(醫鍼生) 연수 과목에서 표준 교재로 사용되었다. 그 중 『명당』에 대한 인용문이 주로 권2 침구를 다루는 부분에 나타나는 것을 제외하면, 나머지 의경 약방(藥方)

은 모두 각 권에 흩어져 인용되었다.[35] 그러나 권21-24는 각 서적의 인용 비율이 모두 높지 않다. 『병원론』이 비록 각 권에서 병리 해석의 지위를 점하고 있음에도 불구하고 이 네 권에서의 인용 비율은 높지 않을 뿐만 아니라 대폭 삭제되었다. 유일하게 『산경』이 부녀 건강을 다루는 여러 편에서 독점적 지위를 점하였고, 대량으로 발췌 수록된 결과 전체 책에서의 인용 비율이 6위로 기록되어 그 비중이 상당함을 알 수 있다. 『산경』의 내용을 종합적으로 관찰하면 맥으로 임신을 진단하고 태중의 성별(胎中男女)을 알며, 복약을 통해 임신과 출산을 돕고(服藥滑胎助産), 산전(産前)과 산후(産後)의 안려(安廬), 향좌(向坐), 매포(埋胞), 방위(方位), 나아가 자손의 화복명운(禍福命運)을 점치는 등을 포함하는데 모두 임산부를 위한 것이다. 9세기 『일본국견재서목록』은 『산경』을 "의방"에 분류시켰으나, 중국의 『수서(隋書)』 「경적지(經籍志)」는 오히려 "오행(五行)"에 분류하였다. 이를 통해 한편으로는 그것이 산육을 주된 내용으로 다루어 지식 범위가 삼라만상의 특색을 포괄한다는 것을 보여주었고, 또 다른 한편으로는 전통 의학의 방술(方術) 성격 및 그 분류 방식의 변화를 살펴볼 수 있다.[36]

『의심방』은 저작의 취지를 설명하는 서문(序文)이 없고, 단바 야스요리가 권2에서 공혈 주치(主治)를 논하기 전에 일찍이 약간의 머리말을 더한 것 외에는 그 나머지 편장(篇章)에서는 모두 범례를 서술하는 머리말이 없다. 권2의 처음의 글은 서(序)를 간각(刊刻)한 다키 모토카타로 하여금 감개무량하게 하였고, 단바 야스요리는 "어찌 침박사로서 이리도 깊은 뜻에 도달하였는가!"라고 하였다. 그러나 전서(全書)의 취지와 성

---

35) 『醫心方』卷2. 침구부문의 인서(引書) 원칙과 의의에 관해서는 高島文一, 「『醫心方』第二卷鍼灸篇孔穴主治法第一に引用された古典について」, 『日本醫史學雜誌』34-1, 1988, 56~57쪽.

36) 『日本國見在書目錄』, 71쪽, 80쪽; 魏徵, 長孫無忌等, 「經籍志」, 『隋書』 卷34, 北京: 中華書局, 1973, 1037쪽.

격에 대해 학자들은 그 뜻을 알고자 하였지만 모두 추측만 할 수 있을 뿐이었다. 『의심방』은 일본 의학을 예고하는 저작으로 여겨지며, 단바의 편찬은 중국 의서를 베낀 것에 그치는 것이 아니라 그 발췌 및 기록의 선별과 편집을 통해서 의학에 대한 그의 관점을 드러내었다. 이는 일본 의학사 학계가 말하는 소위 "중국 의학의 일본화"의 시초적 현상으로, 단바가 침구, 경맥, 본초, 식경(食經)을 논할 때 및 전서의 편장 순서를 배치할 때뿐만 아니라 본 논문의 분석에서 알 수 있는 바와 같이 부인 건강에 관한 의제에서도 드러난다.

Ⅳ. 중국 의학의 일본화 : 임신과 출산에 편중된 부인방(婦人方)의 전통

『의심방』은 에도 시대 말기에 세상에 알려졌고, 이때는 마침 한방이 난의와 겨루어 승리한 때였다. 일본 최초 의학 저작의 출현은 적지 않은 환영과 동요를 일으켰다. 그러나 오래지 않아 막부정권이 끝나고 메이지 유신(明治維新, 1868-1912)으로 인해 서학(西學)만을 따르게 되면서 『의심방』의 중요성은 조금씩 사라졌다. 그 중 권28「방내」는 성(性)과 관련되었기 때문에 금서(禁書)로 분류되었다.[37] 이러한 상황에도 불구하고 20세기 이후 학자들은 헤이안 시대 의학의 발전을 이해하기 위해 일본이 한학을 흡수하는 특수한 경험을 연구하게 되면서 불가피하게 『의심방』을 참고하게 되었다. 헤이안 시대 고승(高僧) 구우카이(空海, 773-835)는 의학을 그 일례로 삼아 밀교(密敎)의 취지를 명백히 밝혔고, 이

---

37) 메이지(明治) 38년(1905)에 도히 게이조(土肥慶藏), 구레 슈조(吳秀三), 후지카와 유우 등 세 사람은『일본의학전서(日本醫學全書)』를 공동 편찬하면서 안세이판『의심방』을 수록하였다. 그러나「방내편」때문에 판매 금지 조치를 당하였다. 이에 관해서는 杉立義一,『醫心方の傳來』, 279쪽 참조.

를 통해 일본이 외래문화를 받아들였을 때의 태도를 살펴볼 수 있다.

【닌묘천황(仁明天皇)(833-850) 조와원년(承和元年)(834-848)】을미(乙未), 대승도전등대법사위(大僧都傳燈大法師位) 구우카이(空海)는 주를 올려 다음과 같이 말하였다. "구우카이가 듣기로, 여래(如來)의 설법(說法)에는 두 종류의 뜻[趣]이 있다고 합니다. 하나는 '천략취(淺略趣)'이고 다른 하나는 '비밀취(秘密趣)'라고 합니다. '천략취'라는 것은 여러 경전을 게송(偈頌)하는 것이 바로 그것입니다. '비밀취'라고 하는 것은 여러 경전에서의 다라니(陀羅尼)가 바로 그것입니다. 천략취는 『태소(太素)』, 『본초(本草)』등 경론(經論)이며, 병원(病源)을 설명하고 약성(藥性)을 분별하는 것입니다. 다라니비법(陀羅尼秘法)은 방(方)에 따라 약을 조제하고 먹어서 병을 없애는 것입니다. 만약 병인(病人)을 대할 때 그저 방경(方經)만을 펼쳐 논한다면 고칠 수 없을 것입니다. 반드시 병에 대해 약을 지어 방에 따라 약을 먹어야 곧 병환을 없애어 생명을 보지할 수 있습니다."[38]

20세기 초 후지카와 유우(富士川游)가 헤이안 시대 의학을 소개하였고 이를 근거로 당시 의학이 기초학과와 임상학과로 나뉘어져 있음을 추론하였다.[39] 사실 구우카이의 이 글은 단지 기초와 임상의 차이를 밝힌 것뿐만 아니라 두 가지를 '천략(淺略)'과 '비밀(秘密)'로 나누어 우열을 갈랐다. 헤이안 시대의 고승에게 있어서, 임상 의방은 확실히 기초의경에 비해 깊이 있고 실제적인 것으로, 『의심방』은 바로 이러한 분위기 속에서 완성된 것이다. 이러한 임상 실용의 성격은 또한 이후 일본 학자가 『의심방』을 연구하는 시각이 되기도 하였다. 또 이것을 7세기 이래 300여 년 중국 의학을 받아들인 일본이 드디어 본토화를 진행하기 시작했다

---

38) 空海의 奏文은 藤原良房, 『續日本後紀』, 黑板勝美編, 『新訂增補國史大系』卷4, 東京: 國史大系刊行會 吉川弘文館, 1936·1988, 32쪽에서 인용.

39) 富士川游, 「第四章-平安朝ノ醫學」, 『日本醫學史』, 91-92쪽.

는 상징으로 보기도 하였다. 예를 들어 하토리 토시로(服部敏良)는 『의심방』 권1 「제약화명제십(諸藥和名第十)」이 당대 소경(蘇敬)의 『신수본초』 가운데 약물에 관해 기록한 부분에 이름을 덧붙여서 본토 의자(醫者)의 쓰임에 이롭게 하였다고 지적하였다.[40] 마야나기 마코토(眞柳誠)는 『의심방』 권30 「증류부(證類部)」를 분석하면서 그 중 인용한 『본초』와 인화사본 『신수본초』를 대조하여 단바가 중국 서적을 인용할 때 일본에서 같은 약초와 약물이 나오는지 고려하여 취사선택을 진행하였다는 것을 발견하였다. 『의심방』은 중국 본토의 본초약물 분류 체계에 구애되지 않고 실용 가치에 근거하여 생략과 수정을 통해 일본의 특성을 가미하여 체계화를 이루었다.[41] 앞에서 서술한 고소토 히로시가 단바 야스요리가 맥론을 삭제했다고 설명한 내용, 그리고 야마다 게이지가 공혈 주치의 배열이 침구와 경맥을 어그러지게 해놓았다는 지적 등은 역시 모두 단바의 의학 관점과 그가 인용한 중국 의서의 그것이 다른 경향을 가지고 있음을 말해준다.

본문은 『의심방』에서 부인 건강을 다루는 부분을 예로 삼아 단바 야스요리가 태산을 부인 질병의 원인으로 보고 있고, 이는 그가 인용한 『소품』, 『병원(病源)』, 『천금방』이 모두 월경을 중요하게 보는 것과 다르며, 또한 원서에 의거하여 풍랭이 혈기에 미치는 영향을 부인 건강 문제의 주축으로 보지 않았음을 지적하였다. 권21의 시작은 비록 『천금방』이 부인을 따로 한 부분으로 나눈 원인에 대해 설명한 부분을 인용하면서

---

40) 服部敏良, 『奈良時代醫學史の研究』, 東京: 吉川弘文館, 1944·1988, 263-265쪽; 服部敏良, 『平安時代醫學史の研究』, 141쪽.
41) 眞柳誠, 「『醫心方』卷30の基礎的研究─本草學的價値について」, 『藥史學雜誌』 21-1, 1986, 52-59쪽. 진류성 역시 일찍이 『의심방』에서 인용한 『신농경(神農經)』10조와 『신농식경(神農食經)』 2조를 분석한 바 있다. 그는 이들과 당대(唐代) 이전 『식경』과의 관계를 추적하면서 아울러 두 책이 10세기 무렵 여전히 일본에서 존재했다고 주장하였다. 이에 관해서는 眞柳誠, 「『醫心方』所引の『神農經』『神農食經』について」, 『日本醫史學雜誌』 31-2, 1985, 258-260쪽.

스스로도 이를 근거로 했음에도 불구하고, 손사막이 부인의 심신의 특질에 대해 설명한 것을 소홀히 하였고 오직 '태산봉상'에만 역점을 두었다. 권22은 임산부의 안전을 보호하기 위해 금침 위치를 확실하게 지적하였고, 전서에서 맥론을 제한다는 원칙을 어기고 『산경』의 월금맥도(月禁脈圖)를 수록하였으며, 이후의 세 권 속에서는 『산경』을 대량 인용하여 임신과 출산 양육을 앞둔 부녀에 대해 다루었다. 그 중 권24 후반은 전부 『산경』에서 인용하여 모자(母子)의 미래의 안위와 화복을 점치는 것으로 이루어져 있고, 계속해서 권25는 "소아지부(小兒之部)"로 이루어져 있어, 여성의 건강 더 나아가 운명이 모두 산육 환경과 긴밀하게 연결되어 있다고 보았다.

사실 『의심방』 중 여성과 관련된 것은 권21-24에만 한정되어 있지 않다. 권28에서 방중양생(房中養生)에 대해 다루기 때문에 많은 부분이 여성과 관련된 것이다. 그러나 방중서의 주요 예상 독자는 귀족 남성으로 여성은 남성의 선어(選御)의 대상이었기 때문에 이 부분에서 관심을 둔 것은 부녀의 건강이 아니라, 남성의 복지, 장수, 불사에 관한 내용이다. 비록 권28 「양음제삼(養陰第三)」이 서왕모(西王母)와 동남(童男)이 교(交)하는 고사를 기록하고 있다고 하여도 이는 세상의 교화에 쓸 수 없는 것으로 보고 있다. 「구자법제이십일(求子法第二十一)」 또한 주로 남성을 주된 대상으로 보아, 그 행방(行房)의 의기(宜忌)를 지도하여 아들을 낳고 현량하게 오래 살 수 있도록 지도하는 것이다. 「단귀교제이십오(斷鬼交第二十五)」는 비록 남녀 모두 귀접(鬼交)을 당할 수 있다고 인정하고 있으나 편말(篇末)에서 "지금 귀접을 치료하는 방법은 여러 가지 있는데 모두 부인편에서 다루도록 한다"라고 설명하며 이 문제를 권21로 분류시켰다.[42] 권28 가장 마지막 부분은 여성음대(女性陰大), 가통(嫁痛), 남

---

42) 「斷鬼交第二十五」, 『醫心方』 卷28, 38b-39a쪽.

편에 상해를 당하는 것에 대해 토론하는데, 권21에서의 여음 문제와 중첩되는 것을 제외하면 모두 여음에만 착안하여 교접(交接) 시 남성의 쾌락을 위한 내용만 다루었기에 여성의 건강과는 무관한 것이다.[43] 비록 『의심방』은 「방내」를 독립적인 권(卷)으로 만들어 분명 단바가 참고한 중국 의서의 체계와는 다르지만, 그 수록 내용으로 보아 사실 중국 방중술의 전통에서 크게 탈피하지 못하였다. 아울러 남성 건강을 목표로 하는 것이어서 여성은 도구로서의 위치에만 한정되어 있었다.

『의심방』에서 부인 건강을 다루고 있는 네 권은 에도 영사본(江戶影寫本)에서 총 146페이지로, 그중 세 권 117페이지는 산육을 다루고 나머지 한 권 29페이지는 비록 부인 잡병을 다루고 있으나 태산을 병의 원인으로 보고 있다. 의학의 시각에서 바라보면, 그 삭제와 수정의 원칙이 이론을 중시하지 않고 방제(方劑)의 실용적 성격에 무게를 두고 있음을 살펴볼 수 있다. 부인의 시각으로 보면, 여성의 산육자(産育者)로서의 역할만 드러난다. 물론 전통 사회는 생육을 여성의 천직으로 보고 있으며 이는 중국과 일본 모두 똑같다. 그러나 각각의 의학이 태산의 도구인 여체(女體)를 보호하기 위해 진행한 논술 방식은 매우 상이하다. 『소품방』은 빨리 결혼하여 다산하면 병이 없을 것이라 하였다. 물론 태산붕상을 직시하였지만 여성의 질병과 의료를 논할 때는 월경으로 부인과 여자를 분별하였다. 『병원론』은 먼저 경대 질병을 논하였고, 『천금방』은 월수음습(月水陰濕)을 상기시켰고, 마지막으로 생육을 이상적인 목표로 보았다. 그러나 혈기를 인체의 근본으로 하여 풍랭이 여러 병의 이유라고 보았고, 이에 조경을 마침내 임신·출산을 촉진하는 가장 첫 번째 일로 보았다. 한당 사이 형성된 부인 제방(諸方)의 전통은 13세기 『부인대전량방』의 선구를 열었고, "경대태산(經帶胎産)"의 논술 방식을 확정하여 중

---

43) 『醫心方』卷28, 47a-47b쪽; 「玉門大第二十八」, 47b-48b쪽; 「少女痛第二十九」, 48b-49a쪽, 「長婦傷第三十」.

국 산과(産科)의 형성이 부과(婦科)를 기초로 발전하도록 하였다.

『의심방』은 일본에서 현존하는 가장 오래된 의서이다. 그 후 수백 년 동안 태산을 중시하는 몇 부의 의서들이 등장하였지만, 혈기나 월경 등을 중심으로 부인의 여러 질병을 깊이 있게 다루는 경우는 많이 보이지 않았다. 가마쿠라 시대 중요한 의학 전서로 가지와라 쇼젠(梶原性全, 1266-1337)의『만안방(萬安方)』(1315)은 현재 62권의 초본(抄本)이 전해지는데 이 중 8권이 부인을 다루고 있다. 그 가운데 가장 첫 번째 권의 「부인통론총료(婦人通論總療)」은『부인대전량방』(1237)의 글을 연이어 세 문단을 인용하고 있다. 약방을 소개할 때는 가장 먼저 조경을 다루고, 그 다음 대하(帶下), 그 연후에 무자, 임신, 생산 및 산후 여러 질병을 논하였다. 아마도 진자명(陳自明)이 쓴 「경대태산」의 구조를 따른 것일 터다.[44] 그러나 8권의 분량 중 태산은 7권에 달하니 임신과 산후를 다루는 비중은 경대를 다룬 비중을 훨씬 초과한다. 게다가 이 책은 부인과 전문서도 아니다. 1546년 난죠 소칸(南条宗鑑)이 진자명의『부인대전량방』에서 깨달음을 얻어『찬취부인방(撰聚婦人方)』세 권을 편찬하였고, 월경 및 임신 부인병, 임신 중 장애, 임산(臨産) 및 산후 여러 증세를 각각 분석하였다. 이것은 일본에서 '부인방'을 제목으로 내건 전문 서적이었고, 경대, 태산 순서에 따라 부인 질병을 다루었다. 난죠 소칸은 단바 야스요리와 같이 번잡한 것을 삭제하고 간명한 것을 택한다는 태도에 따라, 진자명의 책을 "편폭이 커서 마침내 사용하기에 어려우니 이에 지금 그 주요한 방론(方論)을 발췌하여 줄여서 짧은 편폭의 세 권으로 편찬한다"고 칭하였다. 아울러『부인대전량방』의 병인 이론은 아주 조금 인용하였고,『화제국방(和劑局方)』,『태평성혜방』,『경험방(經驗方)』 등 다

---

44) 梶原性全撰, 郭秀梅·回穎校注, 岡田研吉審訂『覆蓋萬安方校注』, 北京: 學苑出版社, 2020. 가지와라 쇼젠과 그의 저서에 대해서는 石原明撰, 郭秀梅譯, 「梶原性全生涯及其著書」,『覆蓋萬安方校注』, 1691-1725쪽 참조.

양한 서적을 넓게 인용하여 임상 실용의 원칙을 고수하였다.[45]

　비록 일본은 14세기 초 '경대태산'에 따라 부인의 치료를 논하는 저서가 등장했고, 16세기 중엽 마침내 '경대태산'의 구조로 된 최초의 부인방 전문서가 나왔음에도 불구하고, 1573년 천황이 『의심방』 어본을 나카라이에게 하사한 후 가장 먼저 단권으로 필사하여 전해진 것은 태산만을 전문적으로 다루는 권22이다. 『의심방』의 각 판본이 모두 불완전하게 남아 있는 상황 속에서 권22는 전하는 판본이 가장 많고, 또한 거의 모두 일본 산부인과의 특색을 설명한다. 이 글은 중국과 일본의 전통 의학이 여성의 건강을 다룰 때 나타난 시각의 차이에 대해 살펴보았고, 이로써 '중국 의학의 일본화'의 연구사를 위한 사례 연구를 제공하였다. 이와 동시에, 중국이 '경대, 태산'으로 여성 신체 건강을 이해하고 이를 기반으로 부산(婦産) 전과(專科)의 역사를 형성하였다는 것은 중국의 특징을 드러내며 이러한 경향이 꼭 필연적인 것은 아님을 밝혔다. 밖에서 중국을 보니, 『의심방』이 드러내는 여성 의료사는 더욱 흥미롭다.

---

45) 南条宗鑑, 『撰聚婦人方』, 大阪: オリエント出版社, 1996. 부인과와 내과에서 독립하여 나온 것과 난죠 소칸의 이 책에 대한 의의에 관해서는 富士川游, 「第七章-豊織二氏時代の醫學」, 『日本醫學史』, 319-321쪽 참조.

◈ 참고문헌

黃龍祥校, 王雪苕 審訂, 『黃帝明堂經輯校』, 北京: 中國醫藥科技出版社, 1988.

(晉)皇甫謐, 『黃帝針灸甲乙經』, 台北: 台聯國風出版社影印宋刻本, 1991.

(隋)巢元方, 『諸病源候總論校注』, 北京: 人民衛生出版社, 1991.

(唐)魏徵·長孫無忌 等, 『隋書』, 北京: 中華書局, 1973.

(唐)孫思邈, 『備急千金要方』, 台北: 宏業書局影印江戶影寫宋刻本, 1849.

(唐)王燾, 『外臺秘要』, 台北: 國立中國醫藥研究所重印新安程敬通訂刻本, 1964/1985.

(日)舍人親王, 『日本書記』, 東京: 吉川弘文館, 1971.

(日)藤原良房, 『續日本後紀』, 收入黑板勝美 編, 『新訂增補國史大系』, 東京: 國史大系刊行會 吉川弘文館, 1936/1988.

(日)藤原佐世, 『日本國見在書目錄』, 台北: 新文豐 據清光緒黎庶昌校刊古逸叢書本影印, 1984.

(日)丹波康賴, 『醫心方』, 台北: 新文豐影印安政影寫本, 1982.

(日)惟宗允亮, 『政事要略』(1002/1008?), 收入黑板勝美 編, 『新訂增補國史大系』卷28, 東京: 國史大系刊行會 吉川弘文館, 1935-1964.

(韓)金富軾, 『三國史記』, 收入東亞民俗學稀見文獻彙編第一輯, 『韓國漢籍民俗叢書』5-6册, 台北: 萬卷樓, 2012.

(日)梶原性全撰, 郭秀梅, 回潁 校注, 岡田研吉審訂, 『覆蓋萬安方校注』, 北京: 學苑出版社, 2020.

(日)南條宗鑑, 『撰聚婦人方』, 大阪: オリエント出版社, 1996.

(清)楊守敬, 『日本訪書誌』, 『國家圖書館藏古籍題跋叢刊』第22-23册, 據清光緒二十三年宜都楊守敬鄰蘇園刻本影印, 北京: 北京圖書館出版社, 2002.

東京帝國大學文學部史料編纂所, 『大日本史料』, 東京: 東京帝國大學, 1906.

小曾戶洋, 『中國醫學古典と日本』, 東京: 塙書房, 1996.

富士川游, 『日本醫學史』, 東京: 裳華房, 1904.

北里研究所附屬東洋醫學總合研究所醫史文獻研究室 編, 『財團法人前田育德會尊經閣文庫藏小品方·黃帝內經明堂古鈔本殘卷』, 東京: 北里研究所附屬東洋醫學總合研究所, 1992.

杉立義一, 『醫心方の傳來』, 京都: 思文閣, 1991.

服部敏良, 『奈良時代醫學史の研究』, 東京: 吉川弘文館, 1944/1989.

服部敏良, 『平安時代醫學史の研究』, 東京: 吉川弘文館, 1955初版, 1988重印.

山田慶兒, 「日本醫學事始−預告の書としての『醫心方』」, 收入山田慶兒·栗山茂久合
        編, 『歷史中の病と醫學』, 京都: 思文閣出版社, 1997.

平馬直樹·小曾戶洋, 「『醫心方』に引く『諸病源候論』の條文檢討─その取捨選擇方針
        初探」, 『日本醫史學雜誌』31−2, 1985.

矢數道明, 「江戶醫學における『醫心方』の影寫と校刻事業の經緯」, 『日本醫史學雜誌』
        31−3, 1985.

石原明撰, 郭秀梅譯, 「梶原性全生涯及其著書」, 『覆蓋萬安方校注』, 北京: 學苑出版
        社, 2020.

周一良, 「百濟與南朝關係的幾點考察」, 收入氏著, 『魏晉南北朝史論集』, 北京: 北京
        大學出版社, 1997.

真柳誠, 「『醫心方』所引の『神農經』『神農食經』について」, 『日本醫史學雜誌』31−2,
        1985.

真柳誠, 「『醫心方』卷30の基礎的研究─本草學的價値について」, 『藥史學雜誌』21−
        1, 1986.

高島文一, 「『醫心方』第二卷鍼灸篇孔穴主治法第一に引用された古典について」, 『日
        本醫史學雜誌』34−1, 1988.

馬繼興, 「『醫心方』中的古醫學文獻初探」, 『日本醫史學雜誌』31−1, 1985.

孫永顯, 「『醫心方』中的經脈圖」, 『中華醫史雜誌』31−3, 2001.

郭秀梅, 「江戶考證醫學初考−森立之的生平與著作」, 『新史學』14−4, 2003.

黃淸連, 「圓仁與唐代巡檢」, 『中央研究院歷史語言研究所集刊』68−4, 1997.

張寅成, 「古代東亞世界的禁咒師」, 收入林富士 主編, 『宗敎與醫療』, 台北: 聯經, 2011.

Charlotte Furth, *A Flourishing Yin: Gender in China's Medical History,*
        960−1665, Berkeley and Los Angels: University of California
        Press, 1998.

Emil C. H. Hsia, Ilza Veith, and Robert H. Geertsma, *The Essentials of*
        Medicine in Ancient China and Japan: Yasuyori Tamba's Ishimpo,
        Leiden: E. J. Brill, 1986.

동아시아 전통 검시 지식의 계보

검시 참고서의 편찬·전파·변용을 중심으로

최해별

I. 머리말

서양의 '법의학' 개념과 지식이 들어오기 전 동아시아에서는 전통 검시 (檢屍) 지식이 형성되고 전파되며 공유되고 있었다. 당시에는 검시를 주로 '검험(檢驗)'이라고 불렀다.[1] 가장 이르게는 춘추전국(春秋戰國) 시기부터 검험과 관계된 기록이 보이고 진대(秦代)에 이르면 관련 죽간을 통해 살인

---

[1] 근대이전 동아시아에서는 법의학에서 이루어지는 검시를 주로 '검험(檢驗)'이라 고 칭했다. '검험'은 사법 또는 행정 절차에서 '검사하여 증명하는 것'을 이르는 데, 그 대상은 문서, 사물, 인체 등을 모두 포함한다. 인명 사건과 관계된 사료 에서 옥사를 해결할 때 사체나 상처를 검사하여 死因 또는 상처의 손상 정도를 검증하는 과정을 주로 '검험'이라 지칭하기에 이 글에서는 '법의학'이라는 현대적 용어보다는 당시의 용어인 '검험'을 사용하고자 한다. 당시 사람들은 사체를 검 사하는 경우에 한해 이를 '검시'로 표현하기도 했다. 검험은 검시를 포함하는 개 념이지만 지금 사람들에게는 검시라는 용어가 검험보다 친숙하고 그 의미가 명 확히 와 닿을 것이기에 이 글의 제목과 목차에서는 검시로 표기하며 본문에서는 편의상 검험으로 통칭하고 때에 따라 사체에 대한 검험이 명확할 경우 검시라 칭한다. 이와 관련하여 대만의 張哲嘉 등은 '중국전통법의학'의 지식 성격을 규 명한 논문에서 소위 '중국전통법의학'의 성격은 '醫家'보다는 '法家'에 가깝다고 강조하면서 서양의 '법의학'과는 그 성격이 달랐음을 설명하였다. 張哲嘉, 「"中 國傳統法醫學"的知識性格與操作脈絡」, 『中央研究院近代史研究所集刊』 44, 2004, 1–30쪽.

사건에서 검시가 어떻게 이루어졌는지 그 사례가 드러나기도 한다. 그러나 무엇보다도 송대(宋代) 출간된 『세원집록(洗冤集錄)』에서 당시까지 구전되거나 여러 관련 서적에서 전해지는 검험 지식들이 한 데 모여 집적이 이루어졌다는 점 그리고 원대(元代) 편찬된 『무원록(無冤錄)』에서 더 체계화되고 정리되었다는 점에서 송·원 시기는 검험 지식의 수집과 그 체계화가 이루어진 시기라 할 수 있겠다.[2]

이렇게 송·원 시기 발전한 검험 지식은 그 이후 명·청 시대에 걸쳐 정리 보완되고, 또 한반도에도 전해져 조선 전후기 현지 사정에 맞게 정리 및 변용되기도 하였으며, 일본에 전해져 일본어로 번역되어 실제 사법 현장에서 활용되기에 이르렀다. 본 논문은 송·원 시기 집적된 검험 지식이 그 이후 여러 시기 동아시아 각 지역에 전파되고 변용되는 상황을 각 시기와 각 지역에서 편찬된 검험 참고서를 중심으로 살펴보고자 한다. 그리하여 동아시아 전통 '검험' 지식의 계보를 파악해 보고자 한다.

먼저, 남송 순우 7년(淳祐, 1247) 호남제점형옥(湖南提點刑獄)을 맡고 있던 송자(宋慈, 1186~1249)는 『세원집록』을 출판하였고,[3] 원대에 이르면 항주로(杭州路)의 염관주(鹽官州) 제공안독(提控案牘)을 맡았던 왕여(王與, 1261~1346)가 『세원집록』 등에 기초하여 지대 원년(至大, 1308) 혹은 지원 원년(至元, 1335) 『무원록(無冤錄)』을 저술하였다.[4] 이후 명대 이르러 『세원

---

2) 최해별, 「宋·元 시기 '檢驗지식'의 형성과 발전-『洗冤集錄』과 『無冤錄』을 중심으로」, 『중국학보』 69, 2014, 79-103쪽.

3) 지금 전해지는 『洗冤集錄』의 판본으로는 북경대학도서관이 소장하고 있는 원대 판각된 『宋提刑洗冤集錄』이 있으며, 통행본은 『宋提刑洗冤集錄』(叢書集成初編, 中華書局, 1985)이 있다. 이 외에 高隨捷, 祝林森 등은 元刊本을 저본으로 『洗冤集錄譯註』(상해고적출판사, 2008)를 출판하였다. 본 논문의 원문은 이 역주본을 근거로 하였다. 이외에, 羅時潤·田一民의 『洗冤集錄今譯』(福建科學技術出版社, 2006) 등이 있지만 역주에 오류가 많다.

4) 『無冤錄』의 판본은 沈家本이 수집한 『枕碧樓叢書』의 판본이 가장 완정하다고 전해지며, 이는 조선에서 필사된 『무원록』 필사본이다(余德芹·吳志剛, 「略述王與的≪無冤錄≫」, 『貴州民族學院學報』 2009-3, 136쪽). 통행본으로는 楊奉琨의 『無冤錄校注』(上海科學技術出版社, 1987) 등이 참고할 만하다. 본 논문에서는

집록』을 보충하고 수정하는 서적들이 출간되었고,[5] 청대 이르면 이를 기반으로 강희 33년(康熙, 1694)에 율례관(律例館)의 교정을 거친 『율례관교정세원록(律例館校正洗冤錄)』(이하 『교정세원록』으로 약칭)이 출간된다.[6] 이후에도 다양한 관련 서적들이 출판된다.[7]

한편, 원대 『무원록』은 15세기 조선에 전해지게 되는데, 세종(世宗)은 최치운(崔致雲, 1390~1440) 등에게 음주(音注)를 달도록 명하여 세종 20년(1438)년에 이르면 『신주무원록(新註無冤錄)』이 완성된다. 이것이 계속 조선에서 사용되다 영조(英祖) 연간에 이르러 중간(重刊) 작업이 이루어졌는데, 영조 24년(1748) 구택규(具宅奎, 1693~1753)에게 명을 내려 이를 보완하여 중간하라고 했고, 이렇게 나온 것이 『증수무원록(增修無冤錄)』이다. 이후 구택규의 아들 구윤명(具允明, 1711~1797)이 정조 20년(1796) 율학교수 김취하(金就夏)의 도움을 받아 교서관(校書館)에서 『증수무원록대전(增修無冤錄大全)』을 간행하고 같은 해 그 언해본인 『증수무원록언해(增修無冤錄諺解)』가 발간된다.[8]

또한 1440년에 조선에서 간행된 『신주무원록』은 대략 17세기 전반기 일본으로 전해졌을 것으로 추정되며,[9] 겐분 원년(元文, 1736) 카와이 나오히

조선에서 『新註無冤錄』을 편찬했을 때 『무원록』 원문의 내용에 수정을 가하지 않았기에 근래 한국에서 번역 출간된 것(김호 옮김, 『신주무원록』, 사계절, 2012)을 근거로 하였다. 『무원록』의 편찬 시기에 관해서는 楊奉琨, 「元代大法醫學家王與生平著述考略」(『浙江學刊』 1985-2, 119, 121쪽) 참조. 왕여의 序에는 그 편찬 시기를 "至大改元"이라 쓰고 있다. 이를 至大 원년(1308)으로 보기도 하며, 이 경우 본문에서 그가 언급한 "昔任鹽官"(1323)과 충돌한다. 이에 楊奉琨은 '至大改元'을 '至元改元(1335)'의 오자로 고증했다.

5) 대표적으로 王肯堂(1549~1613)은 萬曆 30년(1602) 『洗冤錄箋釋』을 편찬하였다.

6) 『교정세원록』은 『大淸律例』 후반부에 부록으로 출간되었다고 하나 본 논문에서는 『續修四庫全書』(第972冊, 上海古籍出版社, 1997)에 수록된 것을 참고하였다.

7) 阮其新, 『補註洗冤錄集證』(1832); 張錫藩, 『重刊補註洗冤錄集證』(1843); 許槤, 『洗冤錄詳義』(1854) 등 무수히 많다.

8) 본 논문에서는 송철의 등이 역주한 『譯註增修無冤錄諺解』(서울대학교출판문화원, 2011)를 참조하였다.

9) 賈靜濤, 『中國古代法醫學史』, 北京群眾出版社, 1984, 208쪽.

사(河合尙久)에 의해 일본어로 번역이 되고 메이와 5년(明和, 1768)『무원록술(無冤錄述)』로 간행되어 쓰이게 된다.[10] 이후 메이지 24년(明治, 1891)에 이르면 목차 등에서 새롭게 편집한『변사상검시필휴무원록술(變死傷檢視必携無冤錄述)』이 간행되어 유통되기도 한다.[11]

이러한 동아시아 삼국에서의 검험 참고서의 집필과 간행을 통해 우리는 동아시아 검험 지식의 발전과 전승 그리고 변용 양상을 파악할 수 있는데, 이 글에서는 이러한 여러 저서들 중에서도 각 시기와 각 지역의 특징이 가장 잘 드러나는 대표적 저서, 즉 송대『세원집록』, 원대『무원록』, 조선 전기의 『신주무원록』, 청대『률례관교정세원록』, 조선 후기의『증수무원록대전』그리고 일본에서 번역된『무원록술』을 중심으로 그 공통점과 차이점을 살펴 동아시아 '검험' 지식의 전승과 단절 그리고 보충의 실제를 이해하고자 한다.

먼저 각 저서의 서명과 서문에서 반영된 편찬 목적과 배경 및 그에 상응하는 체례를 분석하여 그 발전 경향의 특징을 살펴보고, 그 연후 각 저서에 반영된 검험 지식 자체의 공통점과 차이점을 파악하고자 한다. 이를 위해 구체적으로는 몇 가지 검험에 있어서 중요한 내용을 선별하여 이를 사례로 세밀한 분석을 진행하고자 하는데, 우선 검험의 가장 기본이 되는, 검험할 사체를 처리하는 '세엄(洗罨)' 지식과 사체를 관찰하는 방식에 관한 '험시(驗屍)' 지식을 살펴보고, 그 다음으로 여러 저서의 저자들이 검험에서 가장 중요하게 다루었던 '살상(殺傷)'사건 사체에 대한 검험 지식, 마지막으로 각 저서들의 가장 큰 차이점을 드러내주는 뼈의 검험과 관련된 '험골(驗骨)' 지식에 관해 그 계승과 변용의 양상을 살펴보고자 한다. 이 세 주제에 대한 세밀한 분석은 동아시아 각국의 '검험' 지식의 전승과 변용의 구체적 모습을 보여 줄 것이다.

---

10) 가장 이른 판본은 寬政 11년(1799)의 것이다. 일본 와세다대학 도서관에 소장되어 있다. 본 논문은 이를 참조하였다.
11) 明治 24년(1891) 판본의 것은 일본 국회도서관에 소장되어 있다. 본 논문은 이를 참조하였다.

동아시아의 검험 및 검험 지식과 관련한 기존의 연구는 중국사, 한국사 등 각국의 역사학자들을 중심으로 각국의 검험서나 검험 제도와 관련한 연구가 주로 이루어져 왔다.[12] 비교사적 관점으로 각 지역의 검험서와 이에 반영된 검험 지식의 공통점과 차이점에 대한 실질적 분석을 시도한 연구는 거의 없었다. 이에 이 글에서는 동아시아 삼국의 검험 지식의 전체적인 발전 경향과 더불어 몇 가지 주요한 검험 지식에 대한 분석을 통해 각 시기 각 지역에서 나타난 전승과 변용의 구체적 모습을 관찰하고자 하며 이를 통해 동아시아 전통 검험 지식의 계보를 복원해 보고자 한다.

II. 서명과 체례 : '세원(洗冤)'에서 '무원(無冤)'으로 그리고 다시 '세원'으로

　　발간 시기와 지역이 서로 다른 여러 저서의 발간 목적과 특징 그리고 여기에 반영된 검험 지식 분류와 체계를 살펴보기 위해 먼저 각 저서의 서명과 서문 그리고 체례의 구성을 이해할 필요가 있다.

---

12) 중국사 방면의 연구는 1980년대 『세원집록』과 『무원록』에 관한 역주작업으로 시작되었다. 80년대 楊奉琨(1980) 등은 역주 작업을 시작했고, Brian E. McKnight(1981)는 영역 작업을 진행하였다. 또한 그 법의학적 성취에 대한 연구로, 諸葛計(1979)의 연구가 대표적이며 근래에 들어 熊思量(2007), 余德芹·吳志剛(2009) 등의 연구가 있다. 송원시기 검험제도와 관련한 연구로는 石川重雄(1990), 王雲海(1992), 郭東旭·黃道誠(2008), 余德芹(2009), 최해별(2013, 2014) 등의 연구가 있다. 통사적 연구로는 賈靜濤(1984), 閻曉君(2005)가 대표적이다. 한국사 방면에서는 이영택(1956)이 조선시기 『무원록』에 대한 연구를 시작하였고, 이후 『신주무원록』의 번역 작업이 김호에 의해 이루어졌으며, 아울러 김호는 관련 연구를 지속적으로 진행하였다(1998, 2003). 또, 조선시대 법전과 인명사건 및 검안에 관한 연구는 심재우(1997, 2003, 2005)의 연구가 있으며, 조선시대 법서의 출판과 중국 법서의 수용과 적용에 관한 연구로는 정긍식(2005, 2007, 2009)의 연구가 있다. 아울러 『증수무원록대전』과 『증수무원록언해』에 관해서는 정재영(1999)의 연구가 있다. 일본의 경우 메이지 유신 시기 서양 법의학이 들어오기 전까지 일본의 법의학은 『무원록술』이 기본을 이루었다고 하나(小関恒雄, 『明治法醫學編年資料斷章』, 玄同社, 1995), 현재 일본학계의 관련 연구는 부족한 편이다.

우선, 송대 송자는 『세원집록』의 서문에서 "옥사는 대벽(大辟)보다 중한 것이 없고, 대벽은 처음의 정황보다 중한 것이 없으며, 처음의 정황을 알기 위해서는 검험보다 중한 것이 없다"며 검험의 중요성을 강조하였고, "옥사가 잘못되고" "검험에 오류가 생기는 것"을 한탄하며 다음과 같이 밝히고 있다.

근래까지 전해오는 여러 책들, 즉 《내서록(內恕錄)》 이하 몇몇 책들을 모아 중요한 것을 추려 고치고 바로잡아 나의 의견을 더해 하나의 책으로 편하여 《세원집록》으로 이름하고, 호남헌치(湖南憲治)에서 출간하여 내 동료들에게 보여 서로 검험에 참고하도록 하게 한다. …… [이 책은] 억울함을 씻어주어[洗冤] 은혜를 베풀게 되니, 이는 죽은 자를 다시 일어나게 하는 것과 같은 역할을 하는 것이다.[13]

송자는 『세원집록』을 통해 잘못된 옥사로 억울하게 죄를 받게 된 자들의 원통함을 씻어주려고 하였는데, 이는 곧 죽은 자를 다시 일어나게 하는 것과 같다고 설명하며 제대로 된 검험을 통한 '세원(洗冤)'을 강조하였다.

한편, 원대 왕여는 『무원록』을 편찬하면서 序에서 다음과 같이 밝히고 있다.

『세원(洗冤)』과 『평원(平冤)』 두 가지를 보니 서로 덜어내거나 더할 것들이 있었다. 마침내 성부(省部)에서 내려 보낸 「고시정식(考試程式)」을 지키고 따라야 할 근본으로 삼고, 그 차이점을 참고하여 항목을 나누어 편찬하였다. 무릇 「검험격례(檢驗格例)」를 권 앞에 실었으니 잘 따라 행하여 처음부터 신중하게 임해 백성들이 저절로 원통하게 여기지 않게 되길 바라니, 외람되이 『무원록(無冤錄)』이라 이름 한다.[14]

왕여는 『세원집록』 등을 참고한다고 하면서도 그 이름을 '무원(無冤)'으

---

13) 송자, 『세원집록』, 1쪽.
14) 김호 옮김, 『新注無冤錄』, 사계절, 2012, 50-53쪽.

로 바꾼 배경을 설명하였다. 그는 「검험격례」를 권 앞에 실어 이를 잘 따라 행하면 처음부터 신중하게 옥사를 처리하게 돼 저절로 원통함이 없어지게 될 것이므로 이에 '무원(無冤)'이라 하였다고 설명한다. 분명 '세원(洗冤)'을 염두 해 두고 아예 '세원(洗冤)'할 일을 사전에 만들지 않겠다는 뜻으로 '무원(無冤)'이라 한 것이다.

사실, 『세원집록』과 『무원록』의 주된 특징 중 하나는 각각 「조령(條令)」과 「검험격례(檢驗格例)」를 권두에 실어 검험과 관련된 당시 현행의 행정 및 집행 관련 법률 규정을 매우 상세히 다루고 있다는 것이다. 송자는 『세원집록』의 권1 「조령」에서 당시 지방관이 알아야 할 검험 관련 법률 규정을 매우 상세히 수록하였다. 당시 『경원조법사류(慶元條法事類)』의 「검시」 및 『송형통(宋刑統)』, 『신명형통(申明刑統)』의 관련 규정 그리고 수시로 반포된 관련 조칙 등을 수록하여,[15] 지방관이 알아야 할 검험 관련 법률 규정을 최대한 수록하여 참고할 수 있게 하였다. 이에 더하여 왕여는 『무원록』을 편찬할 때 당시 조정이 반포한 "「고시정식(考試程式)」을 지키고 따라야 할 근본으로 삼았다"고 하였고, 이에 「고시정식」의 내용을 기준으로 『세원집록』의 내용을 재편하기도 하였다.[16] 이와 더불어 검험과 관련된 상세한 법률 규정인 "「검험격례」를 권 앞에 실어" 검험관이 이를 따라 검험하게 하여 실수가 없

---

15) 이와 관련하여 최해별, 「남송시기 지방관이 알아야 할 '검험' 관련 법률 – 송자의 『세원집록』 「조령」에 대한 분석」(『동양사학연구』 129, 2014) 참조.

16) 「고시정식」은 『元典章』의 기록에 따르면 元貞 3년(1297) 반포된 것으로, 儒吏를 선발할 때 "반드시 程式에 합격해야 비로소 임용한다(必中程式, 方許錄用)"고 하였다(陳高華, 張帆 等 點校, 『元典章·吏部』 권6 「儒吏考試程式」, 中華書局·天津古籍出版社, 2012, 426쪽). 儒吏가 알고 있어야 할 「고시정식」에서 검험과 관련한 내용은 '屍', '傷', '病', '物' 글자 아래의 여러 조항들로, '시'는 사체에 대해, '상'은 살아 있는 자의 상처에 대해, '병'은 병환이 있는 자에 대해, '물'은 독물 등 범죄에 사용된 물질에 대해 검험하는 내용을 이른다. 왕여는 "「고시정식」을 근본으로 삼고 그 異同을 참고하여 항목을 나누어 편찬하였다"고 하였는데, 실제로 『무원록』은 「고시정식」을 기준(체례)으로 삼고, 『세원록』과 『평원록』의 내용을 종합한 것이라 볼 수 있다. 이에 관해 최해별, 「宋·元 시기 '檢驗 지식'의 형성과 발전-『洗冤集錄』과 『無冤錄』을 중심으로」(『중국학보』 69, 2014, 82-86쪽) 참조.

도록 하게 했던 것이다. 왕여가 책의 가장 앞부분에서 자신의 의견을 덧붙인 소위 '논변(論辯)' 부분을 제외하면, 「검험격례」의 내용은 대략 전체 상, 하 권으로 나누어진 책의 3분의 1의 편폭을 차지한다. 그가 '무원(無冤)'이라 이름붙인 주된 이유 중에 하나가 관련 법률 규정을 상세히 적고 있었기 때문이라 여긴다고 볼 때 『무원록』에서 「검험격례」의 비중이 어느 정도인지 알 수 있다.

　『무원록』이 조선에 전해질 때는 검험 지식뿐만 아니라 원대 검험과 관련된 행정적 제도와 법규들이 더불어 크게 영향을 미쳤던 것으로 보인다. 세종 17년(1435)부터 이미 『무원록』이 검시하는 「격례」가 잘 갖추어져 있으므로 이과(吏科), 율과(律科)의 시험과목으로 정하고 조사(朝士)들도 이를 숙지하여 검험에 사용하자는 논의가 있었고,[17] 『신주무원록』이 간행되기 직전 1439년 2월 세종은 한성부에 명하여 「검시장식」을 간행하여 각도 관찰사와 제주 안무사에게 판을 새겨 인쇄해 도내 각 고을에 비치하여 사용하게 했다. 「검시장식」은 「검시격례」와 「시장식」을 의미하는 것으로,[18] 조선은 검험 관련 법률 규정과 문서 등 행정 시스템도 적극적으로 받아들였던 것이다. 그러므로 원대의 법률 규정과 제도적 특징이 반영된 『무원록』에 대해 "사례는 그 원류를 캐고, 글자는 그 근원을 연구하여 자세히 주석을 가하고 음훈을 더하는" 작업을 하여 『신주무원록』이 편찬된 것이다.[19] 그리고 이렇게 그 원 내용의 가감 없이 음주한 『신주무원록』이 조선 후기까지 널리 사용될 수 있었던 것이다. 유의손이 쓴 『신주무원록』의 서를 보면, "『세원록』과 『평원록』의 의의가 왕여의 책에 이르러 더욱 갖추어졌고 왕씨의 책은 지금에 이르러 더욱 명확해지니 진실로 만세에 전할 법가(法家)의 준승(準繩)"[20]이라

---

17) 김호, 「『신주무원록』과 조선전기의 검시」, 『법사학연구』 27, 2003, 200쪽.
18) 김호, 위의 논문, 221-222쪽.
19) 김호 옮김, 『신주무원록』, 46-47쪽.
20) 김호 옮김, 위의 책, 48-49쪽.

칭하고 있다.

그러나 원을 이은 명과 그 이후 청대는 상황이 조금 달랐던 것으로 보인다. 명·청대 등장한 검험서들은 대체로 '세원(洗冤)'으로 명명되어 『세원집록』의 체례나 그 특징을 이어받은 것으로 보인다. 특히 청대 강희 33년(1694) 편찬된 『교정세원록』은 그 이전에 나왔던 『세원집록』을 수정 보충한 저서의 내용을 수렴하면서 관찬서로서 출간되어 그것 자체가 법전으로서의 성격을 가지고 있었지만 『교정세원록』 내에 검험과 관련된 행정적 법규가 수록되지는 않았다. 즉, 『세원집록』의 「조령」과 같은 부분 그리고 『무원록』의 「검험격례」와 같은 행정 법규와 관련된 부분은 삭제된 것이다.

주목할 만 한 점은 조선 후기 정조 20년(1796) 『증수무원록대전』이 편찬되었을 때, 『신주무원록』의 「검험격례」부분이 완전히 삭제되고, 이미 조선에서 제도화된 「시장식」, 「관문식」 등만이 독립적으로 수록되었다는 것이다. 이에 대해 그 「범례」에서는 다음과 같이 쓰고 있다.

> 이 책 [『신주무원록』]의 상권은 곧 원 조정이 반포한 이문(吏文)으로 하권의 조례(條例)와 그 뜻이 겹치는 것이 많고, 비록 뜻이 중첩되어도 원래 중요한 것이 아닌 것도 있다. 여기에서는 삭제 또는 줄여서 그 긴요한 말만 취하여 각 항목 아래 나누어 기록하여 참고하기에 편하도록 한다.[21]

『신주무원록』에서 원대 반포한 법률 규정을 실은 「검험격례」의 편명을 완전히 없애고 중요한 것만 해당 항목 아래 발췌하여 적었다는 것이다. 이로써 보건대, 『증수무원록대전』은 법률 규정이나 행정상의 원칙 등을 보강하고 설명하기보다는 검험에 필요한 기본 지식을 보충하는 데 더욱 주력했고, 이렇게 새로운 검험 지식을 보충하는 데 다름 아닌 『교정세원록』을 참고

---

21) 정재영, 「법의학서, 『증수무원록대전』과 『증수무원록언해』」(『정조시대의 한글문헌』, 문헌과해석사, 2000, 199쪽) 주17)에서 '범례'를 싣고 있다.

함으로써, 전통적으로 내려온 검험 지식의 계열에서 『세원집록』의 전통을 수렴 보강한 것이다. 소위 서명의 '증수(增修)'라는 것은 「검험격례」 부분을 삭제하고 내용적으로 『세원』 계열의 것을 보충한 것을 의미하는 것이다.

이러한 검험서가 일본으로 전해져 18세기 일본어로 번역되고 일본에 실정에 맞게 취사선택될 때는 법률 규정이 삭제되는 특징이 더욱 돋보인다. 겐분 원년(元文, 1736) 조선으로부터 전해진 『신주무원록』을 번역하여 『무원록술』을 편찬한 카와이 나오히사(河合尙久)의 서문을 보면 아래와 같다.

> 하루는 내 친구가 원의 왕씨가 편집한 『무원록』 2권을 가지고 와 이르기를 "이 책은 옥사의 검험에 관한 법을 강술하고 있는데 매우 상세하며 게다가 조선의 여러 문학들이 주석을 더하였다. 그러나 조선국(朝鮮國)과 중화(中華)의 형법은 유사한 점이 많으며 그래서 그 나라가 이해한 대로 바꾸었다. 우리나라의 경우 이해하기 어려운 부분이 적지 않다. 번역을 하여 사용에 편하게 되기를 희망한다"라고 하였다. 나는 그 책을 받아 자세히 읽었는데 그 상권은 중국의 형법을 상세히 기술하여 대부분이 우리나라 형법과 달랐다. 하권은 현혹(眩惑)을 판별하고 의심스러운 것을 피하는 방법을 강술하여 검험으로 하여금 올바르게 될 수 있게 하는 내용이다. 이에 우리나라에 무용한 부분을 생략하고 마땅히 사용해도 될 부분을 뽑아 번역을 하여 『무원록술』이라 이름한다. 대개 '술이불작(述而不作)'의 뜻을 취하고자 한다. 원본의 세 서와 발문은 남겨두어 원본의 원뜻에 어긋남이 없게 하고자 한다. 중국의 형법을 이해하고자 하는 자들은 원본을 한 번 읽어보면 된다.[22]

그는 중국의 형법을 기술한 『신주무원록』의 상권, 즉 「격례」 부분은 삭제한다고 설명하였다. 아울러 하권은 의혹을 판별하고 의심스러운 바를 피하는 방법을 다루기에 당시 현지에서 유용하다고 판단하여 이를 번역하였다. 또한 '무원록술(無冤錄述)'이라 이름한 이유는 '술이불작(述而不作)'의 뜻을 따르는 것이라 강조하였는데, 아마도 그 내용에 사견을 더하지 않고

---

22) 河合尙久 역, 『무원록술』, 「緖言」.

있는 그대로 기술하였음을 뜻하는 것으로 보인다. 즉 현지에 필요 없는 「격례」 부분은 취하지 않으면서도 다른 검험 지식과 관련한 부분은 있는 그대로 기술하여 『신주무원록』의 내용을 가능한 그대로 번역하였던 것이다.

송대 '세원(洗冤)'을 목적으로 시작된 검험참고서의 편찬은 원대 이르면 「고시정식」을 기준으로 체례가 재편되고 아울러 「검험격례」를 대거 수록함으로써 조정의 공인을 받은 검험 지식 체례와 제도화된 검험 행정 시스템의 조화 속에 '무원(無冤)'을 바라고자 했다. 그리고 검험 지식뿐만 아니라 검험 제도 자체를 받아들이고자 했던 조선은 세종 시기 원대 『무원록』을 '신주(新注)' 함으로써 '법가의 준승'으로 삼았다.

그런데 시대가 흐르고 또 다른 지역으로 전파될수록 검험 참고서에 대한 수요에서 검험 집행 상의 여러 규정들보다는 검험 지식 자체에 대한 필요가 더욱 강해지고 있음을 확인할 수 있다. 이러한 경향 속에 다시 '세원(洗冤)'의 계열로 돌아가는 특징이 보이는데, 청대 『교정세원록』의 경우 「조령」과 같은 법규 부분이 삭제되고, 조선 후기 『증수무원록대전』은 「검험격례」 부분이 삭제되며 『교정세원록』의 내용이 보강되고, 일본의 경우는 『무원록』에 대해 대체로 '술이불작'하나 「검험격례」 부분은 삭제한 형태로 편찬되었던 것이다.

이렇듯 시대가 흐를수록 『무원록』 계열의 특징보다는 『세원집록』의 내용과 특징이 계속 보강되는 경향이 나타나는 이유가 혹은 제도나 법규 면에서 원대 특수성이 반영된 『무원록』의 한계를 극복하는 과정이 아니었는지 생각해 볼 수 있다. 조선 초와 같이 검험 제도 자체를 받아들이는 상황이 아닐 경우 특수한 시대적 성격이 반영된 법률 규정과 그것이 근간이 된 『무원록』의 내용은 한계로 다가갈 수밖에 없었을 것이다. 그리하여 이후 시기에는 『무원록』보다는 시대를 초월하여 전승 될 수 있는 검험 지식을 중시하는 경향 속에 『세원집록』의 강세가 나타나는 것이 아닌지 추정할 수 있다. 이러한 경향은 구체적인 검험 지식 내용의 전파 과정을 통해서도 확인된다.

III. 검시 전 사체처리와 사체 관찰 방법의 전승

검험을 하는 데 있어서 검험관이 알아야 할 가장 기본적인 검험지식 중에 하나는 시간이 경과한 사체를 검험하기에 적절하도록 처리하는 '세엄(洗罨)'이고, 또 상흔이 잘 보이지 않을 때 그것이 잘 드러나도록 조치를 취하는 '험시(驗屍)' 방법이다. 위에서 언급된 각 검험서에는 이와 관련된 항목을 배치하고 있는데 이를 정리하면 다음과 같다.(〈표 1〉)

〈표 1〉 각 검험서의 '세엄(洗罨)'과 '험시(驗屍)' 관련 항목

『세원집록』	『(신주)무원록』	『교정세원록』	『증수무원록대전』	『무원록술』
험시(驗屍) 세엄(洗罨)	험법(驗法)	험시(驗屍) 세엄(洗罨)	응용법물(應用法物) 및 응용법물 중 '세엄(洗罨)'	검법(檢法)

각 검험서의 해당 내용을 검토해 본 결과 대체로 『세원집록』에서 언급하고 있는 내용을 편목이나 순서만 바꾸어서 적고 있는 것을 알 수 있다. 이를 통해 사체처리 방식과 상흔 관찰을 위한 기초적인 지식이 남송 순우 7년(淳祐, 1247)에 이미 형성되었고, 이것이 그 후 13~18세기까지 동아시아에 널리 공유되었음을 확인할 수 있다.

먼저 『세원집록』에서 정리하고 있는 내용을 간략하게 정리하여 보면 아래와 같다. 크게 세 가지 내용으로 나뉜다.

Ⅰ [세엄] 사체를 양지바르고 평평한 곳에 올려놓고 먼저 '건검(乾檢)'을 하고, 그 후 물로 씻는다. 그다음 비누 등으로 오염된 부분을 씻는다. 그 연후 술지게미와 초를 바르고 망자의 옷 등으로 싸고 끓인 식초를 뿌리며 한 시간 정도 덮어둔 후 사체가 투명하고 연해지면 덮은 것을 제거하고 물로 술지게미와 식초를 씻어낸 후 검험을 시작한다.

Ⅱ [세엄] 초봄과 겨울에는 뜨겁게 끓인 초와 볶은 술지게미를 쓰고 늦봄과

늦가을에는 조금 데운다. 여름과 가을에는 조금이라도 뜨겁게 하면 피육이 상하니 주의하고, 가을이 점점 깊어 가면 뜨거운 것을 사용하며 주변에 불을 지펴 온도를 높이기도 한다. 겨울에는 이러한 조치로도 사체가 얼어 검험을 할 수가 없기에 구덩이를 파서 불을 피운 후 초를 뿌려 증기가 일면 세엄한 사체를 구덩이에 넣고 덮은 후 다시 뜨거운 초를 뿌려 사체가 투명해지면 꺼내어 검험을 한다.

Ⅲ [험시] 상처가 드러나지 않으면 의심스러운 부분을 먼저 물로 씻은 후 파의 흰 부분을 찧어 상흔이 있는 곳에 바르고 술지게미와 초를 바른 종이를 덮은 후 1시간 기다려 제거한 후 물로 씻으면 상처가 보인다. 사체나 뼈를 검험 할 때 상처의 흔적이 드러나지 않으면, 새로 기름칠한 비단이나 명유우산(明油雨傘)으로 보고자 하는 부위를 덮고 햇볕을 쪼이며 우산을 넘어 보면 상처가 곧 드러난다. 만약 흐리고 비가 오는 날은 익은 숯을 가져와 쪼인다. 이러한 방법을 사용했는데도 보이지 않으면 백매(白梅)를 찧어 빨은 후 보고자 하는 부위에 펴 바르고 다시 본다. 여전히 다 보이지 않는다면 다시 백매의 과육을 취해 파(葱), 산초(椒), 소금, 술지게미를 넣고 한 곳에서 갈아 동그란 모양으로 만든 후 불에 구워 뜨겁게 달군 후 상처 부위에 지지고 먼저 사용한 종이를 대어 보면 곧 그 상처가 드러난다.[23]

각 검험서에는 위의 내용이 대체로 모두 수록되어 있으며, 18세기 편찬된 검험서에 이르기까지 크게 수정되거나 보강된 내용은 없다. 1247년경 정리된 '세엄'과 '험시' 지식이 18세기까지 전승되어 동아시아 각지에서 널리 사용되고 있었음을 알 수 있다.

술지게미나 초를 활용하여 사체를 씻고, 기름칠한 비단이나 우산을 활용해 관찰하고, 다시 사체 관찰에 백매, 파, 산초 등을 활용하는 방법은 11세기 후반부터 산재한 기록에서 보이는데, 특히 기름을 입힌 우산을 사용하

---

23) 송자, 『세원집록』 「驗屍」와 「洗寃」의 내용을 바탕으로 필자가 간략하게 정리한 것이다.

는 것은 서리 경력이 있었던 한 노부(老父)의 경험이었다.[24] 그리고 1247년 출간된 송자의『세원집록』은 이를 모두 수렴하였다.

아울러 송자의『세원집록』은 당시 산재한 지식을 순서대로 정리하였다. 먼저 사체를 처리하지 않은 채 검시하는 '건검'을 언급하고, 그다음 술지게미와 식초를 사용하며, 계절마다 온도에 따라 사체처리의 주의사항을 강조하면서, 기름 바른 비단이나 우산, 찧은 백매, 그리고 백매와 산초, 소금, 술지게미 등을 섞어 불에 달군 것을 사용할 것을 차례대로 권하고 있다. 그의 이러한 설명은 당시 그가 참고했던 여러 책 혹은 그가 경험에서 얻게 된 방법이었을 것이며, 11세기 후반부터 형성된 지식의 수집과 정리 결과였다.

놀라운 것은 이 방법이 18세기까지 큰 수정 사항 없이 사법현장에서 사용되고 있었다는 점이다. 아울러 조선이나 일본에서도 그대로 전해지고 있었다. 후대에 나온 저서들은 이와 같은 내용을 그대로 수록하였다. 무엇보다도 11세기 서리 경력을 가지고 있던 어느 한 노부(老父)가 가르쳐 준 방법인 기름을 먹인 우산을 비추어 보라는 방법은 청대 강희 33년(1694) 편찬된『교정세원록』에서 다시금 보충되어 언급되기에 더욱 주목할 만하다. 뼈를 검험하는 데 있어서 비가 오는 날은 검험을 하는 것이 힘들어 "자법(煮法)"을 사용해야 하는데, 오직 "항주황유신우산(杭州黃油新雨傘)"을 사용하면 '자법'을 사용하지 않고도 뼈를 검험할 수 있다고 하였고, 또 세월이 지난 뼈를 검험할 때 상흔이 모두 바람과 비에 침식되어 알 수 없을 때도 혹은 '증법(蒸法)'을 너무 많이 거쳐 상처가 뼈에 깊숙이 가려져 있어도 "황유우

---

24) 남송(1127~1279) 초 편찬된 鄭克의『折獄龜鑑』에서는 仁宗(1022~1063 재위) 시기의 進士인 李處厚가 廬州 慎縣을 다스리고 있었을 때 술지게미와 석회수를 사용해 시체를 씻어 검시를 하였고 적유를 입힌 우산을 햇빛 아래 비추어 사체를 검시하였다는 기록이 보인다. 이 기록은 사실 북송 沈括(1031~1095) 이 쓴『夢溪筆談』에 나와 있는 기록을 정극이 그대로 옮긴 것이다. 11세기 후반 이미 술지게미와 석회수를 이용하여 사체를 씻는 방법을 사용하고 있었으며 "赤油"를 먹인 우산을 햇빛 아래 비추어 상처를 보는 방법도 사용되고 있던 것이다.

산"으로 비추어 보기만 하면 상처가 다 드러난다고도 하였다.[25] 기름 먹인 우산을 비추어 상처를 보는 '험법'의 전통은 11세기에서 17세기에 이르기까지 전승되었으며 또 나름의 기술의 발전이 있었을 것으로 추정된다.

'세엄'과 '험법'의 지식은 『신주무원록』을 통해 조선에 그대로 전해졌으며, 이것은 다시 『증수무원록대전』에서 재정리 된다. 특히 『증수무원록대전』은 이에 관한 지식을 편명을 새롭게 하여 단계별로 체계적으로 정리하고 있다. 이전의 저서들에서는 여러 편명에 혹은 한 편명 내에서라도 순서에 무관하게 흩어져 기록되어 있었는데, 『증수무원록대전』은 「응용법물」 안의 「세엄법(洗罨法)」에서 '건검(乾驗)'의 단계에서부터 정도 별로 하나씩 언급하여 최종적으로 한겨울 구덩이를 파서 불을 지펴 검험하는 방식까지 차례로 적고 있는 것이다. 『증수무원록대전』의 「범례」에서, 『신주무원록』은 규정이 "여러 곳에 흩어져 있어 수미(首尾)를 관통하지 못하면 알 수 없어" "같은 종류가 모이도록" 기록한다는 뜻과 구윤명이 "일목요연하게" 재편했다고 강조한 부분이 이 지점에서 잘 드러난다고 할 수 있겠다.[26] 일본의 『무원록술』은 『신주무원록』의 「험법」의 내용을 거의 그대로 번역하고 있으며 큰 수정 사항이나 보충 내용은 없다.

이렇게 보면 11세기 사체처리 방법 그리고 서리 경력이 있던 어느 한 노부의 경험 등에 의해 축적된 '세엄' 및 '험법'의 지식은 13세기 『세원집록』 편찬 시의 수집과 정리 및 보충을 거쳤고, 이 지식이 그 후 계속 전승되고 실천되어 『무원록』, 『신주무원록』, 『교정세원록』, 『증수무원록대전』 그리고 그 『언해』, 『무원록술』에 이르기까지 차례대로 실리어 동아시아 각 시기 각 지역의 사체처리 방식과 관찰 방식의 기본 지식으로 전해지게 되었던 것이다. 이를 통해 동아시아 검험 지식의 전승의 면모를 확연히 알 수 있다.

---

25) 『교정세원록』 권1 「험골」, 270쪽.
26) 『증수무원록대전』 「범례」와 발문. 여기서는 정재영, 「법의학서, 『증수무원록대전』과 『증수무원록언해』」(『정조시대의 한글문헌』, 188, 199쪽)에서 싣고 있는 발문 원문과 주17)의 '범례'를 근거하였다.

IV. 살상(殺傷) 검시 지식의 전승과 보충

검험에 있어서 '살상(殺傷)'은 매우 중요한 부분 중의 하나로 이는 당시 검험 참고서의 편찬자들도 충분히 인식하고 있었던 바이다. 먼저 송자는 『세원집록』에서 사체를 검험해야 하는 경우를 여섯 가지로 분류하였는데, 그 중 칼을 사용한 살상을 가장 처음으로 꼽고 있다.[27] 또 조선의 『증수무원록대전』에 실려 있는 구윤명의 발문을 보면, "무릇 옥사를 다룰 때 가장 어려운 것은 살상이다. 대개 검험을 할 때 그 진위가 많이 바뀌고 사소한 차이로도 시비가 바뀌고 잘못되니"라며,[28] '살상' 검험의 어려움과 중요성을 강조한 바 있다.

이러한 '살상'의 검험에 관한 지식은 여러 사인 중 가장 기본이 되는 내용인 만큼 각 검험 참고서에 중요하게 다루어졌다. 먼저 살상과 관련된 부분에 대한 각 저서의 목록을 비교하면 〈표 2〉과 같다.

〈표 2〉 각 검험서의 '살상(殺傷)' 관련 항목

『세원집록』	『(신주)무원록』	『률례관교정세원록』	『증수무원록대전』	『무원록술』
자형(自刑) 살상(殺傷) 시수이처 (屍首異處)	인상사(刃傷死) 자사(刺死) 시수이처 (屍首異處) 고내병사 (辜內病死) 자해사(自割死)	살상(殺傷) 변생전사후 (辨生前死後) 자잔(自殘)	인상사 (刃傷死)	자해(自割) 피살(被殺) 변생전사후 (辨生前死後) 시수이처 (屍首異處)	인상사 (刃傷死) 자해사 (自割死)

『세원집록』은 칼 등의 도구로 자해한 '자형(自刑)', 남에게 살상당한 '살

---

27) "무릇 사체를 검험하는 경우는 刀刃殺傷, 他物鬪打, 拳手毆擊, 혹은 自縊 또는 勒殺, 혹은 投水나 被人溺殺, 혹은 병환으로 죽음에 이른 경우가 있다. 그러나 勒殺은 自縊과 유사하고, 溺水는 投水와 유사하며, 鬪毆는 辜限 기한 내에 죽어도 실제로 병환으로 죽는 경우도 있다" 송자, 『세원집록』 권1 「疑難雜說上」, 26쪽.
28) 『증수무원록대전』 중 구윤명의 발문(정재영, 「법의학서, 『증수무원록대전』과 『증수무원록언해』」, 188쪽).

상(殺傷)', 그리고 칼로 절단이 되어 사체가 한 곳에 있지 않은 '시수이처(屍首異處)'에 대한 검험 지식과 주의사항을 적고 있다. 이에 대해『무원록』은 '자형(自刑)'은 '자해사(自割死)'로, '살상(殺傷)'은 칼로 상해되어 죽은 '인상사(刃傷死)'와 칼에 찔려죽은 '자사(刺死)'로, 또 '시수이처(屍首異處)' 외 '고내병사(辜內病死)'를 첨가하고 있다. 이러한 변동은 모두 원대 조정에 의해 반포된 「고시정식」의 내용을 기준으로『세원집록』의 체례를 바꾸어 내용을 재편한 것이다. 그런데 청대의『교정세원록』은 다시『세원집록』의 목록을 따르고 있으며, '변생전사후(辨生前死後)'라는 편명을 추가하고 있다. 상처가 생전에 생긴 것인지 사후 위장된 것인지를 판별하는 기준에 관한 내용으로 이는 송대『세원집록』의 관련 부분에서도 언급되었지만『교정세원록』에서는 이에 관한 내용을 따로 편명을 두어 상세히 기술한 것이다. 그리고 '시수이처(屍首異處)'에 관한 내용은 편명을 없애고 '변생전사후' 뒤에 부기하였다. 률례관에서 무엇을 중시했는지 알 수 있는 대목이다. 생전에 생긴 상처인지 사후에 (위장으로) 생긴 상처인지 분별하는 것이 중요하다는 인식이 반영된 것으로 보인다.

그렇다면 조선 후기『신주무원록』을 바탕으로 수정 보충을 가한『증수무원록대전』은 어떠한가? 체계가 훨씬 세밀하게 짜여 있음을 확인할 수 있다. 전체를 「인상사(刃傷死)」로 분류한 후 그 안에 '자할', '피살', '변생전사후', '시수이처'의 편명들을 분류한 것이다.『무원록』의 내용을 가지고 있되, 「고시정식」에 의해 수정 추가된 내용 '자사', '고내병사' 등을 가능한 삭제했고,『교정세원록』의 편명을 참고하여 '변생전사후'라는 편명을 추가하였다. 이러한 특징은 다른 사인(死因)에 대한 항목에서도 드러나는데, 예를 들면, 「익수사」안에 '자익(自溺)', '피익(被溺)', '피살가작자익(被殺假作自溺)', '변생전사후(辨生前死後)'로 분류하는 식이다.『증수무원록대전』이『세원록』과『무원록』그리고『교정세원록』의 장점을 적절하게 반영하여 배치했음을 알 수 있다. 일본에서 번역된『무원록술』은 '살상'에 관해 언급된『신주무원록』

의 '인상사'와 '자할사' 부분만을 취하여 번역하였고, 그밖에 다른 '고내병사'와 같은 법률 관련 내용 그리고 「고시정식」을 따라 『무원록』에만 추가된 '자사' 등의 내용은 삭제하여 간결하게 하였다. 즉 형법과 관련된 내용을 가능한 삭제하려고 한 번역자의 뜻이 확연히 드러난다.

각 저서에서 타인에 의해 '살상', '인상(刃傷)', '피살'된 경우의 구체적인 내용을 살펴보면, 기본적인 내용은 동일하지만 몇 가지 부분에서 각 검험서의 차이가 드러난다. 주목할 부분은 『세원집록』과 『무원록』에 없는 부분이 『교정세원록』과 『증수무원록대전』에 보충되어 있다는 것이다. 『교정세원록』은 다음과 같이 언급하였다.

살상(殺傷)은 대부분 [서로] 대면하여 이루어지고 일반 사람들은 칼을 잡을 때 대개 오른손으로 쥐게 된다. 대면하여 서로 찌르면 상처는 대부분 왼쪽에 생긴다. 횡으로 찌르는 것이 아니라면 칼끝이 오른 쪽에 먼저 미칠 수 없다. 그런즉 혹 오른쪽에 먼저 미쳤다면 칼의 흔적이 시작되고 멈춘 것이 저절로 분명해진다. 오직 본래 왼손을 쓰는 자라면 상처가 오른쪽에 있다. 만약 누워 있는 곳에서 찔렸다면 마땅히 먼저 그 누워 있는 방이 어떻게 문이 나 있고 침상이 어떻게 배치되었는지 파악하고 본인이 평소 눕는 방식을 자세히 묻는다. 머리와 발을 어느 방향으로 하고 있는지 묻는다. 그 후 상처의 좌우를 만져보고 검험한다.

무릇 사람이 힘을 쓸 때 평상시 습관적으로 사용하는 손이 아니라면 혹은 올라가고 혹은 내려가서 베어진 부분이 바르지 않다. 만약 평상시 습관적으로 오른손을 사용한다면 누운 자가 순조롭게 응하지 않을 것이며 칼날이 반드시 아래로 향하고 오른쪽 어깨에 조금 상처가 미칠 것이다. 만약 평상시 왼손을 습관적으로 사용하면 누운 자가 순조롭게 응하지 않을 것이므로 칼날은 역시 반드시 아래로 향할 것이라 상처는 왼쪽 어깨에 미쳐있을 것이다.(반드시 그 좌우를 판별해야 비로소 범인의 마음을 파악할 수 있다)[29]

---

29) 『교정세원록』 권2 「살상」, 279쪽.

살상 사건에서 범인이 오른손으로 상해를 가했는지 왼손으로 상해를 가했는지 상처의 위치와 모양으로 판별하여 수사에 중요한 단서를 찾을 수 있음을 명시한 것이다. 살상은 마주 보고 일어나므로 오른손을 쓰는 범인이라면 상처는 왼쪽에 생기게 된다는 것이고, 또 습관적으로 사용하는 손으로 범행을 저지른 것이 아닐 경우 베어진 부분이 바르지 못할 것이라는 사실도 부기하고 있다. 아울러 서 있을 때와 누워 있을 때 상처의 위치 등을 언급하고 있다.

『증수무원록대전』에서는 '보(補)'라 명시하고 이 부분을 거의 그대로 옮겨 적고 있다. 『신주무원록』을 기본으로 하였으나 『교정세원록』 등의 저서를 참고하면서 새롭게 보충을 가하고 있는 것이다.

실제로 오른손과 왼손의 사용 여부는 일찍부터 살상과 관련된 검험의 현장에서 중요하게 다루어졌던 내용이다. 일찍이 『절옥귀감』은 이와 관련된 두 건의 판결을 싣고 있는데, 그중 하나는 진종(998~1022 재위) 시기 진사(進士)가 되어 단주(端州) 지사를 역임했던 구양엽(歐陽曄)의 판결이다.

계양감(桂陽監)의 백성 중 배를 가지고 다투어 서로 구타하여 [한 사람이] 죽음에 이르렀다. 옥사가 오랫동안 해결되지 못했다. 엽이 죄수들을 모두 관청으로 나오라고 하고 칼을 벗게 한 후 음식을 먹게 하였다. 그 후 모두 옥사로 돌려보냈는데 오직 한 사람을 남겼다. 남은 자가 얼굴색이 변하니, 엽이 이르기를, "살인한 자는 너다"라고 하였다. 그 죄수가 영문을 몰랐다. 엽이 말하기를, "내가 음식을 먹는 자를 보았는데 모두 오른 손으로 숟가락을 들었다. 너만 오직 왼손으로 들었다. 지금 죽은 자는 상처가 오른쪽 갈비뼈니 이는 네가 죽인 것이다 분명하다." 죄수가 울며 이르기를 "내가 죽였는데, 감히 다른 사람을 연루시키겠는가?" 하였다.[30]

---

30) 정극, 『절옥귀감』, 371쪽.

이에 대해 정극은 자신이 덧붙인 설명에서 구양엽은 "검시 결과서에서 오른쪽 갈비뼈의 상처로 죽었다는 기록을 보고 음식을 먹여보게 한 후 그가 사용한 손을 본 것이다"라고 하였다. 범인을 찾는 수사 과정에서 상처의 위치와 범행에 사용된 손을 감별하여 범인을 찾아내는 방법이 유용하게 사용되었고 이러한 명판결을 기록으로 전함으로써 검험과 관련된 지식을 전파한 것이다.

흥미로운 점은 진종 연간의 명 판결로 보이는 이 사례가 남송 초 출간된 『절옥귀감』에 수록되었다가 청 강희 연간 출간된 『교정세원록』에도 수록되어 있다는 점이다. 『세원집록』이나 『무원록』에서는 수록되지 않았던 내용이 『교정세원록』에서 "살상은 대부분 [서로] 대면하여 이루어지고" 그리하여 오른손과 왼손을 잘 구분해야 한다는 내용이 보충되면서 그 아래 소주(小注)의 형태로 소개된 것이다. 율례관 관원들이 직접 『절옥귀감』을 참고했을 가능성도 있지만, 아마도 이 판결을 전하는 당시의 다른 저서에서 참고하였을 가능성도 크다. '살상' 사건에서 오른손 왼손 감별과 관련된 검험 지식의 원류가 11세기경부터 전해져 17세기 이르기까지 전승되고 있음을 확인할 수 있는 부분이다.

또, 『교정세원록』은 위의 사례를 소주의 형태로 수록한 후 다른 한 사례를 더 소개하고 있다. 그 내용은 아래와 같다.

어느 한 향민이 자기의 조카로 하여금 이웃 사람 아들과 함께 호미로 산을 일구어 조를 심게 하였다. 두 밤이 지나도 돌아오지 않았다. 그가 가서 보았을 때, 곧 두 사람은 함께 산에서 죽어 있었고, 입고 있던 옷들은 모두 있었다. 관에 보고하여 험시하였다. 한 사체는 작은 오두막집 밖에 있었고, 뒷 목뼈가 골절되었고, 머리 얼굴 모두 칼자국의 상처가 있었다. 다른 한 사체는 오두막집 안에 있었고, 왼쪽 목 아래, 오른쪽 뒤통수에 각각 칼자국의 상처가 있었다. 무리는 의심하며 이르기를, "밖에 있는 자가 먼저 상해를 입어 죽었다. 안에 있는 자는 후에 스스로 칼로 찔러 죽은 것이다"라고 하였다. 관은 다만 각각 상처가 있고, 다른 재물이 없기에 둘이 서로 싸워 죽은 것이라 확정했다. 한 검험관이 홀로 이르기를, "그렇지 않소! 집안에 있는 자가 오른쪽 뒤통수에 칼자국이 있는 것이 가히 의심 스럽다. 어찌 스스로 칼을 들고 뒤통수를 찌르는 자가 있겠는가?" 며칠이 지나지 않아 곧 한 사람이 잡혀 왔는데, 원한을 품고 두 사람을 죽였다. 현에서 조사하니 비로소 드러났다.[31]

피해자의 상처가 오른쪽 뒤통수에 있는 것을 보고 이것은 자살이 아니라 분명 타살일 것이라고 믿었던 한 검험 관원의 확신이 들어맞았던 사안이다. 이 사례는 송자의 『세원집록』에서 이미 소개된 바 있다. 송자는 의심스러운 사안이라 판결이 어려운 사건을 다룰 때의 유의 사항을 적어 놓은 「의난잡설(疑難雜說)」이라는 편명 아래 이 사례를 소개하고 있다.[32] 송자는 "어찌 스스로 칼을 들고 뒤통수를 베는 자가 있겠는가? 손이 불편하다"라고 명확하게 지적하고 있다. "살상"은 대면하여 이루어지고 그러기에 상처의 위치나 범행에 사용된 손을 중요하게 분별해야 한다는 내용을 언급하면서 자해인 경우와 타살인 경우의 분별도 비슷한 이치로 손의 사용을 유념해야 한다는 취지로 이 기록을 수록했을 것이다.

흥미로운 점은 조선에서 『증수무원록대전』을 편찬할 때 『교정세원록』의 "살상은 대부분 [서로] 대면하여 이루어지고" 부분을 '보(補)'하면서 위의 두 사례 중 후자의 사례를 수록하였다는 것이다. 이는 『무원록』에서는 싣지 않고 있는 기록이며 구윤명 등이 『교정세원록』의 내용을 참고하여 두 사례 중 취사선택하여 수록한 것으로 보인다. 아울러 "어찌 스스로 칼을 들고 뒤통수를 베는 자가 있겠는가? 손이 불편하다"라고 정확히 설명하고 있다.[33]

이렇듯 상처의 위치와 깊이 그리고 상해를 가한 손의 좌우 분별 및 분별 방법에 관한 검험 지식은 11세기경부터 여러 판례를 통해 여러 책에서 전해

---

31) 『교정세원록』 권2 「살상」, 279쪽.
32) 『세원집록』 권1 「의난잡설상」, 27−28쪽.
33) 『증수무원록대전』 하편 「인상사」 중 「被人殺死」, 370쪽.

지고 있었고, 『세원집록』이나 『무원록』에서도 부분적으로 다루어지기는 하였다. 그러나 일반적으로 두 사람이 "대면"하여 이루어지는 살상 사체나 상처의 검험에 있어서 중요하게 여겨야 하는 내용의 보충이 더욱 필요했기에 17세기 『교정세원록』에 이르러서는 이를 더욱 강조하며 각종 전해지는 일화와 명판결을 소주의 형태로 소개했던 것이고 이를 참고했던 18세기 『증수무원록대전』에서도 이 내용을 수록하면서 그 구체적 사례 역시 취사선택되어 실렸던 것이다.

　　살상 사체와 관련하여 또 하나 주목해야 할 내용은 원대 왕여가 『무원록』을 저술하면서 『세원집록』의 기록과 「고시정식」의 내용이 달라 고민했던 부분이다. 『무원록』의 가장 처음에 실린 「금고험법부동(今古驗法不同)」을 보면 왕여가 보기에 송대와는 달라진 검험 관련 법률이나 인식 등을 언급하고 있는데, 살상과 관련한 다음과 같은 언급이 있다.

　「결안식」에는 "피육이 가지런하게 잘린 경우 이는 칼에 상처를 입고 목숨을 잃은 것이다"라고 하였다. 그런데 『세원록』에는 "피육이 가지런하게 잘리면 이는 단지 사후에 거짓으로 칼로 베인 상처를 만든 것이거나 또는 타물로 상해를 한 것이다"라고 하였다. …… 현재와 과거가 같지 않은 것이 이처럼 많은 것이다.[34]

　　실제로 『세원집록』 「살상」의 기록을 보면 "만약 피육의 상흔이 가지런하게 잘리면 이는 단지 사후에 거짓으로 칼로 베인 상처를 만든 것이다"라고 언급하고 있으며, 『무원록』 「인상사」를 보면 「결안식」을 인용하면서 "상흔의 피부가 가지런하게 잘려져 있으니 칼 등에 의해 상해를 입어 죽은 것임이 분명하다"라고 쓰고 있다. 아울러 왕여가 『세원집록』의 해당 내용을 언급하면서는 "만약 상흔의 피부가 가지런하게 잘리어 있으면 사후에 거짓으로 칼로 베인 상처를 만든 것이다"라고 인용하면서도 연이어 "피육의 흔적이 가

---

34) 『신주무원록』 권상 「금고험법부동」, 64-67쪽.

지런하게 잘리어진 경우에 대한 설명은 지금의 「고시정식」과 서로 위배되니 이는 앞에서 이미 언급한 바 있다"라고만 하였다.[35)]

　그렇다면 17~18세기 새로 편찬된 검험서는 이를 어떻게 기록하고 있을까? 먼저 『교정세원록』에서는 이 부분을 「살상변생전사후(殺傷辨生前死後)」라는 편명에서 다루고 있다. 가장 첫 부분에서 "만약 피육이 가지런하게 잘리어져 있다면 이것은 사후 거짓으로 칼로 베인 상흔을 만든 것이다"라고 하며 『세원집록』의 기록을 그대로 싣고 있다. 『세원집록』의 견해를 따른 것이며, 『무원록』 또는 「고시정식」의 이견에 관해서는 전혀 언급하고 있지 않다. 아울러 『증수무원록대전』에서도 「인상사」 중 따로 배치한 「변생전사후」에서 "가지런하게 베어져 있으면 사후에 거짓으로 칼에 베인 상처를 만든 것이다"라고 분명히 밝히면서 『신주무원록』에서 언급한 「고시정식」과는 다르다는 언급을 삭제하고 있다.[36)] 이렇게 보면 왕여가 「고시정식」을 기준으로 『세원집록』의 내용을 재편하면서 발견한 칼의 베인 모양에 대한 설명의 차이는 결국 『세원집록』의 원래 의견대로 정리가 된 것으로 보인다.

　13~14세기 『세원집록』과 『무원록』으로 전해오는 '살상'에 대한 검험 지식은 17~18세기까지 계승되는데, 청대 『교정세원록』 및 조선 후기 『증수무원록대전』과 비교해 보면 후대로 올수록 목록과 편명의 배치가 훨씬 더 세밀하고 합리적으로 변형됨을 알 수 있다. 『무원록』은 원대의 독특한 「고시정식」을 기준으로 『세원집록』을 재편하였기에 원대만의 특유의 법률 문화가 반영된 체계를 이루고 있었고 더 나아가 오류로 판명되는 내용이 있었다면, 청대 『교정세원록』은 원대의 특징이 가미되지 않은 『세원집록』의 내용을 기준으로 새롭게 재편된 것이었기에 조선 후기 『증수무원록대전』의 편찬자들이 참고하기에 또한 새로운 내용을 보충하기에 적당했다. 그리하여 조선 후기 발전된 검험 지식은 『무원록』에서 원대 특징을 삭제한 형태로 아울러 『세

---

35) 『신주무원록』 권하 「인상사」, 430-431쪽.
36) 『증수무원록대전』 하편 「인상사」 중 「辨生前死後」, 379쪽.

원집록』의 전통을 더욱 계승한 『교정세원록』의 특징들이 더욱 반영되는 형태를 띠게 되었음을 알 수 있다.

V. 뼈의 검시 지식의 단절과 계승

송으로부터 이어져 온 검험 지식의 주요 부분을 구성하는 것 중 하나는 뼈를 검험하는 '험골(驗骨)'이었다. 송자의 『세원집록』은 「험골(驗骨)」과 「논골맥요해거처(論骨脈要害去處)」라는 편명을 두고 사람 뼈의 구조와 뼈의 상흔을 검험하는 방법 그리고 주의사항 등을 상세히 설명하고 있다. 그런데 뼈의 검험에 관한 내용은 『무원록』에 전혀 수록되지 않았고 전승되지 않다가 청대 『교정세원록』에서 다시 『세원집록』의 내용을 기본으로 다양하게 보충되고 더 나아가 「검골도(檢骨圖)」와 「검골격(檢骨格)」도 나타나게 된다. 이의 영향을 받은 것인지 조선의 『증수무원록대전』에서도 『신주무원록』과는 달리 '험골'에 관한 내용을 보충하고 있다. (〈표 3〉 참조) 이에 대한 고찰을 통해 '험골' 지식의 단절과 계승 과정을 복원할 수 있다.

〈표 3〉 각 검험서의 '험골' 관련 항목

『세원집록』	『(신주)무원록』	『률례관교정세원록』	『증수무원록대전』		『무원록술』
험골(驗骨) 논골맥요해 거처 (論骨脈要 害去處)	검험골식부정례 (檢驗骨殖無定例)	험골(驗骨), 검골(檢骨), 변생전사후상 (辨生前死後傷), 논연신골맥(論沿身骨脈), 검골도(檢骨圖), 검골격(檢骨格)	검식 (檢式)	검골 (檢骨)	해당 사항 없음
			잡록 (雜錄)	논인신골조 (論人身骨條)	

먼저, 송자의 『세원집록』은 「험골」과 「논골맥요해거처」의 편명에서 관련 검험 지식을 전하고 있다. 두 부분의 내용을 정리해 보면 다음과 같다. 첫째, "사람에게는 365마디가 있고, 1년 365일을 따른 것이다"로 시작하여 두

개골(髑髏骨)에서부터 척추 팔다리 뼈까지 하나하나 언급하여 설명하고 있으며, 이를 끈이나 대나무 껍질로 꿰어서 각각 종이에 어떤 뼈라고 이름을 표시해야 검험할 때 착오가 없을 것이라고 언급하고 있다. 둘째, 손끝에서부터 머리까지 머리에서부터 척추로 이어져 발끝까지의 뼈마디와 그 연결 부위들 즉 '골맥'을 하나하나 언급하고 있다. 여기까지는 인체의 뼈의 이름과 개수 그리고 그 구조에 관한 기본 지식이다. 셋째, 뼈로써 친생 여부를 감별하는 '험적골친법(驗滴骨親法)'을 간단하게 적어 놓았다. 넷째 '험골'의 방법이다. 뼈의 상처가 잘 보이도록 뼈를 처리하는 방식인데, 구덩이를 파서 불을 때고 술과 초의 증기로 뼈를 찌는 방법, 아예 끓이는 방법, 먹을 사용하는 방법, 면 솜을 사용하는 방법 등을 차례로 설명하고 있다. 다섯째, 오작(仵作)과 항인(行人)으로 하여금 뼈 마디마디를 읊게 하여 험골 결과를 알리는 방법을 기록했다. 마지막으로 여러 가지 주의사항을 언급한 후 뼈를 싸서 정리하는 방법을 적고 있다.[37] 이를 통해 남송시기까지의 인체의 뼈의 구조에 대한 이해와 뼈의 검험 방식에 대한 지식이 상당히 발전해 있었음을 알 수 있다.

그런데 "『세원록』과 『평원록』을 합쳐" 『무원록』을 편찬하였다고 한 왕여는 "[두 책의 내용을] 감히 망령되게 고치지는 않았으니 그때그때의 알맞은 것을 보고 좋은 것을 택하여 따르라"고 강조하였지만,[38] 서에서 다시 "『세원록』과 『평원록』에서 서로 덜어내거나 추가할 것들이 있었다"고 한 것처럼,[39] 아예 덜어낸 것들도 있었는데, 험골과 관련한 부분이 바로 그러하다. 왕여는 『무원록』을 편찬하면서 『세원집록』의 '험골'과 관련한 내용을 삭제하였다. 그리고는 「검험골식무정례(檢驗骨殖無定例)」에서 다음과 같이 언급했다.

---

37) 『세원집록』 권3 「驗骨」, 「論骨脈要害去處」, 67-78쪽.
38) 『신주무원록』 권상 「금고험법부동」, 66-67쪽.
39) 『신주무원록』 권상 「금고험법부동」, 52-53쪽.

대덕 4년(大德, 1300) 9월 강서행성(江西行省) 차부(箚付)는 원주로(袁州路)의
보고에 근거하였다. "의춘현(宜春縣)의 종원칠(鐘元七) 사망 사건에 대해 본 로
(路)가 가지고 있는 평향주(萍鄕州)의 보고에 먼저 근거하여 살펴보니, 팽아하(彭
阿夏)가 남편 팽계팔(彭季八)의 사망 사건을 고하여 담당 관원이 관을 열고 검험
하려 보니 피육이 없어지고 해골만 드러나 검험하기가 어려웠다. 도성에 보고하
여 형부에 보내 의논하게 하였는데, 예로부터 뼈를 검험하는 정례(定例)가 없어
[도성에서] 잘 살펴 마땅히 이미 행해진 사리에 따라 정황을 잘 살펴 처리하라고
하였다. 이미 진행하게 하였으니 본 로에서는 위와 같이 시행한다." [원주로의 보
고에 근거한 강서행성 차부]

지금 보고에 근거하면(원주로의 보고에 근거하여 올린 강서행성의 공문) 어떤
전례(典例)에 근거하여 뼈를 검험하고 치명적 원인을 결정하라는 것인지 보이지
않는데, [강서성] 성부(省府)에서는 공문을 보냈다. 잘 살펴 검험해야 한다. 명백
하게 조사하여 범인과 관련자들을 끝까지 심문하여 종원칠의 치명 원인을 알아
내어 각각 사실대로 진술받을 것이며 심문을 완비하여 보고하여 살펴 원통함이
없도록 한 후 법례에 따라 사건을 해결할 것이다. 검골해서는 안 된다는 잘못에
대한 진술을 받아 성(省)에 보고할 것이다.[40]

대덕 4년(1300) 강서행성은 관할인 원주로에서 일어난 의춘현 종원칠의
사망사건을 처리해야 했는데, 원주로가 예전에 평향주의 팽계팔 사망사건
과 관련한 보고에 근거해 살펴보니 형부에서도 "뼈를 검험하는 정례가 없
어" 이치대로 정황을 잘 살펴 처리하라고 했기에 원주로 의춘현 종원칠 사
건도 이를 기준으로 처리하라는 것이었다. 이에 (의춘현에서는) 어떤 전례에
근거하여 사인을 결정하라고 하는 것인지 알 수 없으므로 명백하게 심문하
여 원통함이 없도록 해결해야 한다는 모호한 결론을 내리고 있다. 험골의
'정례'가 없어서 피의자나 관련자들을 철저히 심문하는 방향으로 사인을 확
인하겠다는 것이다.

---

40) 『신주무원록』 권상 「검험골식무정례」, 196-199쪽.

원정 3년(元貞, 1297)에 반포된 「고시정식」(「결안식」)에는 험골과 관련한 내용이 없다.[41] 그러니 대덕 4년(1300)경에 정례가 없다는 것은 일면 당시 현실을 반영하는 것이기도 하다. 왕여는 『무원록』을 편찬할 때 『세원집록』을 참조하였으나 "「고시정식」을 지키고 따라야 할 근본으로 삼는다"고 하였기에 「고시정식」에 없는 '험골' 내용을 삭제했을 가능성도 있다. 아울러 "뼈를 검험하는 정례가 없다"는 당시 현실 그리하여 이미 예전에 결안 된 사례에 따라 가능한 한 관련자 심문을 자세히 함으로써 사인을 밝혀내야만 하는 답답한 현실을 강서행성 차부를 인용하여 드러내고 '험골'의 필요성을 강조하는 뜻을 드러내고자 했던 것은 아닌지 그래서 『무원록』 권상 「격례」에서 관련 판례를 수록하였던 것은 아닌 추정해 볼 수 있다. 그럼에도 불구하고 '험골'의 내용을 삭제한 것은 『무원록』의 한계로 여겨질 수밖에 없다.

강희 연간에 출간된 『교정세원록』에는 '험골'과 관련한 내용이 대거 등장하며 『세원집록』의 내용을 기본으로 보충된 '험골' 지식이 등장한다. 인체의 뼈의 마디와 구조에 관한 지식은 거의 『세원집록』에서 보이는 내용을 그대로 수록하고 있는데, 목차의 편명 구성에서 차이가 나타나며 아울러 몇 가지 검험 방법과 관련한 지식에서 보충을 하고 있다.

먼저, 편명을 살펴보면 「험골」과 「검골」로 나누어져 있는데, 전자에는 두개골부터 사지 손발까지 뼈의 마디마디를 언급하며 그 수를 제시하고 있고, 후자에는 뼈를 검험하는 관찰방법과 상처를 잘 보기 위한 뼈의 처리 방식 등을 언급하였다. 「논연신골맥」에서는 두 손에서 두개골 그리고 척추에서 양 다리까지의 뼈의 구조를 하나하나 설명하고 있으며, 「적혈」과 「적혈변」에서는 뼈로 친자를 감별하는 방법과 조손관계까지 감별가능하다는 등의 내용을 담고 있다.[42]

---

41) 陳高華, 張帆 等 點校, 『元典章 · 吏部』 卷6 「儒吏考試程式」, 中華書局 · 天津古籍出版社, 2012, 426쪽.
42) 『교정세원록』 권1 「험골」, 「검골」, 「검골변생전사후상」, 「논연신골맥」, 「적혈」, 「적혈변」, 269-273쪽.

무엇보다도 「험골」과 「논연신골맥」에서는 크게 보충된 내용이 없으나, 검험을 하는 방식과 관련된 내용인 「검골」 부분에서는 보충한 부분이 있기에 주목할 만하다. 예를 들면, 『세원집록』에서는 비가 오면 검험을 할 수가 없어 부득이 뼈를 끓여야 한다고 돼 있는데, 『교정세원록』은 추가로 다음과 같은 구절을 첨가하였다. "반드시 끓이는 방법을 사용할 필요는 없다. 오직 항주(杭州)의 황유신우산(黃油新雨傘)을 가지고 뼈에 비치면 상처가 골 내에 깊은 것까지 작은 것이라도 드러난다"고 하였다. 또 『세원집록』에서는 뼈를 끓일 때 어떤 사람이 부정을 저지르고자 약물을 넣으면 뼈의 상처가 하얗게 되어 보이지 않게 되는데 이에 대한 해법으로 '감초'를 넣어 해결하라고 지시하고 있다. 이에 대해 『교정세원록』에서는 마황(麻黃)과 감초를 사용하라고 추가로 설명하고 있다. 이 밖에 친자 감별에 대해서도 부모의 뼈에 자녀의 혈을 떨어뜨리는 방법 외에 다양한 지식을 「적혈」과 「적혈변」에서 소개하고 있다. 무엇보다 눈에 띄는 부분은 책의 가장 뒷부분에 첨부되어 있는 「검골도」와 「검골격」인데 이들은 사체 검험에서 「시격(屍格)」과 「시도(屍圖)」처럼 인체 그림과 명칭을 배치시키며 검험해야 할 부위를 명시한 문서로 활용되었음을 짐작하게 한다.[43]

그렇다면 『신주무원록』을 편찬한 조선에서 300여 년이 지난 후 다시 증수되어 편찬된 『증수무원록대전』에서는 험골과 관련한 기록을 어떻게 하고 있을까? 『증수무원록대전』에서는 「검식」에서 「검골」이라는 편명을, 마지막 「잡록」에서 「논인신골조」의 편명을 더하여 『신주무원록』에 없었던 뼈의 검험과 관련한 내용을 보충하고 있다. 먼저 「검골」의 편명 자체를 새로 보충하는 것이기에 편명 앞에 '보(補)'라고 명시하였다. 그 내용은 다음과 같다.

---

43) 『교정세원록』 「검골도」, 「검골격」, 319-324쪽.

보 「검골」

좋은 먹을 진하게 갈아 뼈에 바른 후 마르기를 기다렸다가 씻어서 먹을 제거한다. 만약 손상된 곳이 있다면 먹이 반드시 침투하여 들어갈 것이며, 손상되지 않았다면 먹이 침투하지 않을 것이다.

'보' 새것인 솜으로 뼈에 대어 닦아내면 손상된 곳은 반드시 면사가 당겨져 일어날 것이다. 절단된 곳을 다시 보면 그 뼈의 가시가 안으로 굽었으면 이는 구타당해 골절된 것이니 뼈가 부러진 곳에 어혈이 있다.

'보' 뼈 위에 맞은 곳은 홍색 무늬와 옅은 혈맹이 있을 것이다. 뼈가 끊어진 곳은 그 연결된 두 끝에 각각 혈훈(血暈)이 비칠 것이다. 다시 상처 난 뼈를 햇빛에 보이면 붉은색이 진해지는데 이는 생전에 맞은 것이 분명하다. 뼈에 혈훈이 없으면 비록 손상을 입었다고 해도 사후에 생긴 상처다.[44]

여기에서는 주로 뼈를 검험하는 방식에 관해 뼈의 상흔을 관찰하기 위한 뼈의 처리 방식을 언급하고 있다. 주목할 점은 구덩이를 파서 가열하여 식초와 술의 증기를 쏘이게 하는 방식이나 뼈를 끓이는 방식은 수록하지 않았고, 먹물로써 뼈를 처리하는 방식과 면 솜으로 뼈를 닦아내어 검험하는 방식만을 다루고 있다는 점이다. 편찬자의 취사선택이 이루어졌음을 확인할 수 있다. 또 뼈의 상처가 생전에 생긴 것인지 사후에 생긴 것인지에 대한 판별 기준을 언급하고 있다. 그렇다면 '증골(蒸骨)' 또는 '자골(煮骨)'에 대한 내용은 어떤 이유로 빠진 것일까?

이는 구윤명이 쓴 『증수무원록대전』의 「범례」를 통해 쉽게 알 수 있다.

증골법은 비록 법문에는 기록이 되어 있지만 가능한 한 이렇게 검험하지 않는다. 차마 능히 가벼이 시도할 수 있겠는가? 특별히 마땅한 바가 아니며 그리하여 갖추어 기록하지 않는다. 먹을 바르거나 솜으로 닦는 등의 방법은 시행하기에 심

44) 『증수무원록대전』 「검식」, 159-163쪽.

히 간편함으로 여기에서 보충하여 기록한다.[45)]

'증골법'에 대해 구윤명은 "특별히 마땅한 바가 아니다"라고 하여 기록을 하지 않는 것이라고 하였다. '증골'이 그러한데 '자골'이야 어떠했겠는가. '개관검시'에 대해서도 논란이 있었던 당시의 정황으로 보아 뼈를 찐다거나 끓이는 방식에 거부감을 느낄 수 있는 것은 당연했다. 그들이 『교정세원록』의 내용을 참고하였으되 조선의 여건에 맞게 취사선택하고 있었음이 정확히 드러나는 대목이다.

또한 『증수무원록대전』에서는 마지막 「잡록」에서 「논인신골조」를 다루고 있는데, 이것은 『세원집록』과 『교정세원록』의 「험골」에서 다룬 내용으로 두 개골에서 척주 팔다리 등 사지에 이르는 뼈마디의 개수와 이름을 적고 있다.[46)] 편명의 이름과 내용을 취할 때도 편찬자들의 새로운 변형을 통해 취사선택했음을 알 수 있다. 즉 『세원집록』은 「논골맥요해거처」에서 뼈의 처리 및 관찰 방식 그리고 친자 감별 등을 혼재하여 써 놓았다면, 좀 더 체계적으로 정리된 『교정세원록』을 참조한 『증수무원록대전』의 편찬자들은 이를 다시 자기의 이해에 맞게 고쳐 재정리하였던 것이다. 즉 「검골」의 내용은 「검골」에서, 그리고 원래 「험골」의 내용은 「논인신골조」에서 다룬 것이다.

이렇게 볼 때, 『증수무원록대전』은 『신주무원록』의 전통을 이으면서도 새로운 '세원' 계통의 『교정세원록』을 참고함으로써 『신주무원록』의 한계를 극복하였을 뿐만 아니라 16-17세기까지 더욱 발전된 검험 지식을 청으로부터 받아들여 이를 수록하고 있었던 것으로 보인다. 이에 반해 일본의 『무원록술』은 『신주무원록』을 취사선택하는 것에 그쳤기에 '험골'과 관련한 내용은 당연히 없을 수밖에 없었다.

---

45) 『증수무원록대전』 「범례」(정재영, 「법의학서, 『증수무원록대전』과 『증수무원록언해』」, 『정조시대의 한글문헌』, 199쪽)에서 싣고 있는 주17)의 '범례'를 근거하였다.
46) 『증수무원록대전』 「잡록·論人身骨條」, 529-534쪽.

VI. 맺음말

동아시아 전통 '검험' 지식은 서양의 '법의학' 개념과 지식이 들어오기 전 동아시아 각 지역에서 공유되며 전승과 변용의 과정을 거쳐 발전하였다. 특히 남송시기 송자가 편찬한 『세원집록』과 원대 왕여가 이를 바탕으로 편찬한 『무원록』은 크게 두 가지 계열의 검험 지식 전통을 형성하며 그 이후 명·청대 그리고 조선과 일본에까지 각각 계승·전파되어 활용되었다. 이의 결과물이 대표적으로 조선 전기의 『신주무원록』, 청 강희 연간의 『교정세원록』 그리고 조선 후기 『증수무원록대전』과 그 언해, 그리고 18세기 일본어로 번역된 『무원록술』 등이다. 본 논문은 『세원집록』과 『무원록』 외에 이들 전통을 전승하고 변용한 각종 검험 저서들을 분석함으로써 그 계승 관계를 밝혔다. 특별히 서명에 반영된 발간 목적과 그 체례를 살펴보고 아울러 사체처리 방식인 '세엄'과 사체 관찰 방법인 '험시' 방법, '살상'에 대한 검험 지식 그리고 뼈의 검험 지식을 중심으로 구체적 내용을 분석함으로써 동아시아 전통 검험 지식의 계승 양상과 각 시기 각 지역에서 전승 및 변용된 다양한 실제들을 고찰할 수 있었다.

송대 지방관의 철저한 검험을 통해 '세원(洗冤)'을 실현할 목적으로 쓰인 검험 참고서 『세원집록』의 편찬은 원대 이르면 검험관련 법률 규정인 「검험격례」를 대거 수록하여 검험 절차에 대한 법률 규정을 철저히 지키게 함으로써 처음부터 '무원(無冤)'을 바라고자 했던 『무원록』의 편찬으로 이어졌다. 그리고 검험 지식뿐만 아니라 중국의 검험 제도 자체를 받아들이고자 했던 조선은 세종 시기 원대 『무원록』을 활용하였고 여기에 주석을 더함으로써 이를 '법가의 준승'으로 삼았다. 그런데 시대가 흐르고 또 다른 지역으로 전파될수록 검험 참고서에 대한 수요는 검험 집행상의 여러 제도와 규정들보다는 검험지식 자체에 대한 보충을 더욱 필요로 했음을 확인할 수 있다. 이러한 경향 속에 다시 그 전승 관계가 '세원'의 계열로 돌아가는 특징이 보이는데, 청대『교정세원록』의 경우『세원집록』을 이었지만「조령」과 같은 법규 부분을 삭제하였고, 조선 후기『증수무원록대전』은『신주무원록』의「검험격례」부분을 삭제함과 동시에『교정세원록』의 내용을 기초로 다양한 검험 지식을 보강하였고, 일본의 경우는『무원록』에 대해 대체로 '술이불작'하나「검험격례」부분은 삭제한 형태로 편찬되었던 것이다.

이러한 전체적인 경향과 더불어 각 검험서에서 다루는 '세엄'과 '험시' 방법, 살상에 대한 검험 지식 그리고 험골 지식의 공통점과 차이점을 살펴본 결과, 구체적 검험 지식의 전승, 보충, 단절의 실제적인 면들을 살펴볼 수 있었다. 11세기경 지방의 서리 경력을 가진 노부가 전해준 기름을 먹인 우산을 활용하는 방법이 13세기『세원집록』에 의해 정리되고 아울러 17세기『교정세원록』에서 다시 보충되는 과정을 통해, 그리고 13세기경 수집 정리된 사체 처리 방식과 관찰 방식이 18세기 조선과 일본에까지 전해진다는 점을 통해, 우리는 검험 지식의 전승의 계보를 확인할 수 있었다.

아울러 각 검험서의 '살상'에 관한 검험 지식에 대한 분석을 통해 후대로 올수록 체례와 편명의 배치가 훨씬 더 세밀하고 합리적으로 변형됨을 알 수 있었다.『무원록』은 원대의「고시정식」을 기준으로『세원집록』을 재편하였기에 원대 특유의 법률 문화가 반영된 체계를 이루고 있었고 더 나아가 오류로 판명되는 내용이 있었다면, 청대『교정세원록』은 원대의 특징이 가미되지 않은 새롭게 재편된 검험서였기에 조선 후기『증수무원록대전』의 편찬자들이 참고하기에 적당했다. 그리하여 조선 후기 발전된 검험 지식은『신주무원록』에서 원대 특징을 삭제한 형태로 아울러『교정세원록』의 새로운 검험 지식들이 더욱 반영되는 형태를 띠게 되었다. 이것은 '험골'과 관련한 지식에서 더욱 분명하게 드러나는데,『세원집록』에서 '험골' 부분을 삭제하여 편찬한『무원록』은 '험골'에 관한 '정례'가 없다는 관련 판례만 실었는데, 이는 아마도 '험골'에 관한 내용을 싣지 않은 당시의「고시정식」을 바탕으로 했기 때문이라 여겨진다. 물론 그 이후의『증수무원록대전』등은『교정세원록』을 참조하는 과정에서 '험골'과 관련한 지식을 보충할 수 있었고 이로써『신주무원록』의 부족한 부분을 채울 수 있었다.

결론적으로, 동아시아 검험 지식은 대체로 13세기 남송 말기『세원집록』이 편찬되면서 수집되고 체계화된 것이 18세기까지 지속되었다고 볼 수 있다. 이로써 동아시아 전통 검험 지식의 형성과 발전의 역사상 남송 시기『세원집록』의 편찬이 가지는 의의를 다시 한번 강조할 수 있겠다. 아울러『세원집록』과『무원록』을 각각 중심으로 한 동아시아 전통 검험 지식은 시대에 따라 지역에 따라 취사선택되면서 그 계보를 이어가는데, 원대와 같이 문서 행정이 발달하고 조선 전기와 같이 검험 시스템의 정비가 이루어지는 시기에는 법률적 체계를 근간으로 재편한『무원록』의 전통이 유용하여 환영받았다. 그러나 그 이후 제도적 정비가 어느 정도 이루어짐에 따라 검험서의 역할에 있어서 검험 지식 자체의 다양한 내용에 주목하게 되면서『세원집록』의 전통이 환영을 받아『교정세원록』의 편찬과 더불어 이것이 조선 후기『증수무원록대전』에도 영향을 미치게 되었으며, 일본에서는 아예 '형법'과 관련된 부분을 삭제하는 형태로『무원록』이 번역되었다. 후대로 올수록 '무원'보다는 '세원'의 계열이 강세를 보이게 되는 것은 특정 시기의 제도적 측면이나 법률의 특수성이 반영된『무원록』의 특징이 희석되는 과정이라 할 수 있겠다.

◆ 참고문헌

律例館 輯, 『律例館校正洗冤錄』, 『續修四庫全書』 972, 上海古籍出版社, 1997.

謝深甫 撰, 戴建國 点校, 『慶元條法事類』, 黑龍江人民出版社, 2002.

徐松 輯, 馬泓波 点校, 『宋會要輯稿·刑法』, 河南大學出版社, 2011.

宋慈 著, 高隨捷, 祝林森 譯注, 『洗冤集錄譯註』, 上海古籍出版社, 2008.

_____, 楊奉琨 譯, 『洗冤錄校譯』, 群衆出版社, 1980.

송철의 등 역주, 『譯註增修無冤錄諺解』, 서울대학교출판문화원, 2011.

王與 著, 楊奉琨校註, 『無冤錄校注』, 上海科學技術出版社, 1987.

_____, 최치운 등 주석, 김호 옮김, 『신주무원록』, 사계절, 2012.

_____, 河合尙久 역, 『無冤錄述』, 와세다대학 도서관 소장.

鄭克 編撰, 劉俊文 譯注点校, 『折獄龜鑑譯注』, 上海古籍出版社, 1988.

陳高華, 張帆等 點校, 『元典章』, 中華書局, 天津古籍出版社, 2012.

Sung Tz'u, Brian E. McKnight, *The Washing Away of Wrongs: Forensic Medicine in Thirteenth-Century China*, The University of Michigan, 1981.

賈靜濤, 『中國古代法醫學史』, 北京群眾出版社, 1984.

小関恒雄, 『明治法醫學編年資料斷章』, 玄同社, 1995.

閻曉君, 『出土文獻與古代司法檢驗史研究』, 文物出版社, 2005.

郭東旭, 黃道誠, 「宋代檢驗制度探微」, 『河北法學』 2008-7.

김　호, 「『신주무원록』과 조선전기의 검시」, 『법사학연구』 27, 2003.

石川重雄, 「南宋期における裁判と檢死制度の整備 ―「檢驗(驗屍)格目」の施行を中心に ―」, 『立正大学東洋史論集』 3, 1990.

楊奉琨, 「元代大法醫學家王與生平著述考略」, 『浙江學刊』 1985-2.

余德芹·吳志剛, 「略述王與的《無冤錄》」, 『貴州民族學院學報』 2009-3.

余德芹, 「元朝法醫檢驗制度初探」, 『貴陽中醫學院學報』, 2009-1.

熊思量, 「宋慈與『洗冤集錄』之研究」, 福建師範大學碩士學位論文, 2007.

이영택, 「近世朝鮮의 法醫學的 裁判과 無冤錄에 關한 硏究」, 『서울대학교논문집』 4, 1956.

張哲嘉, 「"中國傳統法醫學"的知識性格與操作脈絡」, 『中央研究院近代史研究所集刊』 44, 2004.

정재영, 「법의학서, 『증수무원록대전』과 『증수무원록언해』」, 『정조시대의 한글문헌』, 문헌과해석사, 2000.

諸葛計, 「宋慈及其洗冤集錄」, 『歷史硏究』 1979-4.

최해별, 「송대 검험제도의 운영 –「檢驗格目」을 중심으로」, 『역사학보』 220, 2013.

_____, 「송대 검험 제도에서의 결과 보고: "驗狀"類 문서를 중심으로」, 『이화사학연구』 47, 2013.

_____, 「宋·元 시기 '檢驗지식'의 형성과 발전–『洗冤集錄』과 『無冤錄』을 중심으로」, 『중국학보』 69, 2014.

_____, 「남송시기 지방관이 알아야 할 '검험' 관련 법률 – 송자의 『세원집록』「조령」에 대한 분석」, 『동양사학연구』 129, 2014.

11세기 후반『석마하연론(釋摩訶衍論)』의 동아시아 유통과 영향

김영미

I. 머리말

11세기 후반 동아시아에서는 고려(高麗), 요(遼), 송(宋), 일본(日本)의 불경 교류가 활발하였다. 그 배경의 하나는 요 대장경[거란장(契丹藏)]의 조판과 간행이고, 다른 하나는 의천(義天, 1055-1101)의『신편제종교장총록(新編諸宗教藏總錄)』(이하『교장총록』으로 약칭)의 편찬과 교장(教藏) 간행 사업이다.

요 대장경은 1063년(문종 17) 3월에 1차 고려에 전래되었고, 1072년(문종 26)에 다시 한 차례 불경(佛經) 1장(藏을) 주어 1073년 고려에 도착하였다. 의천은 1073년 19세의 나이로 세자를 대신해 교장 수집을 발원하는 글을 지었고, 실제로 그 작업의 중심에 있었다. 의천은 1090년(선종 7) 8월『교장총록』을 완성하였다.『교장총록』은 고려뿐 아니라 송, 일본, 요에서도 승려들의 주석서인 소초(疏鈔) 등을 수집하여 목록을 정리한 것으로, 간행을 위한 준비 작업이기도 하였다. 의천은 목록에 실린 저술들을 간행하여 요, 송, 일본에 보내주었고, 이러한 과정을 통해 요의 서적이 송과 일본에,

송의 서적이 요와 일본에 전해질 수 있었다.

이러한 과정을 잘 보여주는 서적이 『석마하연론』이라고 생각되므로, 본고에서는 이를 중심으로 11세기 후반 동아시아의 불교교류를 분석해보려고 한다. 『석마하연론』은 『대승기신론(大乘起信論)』의 주석서로, 용수(龍樹)가 찬술하고 401년(後秦 弘始 3) 벌제마다(筏提摩多)가 번역한 것으로 되어 있다. 그러나 이 저술은 원효(元曉, 617-686)와 법장(法藏, 643-712)에 의해 『대승기신론』 연구가 중요해진 이후 신라 또는 당에서 찬술된 것으로 이해되고 있다.[1]

이 책이 일본에 780년경 전해지자, 일본에서는 위찬설이 주장되는 등 논란의 중심이 되기도 했다. 이와 달리 신라와 당(唐) 불교계에서는 크게 주목되지 못하였다. 당대(唐代) 승려로 생각되는 성법(聖法)과 법민(法敏)이 이에 대한 주석서로 각각 『석마하연론기(釋摩訶衍論記)』 1권과 『석마하연론소(釋摩訶衍論疏)』 3권을 저술하여 현재 전하고 있다.[2] 그 외에는 종밀(宗密, 780-841)에 의해 인용된 것이 확인된다.[3] 뿐만 아니라 송 천태종 승려 지례(知禮, 960-1028)가 『사명존자교행록(四明尊者教行錄)』에서, 화엄종 승려인 자선(子璿, 965-1038)이 『대승기신론필삭기(大乘起信論筆削記)』에서 『석마하연론』을 인용하고 있다. 그러나 이들 역시 매우 단편적인 인용이다.

---

1) 森田龍僊, 『釋摩訶衍論之研究』, 京都: 山城玉文政堂, 1935; 石井公成, 「〈釋摩訶衍論〉における架空經典」, 『佛教學』 25, 佛教思想學會, 1988; 石井公成, 「釋摩訶衍論の成立事情」, 『鎌田茂雄博士還暦記念論集 中國の佛教と文化』, 東京: 大藏出版, 1988; 『華嚴思想の研究』, 東京: 春秋社, 1996. 石井公成은 통일신라 불교계의 최대과제였던 『대승기신론』을 중시한 원효의 사상과 『대승기신론』에 입각해 의상계 화엄사상을 종합한 결과라고 보았다. 이와 달리 遠藤純一郎, 「〈釋摩訶衍論〉新羅成立説に觀する考察」, 『智山學報』 45, 1996은 중국과 신라를 모두 염두에 두고 보아야 한다고 하였다.
2) 일본승 常曉는 승화 5년(838)에 입당하여 다음 해에 귀국하면서 法敏의 『釋摩訶衍論疏』를 구해 귀국하여(『請來錄』 上: 『大正新修大藏經』(이하 T.라 약칭)55, 1069쪽), 『석마하연론』이 眞撰임을 입증하려고 하였다(森田龍僊, 『釋摩訶衍論之研究』, 26쪽). 그렇다면 법민의 소는 839년 이전 찬술된 것으로 보아야 할 것이다.
3) 宗密, 『圓覺經略疏鈔』 권10, 『卍新纂續藏經』(이하 X.라 약칭)9, 925-926쪽; 『圓覺經大疏釋義鈔』 권11, X.9, 702쪽.

연수(延壽, 904-976)의 『종경록(宗鏡錄)』은 『석마하연론』을 정확히 언급하고 매우 긴 문장을 인용하고 있지만, 매우 예외적인 일이다. 뿐만 아니라 『석마하연론』은 당(唐)과 송대(宋代)에 만들어지는 불전목록(佛典目錄) 중 어디에도 포함되어 있지 않다.

『석마하연론』에 대한 본격적인 관심은 11세기 후반 요에서 시작되었다. 요에서는 『석마하연론』을 1062년 대장경에 입장(入藏)하였고, 황제 도종(道宗)[재위 1055-1101]의 적극적인 관심 속에서 요 승려들의 『석마하연론』 주석서가 찬술되었다. 통리대사(通利大師)는 『석마하연론』을 비롯한 경전들을 1092년(大安 9)부터 1093년까지 돌에 새겨 보관하였는데, 현재 방산석경(房山石經)에 전하고 있다.[4]

또 요 승려들의 주석서는 고려에 전해져 『교장총록』에 수록되었다. 의천은 법오(法悟)와 지복(志福)의 주석서를 1099년 간행하였고, 이 저술들은 1105년에 일본에 전해졌다. 그리고 의천은 『중교용수석론(重校龍樹釋論)』 10권, 곧 용수가 찬술한 『중교석하마연론』을 간행해 송의 승려 선총(善聰)에게 보내주었다. 요 승려들의 주석서도 송에 전해져, 송의 승려 보관(普觀)은 이것들을 참조하여 『석마하연론기(釋摩訶衍論記)』를 저술하였다. 이처럼 11세기 후반 동아시아 불교계에서는 『석마하연론』에 대한 관심이 고조되었는데, 이는 그 이전과 대비된다. 따라서 『석마하연론』은 이 시기 동아시아 불교교류를 이해하는 데 중요한 실마리가 될 수 있다.

국내의 『석마하연론』 연구는 최근에서야 본격적으로 시작되었다. 불교학계에서는 『석마하연론』의 밀교적 성격을 중심으로 한 연구,[5] 원효와 법장의

---

4) 「大遼涿州涿鹿山雲居寺續秘藏石經塔記」(遼 天慶 8년, 1118), 『全遼文』 권11, 328-329쪽. 그 중에 "摩訶衍論 寧 一帙"이라고 언급되어 있고, 요 대장경 총 579질 중 568번째인 寧함의 칭호가 붙어 있는 것으로 보아 방산석경 속의 『석마하연론』이 요 대장경을 저본으로 하여 새겨졌음을 알 수 있다(塚本善隆, 『塚本善隆著作集 5 中國近世佛教史の諸問題』, 東京: 大東出版社, 1975, 516-517쪽).

5) 李箕永, 「釋摩訶衍論의 密敎思想」, 『韓國密敎思想硏究』, 東國大學校出版部, 1986.

『대승기신론』연구와『석마하연론』의 관계에 대한 연구가 진행되었다.[6] 요와 고려의 외교관계에서 요의 대장경 입장과 의천이『석마하연론』을 판각해 유통시킨 경위, 의천의『석마하연론』에 대한 이해가 요 불교계에 미친 영향에 대해 주목한 연구가[7] 발표되었다. 그러나 동아시아 삼국에서『석마하연론』이 주목된 이유와,『석마하연론』과 주석서의 유통이 동아시아 각국 불교계에 미친 영향과 그 차이점 등에 대해서는 연구되지 않은 상황이다.

이에 본고에서는『석마하연론』을 통해 당시 고려, 요, 송, 일본의 불교 교류 양상을 파악하고, 그 유통 배경을 찾아보고자 한다. 늦어도 일본에 전해지는 780년경 이전에 찬술된『석마하연론』이 11세기 후반 요, 송과 고려에서 갑자기 연구 대상으로 부각된 이유를 분석해봄으로써 11세기 후반 동아시아 불교계의 구체적 양상을 잘 이해할 수 있을 것이기 때문이다. 그리고『석마하연론』과 그 주석서의 유통이 미친 영향을 파악하고자 한다.

II.『석마하연론』과 주석서의 유통

1. 요의 대장경 입장과 연구

『석마하연론』은 11세기 후반 요에서 처음으로 전 불교계의 관심의 대상이 되어 적극적으로 활용되기 시작했다. 즉 요에서는 1062년(청녕 8)에『석마하연론』을 구했고,[8] 그것을 대장경 568번째의 함인 영함(寧函)에 입장하

---

6) 金知妍,「『釋摩訶衍論』의 註釋的 硏究: 『海東疏』와『賢首義記』의 비교를 중심으로」, 동국대 박사학위논문, 2014.

7) 김영미,「11세기 후반~12세기 초 고려·요의 외교관계와 불경교류」,『역사와 현실』43, 2002; 김영미,「高麗와 遼의 불교 교류: 『釋摩訶衍論』을 중심으로」,『韓國思想史學』33, 2009.

8) 法悟,『釋摩訶衍論贊玄疏』권1, X.45, 839쪽. "淸寧紀號之八載 四方無事 五稼咸登 要荒共樂於昇平 溥奉皆修於善利 皇上萬樞多暇 五敎皆弘 乃下溫綸 普搜墜典 獲斯寶册 編入華龕 自玆以來 流通寖廣."

였다. 그리고 요에서는 승려들에 의해 이 논에 대한 주석서들이 찬술되었다. 요 불교계에서 이 논이 차지하는 위상은 부록의『교장총록』에 실린 요 승려들의 장소(章疏) 목록을[9] 통해서도 짐작할 수 있다.

고려에 전해진 요 승려들의 장소를 경전별로 분류해보면, 한 경론에 대해 3인 이상의 장소(章疏)가 찬술된 것은『화엄경』,『법화경』,『석마하연론』뿐이다.『화엄경』과『법화경』은 중국에서 번역된 이래 널리 신앙되던 경전이지만,『석마하연론』은 요 불교계에서 처음으로 중요시했던 것이다. 의천이 요 승려들의 저술만 수록한 것을 보면, 당시 고려에서는 당의 성법과 법민이 찬술했다는 주석서는 유통되고 있지 않았음을 알 수 있다. 이는 의천의『석마하연론』에 대한 관심이 요에서 중시되던 상황과 관련이 있음을 보여준다고 하겠다.

요에서는『석마하연론』을『마하연론』이라 칭했다. 지재(志才)가 찬술한「탁주 탁녹산 운거사 속비장석경탑기(涿州涿鹿山雲居寺續秘藏石經塔記)」에서 당시 새긴 경전의 목록을 제시하면서『석마하연론』을『마하연론』10권 영(寧)(1질)이라고 한 것,[10] 그리고 현재 전하는 방산석경의 경우 서문에서는 '석마하연론서(釋摩訶衍論序)'라고 하였으나 논 본문에서는『마하연론』영함이라고 하고 있는 점[11] 등으로 보아 요에서는『석마하연론』을 '마하연론'이라고도 칭했음을 알 수 있다.[12]

---

9) 義天,『新編諸宗敎藏總錄』,『韓國佛敎全書』4. 이 목록은 大屋德城,『高麗續藏雕造攷』, 京都: 便利堂, 1936; 神尾弌春,『契丹佛敎文化史考』, 大連: 滿洲文化協會, 1937; 趙明基,『高麗大覺國師와 天台思想』, 東國文化社, 1964; 李永子,「義天의 新編諸宗敎藏總錄의 獨自性」,『佛敎學報』19, 1982 등을 참조하여 수정 보완하였다.

10)『全遼文』권11, 330쪽.

11) 中國佛敎協會(編),『房山石經: 遼金刻經』, 北京: 中國佛敎圖書文物館, 1992, 484쪽.

12) 수대까지는『대지도론』을『마하연론』이라 칭했다(隋天台智者大師說, 弟子法愼記, 弟子灌頂再治,『釋禪波羅蜜次第法門』권1의 上, T.46; 曇鸞,『無量壽經優婆提舍願生偈』권상, T.40; 費長房,『歷代三寶紀』권12 "摩訶衍論是龍樹菩薩造 晉隆安年 鳩摩什波至長安爲姚興譯."). 그러나 당대 이후에는『석마하연론』

요에서는『석마하연론』을 대장경에 편입한 이후 바로 이 논에 대한 연구가 시작되었다.[13] 1090년(선종 7) 8월 저술이 완료된 의천의『교장총록』에는『석마하연론』에 대한 연구서로 오직 요 승려들의 것만을 전하고 있는데, 이들 모두 도종 때 활동한 승려들이다. 수진(守臻)은『(석마하연론)통찬소(通贊疏)』(이하『통찬소』라 약칭) 10권,『통찬과(通贊科)』3권,『대과(大科)』1권을 찬술하였고, 법오(法悟)는『(석마하연론)찬현소(贊玄疏)』(이하『찬현소』라 약칭) 5권,『찬현과(贊玄科)』3권,『대과(大科)』1권을 찬술하였다.[14] 그리고 지복(志福)은『(석마하연론)통현초(通玄鈔)』(이하『통현초』라 약칭) 4권,『통현과(通玄科)』3권,『대과(大科)』1권을 찬술하였다. 이 중 지복과 법오의 저술은 현재 전해지고 있으며, 수진의 저술은 그 일부가 1974년 산서성(山西省) 응현목탑(應縣木塔)에서 발견되었다.[15]

요 승려들이『석마하연론』을 연구하고 주석서를 집필하게 된 데에는 도종이 중요한 역할을 하였다. 제일 먼저 수진이『통찬소』를 찬술하였는데, 이는 도종의 요청에 의한 것이었고 1071년(함옹 7)에 인쇄되었다. 이후 도종은『석마하연론』의 내용에 대해 지복에게 질문하기도 하고, 지복의『통현초』에 인문(引文)을 직접 쓰기도 하였다. 이를 통해 도종이『석마하연론』을 얼마나 중요시했는지 알 수 있다.

을 가리킨다.『석마하연론』을 宗密도 '용수보살 마하연론'이라고 칭했으며(종밀,『圓覺經大疏釋義鈔』권11-上, X.9, 702쪽), 五代 시기에 활동한 연수도『종경록』에서 마하연론이라 칭하기도 하였다(『宗鏡錄』권6, T.48, 445쪽). 송대의 子璿(965-1038)(『起信論疏筆削記』권4, T.44, 314쪽)과 宗曉(1151~1214)도 '마하연론'이라 칭하였다(『樂邦遺稿并序』, T.47, 234쪽).

13) 요 불교계의『석마하연론』연구에 대해서는 김영미,「高麗와 遼의 불교 교류:『釋摩訶衍論』을 중심으로」, 114-117쪽의 내용을 정리하였다.

14) 義天,『新編諸宗敎藏總錄』권3,『한국불교전서』4, 692쪽.

15) 傅振倫,「遼代調印的佛經佛像」,『文物』1982年 6期; 陳述(編),『遼金史論集』, 上海: 上海古籍出版社, 1987, 217-218쪽.

난타(難陀)와 벌제(筏提)의 무리가 앞에서 번역을 했고, 법장(法藏)과 원효(元曉) 스님이 뒤에서 소(疏)를 저술하여, 혹은 흥성하기도 하고 혹은 떨어지기도 하며 여러 왕조를 지났다. 짐이 정치를 하는 여가에 마음을 불교 경전에 두었다. 그러므로 이 논에 대해 더욱 절실히 탐구했다.[16]

도종이 인문에서 언급한 난타는『대승기신론』을 두 번째로 번역한 실차난타(實叉難陀)이고[17] 벌제는『석마하연론』을 번역한 벌제마다(筏提摩多)를 말한다. 도종은『석마하연론』의 진위에 하등의 의심도 없이, 자신이 불교 경전에 마음을 두고『대승기신론』과 함께『석마하연론』을 절실하게 탐구했음을 말하고 있다.

그 후 도종은 법오에게 이 논의 네 부분에 대해 어해(御解)를 제시하고, 그를 근거로『찬현소』를 짓게 하였다.『찬현소』는 1075년 12월부터 1079년 정월 사이에 저술되었다. 그 외에도 선연(鮮演, 1048-1118)은『마하연론현정소(摩訶衍論顯正疏)』를 저술했다.[18]

그런데 요에서는 대장경에 수록된『석마하연론』외에도 다른 판본이 유통되고 있었다. 이는 송의 보관(普觀)이 찬술한『석마하연론기』를 통해 알 수 있다. 그의 저술에서 인용한『석마하연론』의 판본은 요본(遼本), 연본(燕本), 여본(麗本) 등이다.[19] 요본은 요대장경본, 연본은 연경(燕京)에서 조판된 판본이라는 의미일 것이다. 연경은 요의 남경(南京)이고, 연경 홍법사(弘法寺)에는 인경원(印經院)이 설치되어 관리가 인경원 판관을 맡아 경전의 조

---

16) 天佑皇帝御製,「釋摩訶衍論通玄鈔引文」, X.46, 110쪽.
17) 원효와 법장이 주석한『대승기신론』은 眞諦譯이다.
18) 1986년 발견된 선연의 묘비명에 의하면, 그의 저술로「仁王護國經融通疏」,「菩薩戒纂要疏」「唯識掇奇提異鈔」「摩訶衍論顯正疏」「菩薩戒心論」「諸經戒本」「三寶六師外護文」등의 이름이 전해지고 있다(王未想,「遼上京發現遼代鮮演墓碑」,『遼上京研究論文選』, 巴林左旗: 政協巴林左旗委員會, 2006, 236-238쪽).
19) 普觀,『釋摩訶衍論記』, X.46.

판과 간행을 총괄하고 승려들이 교감을 행하였다.[20] 따라서 연본이라고 칭해진『석마하연론』은 요 대장경본을 교감하여 요 연경 홍법사에서 다시 조판한 판본이라고 보아야 할 것이다. 그리고 교감에서 중요한 역할을 한 사람은 요 승려 지복이었다. 지복은『통현초』4권을 저술하면서, 요 대장경본을 저본으로 하고[21] 천산본(千山本) 개태본(開泰本) 등의 서본(書本)을[22] 참고하여 교감을 행하였다.

2. 고려의『석마하연론』과 주석서 간행

일본에서『석마하연론』의 찬술 지역으로 지목되었던 신라에서는 승려들의 저술에서『석마하연론』에 대한 언급을 찾아보기 어렵다. 단지 의상(義相, 625-702)이 찬술했다고 전하는『투사례(投師禮)』에 "대승기신론과 석론(釋論)은 마명(馬鳴)이 처음에 주장하고 용수(龍樹)가 화답하였으니, 내가 지금 지극한 마음으로 목숨을 바쳐 예배하여 불이마하연(不二摩訶衍)에 들어가고자 합니다"라고 언급되어 있을 뿐이다.[23] 이 구절은 마명이『대승기

---

20) 守臻,『釋摩訶衍論通贊疏』권10 "咸雍七年(1071)十月 日 燕京弘法寺奉 宣校勘 彫印流通 殿主講經覺慧大德臣沙門行安句當 都句當講經詮法大德臣沙門方矩校勘 右街天王寺講經論文英大德賜紫臣沙門志延校勘 印經院判官朝散郎守太子中舍驍騎衛賜緋魚袋臣韓資睦提點."山西省文物局·中國歷史博物館 主編,『應縣木塔遼代秘藏』, 北京: 文物出版社, 1991, 306쪽.

21) 志福,『釋摩訶衍論通玄鈔』권2, X.73, 197쪽 "又爲與上金剛地敵體相翻故 書本云向上得入者則金剛地意揀因位無揀金剛道也 今印本中唯一金字者意如前釋."『통현초』에서는『석마하연론』을 부분적으로 인용하고 그에 대한 설명을 덧붙이고 있으므로, 지복이 인용한 부분을 방산석경본, 고려대장경본과 비교해보면 대체로 방산석경본과 일치한다. 그러나 방산석경본과 지복이 본 인쇄본에 차이가 나는 부분이 여섯 곳 있다. 그런데『통현초』가 현재 남아 있게 된 과정을 보면 원래 지복이 본 판본도 이 여섯 곳이 달랐는지는 확인하기 어렵다.

22) 志福,『釋摩訶衍論通玄鈔』권1, X.73, 168쪽 "奉迎讚歎者 千山書本則是仰字敬奉歸 仰誤爲迎耳": 志福,『釋摩訶衍論通玄鈔』권2, X.73, 216쪽 "故照遠者 開泰書本卽是達字二體相濫遠言誤矣."

23) 義相,「義湘和尙投師禮」,『한국불교전서』11, 43쪽 "大乘起信幷釋論 馬鳴首唱龍樹和 我今志心歸命禮 願入不二摩訶衍"

신론』을 찬술하고 용수가 이를 풀이한『석마하연론』을 찬술했음을 말하는 것이다. 더구나 '불이마하연'은『석마하연론』및 그와 관련된 소 내지『석마하연론』을 인용한 부분에서만 언급된다.

그렇다면 의상 당시에도『투사례』가 현재의 상태로 존재해『석마하연론』이 포함되어 있었을까? 현재 전하는『투사례』는 고려 말에서 조선 중종 때까지의 어느 시기에 밀계(密契)에 의해 수집된 것이다.[24) 선행 연구에서는 의상의 저술이 확실하다고 하였다.[25)

그런데 이러한 주장은『대승기신론』과 그 해석서인『석마하연론』에 주목하지 않은 것으로 보인다.『석마하연론』의 찬술시기에 대한 견해를 참고하면 의상의 입적 이전에 이 논이 존재했을 가능성은 적다. 이 논에서는 법장의『대승기신론의기』에 의거해 용어를 설명한 것이 많으며,『대승기신론』에 대한 여러 해석을 논의하고 있다. 그러므로 이 논의 찬술은 8세기 중엽 원효와 법장의 소를 참고하여『대승기신론』연구가 진전되고 세분화된 이후에 가능하다. 따라서 이 논은 법장의 가장 말년부터 계명(戒明)이 이 논을 일본에 가지고 간 780년경 이전에 찬술되었다.[26)

그런데 법장의『대승기신론의기』가 신라에 전해진 것은 의상이 생존해

---

24) 閔泳珪,「高麗佛籍集佚札記」,『曉星趙明基博士追慕 佛教史學論文集』, 동국대학교 출판부, 1988; 金相鉉,「新羅 華嚴信仰의 展開」,『新羅華嚴思想史研究』, 민족사, 1991, 122쪽.

25) 金相鉉,「新羅 華嚴信仰의 展開」, 125-126쪽.『투사례』의 끝부분에는 의상 입적 후인 795~798년에 번역된『華嚴經』40권본의 보현보살 게송의 내용이 포함되어 있다. 김상현은 이 부분이『念佛作法』편찬자에 의해『투사례』와『阿彌陀佛讚』사이에 편입된 것으로 보았다. 또 논란의 여지가 있는『圓覺經』의 찬술 연대에 대해서도 702년 이전에 번역되었음과 의상 이후에 번역된 특별한 용어는 찾을 수 없다는 점 등을 근거로 나머지 부분은『염불작법』에서 명기하고 있는 것처럼 의상의 作이 확실하다고 하였다. 그러나『투사례』에 인용된 경전들을 감안하면, 의상 당시의 저술이라고 보기는 어려운 점이 많다.

26) 石井公成,「釋摩訶衍論의 成立事情」, 361-383쪽.『석마하연론』이 일본에 전해진 시기에 대해서는 779년, 780년, 781년 등의 설이 있다. 이에 대해서는 森田龍僊,『釋摩訶衍論之研究』, 11-13쪽 참조.

있을 때이지만, 690년 이후의 일이다.[27] 법장이 『대승기신론의기』를 찬술한 것은 53~54세로 추정된다는 설이 있는데, 이를 따르면 696년경의 일이다. 따라서 법장의 『대승기신론의기』는 의상의 가장 말년에 해당하는 시기에 전달되었을 것이다. 그렇다면 이 무렵까지 『석마하연론』이 당이나 신라에서 찬술되었을 가능성은 거의 없다.

게다가 경덕왕대(742-765) 활동한 태현(太賢)의 『대승기신론내의략탐기(大乘起信論內義略探記)』는 『기신론고적기(起信論古迹記)』라고도 불릴 정도로 기존의 권위 있는 주석서들의 내용을 요약하여 소개하고 있다.[28] 그런데 이 글에서도 『석마하연론』이 인용되지 않고 있는 점으로[29] 볼 때 의상 당시에는 이 논이 『투사례』에 반영되기 어렵다고 생각된다. 한편 의상계 승려들 사이에서도 『대승기신론』에 대한 연구가 활발하여, 의상의 법손(法孫)인 신림(神琳)의 제자 질응(質應)이 세달수(世達藪)에서 『대승기신론』을 강의했음을 알 수 있다.[30] 따라서 『투사례』의 기본 골격이 의상 당시에 성립되었을 가능성은 있지만, 『대승기신론』과 함께 『석마하연론』이 포함된 시기는 의상 당시라고 볼 수는 없겠다.

한편 8세기 중엽 이후 활동한 것으로 보이는 신라 승려 진숭(珍嵩)이 『청구기(靑丘記=孔目章記)』에서 『석마하연론』에 나오는 용어 "여의언설(如

---

27) 『三國遺事』 권4, 義解5 〈義湘傳敎〉와 〈勝詮髑髏〉조에 의하면 의상이 670년 귀국하고 20여 년이 지나 勝詮이 법장의 저술을 필사해 가지고 왔다. 이 때 전해진 서적에 "起信疏 兩卷"이 포함되어 있는데, 바로 법장의 『大乘起信論義記』이다. 이는 義天, 『圓宗文類』 권22에도 「賢首國師寄海東書」로 실려 있다(『한국불교전서』 4, 635-636쪽).

28) 박인석, 「대승기신론내의약탐기 해제」, 『대승기신론내의약탐기』, 동국대학교출판부, 2011, 9쪽. 의천의 『교장총록』에도 「古迹記」로 기재되어 있다(『한국불교전서』 4, 692쪽).

29) 張文良, 「關于《釋摩訶衍論》的撰述地」, 『잊혀진 한국의 불교사상가: 신자료의 발견과 사상의 발견』, 금강대 인문한국 사업단·동국대 인문한국사업단 국제학술회의자료집, 2013.

30) 미상, 『法界圖記叢髓錄』 권2, T.45, 767쪽, "梵體德云 昔質應德 在世達藪 講起信論時云…."; 金福順, 『新羅華嚴宗硏究』, 민족사, 1990, 60쪽.

義言說)"을 인용하였다고 보는 견해가 최근 제시되었다.[31] 이는『석마하연론』권2에서 언설(言說)의 다섯 종류로 상언설(相言說), 몽언설(夢言說), 망집언설(妄執言說), 무시언설(無始言說), 여의언설(如義言說)을 들고,『능가경(楞伽經)』과『금강삼매경(金剛三昧經)』에 이러한 설이 나온다고 한 부분이다.[32] 즉 진숭은 화엄종에서 말하는 5교(敎)와 4종 언설을 배대하면서『금강삼매경』의 '색언설(色言說)'이 다섯 번째인 원교(圓敎)에 해당한다고 보고, 그 이유로 경의 구절을 인용하고 있다. '여의언설'이라는 용어는『석마하연론』의 것이지만,『금강삼매경』의 '의어(義語)'를 '여의언설'이라고 풀이한 것이다.

그런데 진숭의 생몰연대도 정확하지 않으며,[33]『석마하연론』이 만들어진 시기도『석마하연론』이 일본에 전해져 논쟁이 벌어지기 시작하는 780년경 이전이라는 것만 확인되는 상황이다.[34] 따라서 진숭의 저술인『공목장기』의 저술 연대가 확정되지 않는다면, 진숭이 '여의언설'의 용어를『석마하연론』에서 인용한 것인지,『석마하연론』이 진숭의 설명을 인용한 것인지 확정하기는 어렵다고 생각한다.『석마하연론』이 원효와 법장의『대승기신론』연구에 의존해 찬술된 것처럼, 찬술할 때 신라와 중국의 다른 전적들도 인용했을 가능성이 크기 때문이다.

---

31) 김천학,「헤이안시대 화엄종에 보이는 신라불교사상의 역할」,『범한철학』70, 2013, 18-19쪽.

32)『釋摩訶衍論』권2, T.32, 605-606쪽 "論曰 言說有五 云何為五 一者相言說 二者夢言說 三者妄執言說 四者無始言說 五者如義言說 楞伽契經中作如是說 …… 金剛三昧契經中作如是說…… 我所說者義語非文 眾生說者文語非義 非義語者皆悉空無 空無之言無言於義 不言義者皆是妄語……"

33) 최연식,「珍嵩의『孔目章記』逸文에 대한 연구」,『天台學研究』4, 2003, 602쪽에서는 공목장기에 인용된 문헌들이 초기 화엄학자들에 그치고 있고, 논의의 내용이 후대의 문헌에 잘 보이지 않는 것들도 포함되어 있다는 점에서 비교적 초기의 신라 화엄학 문헌으로서 800년 이전에 저술된 것으로 추정했다.

34) 森田龍僊,『釋摩訶衍論之研究』, 773-784쪽에서『석마하연론』에 인용된 경전들을 근거로 賢首 法藏의 입적(712년)에서 不空의 입적(774)에 걸친 약 50~60년간의 盛唐시대라고 보았다. 또 787-792쪽에서는 文體로 보면 太賢과, 내용에서는 원효의『금강삼매경론』과 비슷한 점이 많다고 보았다.

따라서 우리나라에서는 의천이『교장총록』에서『대승기신론』에 대한 연구서로 이름을 들고 있는 것이『석마하연론』에 대한 확실한 첫 기록이라고 할 수 있다. 그리고『교장총록』에『석마하연론』에 대한 주석서로는 요 승려들의 저술만 수록되어 있으므로, 의천 이전에 신라와 고려에서는 널리 이용되던 주석서 찬술이 없었다고 이해된다.

의천은『중교용수석론』10권을 간행하여 송의 승려 선총에게 보냈다.[35]『중교용수석론』은 용수의『중교석마하연론』으로, 의천이 선총에게 보내준 것은 1087년~1088년 경이었다.[36] 또 의천은 1070년대 저술 간행된 요 승려들의 저술을 받아들여『교장총록』에 수록하고, 1099년 홍왕사에서 간행하였다. 그리고 간행된 요 승려의 저술들은 일본과 송에 전해졌다.

일본에 전해지는『석마하연론』주석서는 지복의『통현초』와 법오의『찬현소』이다. 먼저 일본 동사(東寺) 관지원(觀智院)에 소장된 지복의『통현초』권2, 3, 4에는 '수창(壽昌) 5년(1099, 고려 숙종 4)'이라는 원래 간기(刊記)가 있고, 권4의 말미에 이품친왕(二品親王) 각행(覺行, 1075-1104)의 의뢰를 받아 1105년(長治 2) 고려에서 전해왔음을 기록하였다.[37] 그리고 고야산(高野山) 금강삼매원(金剛三昧院)에 소장된 법오의『찬현소』권5 말미에도 '수창 5년 대흥왕사(大興王寺) 봉선조조(奉宣雕造)'라고 되어 있고, 이품친왕의 요청으로 전해졌다고 하였다.[38] 즉 현재 전하는『통현초』와『찬현소』는 1099년 고려 홍왕사에서 인쇄되어 이품친왕 각행의 요청에 의해

---

35) 義天,「與大宋善聰法師狀三首 三」,『大覺國師文集』권11,『한국불교전서』4, 546쪽.
36) 이에 대해서는 김영미,「高麗와 遼의 불교 교류:『釋摩訶衍論』을 중심으로」, 120-121쪽 참조.
37) 志福,『釋摩訶衍論通玄鈔』권4 "壽昌五年己卯歲 高麗國大興王寺 奉宣雕造 正二位 行權中納言兼太宰帥 藤原朝臣季中 依仁和寺禪定二品親王 仰遣使高麗國請來 卽長治二季[乙酉]五月中旬 從太宰差專使奉請之"(大屋德城,『高麗續藏雕造攷』, 97쪽).
38) 法悟,『釋摩訶衍論贊玄疏』권5(大屋德城,『高麗續藏雕造攷』, 97쪽). 내용은 각주 37과 같다.

1105년 일본에 전해진 것이다.

　또 이 주석서들은 송에도 전해져 보관(普觀)이 보았던 것으로 보인다. 보관은 『석마하연론기』를 찬술할 때 요소(遼疏) 곧 지복의 『통현초』에 의거해 풀이하기도 하고[39] 숭록공이 '구본론(舊本論)'을 언급한 구절을 인용하기도 하였다.[40] 숭록공은 요 승려들을 말하는데, 요에서는 승려들에게 숭록대부(崇錄大夫)를 주었기 때문이다. 즉 요 승려들의 『석마하연론』에 대한 저술이 고려에서 간행되어 송과 일본에 전해졌던 것이다.

III. 『석마하연론』 유통의 배경

　이상에서 살펴본 것처럼 11세기 후반 『석마하연론』에 대한 관심이 요에서 시작되어 고려, 송, 일본에까지 파급되었다. 그렇다면 그 이유는 무엇일까? 전래된 새로운 경전이나 장소(章疏)에 대한 호기심도 있었겠지만, 제일 중요한 것은 『석마하연론』이 당시 불교계에서 널리 받아들여질 수 있는 기반이 조성되어 있었기 때문일 것이다.

　여기에서 주목되는 점은 『석마하연론』이 『대승기신론』의 주석서라는 것과 당시 각국 불교계에서 『대승기신론』이 중요한 위치를 차지하고 있었다는 사실이다.[41] 또 『석마하연론』에 많은 주문(呪文)이 나오는 등 밀교적 성격이 강한 것도 당시 불교계와 관련하여 주목할 점이다.

---

39)　普觀, 『釋摩訶衍論記』 권3, X. 73, 73쪽에서 "準夫遼疏 略釋有二 初明法體 二明斷位"라 하였는데, "명법체"를 언급한 遼疏는 지복의 『석마하연론통현초』이다 (X. 46, 155쪽).

40)　普觀, 『釋摩訶衍論記』 권3, X. 73, 120쪽 "崇錄公曰 嘗檢舊本論剩三句十三字."

41)　『대승기신론』은 唐代 이후 중국 불교에서 그 영향이 점차 커졌으며, 승려들의 起信論觀의 行方이 중국 불교 전체의 사상경향을 규명하는 하나의 지표가 된다고 보는 견해가 참고된다(木村淸孝, 「北宋佛教における『大乘起信論』: 長水子璿と四明知禮」, 平川彰(編), 『如來藏と大乘起信論』, 東京: 春秋社, 1990, 429쪽).

1. 요 불교계의 동향

먼저 요 불교계를 살펴보면, 화엄종과 밀교를 중심으로 교학 연구가 진행되었다. 도종은 『화엄경』에 대해 『화엄경수품찬』을 1068년(함옹 4) 반행(頒行)하였고,[42] 이는 고려에 전래되어 『화엄경발보리심계분(華嚴經發菩提心戒分)』 2권과 함께 『교장총록』에 제목이 실려 있으며, 『원종문류(圓宗文類)』에는 전문(全文)이 수록되었다.[43] 또 1072년(함옹 8) 7월에 도종은 직접 글씨를 쓴 '화엄경오송(華嚴經五頌)'을 신하들에게 보였다.[44]

요의 화엄종 승려로는 사효(思孝)와 선연(鮮演)을 들 수 있다.[45] 사효의 경우 『교장총록』에 『현담초축난과(玄談鈔逐難科)』를 비롯한 『화엄경』 관련 저술이 실려 있고(부록 참조), 선연도 그의 비문에 의하면 『대방광불화엄경담현결택(大方廣佛華嚴經談玄決擇)』을 저술하였다. 사효와 선연 모두 당나라 징관(澄觀, 738-839)의 『대방광불화엄경수소연의초(大方廣佛華嚴經隨疏演義鈔)』의 권1~8에 해당하는 『현담』에 대한 연구서를 남긴 것으로 보아, 요의 화엄학은 징관의 화엄학이 중심이 된 것이라고 할 수 있다.[46]

징관의 화엄학 전통은 법장의 화엄학을 계승한 것이었고, 법장의 화엄학을 이해하는 데에는 『대승기신론』이 매우 중요하다. 즉 징관의 화엄학은

---

42) 『遼史』 권22, 咸雍 4年(1068) "二月癸丑, 頒行御製華嚴經贊."
43) 大遼天佑皇帝御製, 「大方廣佛華嚴經隨品讚」, 義天, 『圓宗文類』 권22, 『한국불교전서』 4, 624-628쪽.
44) 『遼史』 권23, 咸雍 8年(1072) "秋七月丁未, 以御書華嚴經五頌 出示羣臣."
45) 요의 화엄종에 대해서는 竺沙雅章, 「遼代華嚴宗の一考察」, 『宋元佛敎文化史研究』, 東京: 汲古書院, 2000, 110-167쪽 참조.
46) 竺沙雅章, 「新出資料よりみた遼代の佛敎」, 『宋元佛敎文化史研究』, 99-100쪽. 또 징관의 『화엄경수소연의초』가 송대 상부사본과 혜인본이 있었는데 혜인본은 遼本의 판각본이라고 한다. 그렇다면 의천에 의해 판각된 본이 의천이 송에 갔을 때 다시 조판되었을 가능성이 크다. 鎌田茂雄, 『中國華嚴思想史の研究』, 東京: 東京大學出版會, 1965, 605-611쪽에 의하면, 요대 밀교관계 장소에 인용된 화엄학은 법장도 종밀도 아니라 澄觀이며, 요대 밀교 사상 형성의 도구로서 징관 화엄을 이용했다.

『대승기신론』의 일심(一心) 사상 등을 기본 구조로 하였다.[47] 그런데 징관의 경우 『대승기신론』이 5교판(五敎判)으로는 종교(終敎)의 범주에 있지만, 후3교(後三敎: 종교, 돈교, 원교)를 관통하는 사상이라는 입장이다. 즉 『대승기신론』의 글이 화엄의 뜻을 완성하는 것으로, '오묘함이 지극하다[妙之至]'라고 했다.[48] 즉, 요 불교계에서는 화엄학을 연구하기 위해서는 『대승기신론』에 대한 이해가 필요했고, 그 주석서인 『석마하연론』에도 관심을 기울이게 되었던 것이다.

뿐만 아니라 도종은 밀교 경전인 『대일경(大日經＝毘盧神變經)』에 대해서도 관심을 기울였다. 도종은 1059년(청녕 5)에는 일행(一行)의 『대일경의석(大日經義釋)』을 대장경에 편입하도록 하고, 1077년(大康 3)에는 각원(覺苑)에게 명해 이것에 대한 주석서인 『비로신변경연밀초(毘盧神變經演密鈔)』 10권을 저술하도록 하였다. 그리고 도진(道殿)은 이를 근거로 『현밀원통성불심요집(顯密圓通成佛心要集)』 2권을 저술하였으며, 권말(卷末)에서 '말법(末法) 중에 천우황제보살국왕(天佑皇帝菩薩國王: 도종)을 만나 2교(敎), 곧 현교(顯敎)와 밀교(密敎)를 유통하게 됨'을 찬탄하고 도종의 불교보호의 은택에 감읍함을 밝히고 있다. 그리고 "현교(顯敎) 중에는 비록 5교가 다르지만 화엄이 가장 높고 미묘하며, 밀교 중에도 5부가 있지만 준제(准提) 1주(呪)가 가장 영험하며 수승하다"고 하였다.[49] 이를 통해 화엄종과 밀교가 요에서 가장 성행한 종파였음을 알 수 있다. 이러한 요 불교계의 밀교적 분위기가 마귀 퇴치를 위해 많은 주문을 싣고 있는 『석마하연론』에 대해 이

---

47) 木村淸孝, 『中國華嚴思想史』, 京都: 平樂寺書店, 1992, 217–218쪽; 鎌田茂雄, 『中國華嚴思想史の研究』, 509–510쪽.

48) 鎌田茂雄, 『中國華嚴思想史の研究』, 526쪽에서는 澄觀이 『大方廣佛華嚴經隨疏演義鈔』 권7에서 '기신론은 始覺本覺不二를 설하고 生佛二互全收를 말하지 않지만, 기신론의 글은 화엄의 義를 완성하는 것으로 妙之至'라고 했다고 보았다. 즉 징관이 『기신론』 주석서는 저술하지 않았지만, 그의 事理無礙의 입장에서 『기신론』을 충분히 섭취하고 있다는 것이다.

49) 妻木直良, 「契丹に於ける大藏經雕造の事實を論ず」, 『東洋學報』 2–3, 1912, 327쪽. 道殿, 『顯密圓通成佛心要集』 卷末, T.46.

론을 제기하지 않고 받아들이게 하는 요인이 되었을 것이다.

요 불교계에는 그 외에도 자은종(慈恩宗: 법상종) 승려로 전명(詮明), 지과(志果), 법명(法明), 의경(議景) 등이 있었고,[50] 천태교학도 연구되었다.[51] 그러나 선종(禪宗)에 대한 자료는 찾아보기 어려운데, 이는 송(宋) 불교계와 비교된다.[52]

2. 송 불교계의 동향

송 불교계는 845년 행해진 당대(唐代)의 회창 폐불로 인한 타격에서 벗어나지 못하였다. 가장 큰 영향은 교학불교(教學佛教)가 쇠퇴하고 선종이 불교의 중심이 된 것이다. 선종에서는 뛰어난 승려들이 배출되어 송 초기에는 5가(家: 潙仰, 臨濟, 曹洞, 雲門, 法眼宗) 중 임제종 운문종 법안종 등이 발전했다. 특히 임제종에서는 11세기 양기방회(楊岐方會, 992-1049)와 황룡혜남(黃龍慧南, 1002-1069)이 나와 각각 양기파와 황룡파를 이루며 선종에서 가장 강한 세력을 떨쳤다. 운문종은 운문문언(雲門文偃, 864-949)에 의해 개창되어 11세기 후반에는 설두중현(雪竇重顯, 980-1053)과 계승(契嵩, 1007-1072), 의회(義懷, 993-1064) 등이 활동하였다. 11세기 후반

---

50) 요에는 유식학을 교육하는 승려들이 존재했다. 1059년(청녕 5) 입적한 法瑩이 習律△講唯識論하였고(「沙門志果爲亡師造塔幢記」, 『全遼文』권8, 176쪽), 講唯識論 校勘沙門 法式(「張識造經題記」, 『全遼文』권9, 232쪽)의 자료도 찾을 수 있다. 또 1027년(태평 7)~1057년(청녕 3)까지 성종의 명으로 唐代 석경에 이어 雲居寺에 『대반야경』『대보적경』을 새긴 瑜伽大師 可玄(「涿州 白帶山 雲居寺 東峯續鐫成四部經記」, 『全遼文』권8, 175쪽)도 있었다. 竺沙雅章, 「宋元時代の慈恩宗」, 『宋元佛教文化史研究』, 3-12쪽에 따르면 燕京을 중심으로 유식 연구가 활발했으며 그 정점에 詮明이 있었다.

51) 惠誠은 스승 玉藏에게서 天台止觀을 전수받았다(「大都崇聖院碑記」, 『全遼文』권4, 78쪽)

52) 竺沙雅章, 「新出資料よりみた遼代の佛教」, 105쪽. 요는 요 대장경이나 諸宗章疏에서 볼 수 있듯이 唐代의 장안불교를 가장 잘 계승하고, 그것을 동아시아 제국에 전하는 역할을 수행했다. 그런데 새로 나온 자료 속에도 선종 관계 자료는 보이지 않으며, 일반적으로 요대에는 선종이 성행하지 않았다.

송에서는 임제종과 운문종 승려들이 활발하게 활동하였다.[53]

한편 961년 고려 승려 체관(諦觀)이 오월(吳越)에 천태종 전적(典籍)을 전한 이후, 천태종도 다시 부흥하여 산가파(山家派)와 산외파(山外派)의 논쟁이 전개되었다.[54] 11세기 후반에는 산가파인 지례(知禮, 960-1028)의 제자 중 산외파에 경도되어 그 문하를 떠난 후산외파 인악(仁岳, 992-1064)과 산가파 범진(梵臻, 1051-1103), 종간(從諫, 1035-1109) 등에 의해 논쟁이 다시 전개되었다.

화엄종은 폐불로 타격을 받고 송대에 쇠퇴하다가 자선(子璿)과 정원(淨源, 1011-1088)에 이르러 중흥되는데, 이는 고려의 의천이 화엄종 전적을 전한 것이 계기가 되었다. 또 1145년(소흥 15)에 의화(義和)가 화엄부(華嚴部) 장소를 대장경에 편입시킨 일도 화엄교학이 다시 융성하게 되는 한 원인이었다.

법상종은 독립적인 종파를 형성하지 못하고, 각 종파에서 유식 관련 저술들이 강의될 뿐이었다.[55] 율종의 경우 남산도선(南山道宣) 계통이 항주(杭州)를 중심으로 전해져, 윤감(允堪, ?-1061)과 원조(元照, 1048-1116) 등이 도선의 저술을 주석하였다.

이러한 송 불교계에서 『대승기신론』은 종파를 가리지 않고 중요한 논서로 다루어졌다. 먼저 북송 천태학에서 『대승기신론』은 중요 연구과제가 되었다. 천태교학에 본격적으로 『대승기신론』을 수용하기 시작한 것은 담연

---

53) 법안종에서는 永明延壽가 宗風을 크게 떨쳤고, 歸宗義柔(10세기 중엽), 雲居道齊(929-997), 靈隱文勝(?-1026) 등이 활동했지만, 그 후 급격히 쇠퇴했다.

54) 먼저 천태종 본래의 교의로 복귀하려는 산가파 四明智禮, 慈雲遵式(960-1032)과 華嚴敎義를 수용하여 唯心論을 주장하던 산외파 梵天慶昭(963-1017), 孤山智圓(976-1022)의 논쟁이 전개되었다. 산외파는 화엄과 밀접한 관계에 있던 禪에 대해서도 융회적인 태도를 취했다. 이에 대해서는 최병헌, 「義天과 宋의 天台宗」, 『伽山李智冠스님華甲紀念論叢 韓國佛敎文化思想史』상, 伽山佛敎文化振興院, 1992, 845쪽과 이부키 아츠시, 최연식 역, 『새롭게 다시 쓰는 중국 禪의 역사』, 대숲바람, 2005, 145쪽 참조.

55) 張踐, 『中國宋遼金夏宗敎史』, 北京: 人民出版社, 1994, 91쪽.

(湛然, 711-782)이다. 그 후 송대의 지례는『천태교여기신론융회장(天台教與起信論融會章)』을 저술하여『대승기신론』의 일심이문(一心二門)을 비롯한 논의를 천태의 입장에서 파악하고 천태 4교 중 이 논은 통(通)·별(別)·원(圓) 3교의 뜻을 포함한다고 보았다.[56] 지례의 사상에 중요한 영향을 미친 스승은 고려 출신 의통(義通, 927-988)으로, 그는 중국에 가기 전 화엄과 기신론을 배워 일가를 이룬 승려이다.[57] 그러므로 지례의『대승기신론』연구도 그의 영향을 받았을 것으로 짐작된다.[58] 그리고 지례의 법손(法孫)에 해당하는 요연(了然, ?-1141)은 1121년에『대승지관법문종원기(大乘止觀法門宗圓記)』5권을 저술하여,『대승지관법문』과 천태지의(天台智顗)의『마하지관(摩訶止觀)』의 설을 회동(會同)시키고『대승지관법문』에 보이는『대승기신론』설과 유식설(唯識說)을 식별하였다.[59]

화엄종의 경우에도『대승기신론』을 중요하게 여겼다. 송대에 들어와 종밀의 제자 전오(傳奧)는 종밀의『대승기신론주소(大乘起信論注疏)』에 주석하여[60]『수소의기(隨疏義記)』를 저술하였다. 자선은『기신론필삭기(起信論筆削記)』20권을 지어 징관과 종밀 이후의 화엄교학의 방향을 계승하는 한편『능엄경(楞嚴經)』을 중시하였다. 자선은『대승기신론』이 여래장연기를 설한 점에서는 종교(終教)에 해당한다고 하면서도, 진여문을 밝혀 일진(一

56) 柏木弘雄,「中國·日本における『大乘起信論』研究史」,『如來藏と大乘起信論』, 314쪽. 한편 木村清孝,「北宋佛教における『大乘起信論』: 長水子璿と四明知禮」, 416-418쪽에서는 '지례가『大乘起信論』을 원교에 배당하고 통교와 별교를 겸한다고 보았다'고 하였다.
57) 志磐,『佛祖通紀』권8, T.49, 191쪽.
58) 池田魯參,「天台教學と『大乘起信論』: 知禮の判釋と引用態度」,『如來藏と大乘起信論』, 432-434쪽.
59) 柏木弘雄,「中國·日本における『大乘起信論』研究史」, 314쪽.
60) 宗密의 사상 역시『대승기신론』의 중생심을 一心으로 파악하고, 그것이 華嚴法界觀과 같다고 할 정도로『대승기신론』의 교리를 높게 위치 지었다. 즉『圓覺經』과 동일교리로서『대승기신론』을 취급했고, 그 결과 법장과 달리『대승기신론』을 종교와 돈교에 배당하면서도 부분적으로는 圓教라고 하였다. 이에 대해서는 吉津宜英,「法藏の《大乘起信論義記》の成立と展開」,『如來藏と大乘起信論』, 404쪽; 柏木弘雄,「中國·日本における『大乘起信論』研究史」, 310쪽 참조.

眞) 법계를 선양하고 진여수연(眞如隨緣)이 사사무애(事事無礙)의 근거임을 이유로 돈교(頓敎)와 원교(圓敎)를 겸한다고 보았다.[61] 정원은 자선에게 『능엄경』, 『원각경』, 『기신론』 등을 공부하였고, 화엄은 승천(承遷)을 계승하였다. 송의 화엄학 연구는 법장의 『화엄오교장』과[62] 두순(杜順)의 『법계관문(法界觀門)』 연구에 집중되어 있고 징관과 종밀의 화엄을 계승한 것이었으므로, 『대승기신론』이 매우 중요시되었다.

또한 송대 가장 성행한 선종에서도 『대승기신론』은 중요한 역할을 하였다. 선종은 당나라 때 남북의 두 계통으로 나뉘게 된다. 그 중 북종의 신수(神秀)는 『대승무생방편문(大乘無生方便門=大乘五方便)』의 제1방편문에서 『대승기신론』의 '각의(覺義)'로 불(佛)의 본질을 밝히고 있다. 또 남종의 하택신회(荷澤神會, 684-758)도 여래장사상(如來藏思想)을 설한 『대승기신론』의 구절들을 인용하여 독자의 사상을 전개하였다. 그리고 마조도일(馬祖道一, 709-788)도 심진여문(心眞如門)과 심생멸문(心生滅門)을 말하는 것으로 보아, 『대승기신론』의 영향을 받았다. 그 결과 송대에 편찬된 『경덕전등록(景德傳燈錄)』에 포함된 마조 도일의 제자들에게서는 여래장사상에 관한 단어들이 많이 보인다.[63]

이처럼 『대승기신론』은 각 종파의 교학연구에서 중요한 텍스트였으므로, 그 주석서로 간주된 『석마하연론』도 자연스럽게 받아들여져 인용되었

---

61) 木村淸孝, 「北宋佛敎における『大乘起信論』: 長水子璿と四明知禮」, 413-414쪽. 자선은 천태종의 洪敏으로부터 『능엄경』을 배웠고 瑯琊慧覺에게 禪을 배웠다. 또 吉田剛, 「北宋代に於ける華嚴興隆の經緯: 華嚴敎學史に於ける長水子璿の位置づけ」, 『駒澤大學禪學硏究所年報』 9, 1998, 193-214쪽에서는 자선이 종밀과 마찬가지로 『首楞嚴經』이나 『起信論』의 고양을 지향했다고 보았다.

62) 鎌田茂雄, 정순일 역, 『中國佛敎史』, 경서원, 1985, 248쪽. 670년대 찬술된 『화엄오교장』에서 법장은 『대승기신론』이 如來藏사상을 설한 終敎로 분류하였다. 그리고 690년 전후에 찬술한 『대승기신론의기』에서는 『대승기신론』을 『능가경』 『밀엄경』 등과 함께 여래장연기종으로 분류하였다.

63) 초기 선종과 『대승기신론』에 관해서는 鄭性本, 『中國禪宗의 成立史 硏究』, 민족사, 1991; 沖本克己, 「『大乘起信論』と禪宗」, 『如來藏と大乘起信論』, 507-543쪽을 참조하였다.

다. 먼저 천태종 승려 지례는 불보(佛寶) 법보(法寶) 승보(僧寶)의 3보를 설명하면서 『석마하연론』의 구절로 "등각(等覺) 이상에 진실한 승보가 있다"고 인용하였다.[64] 현재 전하는 『석마하연론』에서는 이 구절이 "묘각지(妙覺地)에 진실한 승(僧)이 있기 때문에 과실이 없다"라고 되어 있다.[65]

화엄종 승려 자선과 율종의 원조는 6마명설(馬鳴說)을 『석마하연론』에서 인용하고 있다. 자선은 『마하연론』에 의거해 설한다고 밝히고 있다.[66] 하지만 원조는 『석마하연론』을 언급하지 않은 채 6마명설을 언급하였다.[67] 『석마하연론』에서 소개한 6마명설의 근거는 대승본법계경(大乘本法契經), 변화공덕계경(變化功德契經), 마하마야계경(摩訶摩耶契經), 상덕삼매계경(常德三昧契經), 마니청정계경(摩尼淸淨契經), 승정왕계경(勝頂王契經)의 순서이다.[68] 그런데 자선과 원조가 언급한 경은 승정왕경, 마니청정경, 변화공덕경, 마야경, 상덕삼매경, 장엄삼매경의 순서이다. 자선과 원조가 인용한 내용은 『석마하연론』의 순서와 조금 다르다. 또 현재 전하는 『석마하연론』의 『대승본법계경』에 대신해 자선과 원조는 『장엄삼매경』을 들고 있다. 그렇다면 이들이 지금 전하는 『석마하연론』을 직접 본 것은 아니라고 보인다.[69]

---

64) 知禮, 『金光明經玄義拾遺記會本』 卷上之上, 雙徑沙門明得錄記注於玄義之下, X.20, 39쪽 "故釋摩訶衍論云 等覺已上 有眞僧寶."
65) 『釋摩訶衍論』 권1, T.32, 596쪽 "於妙覺地 有眞實僧 故無過失."
66) 子璿, 『起信論疏筆削記』 권4, T.44, 314쪽 "摩耶等者 準摩訶衍論說 有六馬鳴 前後異出 一者勝頂王經說 … 二者摩尼淸淨經說 … 三者變化功德經說 … 四者 如疏所引 五者常德三昧經說 … 六者莊嚴三昧經說 過去有一菩薩 名曰馬鳴 具說 有六 今當第四矣…."
67) 元照, 『遺教經論住法記』, X.53, 599쪽 "若據衆經所出 有六不同 勝頂經說佛成 道十七日 曾作外道 問難於佛 摩尼淸淨經佛滅一百年 出世變化功德經三百年 摩 耶經六百年 卽前所引 常德三昧經八百年 莊嚴三昧經說 過去有一菩薩 名爲馬鳴 明知大權示跡揚化 餘如本傳彰者 尋看."
68) 『釋摩訶衍論』 권1, T.32, 594쪽.
69) 觀復의 경우도 『석마하연론』에 6마명설이 있다고 하였는데, 들고 있는 경명은 자선, 원조와 같다(『遺教經論記』 권1, X.53, 629쪽). 6마명설을 다른 곳에서는 찾아볼 수 없다는 점에서 보면, 현재 전하는 것과 다른 『석마하연론』이 있었는지도 모르겠다.

또 8세기 중엽 선무외(善無畏)와 불공(不空)이 활약하기 시작한 이후 밀교의 영향이 커졌고, 송에서 밀교가 종파로 존재하지는 않았지만 송대에 새로 번역되는 경전에 많은 밀교 경전이 포함되어 있다.[70] 이러한 점도 선종이 성행하던 송에서 『석마하연론』의 밀교적 요소에 저항감을 느끼지 않도록 작용했을 것이다.

3. 고려 불교계의 동향

신라에서 처음으로 『대승기신론』에 주목한 사람은 원효이다. 그의 『대승기신론소』, 『대승기신론별기』 등은 중국 법장의 주석과 화엄사상의 전개에 영향을 미쳤음은 널리 알려진 바이다. 또 앞에서 언급했듯이 신라에서 의상계 화엄종 승려들 사이에서 『대승기신론』이 강의되었다. 뿐만 아니라 유식학을 연구한 승려로 문무왕~신문왕대 활동한 경흥(憬興)이 『대승기신론문답』 1권(失)을, 태현은 『대승기신론내의약탐기』(古迹記라고 칭함) 1권, 원측(圓測)의 제자 승장(勝莊)은 『기신론문답』 1권(실)을 남겼다.

경덕왕대 활동한 연기(緣起)는 『대승기신론주망(大乘起信論珠網)』 3권(혹은 4권, 실)과 『대승기신론사번취초(大乘起信論捨繁取鈔)』 1권(실), 대연(大衍)은 『기신론소』 1권(실)과 『대승기신론기』 1권(실), 견등은 『대승기신론동현장(大乘起信論同玄章)』 2권(실)과 『대승기신론동이약집(大乘起信論同異略集)』 2권, 일본에 건너가 활동한 화엄 승려 심상(審祥, ?-742)은 『화엄기신관행법문(華嚴起信觀行法門)』 1권(실) 등을 저술하였다.[71]

이들의 저술이 11세기 후반 의천이 활동하던 때까지 모두 전하고 있었던 것은 아니었다. 의천은 『신편제종교장총록』에 당시 수집한 『대승기신론』

---

70) 김수연, 『고려사회와 밀교』, 씨아이알, 2022, 111쪽. 10세기 후반에 활동한 天息災, 法賢, 法天, 施護 등이 많은 밀교경전을 번역하였다.
71) 동국대학교불교문화연구소(편), 『한국불교찬술문헌총록』, 동국대학교출판부, 1976을 참조하였다. 失은 현재 전하지 않는 것이다.

주석서들을 다음과 같이 제시하고 있다.[72]

〈표 1〉『교장총록』에 수록된 『대승기신론』 주석서

제목	저자	제목	저자
釋摩訶衍論 10권	龍樹	科文 1권	淨源 重刊
疏 1권	智愷	疏 1권	智榮
疏 2권	慧遠	疏 1권	慧遍 (或云曠法師述待勘)
疏 3권	曇遷	古迹記 1권	太賢
義記 1권	智儼	注 2권	智愷
疏 1권		注 2권	法樂
疏 2권	元曉	宗要 1권	元曉
隨疏補行記 2권	亡名	別記 1권	
科 1권		大記 1권	
鈔 3권	應眞	料簡 1권	
記 3권	惠鏡	別記 1권	法藏
疏 3권	法藏	問答 1권	憬興
集釋鈔 6권	元朗	珠納 3권(혹 4권)	緣起
疏 4권(혹 3권 혹2권)		捨繁取妙 1권	
隨疏記 6권	傳奧	宗要 1권	亡名
演奧鈔 10권 科 2권	延後	會記 1권	亡名
筆削記 6권 科文 1권	子璿	一心修證始末圖 1권	宗密

위의 표를 살펴보면 『교장총록』에 신라 승려인 원효, 경흥, 태현, 연기 외
에도 많은 중국 승려들의 저술이 포함되어 있어, 당시 고려의 『대승기신론』에
대한 관심을 알 수 있다. 이처럼 많은 『대승기신론』 주석서가 수집된 것은 당
시 이 논에 대한 관심을 반영한다고 할 것이다.

광종대 활동한 화엄종 승려 균여(均如)는 법장의 『화엄교분기(華嚴敎分
記=華嚴五敎章)』에 대해 『석화엄교분기원통초(釋華嚴敎分記圓通鈔)』 10권,

72) 元曉, 「新編諸宗敎藏總錄」 권3, 『한국불교전서』 4, 692쪽; 김영미, 「11세기 후
반 遼·高麗 불교계와 元曉」, 『元曉學硏究』 16, 2011, 27쪽.

『화엄경탐현기(華嚴經探玄記)』에 대해 『탐현기석(探玄記釋)』 28권(실) 등을 저술하였다. 법장은 이들 저술에서 『대승기신론』을 종교(終敎)로 규정하는 교판론(敎判論)을 전개하였다. 따라서 그 주석에서 균여도 종교(終敎)를 설명하면서 『대승기신론』을 언급하고 있다.[73]

그리고 의천은 『성유식론(成唯識論)』이 상종(相宗)의, 『대승기신론』이 성종(性宗)의 가장 긴요한 논이라 하고, 이들을 배우지 않으면 각각 대승시교(大乘始敎)의 종지와 대승 종교(終敎)·돈교(頓敎)의 뜻을 밝힐 수 없다고 하며, 승려들에게 배우기를 권하였다.[74] 의천은 이러한 관심 속에서 『대승기신론』의 주석서로서 『석마하연론』을 주목하고 첫 번째로 언급하였던 것이다.[75]

또 의천은 『교장총록』에서 밀교 경전에 대한 주석서도 수집하여 기록하였는데, 『비로신변경(毘盧神變經=대일경)』, 『관정경(灌頂經)』, 『청관음경(請觀音經)』, 『소재경(消災經)』, 『팔대보살만다라경(八大菩薩曼陀羅經)』 등의 주석서로 각각 5종, 1종, 3종, 6종, 3종을 제시하고 있다.[76] 뿐만 아니라 고려 문종대 이래 국가적 기양의례(祈禳儀禮)로서 밀교의례가 등장하여 꾸준히 종류와 개설회수가 증가하였을 뿐 아니라 고려 전기 총지종(摠持宗)과 신인종(神印宗) 등 밀교 종파가 성립, 번성하던 당시의 상황도 배경이 되었을 것이다. 즉 의천이 활동하던 시기에는 다양한 밀교의례가 거행되었고, 의천은 병이 들자 밀교종파인 총지종 사찰인 총지사(摠持寺)에 들어가 치료하다가 그곳에서 입적했다.[77] 이러한 사회적 분위기가 『대승기신론』 주석서이면서도 밀교적 성

---

73) 均如, 『釋華嚴敎分記圓通鈔』 권3, 『한국불교전서』 4, 330쪽 "若約終敎 與起信論本覺同也." 均如는 『十句章圓通記』 등 저술에서도 『대승기신론』의 구절을 자주 인용하고 있다.

74) 義天, 「刊定成唯識論單科序」, 『大覺國師文集』 권1, 『한국불교전서』 4, 529쪽. 金富軾, 「靈通寺大覺國師碑」에 의하면 의천이 『능가경』과 『기신론』 등을 배우기를 권했다(許興植 編, 『韓國金石全文』 中世 上, 580-581쪽).

75) 의천의 『대승기신론』에 대한 인식은 김영미, 「11세기 후반 遼·高麗 불교계와 元曉」, 25-31쪽 참조.

76) 김수연, 『고려 사회와 밀교』, 114-123쪽.

77) 『高麗史』 권11, 世家11, 숙종 6년 9월 갑인; 권90, 列傳3, 宗室1, 大覺國師煦.

격이 강한『석마하연론』을 용수의 저서로 받아들이기 쉽도록 하였을 것이다.

Ⅳ.『석마하연론』유통의 영향

1. 요와 송 불교계에 미친 영향

밀교 승려 도진(道殿)은 자신의 저술에서 "석마하연론은 좌선인으로 하여금 주(呪)를 외워 마(魔)를 제거할 수 있게 하였다"고 간단히 인용하였다.[78]『석마하연론』의 구절을 자세히 인용하지 않은 이유는 논 곳곳에서 다라니를 외울 것을 권유하기 때문일 것이다.[79] 이는『석마하연론』이 지닌 밀교적 성격과도 관련이 있다. 뿐만 아니라 요의 밀교 연구에서도 화엄 교학의 영향을 찾아볼 수 있다는 점에서 당시 화엄교학에서『대승기신론』이 중시되던 현상을 반영한 것으로 보인다.

『석마하연론』은 요 승려들이 종파에 관계없이 배우는 교재였다. 징방(澄方, 1020-1068)은 18세에 구족계를 받고 인명(因明), 백법(百法), 유식(唯識) 등을 배우는 한편『마하연론』,『화엄경』등의 경전을 배웠다.[80] 대안(大安, 1085-1094) 초에 보은사(報恩寺) 강주(講主)였던 법△(法△)은『우란분경』,『범망경』,『니항경(泥恒經)』과『마하연론』,『기신론』,『유식론』등을 강하였다.[81] 이들은 유식을 전공한 법상종 승려였다고 생각된다.

한편 화엄종 승려로 생각되는 석경산(石經山) 운거사(雲居寺) 숭욱(崇昱, 1039-1114)은『화엄경』과『현담(玄談)』,『마하연론』,『보살계』,『금강

---

78) 道殿,「顯密圓通成佛心要集」권하, T.46, 1000쪽 "又釋摩訶衍論 令坐禪人須得誦呪除魔 又止觀云 若諸魔障惱亂坐禪行者 當誦大乘方等教中諸治魔呪 若出禪時亦當誦呪……."
79)『釋摩訶衍論』권9, T.32, 659쪽.
80)「上方感化寺故監寺遺行銘」,『全遼文』권9, 235쪽.
81)「△州開元寺故傳△△△大師遺行塔記」,『全遼文』권10, 285쪽.

반야경』 등을 강의하였다.[82] 여기에서 언급된 "마하연론"은 앞에서 언급했듯이 『석마하연론』으로, 요에서는 종파와 관계없이 『석마하연론』을 매우 중요시했던 것으로 생각된다.

이처럼 요 승려들이 『석마하연론』에 대해 연구하고 강의하거나 배웠던 것은 요 대장경에 편입되어 조판된 『석마하연론』의 인쇄본이 유통되고 이를 계기로 요 승려들의 주석서가 찬술되었기 때문일 것이다. 더구나 이 주석서의 찬술과 간행에는 도종이 중요한 역할을 하였으므로 11세기 후반 요 불교계에서 황제가 중요시하던 『석마하연론』이 널리 유통된 것은 당연하다고 하겠다.

뿐만 아니라 요 승려들은 『석마하연론』을 연구하다보면 원효와 법장의 『대승기신론』 주석서인 『대승기신론소』와 『대승기신론의기』를 읽어야 했다. 그 결과 지복과 법오의 『석마하연론』 주석서에서 원효의 저술이 인용되고 있다.[83] 뿐만 아니라 앞에서 언급했듯이 『석마하연론』에 대한 도종의 이해를 제시한 것이 다시 책으로 묶여 『어의(御義)』 5권이 된 것으로 보이는데,[84] 이것이 1097년 사신으로 왔던 야율사제에 의해 고려에 전해지자 의천은 이것에 『(어해대의)후서』를 썼다. 그리고 의천이 쓴 『후서』는 다시 요에 전해져 요 불교계에서의 논란을 종식시키는 데 기여했다.[85]

송에서는 보관(普觀)이 『석마하연론』 주석서인 『석마하연론기』를 찬술

---

82) 「崇昱大師墳塔記」, 『全遼文』 권11, 332-333쪽.
83) 이에 대해서는 김영미, 「11세기 후반 遼·高麗 불교계와 元曉」, 15-20쪽 참조.
84) 耶律思齊, 「遼 御史中丞 耶律思齊 書 三首 (3)」, 『大覺國師外集』 권8, 『한국불교전서』 4, 582쪽. 이 『어의』의 정확한 이름은 밝혀져 있지 않지만, 『御解大義』라고 짐작된다.
85) 「大遼沙門志佶詩」에서 志佶은 "近日伏覩御解大義後序及蒙施到山水衲衣一條"라 하여 의천이 지은 「어해대의후서」와 산수납의 한 벌을 받았음을 언급하였다 (『大覺國師外集』 권11, 詩2, 『한국불교전서』 4, 588쪽). 이에 대한 자세한 논의는 김영미, 「고려와 요의 불교교류」, 122-126쪽 참조.

11세기 후반 『석마하연론(釋摩訶衍論)』의 동아시아 유통과 영향　193

하였다. 보관은 북송 말기 내지 남송 초기[86] 활동한 화엄종 승려로[87] 추정
되는데, 앞에서도 언급했듯이 단순히 주석한 것이 아니라 연본, 요본, 려본,
요소 등을 비교하여 교감하였다. 뿐만 아니라 그는 『법계무차별론소령요초
(法界無差別論疏領要鈔)』에서도 『석마하연론』을 인용하며 자신의 주장의
논거로 삼았다.[88]

보관이 『석마하연론』을 인용한 부분을 살펴보면, 당의 종밀 등과 달리
매우 적극적이다. 즉 '진(眞)으로부터 망(妄)을 일으키는 설(說)을 출(出)이
라 이름하고, 망(妄)을 돌이켜 진으로 돌아가는 설을 입(入)이라 이름한다'
고 하고, 그 증거로 『석마하연론』이 인용한 『능가왕경(楞伽王經)』의 구절을
인용하였다.[89] 그리고 성종과 상종이 말하는 유위(有爲)와 무위(無爲)의 이
름[名數]이나 변하지 않는 본성[體性]이 같지 않다고 말하고, 법성종(法性
宗)의 경우를 설명하면서는 용수의 『석마하연론』을 인용하고 법상종의 경
우를 설명하면서는 자은(慈恩)대사의 백법결송(百法決頌)을 인용하였다.[90]
이는 『석마하연론』을 법성종의 주요 논서로 인정한 것으로, 법상종 규기의

---

86) 보관이 북송대 승려인지 남송대 승려인지는 확인되지 않는다. 보관의 『석마하
    연론기』 6권은 일본의 般若房 了心이 入宋하여 보관의 문하에서 직접 받아 전
    한 것이라 한다(森田龍僊, 『釋摩訶衍論之硏究』, 27쪽). 근래 吉田睿礼, 「遼朝佛
    敎与其周邊」, 『佛學硏究』, 2008.12, 中國佛敎文化硏究所, 241쪽에서는 남송
    승려로 乾道 연간(1165-1173) 慧因敎院에 있었다고 하였다. 그러나 근거를
    밝히지는 않았다.
87) 보관은 『法界無差別論疏領要鈔』 권상의 첫머리에서 "吾祖康居賢首國師"(普觀,
    『法界無差別論疏領要鈔』 권上, X.46, 692쪽)라 하여 法藏을, 『盂蘭盆經疏會古
    通今記』의 序에서는 "我祖圭峯禪師"(普觀, 『盂蘭盆經疏會古通今記序』, X.21,
    483쪽)라 하여 종밀을 자신의 祖師라고 언급하고 있다.
88) 보관의 이 저술은 唐 法藏의 『大乘法界無差別論疏』에 대한 연구서이다. 법장의
    저술은 우전국 삼장인 提雲般若가 7세기 말 번역한 인도 堅慧(4-5세기, 인도)
    의 『대승법계무차별론』에 대한 연구서이다. 이 논은 깨달음을 얻을 수 있는 보
    리심에 대해 설한 것으로, 『대승기신론』보다 앞서 여래장사상을 설했다고 이해
    되고 있다. 법장의 『법계무차별론소』는 승전에 의해 『대승기신론의기』 등과 함
    께 신라에 전해졌다. 『교장총록』에도 "法界無差別論疏一卷 法藏述"이 있다. 법
    장의 『화엄경탐현기』와 징관의 『화엄경소』에서도 인용하고 있다.
89) 普觀, 『法界無差別論疏領要鈔』 권上, X.46, 693쪽.
90) 普觀, 『法界無差別論疏領要鈔』 권下, X.46, 707쪽.

저술과 대등한 위치로 중요시한 것이다.

보관의 이러한 태도는 공여래장(空如來藏)의 의미를 설명하면서 『석마하연론』에서 여래장에 10종이 있음을 설한 부분을 옮겨 적은 데서도[91] 알 수 있다. 즉 『석마하연론』에서 여섯 번째 공여래장과 일곱 번째 불공여래장을 들고 『승만계경(勝鬘契經)』의 구절을 인용한 부분이다.[92] 북송말 남송초기에 활동한 관복(觀復)도[93] 『석마하연론』에 언급된 6명의 마명설을 인용하고 있다.[94] 그러나 자선, 원조와 마찬가지로 현재 전하는 『석마하연론』과 달리 『장엄삼매경』을 들고 있다.

한편 남송의 종효(宗曉, 1151-1214)도 『낙방유고병서(樂邦遺稿并序)』에서 "염불하는 사람에게는 임종시에 절대로 마귀가 나타나는 일이 없다"는 조항을 설명하면서 문(文) 법사의 「염불정언결(念佛正信訣)」을 인용하였다.[95] 그런데 이 결(訣)의 문답에는 『석마하연론』의 '삼매(三昧)를 수행할 때에 외마(外魔)가 발동한다'는 구절이 있다. 남송의 선월(善月, 1149~1241)도[96] 『능가아발다라보경통의(楞伽阿跋多羅寶經通義=능가경통의』 권1에서 "마하연론의 석(釋)에 의거했다"라 하였는데,[97] 이 마하연론은 『석마하연론』이다.[98]

---

91) 普觀, 『法界無差別論疏領要鈔』 권下, X.46, 707쪽.
92) 『釋摩訶衍論』 권2, T.32, 608쪽.
93) 觀復이 쓴 『遺敎經論記』 序, X.53, 628쪽에서 "時紹興甲子二月望 華嚴寶塔方丈序"라 하였는데, 소흥 갑자년은 소흥 14년(1144)이므로 북송말 남송(1127~1279) 초에 활동했음을 알 수 있다. 관복은 『화엄오교장』에 대해 『折薪記』를 썼다.
94) 觀復, 『遺敎經論記』 권1(并敍), X.53, 629쪽.
95) 宗曉, 「樂邦遺稿并序」, T.47, 234쪽.
96) 『佛祖統紀』 권18, 月堂詢法師法嗣 法師善月, T.49, 238쪽.
97) 善月, 『楞伽阿跋多羅寶經通義』 권1, X.17, 145쪽. "偈初八句頌上次喻 可知靑赤種種色等 此該六塵 追頌上境界風句 亦是因六識轉生外緣六塵之相 卽初句色也 珂謂珂佩聲也 檀乳等香也 木羅石蜜觸也 甘淡味也 華果等法也 以是六塵能起六識故也(此據摩訶衍論釋云云)."
98) 『釋摩訶衍論』 권4, T.32, 626쪽.

이처럼 요와 고려에서 간행된 『석마하연론』과 그 주석서가 송에 전해지고, 보관은 새로운 주석서를 저술하였다. 그리고 종파와 관계없이 많은 승려들이, 기존의 저술에서 인용되지 않던 구절들을 인용하는 등 경전 연구에 적극적으로 활용하였다.

2. 고려재조대장경 입장과 일본의 주석서 찬술

고려에서 의천 이전에는 『대승기신론』에 대해 언급한 화엄종 승려들의 저술에서도 『석마하연론』이 공식적으로 언급된 적이 없다. 그런데 요 대장경에 입장된 후 고려에 전래되고, 의천에 의해 『중교석마하연론』이 조판 간행되었다. 그 후 『석마하연론』은 고려재조대장경(高麗再雕大藏經)에 포함되기에 이른다.

> [회·한함(廻漢函)] 위의 두 함 가운데 국본(國本)에는 "불명경(佛名經) 18권"이란 것이 있는데, 지금 이를 점검해보니 그것은 아래에 나오는 영(寧)·진(晉)·초(楚)함 가운데 있는 30권의 책과 같은 것이다. 이 한 경은 후세 사람들이 그 권수에 차이가 있는 것을 보고 이것이 내용이 다른 경이라 인식한 까닭에 중복해서 편입시킨 것이다. 지금 (불명경) 30권의 책이 세상에 많이 유행되고 있는 까닭에 이 18권의 책은 제거하고, 이에 『마하연론』 10권을 회함으로 삼고 『현문론(玄文論)』 20권을 한함으로 삼는다.[99]

수기(守其)는 『석하마연론』을 회함에 넣은 이유를 설명하고 있다. 국본 대장경 곧 초조대장경에는 회함과 한함에 『불명경』 18권이 있었는데, 18권본과 영~초함에 있는 30권본이 동일한 판본이므로 18권본을 없애고 대신 『석마하연론』을 입장하였다는 것이다. 요 대장경에서는 『석마하연론』이 영

---

99) 守其, 『高麗國新雕大藏校正別錄』 권30, 『한국불교전서』 11, 269쪽.

함에 입장되어 있었는데, 수기는『불명경』30권을 영·진·초함에 입장하고 분량이 적은『석마하연론』을 회함에 입장한 것이다.[100] 그리고『석마하연론』이 원래 어디 있었는지에 대해서는 언급이 없는 것으로 보아, 고려의 초조대장경에는 포함되지 않았던 것으로 보인다.

한편 다른 경전들의 경우 송본(宋本)·단본(丹本)·국본 등으로 교감한 내용에 대해 언급하고 있는데 비해,『마하연론』곧『석마하연론』을 입장하면서는 교감 내용이나 위서(僞書) 여부에 대해 전혀 언급이 없다. 즉 고려에서 유통되던 판본을 크게 교감하지 않은 채 의심 없이 입장한 것이다.

그 외에도『석마하연론』이 고려에서 불교 연구에 이용되었던 사실을 확인할 수 있다. 많은 자료는 없지만, 보환(普幻)의『수릉엄경환해산보기(首楞嚴經環解刪補記)』에서『석마하연론』을 인용한 점이 눈에 띈다. 즉 보환은 수행의 계위(階位) 중 묘각(妙覺)과 등각(等覺)을 설명하면서『석마하연론』의 송(頌)을 인용하고 있다.[101]『수릉엄경환해산보기』는 보환이 1265년 (원종 6) 노산현(盧山縣) 귀노암(歸老庵)에서『수릉엄경』을 강연할 때 송 승려 계환(戒環)의『수릉엄경요해(首楞嚴經要解)』를 이용하면서 부족하거나 잘못된 부분을 보완하고 수정하였는데, 이를 책으로 만든 것이다. 이 저술은 목암(睦庵) 화상 일연(一然)의[102] 점검을 받았고, 1279년(충렬왕 5) 왕명으로 경상수보도감(經像修補都監)에서 간행되었다. 이 글에서는 깨달음의 57위(位: 단계)를 제시한『수릉엄경』의 구절에 대해 설한 계환의 주장을 비판하면서『석마하연론』의 게송을 인용하고 있다. 보환은 1278년 백련사(白

---

100) 수기는『교정별록』에서는『마하연론』이라고 칭하였으나, 대장경 판본에는 방산석경본과 달리『석마하연론』이라고 되어 있다.

101) 普幻,『首楞嚴經環解刪補記』권하,『한국불교전서』6, 448쪽 "…… 如釋論頌云 我從具縛地 具經一切地 圓滿行因海 莊嚴大覺果 又從淸淨覺 具經一切地 得第一信位 還入無明藏 如是二大事 一時無前後." 이 구절은『석마하연론』권3(T.32, 619쪽)에 나온다.

102)『麟角寺普覺國尊靜照塔碑』에 의하면 "自號睦庵"이라고 하였다(許興植 編,『韓國金石全文』中世 下, 1072쪽).

蓮社) 능엄법회(楞嚴法會)를 주관하며 강의하기도 하였다.[103] 『수릉엄경환해산보기』는 국가기관에 의해 간행된 보환의 저술이므로 널리 유포되었을 것이다. 이러한 저술에 『석마하연론』이 인용되고 있다는 점이 주목된다.

『대승기신론』과 함께 『석마하연론』이 언급된 『투사례』가 널리 유통될 수 있게 된 것도 이러한 고려 후기 불교계의 분위기와 관계가 있을 것이다. 즉 고려 후기의 밀교적 경향도[104] 여기에 작용했을 것이다.

일본 불교계에서는 진언종에 의해 일찍부터 『석마하연론』이 중요시되었다. 그 이유는 이 글이 지닌 밀교적 성격 때문이다. 공해(空海)는 『석마하연론』을 『진언종소학경율론목록(眞言宗所學經律論目錄)』에 수록하여 진언종 승려라면 배워야 할 논으로 정하였고, 834년(承和 원년)에는 금강계와 태장계 밀교 승려들이 배워야 할 논으로 국가의 인정을 받았다.[105] 그리고 공해는 『석마하연론지사(釋摩訶衍論指事)』 2권을 찬술하였다.

이러한 전통을 가지고 있던 일본 불교계, 특히 12세기 일본 밀교에서는 『석마하연론』에 대한 연구가 매우 성행하였다. 그 배경은 앞에서 언급했던 1105년 요 승려 지복과 법오의 주석서가 고려로부터 전해진 데 기인한다. 이 소초의 전래에 큰 역할을 한 각행(覺行) 법친왕(法親王)은 시라카와[白河]천황[재위 1072-1086]의 셋째 아들로, 진언종 사찰인 인화사(仁和寺) 성신(性信) 친왕(1005-1085) 문하에서 출가하였다. 한편 성신 친왕의 법을 전한 또 다른 제자 제섬(濟暹, ?-1115?)은 『석마하연론』에 대해 『석마하연론현비초(釋摩訶衍論顯秘鈔)』 18권(失), 『석마하연론입의분략석(釋摩訶衍論立義分略釋)』 1권, 『석마하연론결의파난회석초(釋摩訶衍論決疑破難會釋抄)』 1권을 저술하였다. 그리고 각종(覺鑁, ?-1144)은 『석마하연론지사(釋

---

103) 『수릉엄경환해산보기』의 찬술과 간행 경위에 대해서는 권하의 말미에 실린 보환의 誌와 金之槇이 쓴 誌를 통해 알 수 있다(『한국불교전서』 6, 468-469쪽).
104) 김수연, 『고려 사회와 밀교』, 279-318쪽.
105) 森田龍僊, 『釋摩訶衍論之研究』, 17-25쪽.

摩訶衍論指事)』1권과『석마하연론우안초(釋摩訶衍論愚案抄)』1권을 저술하였다.

그리고 일본 동사(東寺) 관지원(觀智院)에 소장된 지복의『통현초』는 1170년에 이점(移點)했다는 기(記)가 있다. 그 후 고야산(高野山) 금강삼매원(金剛三昧院)에서『통현초』는 1282년에, 법오의『찬현소』는 1288년 판각되어 인쇄된다.[106] 이러한 사실로 미루어 헤이안[平安]시대(794-1185)를 지나 카마쿠라[鎌倉]시대까지도 밀교인 진언종의 중심지 고야산에서『석마하연론』에 대한 관심과 연구가[107] 지속되고 있음을 알 수 있다.

V. 맺음말

11세기 후반 동아시아 여러 나라 사이에 불교 전적 교류가 활발하게 이루어진다. 그 배경에는 요 대장경의 완성과 고려의 대장경 조조(雕造) 및 의천에 의해 주도된 교장(教藏) 간행 작업이 있다. 그동안 불교전적 교류의 주도적 입장에 있던 송에 대신해 요와 고려가 그 전면에 나선 사실이 눈에 띈다.

이러한 현상을 잘 보여주는 불교 전적이 바로『석마하연론』이다. 이 책은 현재 8세기 중엽 신라 또는 당에서 찬술되었다고 여겨지고 있다. 그런데

---

106)『釋摩訶衍論通玄鈔』권4 "弘安五年[壬午](1282)九月六日 於高野山金剛三昧院 金剛佛子性海書 弘安五年[壬午]十月廿一日 於高野山金剛三昧院淨場 通玄鈔四卷 爲備規模 謹開印板畢";『釋摩訶衍論贊玄疏』권5 "正應元年[戊子](1288)九月廿一日 於高野山金剛三昧院 金剛佛子性海書"(大屋德城,『高麗續藏雕造攷』, 97쪽)

107) 가마쿠라시기의『석마하연론』에 대한 연구로는 道範『釋摩訶衍論應教鈔』1권과『釋論曼茶羅』1帖, 信堅『釋摩訶衍論私記』2권, 賴瑜『釋摩訶衍論開解抄』36권(1273)『釋摩訶衍論序草』1권『釋摩訶衍論短册』6권, 順繼『釋摩訶衍論十廣短册』1권, 賴寶『釋摩訶衍論勘注』24권 등이 있다(森田龍僊,『釋摩訶衍論之研究』, 30-43쪽).

용수(龍樹)의 저술로 명기되어 있었음에도 당이나 송에서 편찬된 불전목록에는 포함되어 있지 않다. 당에서 성법(聖法)과 법민(法敏)의 주석서가 저술되었지만, 이들 주석서도 일본에 전해진 기록 외에는 신라와 고려에서 연구되었다는 자료도 없다. 오대시기에 활동한 연수(延壽)의 『종경록』을 제외하고는 당과 송의 승려들에 의해 매우 드물게 인용될 뿐이다.

그런데 요에서 1062년 『석마하연론』을 대장경에 입장한 이후 사정이 변하였다. 도종 황제가 이 논에 대해 관심을 기울여 승려들과 토론하였을 뿐 아니라 주석서를 짓도록 하였기 때문이다. 요 대장경에 포함된 『석마하연론』과, 1070년대 수진(守臻) 법오(法悟) 지복(志福)에 의해 찬술된 주석서는 고려로 전해졌다.

그 후 고려에서 의천이 편찬한 『교장총록』에 『석마하연론』은 『대승기신론』 주석서로, 요 승려들의 저술은 『석마하연론』의 주석서로 수록되었다. 또 의천은 『중교석마하연론』을 간행하여 1087년경 송 선총에 보내주었고, 지복의 『통현초』와 법오의 『찬현소』를 1099년 간행하여 1105년 일본에 보내주었다. 의천이 간행한 요 승려들의 주석서는 송에도 전해져, 보관이 『석마하연론기』를 저술하면서 인용하고 있다.

이처럼 『석마하연론』이 11세기 후반 동아시아 불교계에서 새롭게 주목된 데에는 요 대장경에 입장된 사실이 크게 작용했을 것이다. 그러나 당시 송, 요, 고려 불교계에서 종파에 관계없이 『대승기신론』을 연구하던 경향이 강했다는 점도 크게 작용했다고 생각한다. 즉 『석마하연론』은 『대승기신론』의 주석서라는 성격을 지니고 있었으므로, 『대승기신론』 연구에 필요한 서적으로 간주되었다.

또 한편으로는 각국 불교계에서 밀교적 경향이 강했다는 점도 작용했다고 생각한다. 이는 권9와 권10에 많은 주문을 포함하고 있는 『석마하연론』이 거부감 없이 수용될 수 있던 배경이다. 고려에서는 밀교적 의례가 국가의례로 행해지고, 총지종과 신인종이라는 밀교종파가 존재했다. 그리고 요의 경우

화엄종과 함께 밀교가 번성하였다. 또 송에서도 밀교가 종파로 존재하지는 않았지만 8세기 중엽 선무외와 불공이 활약하기 시작한 이후 밀교의 영향이 커졌고, 송대에 새로 번역되는 경전에 많은 밀교 경전이 포함되어 있었다.

11세기 후반 요에서는 대장경에 입장되고 종파와 관계없이 『석마하연론』을 배웠으며, 승려들의 저술에서도 중요하게 인용된다. 그리고 『석마하연론』과 요 승려들의 주석서가 동아시아 각국에 전해지면서 송과 고려에서도 『석마하연론』이 중요시 된다. 송에서는 보관이 요 대장경본[요본], 연경(燕京) 간행본[연본], 고려 간행본[여본] 등과 요의 주석서들을 참고하여 『석마하연론기』를 저술하였으며, 승려들의 저술에서 적극적으로 인용된다. 그리고 고려에서는 13세기 고려재조대장경에 입장되었고, 보환의 『수릉엄경환해산보기』에 인용된다. 이미 진언종에서 승려들이 반드시 익혀야 할 책이었던 일본에서는 『석마하연론』에 대한 많은 주석서들이 새로 찬술되고, 고려에서 전해진 요 승려들의 저술이 간행되어 유통된다.

◆ 부록

『교장총록』에 실린 요의 장소

경전	저자	요 승려들의 疏鈔	비고
華嚴經	思孝	玄談鈔逐難科 1권 修慈分疏 2권 略鈔 1권 科 1권	
	道宗	發菩提心戒分 2권 隨品讚 10권(현존)	수품찬은 함옹 4년(1068) 2월 계축 반행(『遼史』), 수품찬과 姚景熹의 『화엄경수품찬인문』이 『원종문류』 권1에 수록됨
	志實	隨品讚科 1권	
	道弼	演義集玄記 6권	
大涅槃經	思孝	後分節要 1권	
法華經	思孝	三玄圓讚 2권 圓讚科 1권(현존)	원찬과는 송광사 소장본 전(수창 5(1099)년 흥왕사 조판)[1]
	志實	圓讚演義鈔 4권	
	詮明	法華經 會古通金鈔 10권 科 4권 大科 1권	응현목탑에서 『법화경현찬회고통금신초』 권2와 권6 발견. 송광사 사천왕상(동방)에서 『법화경현찬회고통금신초』 권1과 권2 발견[2]
般若理趣分經	思孝	科 1권	
大寶積經	思孝	妙慧童女會(재30회)疏 3권, 科 1권	
觀無量壽經	思孝	觀無量壽經直釋 1권	
報恩奉盆經	思孝	報恩奉盆經直釋 1권	
八大菩薩曼陀羅經	思孝	疏 2권 科 1권	
	志實	崇聖鈔 3권	
般若心經	志延	科 1권	
金剛般若經	詮明	宣演科 2권 宣演會古通金鈔 6권 消經鈔 2권 科 1권	
	(韓)保衡	訣 1권	

---

1) 神尾弌春, 『契丹佛敎文化史考』, 122쪽.
2) 조선 세조 때 刊經都監에서 고려시기의 교장도감본을 翻刻한 것이다(강순애, 「송광사 사천왕상 발굴의 丹本章疏『法華經玄贊會古通今新鈔』 권1·2에 관한 서지적 연구」, 『書誌學硏究』 30, 2005).
3) 『宋藏遺珍』에 2권이 남아 전한다.
4) 大屋德城, 『高麗續藏雕造攷』, 125쪽.

경전	저자	요 승려들의 疏鈔	비고
彌勒上生經	詮明	科 1권 大科 1권 會古通金鈔 1권	응현목탑에서「상생경소과문」권1 발견. 산서성 趙城縣 廣勝寺經藏에서「상생경소회고통금신초」권2와 권4,「상생경소(隨新抄科 文)」발견[3]
毘盧神變經	覺苑	科 5권 大科 1권 (義釋)演密(鈔) 10권 (『대일경의석연밀초』)	현존
首楞嚴經	非濁	玄贊科 3권	
梵網經	志實	科 3권, 會違通理鈔 4권	
四分律	澄淵	律鈔評集記 14권, 科 3권	현존(『사분율초상집기』: 해인사 소장 경판)
	志延	尼戒略釋科 1권	
律部宗要	思孝	發菩提心戒本 3권 大乘懺悔儀 4권 近住五戒儀 1권 近住八戒儀 1권 自誓受戒儀 1권 諸雜禮佛文 3권 自恣錄 1권 釋門應用 3권 持課儀 1권	
俱舍論	常眞 (瓊煦)	頌疏鈔 8권(현존)	해인사판 전함
成唯識論	詮明	詳鏡幽微新鈔 17권 應新鈔科文 4권 大科 1권	응현목탑에서「성유식론술기응신초과문」권3 발견
百法論	詮明	金臺義府 15권 科 2권 大科 1권	
釋摩訶衍論	法悟	贊玄疏 5권(현존) 贊玄科 3권 大科 1권	일본 고야산 소장 찬현소: 壽昌 5년기묘(1099)高麗國大興王寺奉宣雕造
	志福	通玄鈔 4권(현존) 通玄科 3권 大科 1권	일본 東寺 관지원 소장 통현초(위와 같음)
釋摩訶衍論	守臻	通贊疏 10권(권10 현존) 通贊科 3권(권하 현존) 大科 1권	응현목탑에서「통찬소」권10,「釋摩訶衍論通贊疏科」下 발견
기타	希麟	續一切經音義 10권	『재조고려대장경』에 포함
	道弼	諸宗止觀 3권 科 1권	劉銑,『諸宗止觀引文』이『원종문류』권1 수록됨[4]
	詮曉	續開元釋敎錄 3권	
	非濁	隨願往生集 20권	

◈ 참고문헌

『遼史』
『全遼文』
『高麗史』
『三國遺事』

『釋摩訶衍論』,『大正新修大藏經』(이하 T.로 약칭) 32
觀復,『遺教經論記』,『卍新纂續藏經』(이하 X.로 약칭) 53
道殿,「顯密圓通成佛心要集」, T.46
미상,『法界圖記叢髓錄』,『韓國佛教全書』6
法悟,『釋摩訶衍論贊玄疏』, X.45
普觀,『大乘法界無差別論疏領要鈔』, X.46
普觀,『釋摩訶衍論記』, X.46
普觀,『盂蘭盆經疏會古通今記序』, X.21
普幻,『首楞嚴經環解刪補記』,『韓國佛教全書』6
善月,『楞伽阿跋多羅寶經通義』권1, X.17
守臻,『釋摩訶衍論通贊疏』권10, 山西省文物局·中國歷史博物館 主編,『應縣木塔遼
　　　代秘藏』, 北京: 文物出版社, 1991
元照,『觀無量壽佛經義疏』, T.37
元照,『遺教經論住法記』, X.53
義相,「義湘和尙投師禮」,『韓國佛教全書』11
義天,『圓宗文類』,『韓國佛教全書』4
義天,『大覺國師文集』,『韓國佛教全書』4
義天,『新編諸宗敎藏總錄』,『韓國佛教全書』4
子璿,『起信論疏筆削記』, T.44
宗密,『圓覺經大疏釋義鈔』, X.9
宗密,『圓覺經疏鈔』, X.9
宗曉,『樂邦遺稿幷序』, T.47
志磐,『佛祖統紀』, T.49
志福,『釋摩訶衍論通玄鈔』, X.46
中國佛教協會,『房山石經: 遼金刻經』, 北京: 中國佛敎圖書文物館, 1992.

中華電子佛典協會, http://www.cbeta.org/

金福順, 『新羅華嚴宗研究』, 서울: 민족사, 1990.
김수연, 『고려 사회와 밀교』, 서울: 씨아이알, 2022.
동국대학교불교문화연구소(편), 『韓國佛敎撰述文獻總錄』, 서울: 동국대학교출판부, 1976.
박인석 역, 『대승기신론내의약탐기』, 서울: 동국대학교 출판부, 2011.
이부키 아츠시, 최연식 역, 『새롭게 다시 쓰는 중국 禪의 역사』, 고양: 대숲바람, 2005.
鄭性本, 『中國禪宗의 成立史 硏究』, 서울: 민족사, 1991.
趙明基, 『高麗大覺國師와 天台思想』, 서울: 東國文化社, 1964.

鎌田茂雄, 『中國華嚴思想史の硏究』, 東京: 東京大學出版會, 1965.
大屋德城, 『高麗續藏雕造攷』, 京都: 便利堂, 1936.
木村清孝, 『中國華嚴思想史』, 京都: 平樂寺書店, 1992.
森田龍僊, 『釋摩訶衍論之硏究』, 京都: 山城玉文政堂, 1935.
石井公成, 『華嚴思想の硏究』, 東京: 春秋社, 1996.
神尾弌春, 『契丹佛敎文化史考』, 大連: 滿洲文化協會, 1937.
塚本善隆, 『塚本善隆著作集 5 中國近世佛敎史の諸問題』, 東京: 大東出版社, 1975.
竺沙雅章, 『宋元佛敎文化史硏究』, 東京: 汲古書院, 2000.
平川彰(編), 『如來藏と大乘起信論』, 東京: 春秋社, 1990.

張踐, 『中國宋遼金夏宗敎史』 北京:人民出版社, 1994.
陳述(編), 『遼金史論集』, 上海: 上海古籍出版社, 1987.

강순애, 「송광사 사천왕상 발굴의 丹本章疏 『法華經玄贊會古通今新鈔』 권1·2에 관한 서지적 연구」, 『書誌學硏究』 30, 2005.
金相鉉, 「新羅 華嚴信仰의 展開」, 『新羅華嚴思想史硏究』, 서울: 민족사, 1991.
김영미, 「11세기 후반~12세기 초 고려·요의 외교관계와 불경교류」, 『역사와 현실』 43, 2002.
_____, 「高麗와 遼의 불교 교류: 『釋摩訶衍論』을 중심으로」, 『韓國思想史學』 33, 2009.
_____, 「11세기 후반 遼·高麗 불교계와 元曉」, 『元曉學硏究』 16, 2011.

金知妍, 「『釋摩訶衍論』의 註釋的 研究: 『海東疏』와 『賢首義記』의 비교를 중심으로」, 동국대 박사학위논문, 2014.

김천학, 「헤이안시대 화엄종에 보이는 신라불교사상의 역할」, 『범한철학』 70, 2013.

남권희, 「契丹과 高麗의 佛敎文獻 交流」, 『書誌學硏究』 16, 2013.

閔泳珪, 「高麗佛籍集佚札記」, 『曉星趙明基博士追慕 佛敎史學論文集』, 서울: 東國大學校 出版部, 1988.

李箕永, 「釋摩訶衍論의 密敎思想」, 佛敎文化硏究院(編)『韓國密敎思想硏究』, 서울: 東國大學校 出版部, 1986.

李永子, 「義天의 新編諸宗敎藏總錄의 獨自性」, 『佛敎學報』 19, 1982.

최병헌, 「義天과 宋의 天台宗」, 『伽山李智冠스님華甲紀念論叢 韓國佛敎文化思想史』 상, 서울: 伽山佛敎文化振興院, 1992.

최연식, 「珍嵩의 『孔目章記』 逸文에 대한 연구」, 『天台學硏究』 4, 2003.

吉田剛, 「北宋代に於ける華嚴興隆の經緯: 華嚴敎學史に於ける長水子璿の位置づけ」, 『駒澤大學禪學硏究所年報』 9, 1998.

遠藤純一郎, 「〈釋摩訶衍論〉新羅成立說に觀する考察」, 『智山學報』 45, 1996.

國家文物局文物保護科學技術硏究所 外, 「山西應縣佛宮寺木塔內發現遼代珍貴文物」, 『文物』 1982年 6期.

吉田睿礼, 「遼朝佛敎与其周邊」, 『佛學硏究』, 北京: 中國佛敎文化硏究所, 2008.

傅振倫, 「遼代調印的佛經佛像」, 『文物』 1982年 6期.

王未想, 「遼上京發現遼代鮮演墓碑」, 王玉亭(主編), 『遼上京硏究論文選』, 巴林左旗: 政協巴林左旗委員會, 2006.

몽골 평화 시대 아시아에서 유럽 상인들의 상업 활동

남종국

I. 머리말

1237년 볼가 강을 건넌 바투의 몽골 군대는 유럽으로 쇄도했다. 러시아의 도시들은 강력한 몽골 군대를 막아내지 못했고 1240년에는 키예프마저 무너졌다. 몽골 군대는 1241년 4월 카르파티아 산맥을 넘어 레그니차 평원의 왈슈타트라는 마을에서 폴란드와 독일 기사 연합군을 격파했고, 그해 겨울 몽골 분견대는 도나우 강을 건너 자그레브를 함락시켰고 달마티아로 도주한 헝가리 국왕 벨라를 추격해 아드리아 연안에까지 도달했다.[1] 신출귀몰하는 몽골의 기마군단을 막아내고 유럽을 구할 수 있는 세력은 없어보였다. 도미니쿠스회 수도사인 율리우스는 몽골족을 지옥에서 온 사자(Tartari)로 부름으로써 유럽인들의 공포심을 불러일으켰다. 지옥에서 온 사탄의 백성들인 타타르인들(Tartars)이 사람들을 살해하고 굶주린 괴물처럼 개의 살과 인육을 먹는다는 13세기 영국 출신의 수도승 매튜 파리스

---

1) 김호동, 『동방 기독교와 동서문명』, 까치, 2002, 45-47쪽.

의 절규도 과장되었지만 당시 유럽이 얼마나 공포에 떨었는지를 여실히 보여준다.[2]

하지만 몽골의 서방 진출은 유럽인들에게 공포만 안겨준 것은 아니었다. 역설적이게도 몽골은 중국에서 유라시아를 거쳐 동유럽에 이르는 광대한 제국을 건설함으로써 유럽과 중국이 최초로 직접적인 접촉을 할 수 있는 계기를 제공했다. 그 덕분에 "몽골의 평화(pax mongolica)"라 불리는 이 시기에 다수의 유럽인들이 아시아를 다녀올 수 있었다. 카르피니(1245-1247), 기욤 드 뤼브리크(1253-1255), 마르코 폴로(1271-1295), 몬테코르비노(1289-1294), 오도리크(1316-1330), 세브락(1320-1328), 마리뇰리(1339-1346) 등 다수의 유럽 선교사와 상인은 아시아 현지에서 서한을 보내거나 아시아를 다녀온 후 여행기를 남겼다. 위의 기록들은 아시아에 대한 다양한 정보와 때론 지상낙원, 사제 요한왕국과 같은 환상적인 이야기를 유럽인들에게 전달해주었다. 이러한 기록들은 유럽이 아시아와의 군사적 동맹의 가능성을 타진했으며 궁극적으로 아시아로 기독교 복음을 전파하기 위해 노력했음을 보여준다.

몽골제국이 안전을 보장해 주는 교통로는 정치 외교적 접촉뿐만 아니라 상업 교류도 가능케 했다. 그렇다면 유럽과 아시아와의 상업 교류는 얼마나 활발했으며, 얼마나 많은 상인들이 얼마나 자주 유럽과 아시아를 오가면서 장사를 했을까? 보티에(Robert-Henri Bautier)는 흑해를 통해 들어오는 향신료가 얼마 되지 않았고, 유럽이 아시아로 수출할 물건들이 보잘것없었으며 인도와 아시아로의 사업 여행이 일회성 모험사업이었다고 지적하면서 유럽과 먼 아시아 지역 사이의 직접적인 교역은 매우 제한적이었다고 주장한다.[3] 반면 로페즈를 필두로 한 다수의 연구자들은 많은 수의 유

---

2) I. de Rachewiltz, *Papal envoys to the great Khan*, London: Oxford University Press, 1971, pp. 72-73, 76-81; R. Silverberg, *The Realm of Prester John*, Athens: Ohio University Press, 1972, p. 74.
3) Robert-Henri Bautier, "Les relations économiques des Occidentaux

럽 상인들 특히 이탈리아 상인들이 아시아로 상업 여행을 다녀왔다고 말한
다.[4] 재닛 아부 루고드는 몽골의 대제국 건설 덕분에 1250년과 1350년 사
이 유럽으로부터 중국에 이르는 광범위한 상업 네트워크, 즉 13세기 세계체
제가 형성되었으며 그 덕분에 국제 교역이 더욱 활성화되었다고 이야기한
다.[5] 전체적으로 대다수의 학자들은 몽골 평화 시기 유럽 상인이 아시아와
유럽을 오가며 장사하는 것이 매우 드물거나 예외적인 현상은 아니었다고
해석한다.

그렇지만 여전히 아시아에서 유럽 상인들의 상업 활동은 상세하게 밝혀
지지 않았다. 이러한 한계는 무엇보다도 사료의 부족에 기인한다. 교황청이
나 군주의 명을 받고 동방을 다녀왔던 성직자들은 자신의 임무를 보고하는
형식의 글을 남겼던 반면 상인들은 거의 기록을 남기지 않았기 때문이다.
아시아에 대한 나름의 상세한 기록을 남긴 상인은 13세기 말에 몽골의 대

avec les pays d'Orient au Moyen Age", *Sociétés et compagnies de
commerce en Orient et dans l'Océan Indien*, Paris: S.E.V.P.E.N., 1970,
pp. 263-321.

4) R. S. Lopez, "European merchants in the medieval Indies: the evidence
   of commercial documents", *Journal of Economic History*, vol. 3, 1943,
   pp. 164-184; Idem, "Nuove luci sugli italiani in Estremo Oriente prima
   di Colombo", *Studi Colombiani*, vol. 3, 1951, pp. 350-354; L. Petech,
   "Les marchands italiens dans l'empire mongol", *Journal Asiatique*, 250,
   1962, pp. 549-574; J. Richard, "Les navigations des Occidentaux sur
   l'océan indien et la mer Caspienne(XIIe-XVe siècles)", *Sociétés et
   compagnies de commerce en Orient et dans l'Océan Indien*, pp. 353-
   363; M. Balard, "Les Gênois en Asie centrale et en Extrême-Orient au
   XIVe siècle: un cas exceptionnel?", *Economies et sociétés au Moyen
   Age. Mélanges offerts à Edouard Perroy*, Paris, 1973, pp. 681-689; J.
   Paviot, "Buscarello de'Ghisolfi, marchand génois intermédiaire entre la
   Perse mongole et la Chrétienté latine(fin du XIIIme - début du XIVme
   siècles", *La Storia dei Genovesi*, 11, 1991, pp. 107-117; C. Gadrat,
   Une image de l'Orient au XIVe siècle. *Les Mirabilia descripta de Jordan
   Catala de Sévérac*, Paris: Ecole des Chartes, 2005.

5) J. Abu-Lughod, *Before european hegemony: The World System A.D.
   1250~1350*, 박홍식·이은정 역, 『유럽 패권 이전: 13세기 세계체제』, 까치,
   2006.

도를 다녀왔던 베네치아 상인 마르코 폴로(Marco Polo)와 1330–40년대 바르디 상사의 주재원으로 동지중해 지역에서 활동했던 피렌체 상인 페골로티(Francesco Balducci Pegolotti)와 14세기 초엽 익명의 저자가 유일하다.[6] 아시아의 종교적 관습에 일차적으로 관심이 있었던 성직자들과는 달리 마르코 폴로는 상업적인 측면들을 상대적으로 세심하게 관찰했다. 하지만 그가 대도를 다녀왔을 당시는 유럽 상인들의 아시아 시장 진출이 이제 막 시작되던 시기였고, 그 자신이 직접 아시아와 유럽을 오가면서 장사를 한 것도 아니었다. 따라서 동방견문록은 아시아 시장에서 유럽 상인들의 구체적인 활동 양상에 대해서는 거의 정보를 제공하지 못한다. 페골로티와 익명의 저자가 남긴 상업 안내서 모두 마찬가지의 한계를 가진다. 왜냐하면 페골로티는 실제로 장사를 목적으로 중국을 가보지 않았고 아시아로 가는 여러 교역로들 중에서도 흑해 연안의 타나에서 출발해 대원의 수도인 대도로 가는 북방 노선에 관해서만 언급하기 때문이다.

그러나 상인들이 남긴 기록이 거의 없다는 사실이 상업 활동 자체의 부재를 의미하는 것은 아니다. 왜냐하면 대다수 상인들은 새로 개척한 시장에 대한 비밀을 유지하기 위해 의도적으로 기록을 남기지 않았기 때문이다.[7] 특히 아시아와의 교역에서 가장 왕성하게 활동했던 제노바 상인들은 철저히 비밀 유지 원칙을 고수했다. 제노바 상인들은 실제로 중국이나 인도로 사업 여행을 떠나면서도 투자 계약서에는 사업 목적지를 비잔티움 시장으로 명기하는 것이 일반적이었다.[8]

상인들은 자신들의 활동을 직접 기록한 여행기나 장부를 거의 남기지

---

6) 김호동 역주, 『마르코 폴로의 동방견문록』, 사계절, 2000; F. B. Pegolotti, *La pratica della mercatura*, A. Evans, ed.(Cambridge, 1936). 익명의 저자가 남긴 상업 기록은 다음 논문(Robert-Henri Bautier, "Les relations", pp. 311-321.)의 부록에 실려 있다.

7) R. S. Lopez, "European merchants", p. 168.

8) R. S. Lopez, "European merchants", pp. 168, 171.

않았지만 공증 문서, 외교 문서, 여행 중에 사망한 상인의 상속권자들이 제기한 상품 반환 청구 소송, 이에 대한 법원의 판결문, 종교적 임무를 띠고 아시아를 다녀온 선교사들이나 성직자들이 남긴 여행기, 도시 정부의 법령 등 다양한 기록들에서 그들의 흔적을 찾을 수 있다.[9] 이러한 기록들을 심층적으로 분석한다면 몽골 평화 시기 아시아 시장으로 진출했던 유럽 상인에 대한 좀 더 상세한 그림을 그릴 수 있을 것이다. 또한 이러한 기록 속에 직접적으로 언급되어 있지 않은 많은 것들을 적극적으로 유추해 낼 수 있을 것이다. 가령 선교사나 외교 사절들이 상인들과 동행하는 경우가 많았고 그들이 이용했던 길은 대체로 상업 노선과 일치했다. 제노바 상인들은 도미니쿠스회와 프란체스코회 수도사들과 긴밀한 관계를 유지하고 있었다. 실제로 도미니쿠스 수도원이 있는 곳에 제노바 상관이 같이 있는 경우가 많았다. 1339년 아말릭에서 도미니쿠스회 수도사들이 순교를 했을 때 제노바 상인도 함께 순교했다. 1278년 교황 니콜라스 3세가 가자리아(Gazaria)에 설립한 프란체스코 교단은 제노바 상인의 지원에 힘입어 사라이(Sarai)까지 조직을 확장시킬 수 있었다.[10] 잊지 말아야 할 것은 수도사들 역시 종교적 임무뿐만 아니라 교역에도 동참했으며, 때로는 지나치게 장사에 열중하는 수도사들도 있었다는 점이다.[11]

---

9) M. L. De Mas Latrie, "Privilège commercial accordé en 1320 à la république de Venise par un roi de Perse", *Extrait de la Bibliothèque de l'Ecole Chartes*, Paris, 1870, pp. 1-31; A. Van den Wyngaert, *Sinica Franciscana*, Quaracchi, Firenze: Claras Aquas, 1929, vol. 1; R. S. Lopez, "Nuove luci", pp. 337-398; C. Dawson, *Mission to Asia*, New York: Harper & Row, 1966; H. Yule, Cathay and the way thither, London, 1913-16, 4 vols.; H. Yule (tr.), *The travels of Friar Odoric*, Cambridge, 2002; C. Gadrat, Une image de l'Orient; 정수일 역주, 『이븐 바투타 여행기』, 창작과비평사, 2001.

10) I. de Rachewiltz, *Papal envoys*, p. 156.

11) C. Gadrat, *Une image de l'Orient*, pp. 20-21.

II. 아시아와 유럽을 연결하는 교역로

몽골은 중국으로부터 중앙아시아를 거쳐 동부 유럽에 이르는 광대한 영토를 통합함으로써 처음으로 유럽과 중국이 직접 접촉할 수 있는 계기를 마련했다. 이는 무엇보다도 몽골이 상대적으로 안전한 통행과 그에 필요한 기반 시설을 제공한 덕분이었다.[12) 우구데이는 지역 간 교류를 활성화시키기 위해 카라코룸으로부터 제국 전역을 연결하는 광대한 역참로를 건설했다. 쿠빌라이는 대도–상도–카라코룸을 연결하는 역로를 개통했을 뿐만 아니라 중앙아시아를 관통하여 킵착 초원에 이르는 기존의 노선에도 역참을 추가로 설치했다.[13)

유럽인으로 가장 먼저 이 역참로를 이용했던 사람은 조반니 카르피니였다. 교황 인노켄티우스 4세의 친서를 휴대하고 1245년 겨울 리옹을 출발한 카르피니는 중동부 유럽을 거쳐 드네프르 강변에 주둔하고 있는 바투 휘하의 몽골 군영에 다다랐다. 교황의 친서를 본 바투는 카르피니 일행을 대 칸에게 보내기로 결정했고 이에 따라 카르피니 일행은 1246년 4월 8일 카라코룸을 향해 떠났다. 카르피니 일행은 이 역참을 이용한 덕분에 100일 남짓한 기간에 목적지에 도달할 수 있었다. 또 다른 수도사 뤼브리크도 이 역참을 이용했다. 1253년 아크레를 출발한 그는 콘스탄티노플과 흑해 북쪽의 솔다이아를 경유한 다음 아랄 해 북부의 초원을 지나 카라코룸에 도착했

---

12) 코스모는 유럽과 아시아와의 접촉에서 몽골인들이 주도적인 역할을 했다고 말한다. N. Di Cosmo, "Mongols and merchants on the Black Sea frontier in the thirteenth and fourteenth centuries: convergences and conflicts", R. Amitai and M. Biran, eds., *Mongols, Turks, and others: Eurasian nomads and the sedentary world*, Leiden and Boston: Brill, 2005, pp. 391–392; P. Jackson, *The Mongols and the West, 1221–1410*, Harlow and New York: Pearson Longman, 2005, p. 291.

13) 고명수, 「쿠빌라이 정부의 大都건설과 역참교통체계 구축」, 『중앙아시아연구』 제15호, 2010, 170–171쪽.

다.[14) 그들의 여행길은 흑해 북쪽에서 카스피 해와 아랄 해 북쪽 노선을 경유해 중앙아시아를 관통하는 노선이었다(천산 북로). 이 노선은 몽골 평화 시기 대도로 가는 유럽인들이 이용했던 몇 가지 노선 중에서 가장 북쪽에 위치해 있었다.

1260년 콘스탄티노플을 출발한 니콜로와 마페오 폴로 형제도 비슷한 노선을 따라서 대도까지 갔다. 차이가 있었다면 폴로 형제는 카스피 해와 아랄 해 사이를 남하하여 부하라와 사마르칸트를 경유해 동진했다. 1271 년 여행에서 폴로 형제는 어린 마르코 폴로를 대동했다. 1271년의 여행 경로는 1260년의 노선과 약간의 차이가 있었다. 그들은 동부 지중해 연안에 위치한 소아르메니아 왕국의 항구도시 라이아스를 출발해 터키 동부를 지나 이란을 경유하여 페르시아 만 입구에 위치한 호르무즈에 도착했다. 그들은 그곳에서 배를 이용해 인도양을 건널 생각이었지만 선박이 견고하지 못하고 풍랑이 자주 있다는 말을 듣고 동북방으로 방향을 돌려 육로로 대도까지 갔다. 이 육로는 1260년 폴로 형제가 이용했던 노선보다는 약간 남쪽에 위치해있었다.[15)

마르코 폴로 일행은 해로를 이용하지 않았지만 이후 14세기 초반까지 대도로 가고자 하는 유럽인들은 북쪽에 위치한 육로보다는 해로를 선호했다. 이는 해로가 육로보다 절대적인 비교 우위가 있어서가 아니라 쿠빌라이의 집권 이후 몽골 내부에서 발생했던 정치 군사적 갈등 때문이었다. 특히 카이두와 쿠빌라이 사이의 갈등과 전쟁으로 중앙아시아를 경유하는 육로는 완전히 폐쇄되지는 않았지만 유럽인들의 입장에서는 가급적이면 피하고 싶은 길이 되어버렸던 것이다.[16) 1289년 카이두가 카라코룸을 점령하자 쿠

---

14) 김호동, 『동방 기독교와 동서문명』, 52-55쪽.
15) 김호동, 위의 책, 76쪽.
16) 고명수, 『쿠빌라이 정부의 交通·通商 진흥 정책에 관한 연구 – 소위 '팍스 몽골리카'(Pax Mongolica)의 성립조건 형성과 관련하여』, 고려대학교 대학원 사학과 박사학위논문, 2010, 80-87쪽; Hodong Kim, "The unity of the

빌라이는 군대를 이끌고 친정을 떠났다. 이런 상황으로 인해 마르코 폴로는 1289년 육로 대신 해로를 이용할 수밖에 없었다.[17] 1289년 베네치아를 출발해 대도까지 갔던 프란체스코회 수도사 몬테코르비노도 해로를 이용했다. 그는 대도에 도착해서 쓴 첫 보고 서신에서 육로와 해로의 장단점을 상세하게 비교하고 있다.[18]

노선에 관해서는 북방의 타르타르인들의 황제(칸)에 속하는 코타이 땅을 관통하는 노선이 좀 더 짧고 좀 더 안전하다고 말할 수 있습니다. 왜냐하면 사신들과 동행하면 5-6개월이면 도착할 수 있기 때문입니다. 반면 다른 노선은 두 번의 바다 여행을 포함하기 때문에 가장 길고 가장 위험합니다. 두 번의 바다 여행 중에 첫 번째는 아크레로부터 프로방스 지방에 이르는 거리 정도인 반면 두 번째는 아크레로부터 잉글랜드까지의 거리입니다. 그 길로 여행하면 2년 안에 여행을 마치는 것도 쉽지 않을 것입니다. 그러나 (코타이 땅을 관통하는) 첫 번째 길은 전쟁들 때문에 오랫동안 안전하지 못했습니다. 그 때문에 로마의 교황청과 우리 교단으로부터 유럽 상황에 관한 소식을 받지 못한 것이 12년이나 되었습니다.

몬테코르비노의 지적처럼 북쪽 노선은 안전한 통행만 보장되면 가장 확

Mongol empire and continental exchanges over Eurasia", *Journal of Central Eurasian Studies*, vol. 1, 2009, pp. 19-24.
17) 김호동, 『마르코 폴로의 동방견문록』, 92쪽-93쪽.
18) 각 자료에 나오는 번역에 약간의 차이가 있기에 이곳에 라틴어 원문을 싣는다. A. Van den Wyngaert, *Sinica Franciscana*, vol. 1, p. 349; H. Yule, *Cathay*, vol. 3, pp. 48-49; R. S. Lopez, "European merchants", p. 172. 〈De via notificio quod per terram Cothay Imperatoris aquilonarium Tartarorum est via brevior et securior, ita quod cun nunciis infra v vel vi menses poterunt pervenire; via autem alia est longissima et periculosissima, habens duas navigaiones quarum prima est secundum distantiam inter Achon et provinciam Provincie, alia vero est secundum distantiam itner Achon et Angliam, et posset contingere quod in biennio vix perficerent viam illam. Quia prima via secura non fuit a multo tempore propter guerras, iedo sunt XII anni quod de Curia romana et de nostro Ordine et statu occidentis non suscepi nova.〉

실한 단거리 노선임에 틀림없었다. 실제로 몬테코르비노가 편지를 썼던 1305년 1월이면 중앙아시아를 관통하는 노선은 이미 정상화되었다. 1305년 일한국의 군주 올제이투가 프랑스 왕 필리프 4세에게 보낸 친서에서 "이제 하늘의 애정을 받아, 테무르 카안, 톡타, 차파르, 두아를 위시한 우리들 칭기스 칸 일족들은 45년 전부터 지금까지 서로 비방해 오던 것을, 이제 하늘의 가호를 받아 모든 형제들이 화목하게 되었다. 태양이 뜨는 중국 땅에서부터 탈루(Talu) 바다에 이르기까지 나라를 통합하고 역참을 연결했다." 라고 당시 상황을 증언한다.[19]

이후 북방노선은 유럽 상인들이 가장 선호하는 교역로로 부상했다. 1330-40년대 동지중해에서 활동했던 피렌체 거상가문 바르디 상사의 주재원 페골로티는 자신의 상업 지침서에서 "타나에서 카타이로 가는 길은, 그 길을 이용해 본 상인들의 이야기에 따르면, 밤이건 낮이건 상관없이 최고로 안전하다."라고 북방 육로의 장점을 언급하며, 타나에서 카타이로 가는 자세한 여정도 알려준다.[20]

〈타나 → 아스트라한(소를 이용하면 25일, 마차로는 12일) → 사라이(강을 건너면 하루) → 사라칸코(Saracanco수로로 8일. 아마 카스피 해를 건넌다는 의미) → 우르겐치(낙타를 이용하면 20일) → 오트라르(Otrar. 낙타를 이용하면 35-40일) → 아말릭(Amaliq. 나귀를 이용하면 45일) → 감주(Camexu=Kan Chau. 나귀를 이용하면 70일) → Cassai[21](말을 타고 45일) → 북경(30일).〉

---

19) 고명수, 「쿠빌라이 정부의 大都건설과 역참교통체계 구축」, 174쪽.
20) F. B. Pegolotti, *La pratica.* 〈Il cammino d'andare dalla Tana al Gattaio è sicurissimo e di dì ed di notte secondo si conta per li mercantanti che l'anno usato.〉
21) Forster는 Cassai를 황하 유역의 Kissen으로 보는 반면 Yule은 Cassai를 항주(Quinsai)로 간주한다. 여행길을 감안할 때 율의 추정은 받아들이기 어렵고 황하 유역에 있는 지명으로 보는 것이 설득력이 있다. H. Yule, *Cathay*, vol. 3, p. 148.

그렇다고 유럽인들이 해로를 이용해 대도로 가는 길을 포기한 것은 아니었다. 1307년 교황 클레멘스 5세가 대도로 파견한 6명의 선교사들도 해로를 이용했다.[22] 1320년대 오도리크 또한 호르무즈에서 선박을 이용해 인도양을 경유해 대도에 도착했다. 하지만 그는 유럽으로 귀환할 때는 중앙아시아를 통과하는 북방 노선을 이용했다.[23] 몽골 평화 시기 대도의 주교로 파견된 마지막 선교사에 해당하는 마리뇰리도 페골로티의 상업 안내서에 나오는 길과 거의 유사한 루트를 통해 대도로 갔다.[24]

그러나 14세기 중반으로 갈수록 아시아로의 안전한 통행은 점차 어려워졌다. 몽골제국의 통일성에 균열이 가기 시작했던 것이다. 대도 주교였던 마리뇰리는 몽골 내부의 정치적 불안정을 감지하고 유럽으로 돌아갈 것을 결심했다.[25] 일한국과 킵차크한국에서도 상황은 마찬가지였다. 1343년 타나에서 베네치아 상인이 몽골 인을 살해한 사건으로 인해 성난 몽골 인들이 갤리선을 이용해 피할 겨를이 없었던 모든 유럽인들을 살해하고 그들의 집을 약탈했다. 이후 킵차크한국은 유럽인들을 적대적으로 대했고, 제노바 상관이 설치되어 있었던 카파를 포위했다. 1348년 흑해에서 퍼져나간 흑사병은 흑해를 통한 아시아와의 교역을 사실상 불가능하게 만들었다.[26] 타브리즈의 상황도 유사했다. 아부 사이드 사망 후 정권을 장악한 세력들은 유럽 상인들을 강탈하기 시작했고 때론 학살을 용인하기도 했다. 이에 대한 보복으로 제노바 정부는 모든 제노바 상인들에게 타브리즈로 가는 것

---

22) J. Larner, *Marco Polo and the discovery of the world*, New Haven and London: Yale University Press, 1999, p. 121.
23) 주요 노선은 다음과 같다. 트레비존드 – 타브리즈 – 호르무즈 – 타나 – 퀼론 – 천주 – 항주 – 대도. H. Yule (tr.), *The travels of Friar Odoric*, 지도 참조; I. de Rachewiltz, *Papal envoys*, pp. 184–185.
24) I. de Rachewiltz, *Papal envoys*, pp. 191–201.
25) I. de Rachewiltz, *Papal envoys*, p. 196.
26) R. S. Lopez, "European merchants", p. 179.

을 금지했다.[27]

물론 14세기 중엽 이후에도 베네치아와 제노바는 킵차크한국과 우호적인 관계를 유지하려고 노력했다. 1360년 베네치아는 자코포 코르나로를 내란 중에 있었던 킵차크한국의 수도 사라이로 파견했다. 그의 핵심 임무는 타나에서 활동하는 베네치아인들의 권리 확보, 베네치아 상인이 현지에서 입은 손해에 대한 배상, 그리고 관세인하 등이었다.[28] 그리고 1368년, 대 몽골제국의 와해 이후에도 아주 간헐적이지만 유럽 상인들이 아시아로의 장사를 떠난 사례들이 있었다. 14세기 후반에도 베네치아 상인들은 우르겐치(1362년), 아스트라한(1389년), 술탄니아(1389년) 등지에서 활동하고 있었다.[29]

하지만 유럽에 좀 더 가까운 지역을 제외하면 대 몽골제국이 안전한 통행을 보장했던 극동으로 가는 교역로는 몽골제국의 와해로 사실상 닫혀버렸고 그로 인해 흑해를 통해 수입되는 아시아 물품의 양은 현격하게 줄어들었다. 실제로 14세기 말 제노바 상인들이 흑해에서 구입한 후추를 포함한 향신료는 시리아와 이집트에서 구입한 향신료의 5% 정도에 지나지 않았다.[30]

---

27) M. Balard, "Les Gênois en Asie centrale", pp. 681-686.
28) N. Di Cosmo, "Mongols", pp. 406-407.
29) M. Balard, "Precursori di Cristoforo Colombo: I Genovesi in Estremo Oriente nel XIV secolo", *Atti del Convegno Internazionale di Studi Colombiani*, Civico Istituto Colombiano Genova, 1978, tome 1, pp. 158-159; J. Larner, *Marco Polo and the discovery of the world*(New Haven and London: Yale University Press, 1999, p. 123.
30) M. Balard, "Gênes et la mer Noire(XIIIe -XVe siècles)", *Revue Historique*, CCLXX, 1983, p. 38.

III. 기록 속의 상인들

카르피니가 몽골의 초대 수도였던 카라코룸으로 출발한 시기는 몽골의
서방 진출 직후인 1245년이었지만 유럽 상인들이 본격적인 의미의 장사를
목적으로 카라코룸이나 대도까지 간 것은 그보다는 훨씬 늦은 시기였다.
그런 면에서 마르코 폴로의 여행은 본격적인 동방진출보다 앞서 있었다. 왜
냐하면 그는 동방견문록에서 현지의 생산물, 교역물품, 상업적 가치가 있는
상품 등에 관해서 상세한 설명을 하고 있지만 몽골이나 인도에서 활동하는
유럽 상인들의 존재에 대해서는 언급하지 않기 때문이다. 또한 그의 기나긴
여행 과정을 고려했을 때 그는 진정한 의미의 상인은 아니었고 오히려 외교
사절에 가까웠다. 마르코 폴로가 유럽으로 귀환하는 13세기 말에 가서야
유럽 상인들이 극동 시장으로 진출하기 시작했었던 것 같다. 이를 증명하는
대부분의 기록들은 14세기 초 이후에 작성되었다.[31]

반면 유럽은 좀 더 가까운 위치에 있던 일한국과 킵차크한국과는 일찍부
터 교역을 시작했다. 공증 문서를 포함한 다양한 종류의 기록들은 1260년대
부터 유럽 상인들이 일한국의 타브리즈에서 활발한 상업 활동을 하고 있었
음을 보여준다. 훌레구(1261-1265)는 맘룩 제국을 공략하는데 유럽의 군
사적 협조나 연합 공격을 희망했기에 유럽 기독교 상인에 대한 우호적인 정
책을 실행했다. 유럽과의 우호적인 관계를 유지하려는 정책은 훌레구 이후
의 칸들에게도 지속된다. 그들은 이를 위해 종종 유럽으로 사절단을 파견
해 군사적 동맹의 가능성을 타진했다.[32] 이러한 일한국의 정책 덕분에 유럽
상인들이 타브리즈에서 왕성하게 활동을 할 수 있었다.

타브리즈에서 활동한 유럽 상인에 관한 최초의 기록은 1264년 5월 2일

---

31) R. S. Lopez, "European merchants", p. 164; L. Petech, "Les
   marchands", pp. 549-552.
32) I. de Rachewiltz, *Papal envoys*, pp. 144-159.

타브리즈에서 작성된 베네치아 상인 피에트로 벨리오네(Pietro Veglione)의 사망 문서이다. 이 문서에는 타브리즈에서 상사를 운영하는 피에트로 이외에도 8명의 유럽 상인이 증인으로 나온다. 증인 중에는 베네치아 상인이 한 명도 없으며 대부분이 제노바 상인이었다. 1269년 일한국의 사절단이 제노바를 방문한 것으로 보아 제노바와 일한국과의 관계는 이전부터 시작되었던 것으로 사료된다. 1287년 칸 아르곤이 서방에 보낸 사절단에는 두 명의 이탈리아 상인(통역자 Ugeto과 은행가 Thomas)이 포함되어 있었다. 1288년 4월 13일자 교황의 서신에는 아르곤을 위해 통역을 담당하는 9명의 기독교인들(제노바 출신의 Giovanni Barlaria, 3명의 베네치아인들 Pietro da Molin, Gerardo de Ca' Turco, Giorgio Zuffo)이 언급되어 있다. 아마 이들은 타브리즈에서 활동하던 기독교 상인으로 추정된다.[33]

일한국 궁정에서 신망을 얻었던 유럽 상인들은 제노바 상인들이었다. 그중에서도 가장 두드러진 역할을 했던 인물은 제노바 상인 부스카렐로 기솔피(Buscarello Ghisolfi)였다. 그가 아르곤으로부터 첫 외교 임무를 맡은 것은 1289년이었다. 일반적으로 아르곤의 서방 사절은 몽골 출신의 대표와 유럽 출신의 통역으로 구성되었던 반면 이번에는 부스카렐로가 사절단의 대표를 맡았다. 그는 1289년 교황을 알현한 후 파리로 가 필리프 4세에게 아르곤의 친서를 전달했다. 친서의 골자는 맘룩에 대한 연합 공격을 하자는 것이었다. 이후의 일정은 외교사절이 아니라 상인으로서의 일정이었다. 1291년 제노바로 돌아온 부스카렐로는 8명의 투자자들로부터 919리라의 자금을 확보했다. 계약서에 명시된 사업 목적지는 비잔티움 제국이었지만 실제 목적지는 일한국이었다. 1291년 아르곤 사후 칸으로 즉위한 게이하투 시절에 부스칼레로는 외교 임무를 수행하기보다는 자신의 본연의 업무인 상업 활동에 치중했었다. 하지만 아르곤의 아들 가잔 통치 시절(1295년

---

33) L. Petech, "Les marchands", pp. 561-562.

-1304년)에 부스칼레로는 다시 한 번 외교 임무를 맡았다.

아르곤은 제노바 상인들뿐만 아니라 제노바 선원과 장인들도 활용했다. 1290년 제노바 출신 선원인 비발도 라바조(Vivaldo Lavaggio)는 아르곤을 위해 흑해에서 해적 소탕 작전에 참여했으며[34], 1290년 아르곤에게 고용된 9백 명의 제노바 출신 선원들은 바그다드에서 2척의 갤리선을 건조했다. 아르곤은 이를 이용해 인도양에서 맘룩 상권을 견제하려고 했지만 제노바 인들이 교황파와 황제파 사이로 양분되어 서로 죽이는 사건이 발생하면서 아르곤의 계획은 실현되지 못했다.[35] 1290년 제노바 상인 피에트로 데 브라이노(Pietro de Braino)는 아르곤의 호의를 얻기 위해 매 조련사를 아르곤 궁정에 데리고 갔다.[36]

마르코 폴로가 타브리즈를 경유할 1291년 무렵 제노바와 베네치아 상인들은 이곳에서 확고하게 자리를 잡고 있었다.[37] 제노바 공증 문서를 조사한 발라의 연구에 따르면 14세기 전반기에 제노바 상인들은 타브리즈와의 교역에 상당한 자금을 투자했다.[38] 1306년 일한국의 칸 울제이투는 베네치아 도제(doge)에게 보낸 서신에서 "이전부터 당신네 상인들이 나의 제국에서 장사를 했고, 때론 다른 상인이 남겨 놓은 채무를 갚아야 하는 곤

---

34) 이에 관한 이야기는 1290년 4월과 5월 흑해 연안의 제노바 식민지 카파에서 작성된 공증 문서에 나온다. G. I. Bratianu, *Recherches sur le commerce génois dans la mer noire au XIIIe siècle*, Paris: Paul Geuthner, 1929, p. 257.

35) 이에 관련된 기록은 크게 3가지이다. Bar Hebraeus, *Chronicon syriacum*, P. S. Bruns and G. W. Kirsch(ed. and trans.)(Lipsiae, 1789), I, p. 620; Jean de Winterthur, "Chronicon", *Archiv für schweizerische Geschichte*, XI, p. 52; G. Adam, *De modo Sarracenos extirpandi*, p. 551; J. Richard, "Les navigations", pp. 359-360; J. Larner, *Marco Polo*, p. 116.

36) N. Di Cosmo, "Mongols", p. 400.

37) 마르코 폴로는 "이 도시가 얼마나 좋은 곳에 위치해 있는지, 인도와 바우닥, 모술과 쿠르모스, 그리고 다른 여러 곳에서 상품들이 들어오고, 수많은 라틴 상인들도 낯선 지역에서 들어오는 물건을 사기 위해 그곳으로 모여든다."라고 말했다. 김호동 역주, 『마르코 폴로의 동방견문록』, 114-115쪽.

38) M. Balard, "Precursori", p. 151.

란함을 겪고 있었지만 이를 알리지 않았습니다. 앞으로 당신네 상인들은 자유롭게 그리고 안전하게 오가면서 장사할 수 있습니다."라면서 베네치아 상인의 상업 활동을 적극적으로 유치했다.[39] 1320년 베네치아 정부는 울제이투를 계승한 칸 아부 사이드와 공식적인 상업 협정을 체결함으로써 여러 가지 상업적 특혜를 확보했다. 협정에 따라 베네치아는 타브리즈에 베네치아 대표를 파견할 수 있게 되었고 이 대표는 4명의 자문위원과 함께 현지 베네치아 상인의 활동을 관리 감독할 수 있었다. 조약에 따르면 베네치아 상인들은 타브리즈뿐만 아니라 다른 곳에서도 장사를 할 수 있었으며, 제국 내의 모든 곳에서 현지 관리나 세관원의 도움과 보호를 받을 수 있었다.[40]

제노바와 베네치아 상인 이외에 피사와 피렌체 상인들도 타브리즈에서 활동하고 있었다. 피사 상인 이올로(Iolo)와 조반니 데 보나스트로(Giovanni de Bonastro)는 아르곤 궁정에서 꽤 영향력 있는 상인이었다. 아르곤을 계승해 칸이 된 아부 사이드 정권(1317-1336) 하에서도 타브리즈에서 이탈리아 상인들의 자유로운 상업 활동은 보장되었다. 1333년 타브리즈의 주교는 교리 논쟁에 대한 증인으로 타브리즈에서 활동하는 이탈리아 상인 11명(제노바 상인 5명, 베네치아 상인 2명, 피사 상인 한 명, 피아센차 상인 1명, 아스티 상인 1명, 출신을 모르는 이탈리아 상인 한 명)을 불렀다.[41]

1336년 아부 사이드 사망 후 타브리즈가 잘라이르부 세이프 하산(1337-1343)의 수중에 떨어진 후 상황은 반전되었다. 유럽 상인에 대한 우호적인 정책은 사라졌고 이탈리아 상인들은 타브리즈 시장을 떠나기 시작했다. 제노바 상인들은 타브리즈 시장 출입을 금하는 법령을 제정하기도 했

---

39) G. M. Thomas and R. Predelli (ed.), *Diplomatarium Veneto-Levantinum sive acta et diplomata res venetas graecas atque Levantis illustrantia a. 1300-1350*, Venezia, 1880-1899, pp. 47-48.

40) M. L. De Mas Latrie, "Privilège", pp. 24-31

41) G. Golubovich, *Biblioteca bio-bibliografica della Terra Santa e dell'Oriente Francescano*, Quaracchi, 1919, vol. 3, pp. 436-438; L. Petech, "Les marchands", p. 569.

다.[42] 하지만 제노바 정부는 1341년 타브리즈에 상업 사무소(Officium mercantie)를 설치하는 등 마지막까지 타브리즈 시장에 대한 희망을 가지고 있었다.[43] 1344년 말리크 델 아스라프(1343-1355)는 제노바에 사절을 보내 평화를 제안하며 제노바 상인들의 피해를 보상하겠다고 약속했다. 하지만 이 약속은 지켜지지 않았고 이후 제노바 상인이 입은 손실은 20만 리라에 달했다.[44]

단편적이지만 남아 있는 기록들은 흑해 북쪽에 자리한 킵차크한국과 유럽과의 교역이 1260년대 무렵부터 시작되었음을 보여준다. 물론 몽골의 서방 진출 이전 이탈리아 상업 도시들은 흑해에 진출해 있었다. 베네치아는 1204년 4차 십자군의 승리로 흑해 통행권을 확보했고, 제노바는 1261년 콘스탄티노플 수복에 대한 원조의 대가로 비잔티움 제국으로부터 흑해 진출을 허용 받았다. 그렇지만 흑해에서 이탈리아 상인들의 상업 활동이 본격화 된 것은 1260년대 이후부터였다. 이는 몽골의 흑해진출 덕분이었다. 몽골은 소아시아 반도의 셀주크의 술탄과 트레비존드 제국의 황제로 하여금 공납을 받치도록 했을 뿐만 아니라 코카서스 지방을 정복함으로써 흑해에 면한 대부분의 지역을 정치적으로 복속시켰다.[45] 비잔티움 제국도 몽골과 좋은 관계를 유지하길 희망했다. 이러한 정치적 통합과 몽골제국 내에서의 상업 활동의 자유와 안전한 통행을 보장하려는 몽골의 정책은 흑해를 통한 무역을 활성화시키는 계기를 제공했다.

이탈리아 상인들이 킵차크한국과의 교역을 원한 우선적인 이유는 킵차크한국 영토인 흑해 북부에서 생산되는 곡물, 생선, 가죽, 꿀, 밀랍 등의 농산물이었다. 1268년 기근이 들자 베네치아 정부는 킵차크한국 영토에까지

---

42) R. S. Lopez, "Nuove luci", pp. 393-398.
43) M. Balard, "Precursori", pp. 151-152.
44) L. Petech, "Les marchands italiens", p. 569.
45) M. N. Pélékidis, "Venise et la mer Noire du XIe au XVe siècle", pp. 550-551.

가서 곡물을 구해올 것을 의결했고, 이를 막기 위해 제노바는 교황에게 베네치아 상인들이 타나로 가지 못 하도록 해달라고 요구했다(quod non iretur ad Tanam).[46] 1291년 베네치아 정부는 킵차크한국과 좀 더 긴밀한 관계를 맺기 위해 대사를 파견했다.

킵차크한국과 우호적인 관계를 수립하려는 베네치아의 정책은 제노바의 반감을 불러일으켰다. 결국 베네치아와 제노바의 갈등은 지중해에서와 마찬가지로 흑해에서 재현되었다. 1289년에서 1290년 사이 킵차크한국과 일한국 간의 갈등이 발생하자 제노바는 일한국을, 베네치아는 킵차크한국을 지지했다. 이로 인해 킵차크한국과 제노바의 관계는 악화되었고 1298년 몽골은 크리미아 반도의 제노바 상관들을 약탈했다. 1291년 시작된 킵차크한국 내부의 권력 투쟁은 상업 활동을 어렵게 만들었다. 14세기 초 킵차크한국과의 관계가 일시적이었지만 정상화되면서 타나의 제노바 상관은 1304년 활동을 재개할 수 있었다. 그러나 제노바 상인들이 몽골 어린이들을 노예로 팔아먹는 사실에 분개한 칸 톡타(Tohta, 재위 1291–1313)는 1307년 사라이에서 활동하는 제노바 상인들의 재산을 몰수하고 그들을 감금했다. 같은 해 톡타의 아들은 군사를 이끌고 카파의 제노바 상관을 포위 공격했으며 3백 명의 제노바 인들과 3백 명의 그리스 인들은 8개월 저항 끝에 도시에 불을 지른 후 선박을 이용해 도망쳤다.[47]

우즈벡(1313–1341)이 칸으로 즉위하면서 상황은 호전되었다. 그의 호의적인 상업 정책 덕분에 이탈리아 상인들은 다시 킵차크한국과 활발한 상업 교류를 재개할 수 있었다.[48] 칸은 1313년 제노바 상인들이 카파에 상관

46) M. Berindei and G. Migliardi Di O'riordan, "Venise et la Horde d'Or fin XIIIe–début XIVe siècle. A propos d'un document inédit de 1324", *Cahiers du monde russe et soviétique*, 29, 1988, p. 245.

47) W. Heyd, *Histoire du commerce du Levant au Moyen Age*, Leipzig, 1923, vol. 2, p. 170.

48) M. Berindei and G. Migliardi Di O'riordan, "Venise et la Horde d'Or", p. 243.

을 설립하는 것을 허락했으며, 같은 해 제노바 정부는 이 지역에서의 교역을 활성화시키기 위해 8인의 원로로 구성된 위원회를 설립했다. 제노바 상인들은 1315년 타나로 다시 돌아왔으며, 1320년에는 킵차크한국의 수도 사라이에서 교역을 할 수 있었다.[49]

이 시기 타나는 국제 교역 루트가 교차하는 중요한 상업 거점으로 부상했다.[50] 14세기 초반에 작성된 두 상업 안내서[51]에 따르면 몽골의 대도로 가는 유럽 상인들이 이용하는 제일의 출발지가 바로 타나였다. 타나는 베네치아 상인들에게도 매우 중요한 시장이었다. 베네치아 원로원 문서에 따르면 14세기 초 설립된 흑해 행 베네치아 갤리 상선단의 핵심 기항지가 타나였다.[52] 1324년 10월 10일 콘스탄티노플에서 두 명의 베네치아 상인 마리노 마린(Marino Marin)과 레오나르도 콘타리니(Leondardo Contarini)가 공증인을 통해 체결한 상업 계약서는 베네치아 상인들의 구체적인 사업 형태를 잘 보여준다. 계약에 따르면 마리노는 레오나르도로부터 199이페르어치의 주석(약 940kg)을 받았고 이것을 우즈벡 제국 즉 킵차크한국 (portare debeo in contratis imperii de Uusbeco)으로 가져가 판매할 것을 약속했고, 사업에서 생기는 수익의 4분의 3은 투자자인 마리노에게 나머지 4분의 1은 레오나르도에게 돌아가는 것으로 되어있었다.[53] 계약서는 납

---

49) G. I. Bratianu, *Recherches*, pp. 283-284.
50) N. Di Cosmo, "A note on the Tana route and 14th century international trade", Aspects of Altaic Civilization III. Proceedings of the 30th Meeting of the Permanent International Altaistic Conference, Bloomington, 1990, pp. 20-32.
51) Robert-Henri Bautier, "Les relations", pp. 315-316; F. B. Pegolotti, *La pratica*, pp. 21-23.
52) 베네치아 갤리 상선단이 흑해에서 가장 오래 정박한 기항지 중의 한 곳이 타나였다. 타나에서는 10-14일 정도 정박했다. D. Stôckly, *Le système de l'Incanto des galées du marché à Venise(fin XIIIe - milieu XVe siècle*, Leiden · New York · Köln: E. J. Brill, 1995, pp. 101-119.
53) M. Berindei and G. Migliardi Di O'riordan, "Venise et la Horde d'Or", p. 243.

판매 장소를 명확하게 언급하지 않았지만 당시 킵차크한국의 수도 사라이가 금속 가공업으로 유명했던 점을 고려할 때 아마 사라이가 유력한 판매처였을 것으로 추정된다. 베네치아는 1326년 타나에 베네치아 상인을 대표하는 콘술을 임명했고, 1333년에는 칸 우즈벡으로부터 타나에 상관을 설치할 수 있는 허가권을 얻었다. 협정문에는 상관 설립 허가뿐만 아니라 상관 부지 양도, 우호적인 관세, 상인에 대한 보호, 법적 문제에 대한 처리 규정이 나와 있다. 법적 문제는 베네치아 상인 대표인 콘술과 현지의 몽골 관리가 함께 처리하도록 규정되어 있었다.[54]

1291년 라틴 왕국의 최후의 거점이었던 아크레의 몰락은 아시아와의 상업 교류를 더욱 확대시키는 결과를 가져왔다. 이 사건 이후 교황청은 맘룩 제국에 보복하기 위해 유럽 상인들에게 이들과의 교역을 금지하는 일련의 법령들을 반포했고, 맘룩 제국과의 교역에서 향신료와 같은 아시아 상품들을 구입하던 유럽 상인들은 새로운 대안을 찾아야 했다.[55] 그 해답은 바로 몽골제국과의 교역을 더욱 확대시키는 것이었다. 그 결과 킵차크한국과 일한국 너머에 있는 세계와 유럽 사이의 교역이 본격화 되었다. 이전 시기와는 달리 1310년대 이후에는 공증 문서에서 아시아를 구체적인 사업 목적지로 언급하는 것이 일반화 되었다. 이는 아시아로의 사업 여행이 일반화되었음을 의미한다.[56] 하지만 이 지역에서 활동했던 유럽 상인들에 관한 기록은 적을 뿐만 아니라 매우 단편적이다. 그들에 관한 기록은 주로 중국과 인도를 다녀왔던 선교사나 성직자들이 남긴 여행기, 보고서, 서한 등인데 이러한

---

54) N. Di Cosmo, "Mongols", p. 411.
55) E. Ashtor, *Levant trade in the Later Middle Ages*, Princeton, 1983, pp. 57-63; G. Ortalli, "Venice and papal bans on trade with the Levant: the role of the jurist", *Intercultural contacts in the Medieval Mediterranean*, London, 1996, pp. 242-258.
56) R. S. Lopez, "Nouveaux documents sur les marchands italiens en Chine à l'époque mongole", *L'Académie des Inscriptions et Belles-Lettres: comptes-rendus*, no. 2, 1977, p. 451.

기록에서 상인과 교역은 주변적인 문제일 뿐이었다. 그러나 이들 여행기에 언급된 단편적인 여러 이야기들을 모아가면 좀 더 구체적인 그림을 완성할 수도 있을 것이다.

첫 번째 기록자는 후에 대도의 대주교가 된 수도사 몬테코르비노이다. 그의 기록에 등장하는 상인은 제노바 거상(great merchant) 피에트로 디 루카롱고(Pietro di Lucalongo)[57]였다. 1396년 그는 수도사와 함께 타브리즈를 출발하여 인도에서 약 13개월을 보낸 후 최종적으로 대도에 도착했다. 후에 그는 대도에서 땅을 구입해 몬테 코르비노에 희사했고, 수도사는 이 땅에 2백 명을 수용할 수 있는 교회를 세웠다. 이러한 사실로 보아 짧은 시간 동안 피에트로는 꽤 많은 재산을 모았던 것으로 짐작된다. 몬테코르비노가 쓴 1305년 1월 8일자 편지에는 또 한 명의 유럽인이 등장한다. 편지에 따르면 그는 1303년 베이징에 도착한 롬바르디아 출신의 의사로 로마 교황청과 프란체스코 교단에 대해 믿을 수 없을 정도의 불경스런 이야기들을 쏟아냈다.[58] 몬테코르비노의 편지를 대도에서 유럽으로 가져간 사람은 베네치아 상인이었다.[59]

두 번째 기록자는 인도 남부까지 간 요르단 세브락이다. 그의 기록은 인도에서 활동하고 있는 유럽 상인들에 관한 이야기를 들려준다. 우선 세브락은 4명의 프란체스코회 수도사와 한 명의 제노바 상인과 동행했다.[60] 세브락이 1321년 10월 12일 인도의 카가(Caga=Ghoga)에서 쓴 편지에 따르면 그곳에 라틴 상인이 활동하고 있으며, 그들은 그곳으로부터 해로를 이

---

57) 여러 상인들이 피에트로가 제노바 출신이라고 주장했지만 페테크(Petech)는 베네치아에도 비슷한 성이 존재했었다고 말한다. L. Petech, "Les marchands", p. 553.

58) 상인에 관한 이야기는 코르비노가 1306년 2월 베이징에서 쓴 편지에 나오며, 롬바르디아 출신 의사에 관한 이야기는 1305년 1월 8일자 편지에 나온다. A. Van den Wyngaert, Sinica Franciscana, vol. 1, pp. 345-355; C. Dawson, Mission, pp. 226-229; H. Yule, Cathay, vol. 3, pp. 55-56.

59) J. Larner, Marco Polo, p. 120.

60) J. Larner, Marco Polo, p. 121.

용해 에티오피아까지 갈 수 있었다. 세브락은 다음 목적지인 인도의 타나로 부터 피신 온 많은 라틴 상인들[61]로부터 그곳에서 4명의 수도사가 순교했다는 소식을 들었다. 세브락으로부터 편지를 받은 타브리즈의 교구장도 자신의 연대기에서 인도의 타나에서의 순교 사실을 언급하면서 순교 당시 많은 라틴 상인들이 타나에서 장사를 하고 있었음을 증언했다.[62]

세브락의 기록에서 주목할 사실은 유럽인들이 인도양에서 선박을 운영할 수도 있다는 지적이다. 1323년 1월 인도의 타나에서 쓴 편지에서 세브락은 "우리의 교황께서 이 바다(인도양)에 갤리선 두 척을 띄운다면 그것은 이로운 일이며, 알렉산드리아의 술탄에게는 손해와 타격이 될 것입니다!"라고 말했다.[63] 1317년 인도양을 실제로 항해했던 굴리엘모 아담(Guglielmo Adam)은 자신의 저서 『사라센을 절멸시키는 방법에 관하여 De modo Sarracenos extirpandi』에서 좀 더 구체적인 안을 제시한다. 즉 3-4척의 갤리선과 천 2백 명 정도의 선원이면 많은 적선을 무찌르고 수천의 이슬람 상인과 그들과 사업을 하는 인도 상인들을 물리칠 수 있으며, 이러한 일에 가장 적합한 사람들이 제노바 사람이라는 것이다. 그리고 인도양의 섬인 소코트라의 기독교 해적들에게서 40-50척의 선박을 징집하면 인도양의 여러 거점 지역들(인도의 타나, 퀼론)을 통제할 수 있다는 것이다.[64] 또한 아담의 기록은 제노바 상인들이 인도양에서 자신들의 선박을 운영하고 있었음을

---

61) C. Gadrat, *Une image de l'Orient*, p. 310. 〈a multis mercatoris latinis qui fuerunt presentes negocio.〉

62) 이 이야기는 타비리즈의 관구장이 쓴 순교기록에 나온다. 〈multi mercatores Latini venerunt, dicentes se fuisse presentes et istud negocium et mirabilia divulgarunt.〉 C. Gadrat, *Une image de l'Orient*, pp. 314-315.

63) C. Gadrat, *Une image de l'Orient*, p. 22. 〈O si duae galeae per dominu Papam in hoc mari constituerentur, quale esset lucrum et Soldano de Alexandria quale damnum et detrimentum!〉 영어 번역문은 다음 책을 참조하라. H. Yule, *Cathay*, vol. 3, p. 80.

64) J. Richard, "Les navigations", pp. 360-361; C. Gadrat, *Une image de l'Orient*, p. 22.

알려준다. 15세기 아랍 문서도 옛날에 프랑크 인들의 선박들이 마다가스카르와 인도 서해안까지 항해했었음을 증명한다.[65] 세브락과 다른 소수의 편지들은 꽤 많은 유럽 상인들이 인도 서해안 항구도시들(카가, 인도의 타나, 킬론)에서 상업 활동을 하고 있었고, 때론 인도양을 통해 에티오피아나 아라비아와 교역도 했음을 짐작케 해준다.

1320년대 몽골제국을 다녀왔던 또 다른 프란체스코회 수도사인 오도리크는 자신의 여행기에 아시아에서 활동한 유럽 상인과 그들의 활약상을 이야기하지는 않았지만 경유했던 도시가 상업적으로 얼마나 중요했는지는 간략하게 언급한다. 오도리크가 본 타브리즈는 상업적으로 매우 중요한 도시였고, 그곳에 기독교인들이 많이 거주하고 있었다. 인도 남부 지역에서 그의 관심을 끈 산물은 향신료였다. 그는 인도 남서부 해안의 말라바 지역은 후추 생산으로 유명하며, 자바 섬은 값비싼 향신료들이 많이 재배되고 있다고 기술한다. 그의 눈에 비친 중국 남부의 항구도시인 광주, 천주, 항주는 세계적인 규모의 무역항이었다. 오도리크는 광주는 3백 파운드 어치의 신선한 생강을 단 돈 1그로트에 살 수 있을 정도로 향신료 값이 저렴한 시장이며, 프란체스코회 수도사들이 활동하고 있었던 천주는 생활에 필요한 모든 산물이 풍부한 도시이고, 기독교 상인들이 활동했던 항주는 세계에서 가장 위대한 도시라면서 감탄했다.[66]

중국 남부 항구 도시 천주의 주교직을 맡았던 유럽 성직자들이 남긴 간단한 보고 편지에는 제노바 상인들의 활동이 적혀있다.[67] 페루자 출신의 주교 안드레아는 천주에서 제노바 상인들을 만났고 그들로부터 자신이 매년

---

65) G. Ferrand, "Une navigation européenne dans l'Océan indien au XIVe siècle", *Journal Asiatique*, vol. 1, 1922, p. 307.
66) 실제로 그는 베네치아에서 항주를 다녀온 많은 사람들을 만나기도 했다. 그러나 이 이야기는 영어 번역문에는 나오지만 라틴어 원문에는 언급되어 있지 않다. H. Yule (tr.), The travels of Friar Odoric, pp. 69, 96-107, 126; A. Van den Wyngaert, *Sinica Franciscana*, vol. 1, pp. 463-469.
67) I. de Rachewiltz, *Papal envoys*, pp. 172-173.

대 칸으로부터 하사금이 100피오리노 정도의 돈이라는 이야기를 들었다고 1326년 1월자 편지에 적고 있다.[68]

조반니 마리놀리는 많지는 않지만 여행 도중 보고 들었던 유럽 상인들에 관한 이야기를 단편적으로 전해준다.[69] 흑해 북쪽에 위치한 카파를 떠난 조반니는 킵차크한국의 궁전에 도착해 교황의 친서, 고급 직물, 몸집이 큰 군마 한 마리, 독주와 같은 교황의 선물들을 칸 우즈벡에게 전달했다. 그 다음 조반니는 차카타이한국의 수도 아말릭에 도착했고 그곳에서 한 해 전에 발생한 순교 소식을 전해 들었다. 조반니의 기록에 따르면 순교 당시 길로투스(Gilottus)라는 이름의 유럽 상인이 아말릭에서 활동하고 있었다. 대도에서 3년을 보낸 후에 조반니는 귀로에 오른다. 그는 남쪽으로 내려가 해로를 이용했다. 그는 "남쪽의 천주(자이툰)는 매우 훌륭한 항구 도시로서 믿을 수 없을 만큼 방대하며 그곳에는 교회 3개와 유럽 상인들을 위한 목욕탕과 상관이 있다"고 기술한다.[70] 그는 천추를 떠나 퀼론(Quilon= Colombum)에 도착했고 그곳에서 14개월 동안 머물렀다. 그는 세상의 모든 후추가 이곳에서 생산된다고 감탄하면서 후추 생산 과정을 상세하게 묘사했다. 조반니는 퀼론을 떠나 북상하다가 폭풍우를 만나 페르빌리스(Pervilis)라 불리는 항구에 표류하게 되었다. 그곳의 통치자는 조반니가 칸과 다른 군주들로부터 받은 물건들(금과 은, 비단, 금박 직물, 진주, 장뇌, 사향, 몰약)을 빼앗았다.[71] 이 이야기는 수도사들도 오가는 길에 일종의 장사를 했음을 간접적으로 증명한다.

---

68) C. Dawson, Mission, p. 236; H. Yule, *Cathay*, vol. 3, p. 73.
69) 조반니 마리놀리의 여행기 라틴어 원문과 영어 번역은 다음 자료에 나온다. A. Van den Wyngaert, *Sinica Franciscana*, vol. 1, pp. 515-560; H. Yule, Cathay, vol. 3, pp. 209-269.
70) A. Van den Wyngaert, *Sinica Franciscana*, vol. 1, p. 536. 〈Est etiam Zayton, portus maris mirabilis civitas, nobis incredibilis, ubi fratres Minores habent tres ecclesias pulcherrimas, optimas et ditissimas, balneum, fundatum, omnium mercatorum depositorium.〉
71) A. Van den Wyngaert, *Sinica Franciscana*, vol. 1, p. 538.

선교사의 여행기나 보고 편지는 상인들의 존재를 간략하게 언급하는 정도에 그친다. 반면 사업 여행 도중에 상인이 사망하고 그의 재산에 관련된 소송사건이 발생하면서 만들어진 법정 문서나 공증 문서에는 구체적이고 상세한 상업 활동이 기록되어 있다. 다음의 두 이야기가 바로 그것이다.

첫 번째는 1310년대 인도로 사업 여행을 하는 도중 사망한 제노바 상인 베네데토 비발디에 관한 이야기이다. 1315년 그는 인도로 장사를 떠나기 위해 3명의 투자자들 즉 필리포, 시모네, 그리고 지네브라 비발디와 코멘다(commenda)라 불리는 투자계약을 맺고 그들로부터 303리라 정도의 자금을 투자받았다. 계약서에 언급된 형식적인 목적지는 비잔티움 제국이었지만 그의 실제 목적지는 인도였다. 인도에는 이미 그의 사업 동료인 페르치발레 스탄코네(Percivale Stancone)가 있었다. 그러나 불행하게도 비발디는 인도에서 사망했고 스탄코네는 제노바에 있는 비발디의 상속인과 채권자들에게 동료의 사망 소식과 비발디의 자본을 보내겠다고 통보했다. 하지만 채권자들은 자금을 스탄코네에게 위탁하기로 결정했다. 아마 투자자들도 이러한 사실을 알고 있었을 것이다.[72] 분명한 사실은 투자자들도 사업 목적지가 비잔티움 제국이 아니라 인도라는 사실을 명확하게 알고 있었다는 것이다. 그런 맥락에서 사업 목적지가 비잔티움 제국으로 되어있는 많은 공증 문서들이 실제로는 동방 사업과 관련되어 있을 가능성이 높다. 또한 소규모 투자자들도 아시아와의 교역에 자본을 투자했다는 사실은 아시아 교역이 소수 상인들만의 독점 영역이 아니라 보통의 제노바 사람들의 관심 영역이기도 했음을 보여준다. 이 이야기에서 한 가지 아쉬운 점은 문서에 인도 어느 곳인지를 알 수 있는 구체적인 지명이 언급되어 있지 않다는 사실이다.

두 번째도 비슷한 이야기 즉 인도 사업 여행 도중 사망한 베네치아 상인

---

72) 공증 문서에 끼워져 있는 이 문서는 엄밀한 의미에서 상업 계약서가 아니라 법원의 판결문이다. 판결문에서 원래 상업 계약을 언급하고 있다. R. S. Lopez, "Nuove luci", pp. 358-359.

에 관한 것이다.[73] 1338년 베네치아 상인 여섯 명이 베네치아를 떠나 인도의 델리로 향했다. 이 중 네 명(조반이 로레단, 파올로 로레단, 마르코 소란초, 마리노 콘타리니)은 베네치아의 대표적인 귀족 출신들이었다. 그렇지만 베네치아 상인들도 위의 제노바 상인들처럼 여러 투자자들로부터 사업 자금을 조달했으며 개별 상인의 모금액도 200리라 정도로 제노바 상인들과 비슷했다. 베네치아 상인들은 크림 반도를 경유해 아스트라한까지 갔으며 강이 얼어서 그곳에서 50일 동안 머물 수밖에 없었다. 일행은 아스트라한에서 우르겐치로 가는 또 다른 베네치아 상인 안드레아 주스티니아니를 만나기도 했다. 불행히도 조반니 로레단은 가즈니 근처에서 사망했다. 나머지 일행은 우여곡절 끝에 델리에 도착했다. 당시 델리의 술탄은 무함마드 이븐 투글루크였으며 그는 외국인에 대해 많은 시혜를 베푸는 기인으로 소문이 나있었다.[74] 실제로 베네치아 상인들은 술탄으로부터 선물로 20만 브잔트(7천 5백 베네치아 리라에 해당하는 금액)를 받았다. 관례대로 술탄의 선물의 10분의 1은 되돌려주어야 했고, 1퍼센트는 뇌물로 세관원들에게 주어야만 했다. 그리고 대신들의 호의를 얻어내기 위해 9백에서 천 브잔트 정도를 그들에게 받쳤다. 상인들은 투자 상환금을 제외하고 나머지 금액의 일부로 진주(10만 2천 브잔트)를 구입했고 각자 만 브잔트씩 나눠가졌다. 파올로 로레단은 자신의 몫과 사망한 형의 몫을 함께 받았다. 상인들은 남은 돈으로 현지 화폐를 구입했다. 귀로에 우르겐치에 도착해 진주와(각자 만 7천 브잔트에 해당) 현지 화폐를 나눠가졌다. 우르겐치에서 상품과 자금을 나눈 것은 이곳에서 각자 헤어졌음을 의미한다. 마르코 소란초는 자신의 몫으로 받은 진주를 프랑스로 보내 판매했다. 소송 기록에 따르면 이들의 사업은 기대했던 만큼 큰 이익을 가져다 준 것은 아니었다. 조반니 로레단의

---

73) R. S. Lopez, "Nuove luci", pp. 361-368.
74) 소문에 따르면 그는 적들과 자신의 신민들에 대해서 매우 잔인했지만 외국인에 대해서도 매우 관용적이었고 때론 지나친 시혜를 베풀기도 했다. R. S. Lopez, "European merchants", p. 174.

경우 원금 포함 총 수익은 투자금의 두 배가 채 되지 않았다. 하지만 이것은 채권자와 상속자들에게 적은 돈을 주기 위한 술책일 수도 있었다.

제노바와 베네치아 기록뿐만 아니라 중국 문헌에도 흔적을 남긴 보기 드문 유럽 상인이 바로 제노바 출신의 안달로 데 사비뇨네였다.[75] 이전부터 그의 가문 사람들은 몽골제국에서 상업 활동을 하고 있었다.[76] 그는 대원 제국의 수도를 3번이나 다녀왔다. 1330년 10월 안달로는 동료 레오네 베지아(Leone Vegia)와 함께 대도에 체류하면서 현지에서 사망한 제노바 상인 안토니오 사르모레(Antonio Sarmore)의 유산 처리를 맡았다. 안달로는 1333년 3월 제노바에서 그 유산을 채권자인 페르치발레 마초노(Percivale Mazzono)에게 전달했고, 1334년 다시 대도를 향해 떠났다.[77] 1336년 그는 톡 테무르의 명을 받고 15명의 수행원과 함께 교황청에 파견되었다.[78] 대 칸은 서유럽과 좋은 관계를 맺길 원했다. 제노바 상인 안드레아 데 나시오(Andrea de Nassio)는 이 사절단과 함께 유럽으로 귀환했다.[79] 안달로는 1338년 아비뇽에서 교황 베네딕투스 12세를 만난 후 교황의 친서를 가지고 다음 해 6월에 파리로 가 프랑스 왕을 만난 다음 이탈리아로 귀환했다. 톡 테무르로부터 유럽에서 말과 다른 진귀한 물건들을 가지고 오라는 명을 받

75) Archivio di stato di Venezia, Senato Misti, Deliberazioni, reg. XVII, fo 116v(1388년 12월 22일 법령); G. Golubovich, *Biblioteca bio-bibliografica della Terrasanta e dell'Oriente Francescano*, Quaracchi, 1923, vol. 4, p. 250; A. C. Moule, *Christians in China before the year 1550*, London: Society for Promoting Christian Knowledge, 1930, pp. 256-258.
76) G. I. Bratianu, *Recherches*, pp. 307-308, 321.
77) M. Balard, "Precursori", pp. 154-155.
78) L. Petech, "Les marchands", pp. 554-555, 571. 니콜로 사비뇨니는 1292년 타브리즈에서 활동하고 있었고, 란프란키노 사비뇨니는 1274년 흑해 연안의 제노바 식민지에서 활동하고 있었다.
79) 케다르(B. Z. Kedar)는 대 칸의 명을 수행했던 사절은 안달로가 아니라 안드레아였다고 주장한다. J. Larner, *Marco Polo*, p. 122, 212; B. Z. Kedar, "Chi era Andrea Franco?", *Atti della società Ligure di Storia Patria*, no. 17, 1977, pp. 369-377.

은 그는 베네치아의 유리 세공품과 크리스털 보석을 사가기로 결심했다. 크리스털 보석은 몽골에서 꽤 알아주는 유럽산 상품이었다. 폴로 가문 사람들도 크리스털 보석을 칸에게 가져간 적이 있었다. 1338년 12월 22일 베네치아 정부는 제노바 출신 귀족 안달로가 5-10마리의 말과 천에서 2천 피오리노 상당의 크리스털 세공품을 몽골의 칸에게 가져갈 수 있도록 허용하는 칙령을 반포했다.[80] 하지만 최종적으로 안달로는 말과 보석을 제노바에서 구입했다. 제노바를 떠나 나폴리에 도착한 안달로는 그곳에서 교황의 특사인 조반니 마리뇰리를 만나 1339년 함께 나폴리를 떠나 중국으로 향했다. 최종적으로 조반니와 말은 중국 대도에 도착했지만[81] 그 이후 안달로에 관한 기록은 남아 있지 않다.

특정 상인에 관한 기록은 아니지만 몽골제국으로 장사 가길 원하는 상인들에게 매우 유용한 정보를 제공했던 책은 피렌체 바르디 상사의 주재원 페골로티의 상업안내서(pratica della mercatura)였다. 그의 상업안내서에는 카타이로 사업 여행을 떠나는 상인들에게 필요한 것들이 상세하게 적혀 있다.[82] 〈우선 수염을 기르고 면도를 하지 않아야 한다. 타나에서 통역을 한 명 구하고 좋은 통역을 구하는데 돈을 아끼지 마라. 터키 방언에 능통한 두 명의 하인을 구해야 한다. 밀가루와 염장한 생선을 준비해라. 다른 물건들은 도중에 충분히 구입할 수 있으며, 고기는 모든 곳에서 구입 가능하다. 2만 5천 피오리노 상당의 상품을 가지고 간다. 대도까지 가는데 쓰는 비용은 60에서 80소모(sommo=300에서 400피오리노에 해당)이다. 귀로에 상품을 운송하는 가축에 드는 비용은 마리 당 5소모(25피오리노에 해당) 정도이다. 소 수레는 소 한 마리가 필요하며 10 칸타르(cantar) 정도를, 낙타

---

80) R. S. Lopez, "Nuove luci", pp. 390-391.
81) 몽골 황제는 궁정 시인들에게 말에 대한 찬시를 짓도록 명했고, 화가 Tcheou Lang이 이 말을 그렸다. L. Petech, "Les marchands", p. 555.
82) F. B. Pegolotti, La pratica, pp. 22-23; H. Yule, Cathay, pp. 151-155.

수레는 낙타 3마리가 필요하고 30칸타르를, 말 수레는 말 한 마리가 필요하며, 평균 6.5 칸타르(250제노바 리라)의 비단을 수송할 수 있다. 유럽에서 린넨을 구입해 우르겐치에서 처분한 다음 그곳에서 금화 소모를 구입하는 것이 좋다. 카타이에 도착하면 그곳의 군주들은 은화를 취하고 그 대가로 그곳의 화폐 즉 노란색 지폐를 준다. 발리쉬(balishi)라 불리는 지폐에는 군주의 인장이 찍혀있다. 이 지폐로 원하는 물건을 구입할 수 있었다. 왜냐하면 이곳의 모든 신민들은 이 지폐를 받아야 했기 때문이다. 1소모로 18-20 리라의 중국 비단을 구입할 수 있다.〉

IV. 상업 활동

비록 단편적이긴 하지만 여러 기록들 속에서 아시아로 간 상인들과 그들의 상업 활동의 흔적이 확인된다. 이로부터 몇 가지 사실들을 유추할 수 있다. 첫 번째는 몽골 평화시대 동서 교역을 주도한 상인은 이탈리아 상인들 특히 제노바 상인들이었다는 사실이다. 이 사실은 여러 측면에서 확인된다. 중국에 관한 이야기의 진위를 알아보려면 제노바 상인들에게 물어보라는 보카치오의 조언은 이를 시사한다.[83] 페골로티의 상업안내서에 나오는 몽골제국과 유럽 사이의 교역에 사용되었던 기준 도량형은 제노바 도량형이었다.[84] 몽골제국이 유럽과의 외교에서 제노바 상인들을 주로 이용했다는 사실 또한 제노바 상인들이 몽골제국에서 가장 활발한 활동을 전개했음을 증명한다.[85]

---

83) R. S. Lopez, "European merchants", p. 167.
84) F. B. Pegolotti, *La pratica della mercatura*, pp. 22-23.
85) 13세기 후반 제노바 출신의 Ghisolfi Buscarello는 일한국의 칸 아르군의 사절로 활동했다. J. Paviot, "Buscarello de' Ghisolfi", pp. 107-117. 1338년 베네치아에 도착한 원 제국의 사절은 다름 아닌 제노바 출신의 Andalo de Savignone였다. R. S. Lopez, "Nuove luci", p. 390.

흑해를 통해 아시아로 가는 교역로가 활성화되면서 흑해에 상관이나 상업 식민지를 확보하고 있었던 제노바 상인들은 아시와의 교역에서 가장 유리한 고지를 점할 수 있었다.[86] 제노바 상인 다음으로 아시아와의 교역에 적극적으로 참여했던 것은 베네치아 상인들이었다. 페골로티의 상업 안내서에는 카타이로 가는 사업 여행을 원하는 상인들을 언급할 때 제노바나 베네치아 상인들을 예로 들고 있다.[87] 매우 드물기는 하지만 피렌체, 피사, 시에나 출신의 상인들도 페르시아와 중국과의 교역에 참여했다.[88]

제노바와 베네치아 정부는 유럽과 가까운 킵차크한국과 일한국과는 상업 협정이나 특혜를 통해 상당히 자유로운 상업 활동을 보장받았지만 좀더 멀리 있는 인도와 나머지 몽골 국가와는 공식적인 상업 관계를 수립하지 못했다. 그렇지만 유럽 상인들은 개별적으로 인도와 극동까지 진출했다. 유럽 상인들이 상관을 세우거나 꽤 활발하게 장사를 했던 곳은 킵차크한국의 카파, 타나, 사라이, 일한국의 수도 타브리즈, 흑해의 타나에서 대도로 가는 교통로 상에 위치한 우르겐치, 사마르칸트, 아말릭, 대원 제국의 수도였던 대도, 중국 남부의 광주, 천주, 항주, 양주[89]와 같은 항구도시들, 인도 북부의 델리, 인도 서부해안에 위치한 카가, 타나, 퀼론 등의 항구 도시들이었다. 이 도시들은 주교관구가 설치되어 있거나 수도회가 활동하던 지역과 대체로 일치했다.[90] 일반적으로 유럽 성직자와 상인들은 낯선 땅에서 서로 협

86) G. I. Bratianu, *Recherches*, pp. 197-208; M. Balard, *Romanie génoise*(XIIIe-début XVe siècle), Genova-Roma: École française de Rome, 1978.
87) H. Yule, *Cathay*, vol. 3, p. 154.
88) L. Petech, "Les marchands", p. 552.
89) 1951년 중국 공산군은 양주(Yanzhou)에서 유럽인의 것으로 추정되는 묘 하나를 발견했다. 논란은 남아 있지만 묘 주인의 성은 대체로 제노바 일리오니(Ilioni) 가문으로 추정된다. F. A. Rouleau, "The Yangchow latin tombstone as a landmark of medieval christianity in China", *Harvard Journal of Aisatic Studies*, vol. 17, 1954, pp.360-363; J. Larner, *Marco Polo*, p. 122; R. S. Lopez "Nouveaux documents", p. 457.
90) J. Larner, *Marco Polo*, pp. 119-120.

력했다. 그런 점에서 근대 이전에도 유럽 너머의 세계에서 유럽의 종교와 상업은 함께 하고 있었던 것이다. 마리뇰리가 천주를 방문할 당시 프란체스코 교단은 그곳에 3개의 교회와 목욕탕, 폰다코[91]와 약간의 토지를 가지고 있었다. 모든 상인들(omnium mercatorum)은 이 폰다코에 상품을 보관할 수 있었다. 물론 여기서 모든 상인들은 유럽 상인들을 의미하는 것이다.[92] 또한 루카롱고의 사례처럼 상인들은 교회에 재정적 지원을 아끼지 않았다.

유럽 상인들이 몽골제국과 인도 시장에서 구입한 상품에 관한 기록은 빈약한 편이다. 그렇지만 한 가지 분명한 사실은 제노바 상인을 포함한 유럽 상인들이 몽골제국에서 가장 구입하고 싶었던 상품은 원견이었다. 페골로티도 자신의 상업안내서에서 중국에 가면 원견을 살 것을 권했다.[93] 키타이(중국) 원견은 페르시아 것보다 품질이 떨어졌지만 가격이 저렴해 유럽 시장에서 인기가 높았다. 1257년 제노바 상인들은 중국 비단을 이탈리아와 프랑스 시장에서 판매하고 있었다.[94] 그렇지만 당시 제노바 시장에서 거래된 비단이 유럽 상인들이 중국으로 직접 가서 사온 것인지 아니면 이슬람이

---

91) 폰다코는 원래 아랍 어(푼두크)로 대상들이 머무는 숙소를 의미했다. 때론 상품 창고를 뜻하기도 했다. 중세 이슬람 국가에서는 외국 상인들에게 할애된, 숙소와 창고가 있는 일종의 거류지를 지칭하는 용어로 사용되었다. 남종국, 『중세 지중해 교역은 유럽을 어떻게 바꾸었을까』, 민음인, 2011, 137쪽.

92) 1318년 자이툰의 주교 Peregrinus의 편지에 따르면 그는 집이 딸린 교회 하나와 교외에 위치한 숲이 있는 토지를 보유하고 있었다. 편지에서 주교는 이 교외의 토지에 창고(cellas)와 예배당을 짓기를 희망한다고 이야기한다. 아마 이 창고가 후에 폰다코가 된 것으로 추정된다. A. Van den Wyngaert, *Sinica Franciscana*, vol. 1, pp. 367-8, 536. 〈Est etiam Zayton, portus maris mirabilis, nobis incredibilis, ubi fratres Minores habent tres ecclesias pulcherrimas, optimas et ditissimas, balneum, fundatum, omnium mercatorum depositorium, habent etiam campanas optimas et pulcherrimas, quarum duarum ego feci fieri cum magna solempnitate, quarum unam videlicet maiorem Iohanninam, alia Antoninam decrevimus nominandas, et in medio sarracenorum sitas.〉

93) F. B. Pegolotti, *La pratica*, pp. 22-23.

94) 1266년 한 제노바 출신의 과부는 95리라 어치의 카타이 비단을 구입했다. R. S. Lopez, "Nuove luci", p. 390.

나 비잔티움 세계를 통해 수입한 것인지는 확실하지 않다. 그러나 14세기 초반 무렵이면 유럽 상인들이 중국에서 원견을 구입해 유럽 시장에 판매한 것으로 추정된다.[95] 런던 관세 기록에 따르면 1304년 상당한 양의 중국 비단이 런던 항에 수입되었다. 수입업자는 피렌체의 프레스코발디 상사였다.[96] 당시 유럽에서 가장 유명한 견직물 생산지였던 이탈리아의 루카는 1330년대 연 평균 40톤 정도의 견직물을 수출하고 있었다. 루카의 견직물 산업에 원료를 제공한 것은 주로 제노바 상인들이었으며, 원료 중 상당 부분은 중국산이었을 것으로 추정된다.[97] 꽤 많은 양의 중국 원견이 유럽으로 수입될 수 있었던 것은 상대적으로 저렴한 가격 덕분이었다. 페골로티의 상업안내서에 따르면 중국 원견의 현지 가격은 유럽 시장가격의 3분의 1정도였다.[98] 이러한 가격 차이는 유럽 상인들에게 긴 여행의 위험과 비용을 감수할 만한 동기를 제공했다.[99]

또 다른 상업 안내서에 따르면 원견 이외에도 진주, 향신료 등이 아시아로부터 유럽으로 수입되고 있었다.[100] 실제로 베네치아 상인들은 델리에서 진주를 구입해서 유럽에 내다팔았다.[101] 이 상업 안내서는 향신료에 관해서는 다음과 같이 설명한다. "모든 종류의 향신료가 타나를 통해 서방으로 수입되고 있지만 그 양이 많지 않다(Trasi della Tana per portare verso Ponente ----spezierie d'ongni ragone, ma poche)." "생강, 육계, 육

---

95) E. Ashtor, *Levant trade*, pp. 60-61.
96) R. S. Lopez, "Nuove luci", p. 352.
97) R. S. Lopez, "Nuove luci", pp. 353-354; idem, "Nouveaux documents", p. 454.
98) F. B. Pegolotti, *La pratica*, p. 23, 25.
99) 대도에서 흑해까지의 수송비는 제품 가격의 6분의 1정도였고, 비용을 제외한 최종 이윤은 100%정도였다. 대도와 흑해를 왕복하는 사업 순환 주기는 18개월 정도였다. R. S. Lopez, "China silk in Europe in the Yuan period", *Journal of the American Oriental Society*, vol. 72, 1952, p. 75; Idem, "Nouveaux documents", p. 449.
100) Robert-Henri Bautier, "Les relations", pp. 314-315.
101) R. S. Lopez, "European merchants", pp. 178-179.

계 꽃, 대황(rhubarb)이 중국으로부터 서방으로 수출되고 있다(Trasi del Ghattaio per rechare nelle parti di verso Ponente: seta cruda che è chattaio, e gengovi, cannelle, ribarberi e fiore di channelle)." 흑해를 통해 유럽으로 들어오는 향신료의 양이 적었다는 상업 안내서의 이야기와는 다르게 14세기 중엽 아시아로 가는 교통로가 차단되면서 향신료 가격이 50-100%로 상승한 사실은 흑해를 통한 향신료 수입 중단이 유럽 향신료 시장 전체에 큰 영향을 미칠 정도로 적지 않은 양의 향신료가 흑해를 통해 수입되었음을 반증한다.[102] 향신료는 유럽인들이 가장 탐했던 동방의 상품이었고, 14세기 전반 유럽 상인들은 향신료 생산지였던 남부 인도까지 갈 수 있었다.[103] 그렇지만 유럽 상인들이 향신료 생산지에서 직접 향신료를 구입해 갔다는 것을 명확하게 증명하는 사료는 거의 발견되지 않았다.

익명의 상업 안내서에 따르면 유럽 상인들은 판매하거나 물물교환하기 위해 마직물, 낙타 모직물(camlet), 주석, 산호, 은과 용연향(ambergris) 등을 중국으로 가져갔다.[104] 페골로티의 조언처럼 동방으로 갈 때 일반적으로 가져갈 수 있었던 대표적인 상품은 유럽산 마직물이었다.[105] 이것 이외에 유럽 상인들이 동방으로 가져갔던 상품은 말, 시계, 금속 세공품, 보석과 크리스털 정도였는데, 이런 것들은 소수의 지배계층에만 판매할 수 있는 상

---

102) E. Ashtor, *Levant trade*, p. 63.
103) 인도 남부를 여행했던 선교사들은 그곳이 향신료 생산지이고 그곳의 생산량은 전 세계로 팔려나갈 정도로 많았다고 말한다. 그러나 또 다른 향신료 생산지인 동남아시아까지 진출한 유럽 상인들은 거의 없었던 것으로 추정된다. 13세기 말 말라바에서 작성된 한 편지에 따르면 이 지역은 후추, 생강, 계피와 같은 향신료와 염료인 브라질우드가 풍부하게 생산되는 곳이며, 해로를 통해 많은 사라센 상인들이 말라바까지 오며 이곳에서 그들의 영향력은 대단하지만 내륙까지 진출한 사라센 상인들은 드물다. 기독교와 유대 상인들은 많지 않으며 이곳 사람들은 기독교인들과 기독교식 이름을 가진 모든 사람을 처형했다. H. Yule, *Cathay*, vol. 3, p. 63.
104) Robert-Henri Bautier, "Les relations", p. 315.
105) 1303년 제노바 상인이 편집한 백과사전(라틴어, 페르시아어, 코만어로 되어 있는)에는 유럽 상인들이 아시아로 가져간 13가지 종류의 마직물(프랑스, 이탈리아, 독일)이 언급되어 있다. R. S. Lopez "Nouveaux documents", pp. 450-451.

품들로서 지배계층의 환심이나 특혜를 얻기 위한 선물로 제공되곤 했다.[106] 유럽산 말과 베네치아의 크리스털은 몽골의 지배계층들에게 꽤 인기가 있었던 것으로 추정된다. 왜냐하면 대 칸이 유럽에 파견한 제노바 출신의 사절 안달로에게 5-10마리 정도의 말과 1천에서 2천 피오리노 상당의 베네치아 크리스털을 가져올 것을 직접 부탁했기 때문이다.[107]

아시아 사업은 결코 국제적인 규모의 거상들만의 전유물이 아니었다. 실제로 다양한 신분과 계층의 이탈리아 상인들이 아시아로 장사를 떠났다.[108] 공증인 기록에서 알 수 있듯이 아시아로 사업 여행을 떠났던 대부분의 상인들은 가까운 친척들뿐만 아니라 소규모 투자자들로부터도 자금을 후원받았다. 물론 비밀을 유지하기 위해 투자계약서에 사업 목적지를 숨기는 경우가 많았다. 일반적인 투자 계약서에는 "나는 신께서 나를 인도하시는 곳으로 갈 것을 약속합니다(promitto ire quo Deus mihi administraverit)"라는 애매한 표현을 사용했지만[109] 계약 당사자들은 신께서 인도하실 구체적인 목적지를 알고 있었을 것이다. 만약 최종 목적지를 모르고 있었다면 소규모 투자자들이 큰 위험을 무릅쓰고 투자를 했을 리 만무하기 때문이다.

V. 맺음말

우리는 본문에서 일한국의 칸 아르곤을 위해 일했던 "수 백 명"의 제노바 상인과 장인들, 인도 서해안의 항구도시에서 활동했던 "많은" 유럽 상인

---

106) 1330년대 대 칸의 사절로 유럽에 파견되었던 안달로 사비뇨네는 돌아가는 길에 금장 칸 국의 칸과 대 칸에게 말을 가져왔다. 1338년 베네치아 상인들은 델리의 술탄에게 시계와 금속 분수를 선물했다. R. S. Lopez, "Nouveaux documents", p. 450.
107) ASV, Senato Misti, reg. 17, f. 116v, 117v; R. S. Lopez, "Nuove luci", pp. 390-391.
108) M. Balard, "Precursori", p. 160; R. S. Lopez "Nouveaux documents", p. 453.
109) R. S. Lopez, "European merchants", p. 168.

들, 중국 남부의 항구도시에서 장사를 했던 "적지 않은" 유럽 상인들, 장사를 위해 몽골제국을 다녀왔던 "다수의" 이탈리아 상인들 등의 사례들을 기록 속에서 확인했다. 이를 통해 몽골 평화 시대 유럽 상인들이 아시아와 유럽을 오가면서 장사하는 것이 드물거나 예외적인 현상이 아니었음을 분명하게 알 수 있었다.

통계 자료의 부족으로 아시아와 유럽 사이의 교역량을 정확히 평가하기는 사실상 불가능하지만 몇 가지 기록들은 개별 상인들이 한 번의 사업 여행에 가져갔던 자금의 규모를 짐작케 해준다. 페골로티의 상업 안내서에 따르면 동방 여행에 필요한 물품들과 비용은 통역사, 두 명의 하인, 2만 5천 피오리노 상당의 상품이다. 300-400피오리노 정도 소요되는 대도까지의 비용을 제외하더라고 나머지 자금으로 충분히 현지 상품을 구입할 수 있었을 것이다. 주목할 것은 이 정도 규모의 자금은 엄청난 액수였다는 사실이다.[110] 아마 페골로티가 제시한 투자금은 과장된 수치로 사료된다. 실제로 대부분의 투자 계약은 천 리브를 넘지 않았다. 1315년 인도로 떠난 제노바 상인 베네데토 비발디가 가지고 간 투자금은 303리라 16데나리 6솔디였다 (제노바 데나리우스 기준).[111] 1338년 인도의 델리로 사업을 떠났던 6명의 베네치아 상인들은 각자 200리라 정도의 자금을 인도 여행에 투자했다(베네치아 grossi 기준).[112] 그러나 아시아와의 교역 규모를 지나치게 낮게 평가해서도 안 될 것이다. 1333년 페라를 출발해 중국으로 간 제노바 상인 자코포 올리베리오(Jacopo Oliverio)는 4,313리브를 가지고 갔으며, 1330년대 대도에서 사망한 제노바 상인 안토니오 살모이라(Antonio Salmoria di Chiavari)는 4,750리라 어치의 원견을 가지고 있었다.[113] 1344년 제노바

110) F. B. Pegolotti, *La pratica*.
111) R. S. Lopez, "European merchants", p. 171.
112) R. S. Lopez, "European merchants", p. 176.
113) 이에 관한 공증 문서는 다음 논문에 나온다. M. Balard, "Precursori", pp. 161-162; R. S. Lopez, "Nouveaux documents", pp. 453-454.

상인들이 타브리즈 시장에서 입었던 손실액이 20만 리라였다는 사실은 아시아 사업이 결코 하찮은 규모가 아니었음을 시사한다.[114]

그러나 여전히 유럽 상인들의 활동에 관한 많은 부분을 규명해야만 한다. 유럽 상인들이 정기적으로 유럽과 아시아를 오가면서 장사를 했는지 아니면 아시아 현지에서 장기적으로 거주하면서 장사를 했는지는 확실하지가 않다. 만약에 후자가 일반적인 경우라면 유럽과 아시아의 직교역이 그렇게 중요했다고 말할 수는 없을 것이다. 이러한 한계들로 인해 동서교역의 의미와 중요성에 대한 평가는 여전히 확정적이지 않다. 로페즈는 이탈리아 상인들의 중국에서의 활동을 "진정한 대규모 교역(un véritable commerce de masse)"으로 높이 평가한 반면 애쉬터는 장거리 수송으로 인한 높은 수송비를 감안할 때 이를 상쇄할 수 있는 향신료와 같은 고가의 상품만이 수입되었을 것이라고 말한다.[115]

본 논문의 일차적 목적은 유럽 상인들이 아시아에서 어떤 활동을 했는지를 구체적으로 밝히는데 있었다. 이러한 한계 설정은 상대적으로 사료가 풍부한 선교사들과 그들의 행적에 관한 역사는 이미 상당부분 밝혀진 반면 상인과 그들의 활동의 역사는 많은 부분 규명되어야 하기 때문이다. 본 논문에서는 시도하지 않았지만 이 연구를 바탕으로 궁극적으로 밝히고자 하는 것은 몽골 평화 시대 유럽과 아시아 사이의 집적인 교류와 접촉이 유럽에게 어떤 영향을 주었는지를 규명하는 것이다. 분명한 것은 유럽 상인들이 아시아로부터 유럽으로 들여온 것이 상품만은 아니었다는 사실이다. 이 시기의 교류와 접촉을 통해 얻었던 아시아에 대한 풍부한 지리 정보와 지식 그리고 기술이 없었다면 유럽이 15세기 말 아시아로 가는 모험 여행을 감행하기는 쉽지 않았을 것이다. 이러한 중요성에도 불구하고 이 시기 유럽과

---

114) L. Petech, "Les marchands", p. 569.
115) R. S. Lopez, "Nouveaux documents", p. 453; E. Ashtor, *Levant trade*, p. 63.

아시아 사이의 교류는 중세 말 유럽인들에게도 잊혀 지거나 비밀로 붙여졌으며 현대의 역사가들도 그 의미와 중요성을 간과하는 경향이 있다.[116] 그러나 근대와 대항해 시대는 갑자기 나온 것이 아니었다.

---

116) I. de Rachewiltz, *Papal envoys*, conclusion.

◆ 참고문헌

Bar Hebraeus, Chronicon syriacum, P. S. Bruns and G. W. Kirsch(ed. and
    trans.)(Lipsiae, 1789), I.

R. S. Lopez, "European merchants in the medieval Indies: the evidence of
    commercial documents", *Journal of Economic History*, vol. 3, 1943.

M. Balard, "Gênes et la mer Noire(XIIIe −XVe siècles)", *Revue Historique*,
    CCLXX, 1983.

The Khubilai Governments Construction of Dadu and Establishment of
    Postal Station System.

Venise et la Horde d'Or fin XIIIe: Début XIVe siècle. A propos d'un document
    inédit de 1324.

W. Heyd, *Histoire du commerce du Levant au Moyen Age*, Leipzig, 1923,
    vol. 2.

김호동 역주, 『마르코 폴로의 동방견문록』, 서울: 사계절, 2000.

김호동, 『동방 기독교와 동서문명』, 까치, 2002.

A. C. Moule, *Christians in China before the year 1550*, London: Society for
    Promoting Christian Knowledge, 1930.

A. Van den Wyngaert, *Sinica Franciscana*, Quaracchi, Firenze: Claras
    Aquas, 1929, vol. 1.

C. Dawson, *Mission to Asia*, New York: Harper & Row, 1966.

C. Gadrat, Une image de l'Orient au XIVe siècle. *Les Mirabilia descripta de
    Jordan Catala de Sévérac*, Paris: Ecole des Chartes, 2005.

C. Gadrat, *Une image de l'Orient*. 정수일 역주, 『이븐 바투타 여행기』, 서울: 창작
    과비평사, 2001.

D. Stôckly, *Le système de l'Incanto des galées du marché à Venise(fin
    XIIIe − milieu XVe siècle)*, Leiden·New York·Köln: E. J. Brill, 1995.

E. Ashtor, *Levant trade in the Later Middle Ages*, Princeton, 1983.

F. B. Pegolotti, *La pratica della mercatura*, A. Evans, ed., Cambridge, 1936.

G. Golubovich, *Biblioteca bio−bibliografica della Terra Santa e dell'Oriente
    Francescano*, Quaracchi, 1919, vol. 3.

G. Golubovich, *Biblioteca bio-bibliografica della Terrasanta e dell'Oriente Francescano*, Quaracchi, 1923, vol. 4.

G. I. Bratianu, *Recherches sur le commerce génois dans la mer noire au XIIIe siècle*, Paris: Paul Geuthner, 1929.

G. M. Thomas and R. Predelli (ed.), *Diplomatarium Veneto-Levantinum sive acta et diplomata res venetas graecas atque Levantis illustrantia a. 1300-1350*, Venezia, 1880-1899.

H. Yule (tr.), *The travels of Friar Odoric*, Cambridge, 2002.

H. Yule, *Cathay and the way thither*, 4 vols, London, 1913-16.

I. de Rachewiltz, *Papal envoys to the great Khan*, London: Oxford University Press, 1971.

J. Abu-Lughod, Before european hegemony: The World System A.D. 1250~1350, 박흥식, 이은정 옮김, 『유럽 패권 이전: 13세기 세계체제』, 서울: 까치, 2006.

J. Larner, *Marco Polo and the discovery of the world*, New Haven and London: Yale University Press, 1999.

M. Balard, *Romanie génoise(XIIIe-début XVe siècle)*, Genova-Roma: Ecole francaise de Rome, 1978.

P. Jackson, *The Mongols and the West*, 1221-1410, Harlow and New York: Pearson Longman, 2005.

R. Silverberg, *The Realm of Prester John*, Athens: Ohio University Press, 1972.

고명수, 『쿠빌라이 정부의 交通·通商 진흥 정책에 관한 연구 - 소위 '팍스 몽골리카'(Pax Mongolica)의 성립조건 형성과 관련하여』, 고려대학교 대학원 사학과 박사학위논문, 2010.

고명수, 「쿠빌라이 정부의 大都건설과 역참교통체계 구축」, 『중앙아시아연구』 제15호, 2010.

B. Z. Kedar, "Chi era Andrea Franco?", *Atti della società Ligure di Storia Patria*, no. 17, 1977.

F. A. Rouleau, "The Yangchow latin tombstone as a landmark of medieval christianity in China", *Harvard Journal of Aisatic Studies*, vol. 17, 1954.

G. Ferrand, "Une navigation européenne dans l'Océan indien au XIVe siècle", *Journal Asiatique*, vol. 1, 1922.

G. Ortalli, "Venice and papal bans on trade with the Levant: the role of the jurist", *Intercultural contacts in the Medieval Mediterranean*, London, 1996.

Hodong Kim, "The unity of the Mongol empire and continental exchanges over Eurasia", *Journal of Central Eurasian Studies*, vol. 1, 2009.

J. Paviot, "Buscarello de'Ghisolfi, marchand génois intermédiaire entre la Perse mongole et la Chrétienté latine(fin du XIIIme – début du XIVme siècles", *La Storia dei Genovesi*, 11, 1991.

J. Richard, "Les navigations des Occidentaux sur l'océan indien et la mer Caspienne(XIIe–XVe siècles)", *Sociétés et compagnies de commerce en Orient et dans l'Océan Indien*, Paris: S.E.V.P.E.N., 1970.

L. Petech, "Les marchands italiens dans l'empire mongol", *Journal Asiatique*, 250, 1962.

M. Balard, "Les Gênois en Asie centrale et en Extrême–Orient au XIVe siècle: un cas exceptionnel?", *Economies et sociétés au Moyen Age. Mélanges offerts à Edouard Perroy*, Paris, 1973.

M. Balard, "Precursori di Cristoforo Colombo: I Genovesi in Estremo Oriente nel XIV secolo", *Atti del Convegno Internazionale di Studi Colombiani, Istituto Colombiano Genova*, 1978.

M. L. De Mas Latrie, "Privilège commercial accordé en 1320 à la république de Venise par un roi de Perse", *Extrait de la Bibliothèque de l'Ecole Chartes*, Paris, 1870.

N. Di Cosmo, "A note on the Tana route and 14th century international trade", Aspects of Altaic Civilization III. Proceedings of the 30th Meeting of the Permanent International Altaistic Conference, Bloomington, 1990.

N. Di Cosmo, "Mongols and merchants on the Black Sea frontier in the thirteenth and fourteenth centuries: convergences and conflicts", R. Amitai and M. Biran, eds., *Mongols, Turks, and others: Eurasian nomads and the sedentary world*, Leiden and Boston: Brill, 2005.

R. S. Lopez, "Nouveaux documents sur les marchands italiens en Chine à l'époque mongole", *L'Académie des Inscriptions et Belles-Lettres: comptes-rendus*, no. 2, 1977.

R. S. Lopez, "Nuove luci sugli italiani in Estremo Oriente prima di Colombo", *Studi Colombiani*, vol. 3, 1951.

Robert-Henri Bautier, "Les relations économiques des Occidentaux avec les pays d'Orient au Moyen Age", *Sociétés et compagnies de commerce en Orient et dans l'Océan Indien*, Paris: S.E.V.P.E.N., 1970.

제3부

지역사와 세계사 연구 사례 2
: 인적 교류와 경험

고려-몽골 간 사신(使臣)들, 확장된 공간에서 정치를 매개하다

이명미

I. 머리말

고려 후기, 몽골과의 관계가 지속되는 가운데 많은 고려인과 몽골인들이 여러 가지 이유에서 여러 가지 형태로 고려와 몽골 간을 오고 갔다. 그 가운데 가장 빈번하게 왕래한 자들은 양국의 사신들이었다. 사신과 그들의 사행(使行)은 전근대 시기 국가 간 관계를 매개하는 데에 중요한 역할을 했다. 이에 동아시아 국가 간 관계에서 사신단의 구성과 역할 등 사행의 양상은 관례화한 격식에 따르고 있었지만, 또 다른 한편으로 이는 사신을 파견한 주체 간 관계의 성격과 양상을 반영함으로써 개별 관계의 특징적 면모를 반영하기도 했다.

일반적으로 전근대 시기 국가 간 관계에서의 사행은 외교적인 목적을 갖는 것이며, 이러한 사신들은 그를 파견한 군주를 대신해서 그의 뜻이 담긴 문서를 전달하는 것을 주된 업무로 한다. 이러한 문서들은 물론 국가 간 외교적 현안과 관련한 실무적인 내용을 담기도 하지만, 양자 관계가 어느 정도 안정적인 궤도에 오른 후에는 정례적·의례적인 내용을 담는 경우가 일반적이다. 조공국의 입장에서는 하례(賀禮)와 사례(謝禮)의 내용이 주를 이룰 것이며, 책봉국의 입장에서는 역서(曆書)의 반포 및 책봉과 사면을 위한 사행 등이 이에 해당할 것이다. 이에 전근대 시기 국가 간 관계에서의 사행은, 그를 범주화하는 데에 여러 가지 기준이 있을 수 있겠으나, 크게 보아 정례적·의례적 사행과 실무적 사행으로 범주화할 수 있다.

고려-몽골 간 사신 및 사행과 관련해서는 전체적으로 연구가 많지는 않은 상황이다. 그러한 가운데에서도 정례적·의례적 사행의 한 사례로서, 몽골에서 황후와 황태자를 책봉한 것을 하례하기 위해 원종(元宗) 13년(1273)에 고려 측에서 보낸 사행에 대한 연구들이 가장 많다. 이는 이 사행에 서장관으로 수행했던 이승휴(李承休)가 남긴 사행기록인 『빈왕록(賓王錄)』의 존재에 힘입은 바 크다. 관련한 연구들은 사행의 일정, 사행로, 의례 등과 관련한 많은 부분을 밝히고 있지만, 개별 사행에 대한 연구라는 점에서 한계를 갖는 부분도 있다.[1]

실무적 사신과 관련해서는 고려-몽골 관계를 다루는 논저들에서 몽골의 고려에 대한 간섭 및 압제의 양상을 설명하는 가운데 몽골 측 사신들의 활동을 부분적으로 다룬 연구들이 있다.[2] 이외에도 그러한 사신들

---

1) 관련해서는 「빈왕록」 분석과 이 사행의 의미 분석을 전론으로 하는 연구들 및 이승휴의 현실·대외의식 등을 논하는 가운데 부분적으로 이 사행을 다룬 연구 등 다수의 연구들이 이루어졌는데, 다음 논문들이 대표적이다. 변동명, 「이승휴 빈왕록」, 『한국사시민강좌』 42, 2008; 明平孜, 「이승휴의 『賓王錄』 연구」, 『한문학논집』 28, 2009; 진성규, 「이승휴의 『賓王錄』 연구」, 『백산학보』 85, 2009; 이형우, 「13세기 고려 지식인 이승휴의 對元 인식」, 『한국중세사연구』 34, 2013; 윤은숙, 「大元 使行을 통해 본 李承休의 현실 인식」, 『인문과학연구』 36, 2013; 채웅석, 「『제왕운기』로 본 이승휴의 국가의식과 유교관료정치론」, 『국학연구』 21, 2012; 森平雅彦, 「『賓王錄』にみる至元十年の遣元高麗使」, 『東洋史研究』 63-2, 2004; 『モンゴル覇権下の高麗: 帝国秩序と王国の対応』, 名古屋大学出版会, 2013.
2) 대표적으로 장동익, 『高麗後期外交史研究』, 일조각, 1994를 들 수 있다.

가운데 한 범주에 속하는 몽골 단사관(斷事官)의 사행에 대한 연구,[3] 사행로에 대한 연구[4] 및 몽골 내 使臣·사행이 갖는 정치적 의미를 밝힌 연구,[5] 몽골의 세조(世祖) 쿠빌라이 대에 고려에 파견된 몽골 측 사신들을 분석한 연구,[6] 고려 측 사신 인선의 특징 등에 대한 연구[7]가 있으나, 고려-몽골 간 사행을 총체적으로 검토하여 그것이 반영하고 있는 고려-몽골 관계의 구조 및 성격을 논한 연구는 거의 없는 듯하다.

고려와 몽골 간에는 매우 빈번하게 사행이 이루어졌다. 이러한 고려-몽골 간 사행은 그 활동 양상 면에서 이전 시기 고려-중국왕조 간 사행과는 차이를 보이는데, 이러한 차이는 특히 실무적 사행의 양상에서 두드러진다. 이에 이 글에서는 고려-몽골 간 사신들 가운데 실무적인, 특히 정치적인 목적을 가진 사신들의 활동을 통해 고려-몽골 관계가 갖는 특징적 면모의 한 단면을 살펴보고자 한다.[8]

사행은 그것이 정례적·의례적인 것이든 실무적인 것이든 국가 간의 관계-외교를 위한 것이며, 외교는 포괄적인 의미에서 정치에 포함된다. 따라서 외교를 위한 사행은 기본적으로 정치적 목적을 지닌다고 할 수 있다. 다만, 이 글에서 이야기하는 고려-몽골 간 관계에서 특히 부각되는 '정치적 목적'을 가진 사신이란, 외교-국제정치와 대비되는 내정-국

---

3) 안병우, 「高麗王府 斷事官과 高麗-元 관계」, 『역대 중국의 판도 형성과 변강』, 한신대학교출판부, 2008; 「원 단사관(斷事官)과 고려의 사법권」, 『문화로 보는 한국사』 5, 태학사, 2009.
4) 모리히라 마사히코, 「목은 이색의 두 가지 入元 루트 -몽골시대 고려-大都 간의 육상 교통」, 『진단학보』 114, 2012.
5) 苗冬, 「元代使臣研究」, 南開大學 博士學位論文, 2010.
6) 양영화, 「쿠빌라이시기 고려에 파견된 사신에 대한 연구」, 동아대학교 대학원 사학과 석사학위논문, 2007.
7) 정동훈, 「고려 공민왕대 대중국 사신 인선의 특징」, 『동국사학』 60, 2016; 「고려 원종·충렬왕대 대몽골 사신 인선의 특징」, 『한국중세사연구』 57, 2019.
8) 고려-몽골 간에는 기존 동아시아의 사행 전통에 따른 정례적·의례적 사행도 이루어졌고, 이 역시 실무적 사행과는 또 다른 측면에서 고려-몽골 관계의 특징적 면모를 보여준다. 이에 대해서는 이명미, 「元宗代 고려 측 對 몽골 정례적·의례적 사행 양상과 그 배경」, 『한국문화』 69, 2015 참조

내정치와 관련된 문제를 다루는 사신이라는 의미로 사용하도록 한다. 국제정치와 국내정치 간 경계를 넘나들고 있었던 이 시기 고려-몽골 간 사신들의 활동 및 그에 대한 상호인식에 대한 검토는 이 시기 고려-몽골 관계의 성격을 이해하는 데에 중요한 시사점을 줄 수 있을 것으로 생각된다.

이러한 문제를 검토하기 위해 본문은 크게 세 부분으로 구성했다.

먼저 제Ⅱ장에서는 고려에 온 몽골 사신들 가운데 고려의 정치적 분쟁을 조정하기 위해 파견되었던 몽골 측 '정치적 사신'들의 고려 내 활동 양상 및 그들에 대한 고려인들의 인식을 살펴볼 것이다. 다음으로 제Ⅲ장에서는 같은 시기 고려 측 사행의 양상 변화를 구체적으로 살펴보고, 그러한 변화가 몽골 측 사신들의 활동 양상과 유사한 측면을 가진다는 점을 확인할 것이다. 마지막으로 제Ⅳ장에서는 위에서 검토한 고려-몽골 간 사행 양상의 특징적 면모가 발생한 배경을 고려-몽골 관계의 성격 및 구조와 관련해 살펴볼 것이다. 구체적으로, 외교와 정치의 경계가 흐려진 몽골 복속기 권력구조 속에서 상대화한 고려 국왕 위상의 문제에서 비롯된 사행 양상이라는 점, 그리고 그러한 사행의 양상이 분봉(分封)을 근간으로 한 몽골제국 내에서 정치와 통치를 매개했던 사신들의 활동 양상 및 맥락과 유사한 부분을 가진다는 점을 확인할 것이다.

II. 고려에 온 몽골 사신들의 활동

1259년 양국이 강화를 맺은 후 고려에 온 몽골 사신들을 그들의 사행 목적을 기준으로 범주화해보면 대체로 아래와 같다.

① 공물 요구 및 징수

② 군사 업무 관련

③ 국왕 책봉·폐위 관련

④ 역서, 개원, 사면령 등 관련

⑤ 분쟁 조정

⑥ 기타

　몇 가지로 범주화한 몽골 측 사행들은 크게는 정례적·의례적 사행과 실무적 사행의 두 가지 범주에 속한다고 할 수 있다.[9] 이 가운데에는 사행의 목적 면에서 이전 시기의 사행과 차별성을 보이는 사행도 있고 연장선상에서 이해할 수 있는 경우들도 있는데, 후자의 경우도 양상 면에서는 차이를 보인다.

　먼저 ①의 공물 징수를 위한 사행과 ②의 군사 업무 관련 사행은 몽골 복속기 사행 가운데 양적인 면에서 매우 큰 비중을 차지하는 사행이다. 특히 후자의 경우는 고려와 몽골, 양자 간의 문제를 해결하기 위한 것이라기보다는, 일본 초유 및 정벌과 같은 몽골의 정벌전에서 고려가 일정한 역할을 하게 됨으로써, 혹은 몽골에서 발생한 반란을 진압하는 과정에 고려 측이 군대를 보내는 문제와 관련해서 이루어진 사행이라는 점에서 이전 시기의 사행과 다른 특징적 면모를 갖는다. 즉, 이들은 단순히 외교적 차원에서 왕래한 사행이라기보다는 몽골의 군사 관련 업무 처리를 위해 고려와 몽골 간을 왕래한 사행이었다.[10] 정벌전과 반란의

---

9) 쿠빌라이 대에 고려에 파견된 몽골 사신을 분석한 기존의 연구는 그들의 파견 목적을 보다 세분화하여 분석하고, 그러한 것이 원의 종주국으로서의 지위를 확보하는 한편으로 고려의 종속국으로서의 의무를 강요하기 위한 것이었다고 설명하기도 했다(양영화, 「쿠빌라이시기 고려에 파견된 사신에 대한 연구」, 35~36쪽, 43~50쪽).

10) 이 글에서는 ⑤의 분쟁 조정을 위한 사행을 중심으로 정치적 사행을 분석할 것이지만 이러한 군사 업무와 관련한 사행도 확장된 정치 공간에서 소통을 매개한 사신이라는 점에서 동일한 맥락을 갖는 사행이라고 할 수 있다.

진압 등은 몽골제국 내부에서도 매우 중요한 국가 사무 가운데 하나였으므로, 이러한 군사 업무 처리와 관련한 사행은 몽골 내에서도 황제와 종왕·부마들 사이에서 빈번하게 이루어졌던 사행 사례 가운데 하나이다.

다음으로 ③의 국왕 책봉 및 폐위와 관련한 사행과 ④의 사행은 이전 시기 사행의 연장선상에서 이해할 수 있는 사행이다. 그러나 ③의 경우, 이전과 달리 몽골 황제에 의해 고려 국왕이 폐위되는 사례가 빈발하는 가운데, 국왕 폐위를 위한 사행이 이루어지고 있다는 점에서 특징적인 면모를 보인다. 이러한 사행은 일반적으로 이야기되는 바, 몽골과의 관계 속에서 고려·고려 국왕의 제후국·제후로서의 위상이 실질화한 변화에 따른 것이기도 하다. 그 결과, 이전 시기에는 주로 외교의례적인 성격을 띠었던 관련 사행이 정치적인 성격을 띠게 되는 변화를 보이고 있는 점이 주목된다.

예컨대, 1298년 충선왕(忠宣王) 폐위와 충렬왕(忠烈王) 복위를 전하기 위해 고려에 왔던 몽골 사신 패로올(孛魯兀)은 도착한 이후, 곧바로 관련한 황제의 조서를 전달하지 않았다. 그는 앞서 전해진, 충선왕과 계국대장공주(薊國大長公主)로 하여금 몽골 조정으로 들어오도록 한 명령을[11] 재촉했을 뿐, 왕위와 관련한 언급은 하지 않았던 것으로 보인다. 당시는 충선왕과 계국대장공주의 불화 및 조비(趙妃) 무고사건과 관련해서 사안 조사를 위한 몽골 측 사신들의 왕래와 관련자 소환 등이 이루어지고 있는 상황이었다.[12] 이에 국왕과 공주에게 입조(入朝)하라는 황제의

---

11) 이러한 명령은 조비무고사건 등으로 인해 계국대장공주가 몽골에 파견했던 고려 측 사신 철리(徹里)가 7월에 돌아오면서 전한 것이다(『고려사』 권33, 세가 33, 忠宣王 즉위년 7월 丁亥).

12) 계국대장공주가 조비가 자신을 저주한다는 내용을 몽골 태후에게 고하기 위해 보낸 활활불화(闊闊不花)와 활활대(闊闊歹)의 사행 및 조인규와 그 아내 및 아들, 사위 등을 가두고 이를 보고하기 위해 보낸 철리의 사행 이후(『고려사』 권33, 세가33, 忠宣王 즉위년 5월 丙戌, 甲辰) 활활태 등과 철리는 귀국길에 각기 몽골 측 사신들과 함께 돌아와 관련자들을 가두고 국문하였으며, 조인규 등을 데리고 원으로 돌아갔다(『高麗史節要』 권22, 忠宣王 즉위년 5월; 6월). 또

명령은 고려 국왕 및 신료들의 입장에서는 충렬왕 대의 유사한 전례에 비추어 국왕이 직접 황제를 만나 상황을 해명하고 수습하라는 의미로 받아들여졌을 수 있다. 이에 충선왕이 몽골에 입조하기 위해 전별하는 상황에 이르러서야, 패로올은 황제의 명령이라 하여 국왕의 인장을 충렬왕에게 전한 후 충렬왕 복위와 관련한 황제의 조서를 전달했다.[13]

이러한 패로올의 조처는 왕위 교체의 명령으로 인해 발생할 수 있는 혼란한 상황에 대비하기 위한 것으로, 그는 단지 황제의 조서를 전달한 후 그 후속 조치를 취하는 이상으로, 자신의 사행 목적, 즉 사명(使命)을 완수하기 위해 현장의 상황을 판단하고 그에 따라 행동한 것이었다. 이러한 양상은 충혜왕이 유배당하는 과정에서도 마찬가지로 확인할 수 있다. 충혜왕은 후4년(1343) 11월에 몽골 사신들에 의해 포박되어 유배당했는데, 이 과정을 주도한 몽골 측 사신들은 이미 10월부터 고려에 와 있었으며, 이후 차례로 온 사신들도 처음에는 그들 사행의 목적을 전하지 않고 다른 업무를 내세웠다.[14] 이는 황제의 국왕 폐위가 '책봉'이라고 하는 외교의 형식과 연계되어 있기는 하되, 그것이 실제로 실행될 경우 정치적인 문제가 되었다는 사실에 기인한 것으로, 관련한 위 사행의 양상은 다음에 보게 될 ⑤의 사행과 함께 '정치적 사행'으로 분류할 수 있을 것으로 생각된다.

⑤의 분쟁 조정을 위한 사행은 실무적 사행이면서도 그들이 담당한 '실무'가 외교적 사안에만 한정되지 않고 고려 내정의 문제까지 포괄하고 있었다는 점에서, 이전 시기 사행과 차별성을 갖는 몽골 측 사행으로 주

한 몽골 태후는 이와는 별도로 왕과 공주의 '호합(好合)을 위해' 홍군상(洪君祥)과 첩목아불화(帖木兒不花)를 보내었으나, 이들은 소기의 목적을 이루지 못하고 돌아갔다(『고려사』 권33, 세가33, 忠宣王 즉위년 6월 戊辰; 7월 辛卯, 癸卯;『高麗史節要』 권22, 忠宣王 즉위년 秋7월).

13) 『고려사』 권31, 세가31, 忠烈王 24년 秋8월 甲子, 辛未, 壬申, 癸酉.
14) 『고려사절요』 권25, 충혜왕 후4년 10월, 11월.

목된다. 이러한 사행을 '정치적 사행'으로 분류하고, 아래에서는 구체적 사례를 통해 '정치적 사신'들의 활동 양상에 대해 살펴보도록 하겠다.

이전 시기 사신들의 활동과 차이를 보이는 몽골 복속기 '정치적 사신'의 활동 양상이 잘 드러나는 사례로 충렬왕 29년(1303) 11월에 고려에 온 형부상서(刑部尙書) 탑찰아(塔察兒)와 한림직학사(翰林直學士) 왕약(王約)의 사행이 주목된다. 당시 왕약은 충렬왕에게 부자간의 친함과 군신 간의 의리가 중함을 이야기하고, 측근 소인들이 부자간을 이간하고 있는 상황에 대해 경계했다. 이에 충렬왕은 측근들의 말을 들었던 자신의 잘못을 뉘우치며 그들에 대한 치죄를 사신에게 청했다. 이에 몽골 사신들은 당시 폐위되어 몽골에서 숙위 중이던 충선왕의 환국을 저지하고 계국대장공주와 다른 종실 구성원의 통혼을 추진하기 위해 충렬왕의 친조(親朝)를 계획했던 충렬왕의 측근 송린(宋璘)을 정동행성에 가두고 심문했고, 역시 충렬왕의 측근으로 앞서 고려 신료들에 의해 몽골로 압송되었던 오기(吳祁)의 형제들 및 매부를 행성에 투옥했으며, 행성좌우사로 하여금 박규(朴圭) 등을 국문하게 했다.[15] 탑찰아 등은 귀국하기 전, 충렬왕 30년(1304) 1월에 오연(吳演) 등 18명을 섬으로 유배 보냈으며 송린은 석방했다.[16]

탑찰아와 왕약의 사행에서 주목되는 부분은 크게 세 가지이다.

첫째, 그 사행 목적이 외교적 사안이 아니라 고려 내정 문제와 관련되어 있었다는 점이다. 이들의 사행은 충렬왕 24년(1298) 충선왕이 폐위되고 충렬왕이 복위한 이후 거듭되었던 충렬왕 측근세력과 충선왕 지지세력 간 정쟁을 다스리기 위한 몽골 측 조치의 연장선상에 있는 것이었다. 이 시기 정국의 분열이 몽골과 밀접하게 연관되어 있었기 때문이기는 하지만, 위에서 보듯 탑찰아와 왕약이 고려에서 행한 업무는 고려

---

15) 『고려사절요』 권22, 忠烈王 29년 11월.
16) 『고려사』 권32, 세가32, 忠烈王 30년 정월 丙寅.

신료들에 대한 조사와 처벌로, 이는 엄연히 고려 내정의 영역에 포함되는 사안이었다.

둘째, 이들의 사신으로서의 임무가 상당부분 사신의 자체적인 판단을 필요로 하는 것이었다는 점이다. 이들은 충렬왕 측근세력을 치죄하기 위해 파견된 사신들이었다. 송린 및 오기에 대해서는 이미 몽골에서도 인지하고 있었으므로 사신들은 어느 정도 치죄의 방향성을 지시받고 왔을 것이다. 그러나 위에서 본 바와 같이 죄인들에 대한 심문 후 일부는 유배를 보내고 일부는 석방했던 것은 몽골에서 그러한 부분까지 이미 결정되어 있었던 것이라기보다는 심문 후에 사신들의 판단에 따라 행해진 것으로 보는 편이 자연스럽다.

한편, 관련한 황제의 조서나 몽골 중서성의 공문 등은 사료상 확인되지 않는다. 물론 사료에서 확인되지 않을 뿐 관련한 문서를 전달했을 수도 있지만, 몽골의 사신들이 종종 문서를 통하지 않고 구두(口頭)로 황제의 뜻을 전하기도 했던 점으로 미루어볼 때,[17] 이들 역시 구두로 자신들의 업무와 관련한 황제의 뜻을 전달했을 가능성도 있다. 문서가 있었다고 하더라도 그들의 업무 내용 범위가 세세하게 규정되어 있었을 것 같지는 않다.

관련선상에서, 이들은 사신으로서 어느 정도 자율적 판단을 요하는 임무를 부여받아 수행한 것에 더하여, 현지에서의 요구와 판단에 따라 애초에 부여받은 사명 이외의 추가적인 업무를 수행하기도 했던 것으로 보인다. 왕약은 고려에 도착한 후 왕의 총신인 김원계(金元桂)를 가두었다. 이는 사신들이 고려 국경에 들어선 후 어떤 사람이 그의 죄에 대해

---

17) 대표적으로 충렬왕 24년(1298) 9월, 충렬왕 복위 이후 고려에 왔던 평장(平章) 활활출(闊闊出)과 좌승(左丞) 합산(哈散)의 사례가 있다. 이들은 황제가 왕에게 포도주를 하사하고 자신들로 하여금 왕과 함께 국사를 의논하라고 했다는 황제의 명령을 '구두로' 전달했다(『고려사』 권31, 세가31, 忠烈王 24년 9월 丙申).

호소하며 죄주기를 청한 데에 따른 것이었으므로,[18] 몽골에서부터 부여받은 업무는 아니었을 것이다. 또한 이들은 귀국길에 고려로 가는 고려 낭장(郞將) 이승우(李承雨)와 마주쳐 그가 가지고 있던 금보(金寶)를 찍은 흰 종이를 빼앗아 일부는 돌려주어 고려의 재상들에게 보이게 하고, 나머지는 가지고 가서 몽골 중서성에 제출했다.[19] 이 흰 종이는 이전에 송균(宋均) 등이 전왕, 즉 충선왕을 음해하기 위해 준비했다가 사용하지 못하고 남겨두었던 것으로, 왕약은 이를 증거물로 삼아 송균의 계략을 밝히고자 한 것이었다. 이러한 사신들의 활동은 물론 고려 국왕 부자간의 갈등을 조장하는 세력들을 다스린다는 총체적 사명(使命)에 포함될 수 있는 문제이기도 하지만, 직접적으로는 현지의 상황과 요구에 따른 것으로 사신들의 자율적 판단과 활동 양상을 보여주는 사례라 할 수 있다.[20]

---

18) 『고려사절요』 권22, 忠烈王 29년 11월.

19) 『고려사』 권32, 세가32, 忠烈王 30년 정월 庚午; 『고려사절요』 권22, 忠烈王 30년 2월.

20) 유사한 사례로 원종 12년(1271)에 고려에 온 몽골사신 단사관(斷事官) 지필가(只必哥)의 사례가 주목된다. 지필가는 원래 고려의 땅이었다가 몽골 직할령이 된 쌍성총관부·동녕부와 고려 간에 발생한 민의 도망 및 소속 문제와 관련한 조사업무를 위해 파견된 사신이었다. 그런데 그는 이러한 업무 외에 고려신료인 이황수(李黃秀)에 대한 심문을 진행한 것으로 보인다(『고려사』 권27, 세가27, 元宗 12년 6월 丙申, 戊申). 이황수는 임연이 원종을 폐위하는 과정에서 공모했고, 원종이 복위 후 추진한 개경환도에도 응하지 않아 감옥에 구금되어 있던 중 몽골로 도망갔던 인물로, 당시 홍차구(洪茶丘)를 따라와서 전민을 강탈하고 범선을 빼앗는 등 전횡하고 있었다. 고려의 입장에서는 마땅히 "법에 비추어 처단해야 할 것이지만, 그가 관군(官軍, 황제의 군대)에 의탁하고 있었기 때문에 추궁하지 못하고 있는" 상황이었다. 따라서 지필가가 그를 심문한 것은 일차적으로 고려 측의 요청이 있었기 때문이었을 것으로 생각된다. 그러나 그와 함께 심문에 참가했던 다루가치 탈타아(脫朶兒)는 이미 1년 여 전인 원종 11년(1270) 5월부터 고려에 부임해 있었음을 고려한다면, 이때 지필가가 이황수를 심문한 것은 단지 고려 측의 요청에 따른 것이었다기보다는, 그 요청을 계기로 한 사신 지필가의 판단에도 근거한 부분이 있었다고 할 수 있다. 고려 측에서는 이황수에 대한 심문과 그의 자백을 몽골 중서성에 보고하면서 이 문제를 황제에게 전하여 그를 처벌해줄 것을 요청했다. 이황수에 대한 최종적 판결이 어떻게 이루어졌는지는 알 수 없지만, 황제가 이 사안을 결정했다면, 그 과정에는 고려에서 몽골 중서성을 통해 보고한 내용뿐 아니라, 실제 그 심문 과정에 참여했던 사신 지필가의 보고 내용이 영향을 미칠 수밖에 없었을 것이다. 이러한 사례는 이외에도 다수 확인된다.

탑찰아와 왕약의 사행에서 마지막으로 주목되는 점은 탑찰아 등의 사행이 단발적인 사행으로 끝나지 않고 전후한 사행 및 고려의 상황들과 연계하여 이루어지고 있으며, 이 과정에 고려 신료들의 요청이 개재했다는 점이다. 관련하여, 이들의 사행을 전후한 사행 상황을 표로 정리해보면 다음과 같다.

〈표 1〉 1303~1304년 몽골 측 사행

사행시기	사신	사건 및 경과
충렬왕 29년 (1303) 7월	단사관 첩목아불화(帖木兒不花) 한림학사 이모(李某)	김세(金世)의 고발에 따른 석주(石胄) 소환 (대질) * 홍자번(洪子蕃) 등이 사신에게 오기를 고발했으나 들어주지 않으니 홍자번 등이 오기를 몽골로 압송
충렬왕 29년 (1303) 10월	병부상서 탈탈첩목아 (脫脫帖木兒)	오기를 체포하기 위함 (압송 사실 모르고 옴)
충렬왕 29년 (1303) 11월	형부상서 탑찰아(塔察兒) 한림직학사 왕약(王約)	오기의 일족 및 송린 등 심문과 처벌 * 충렬왕 30년(1304) 1월 귀국길, 금보를 찍은 흰 종이 압수해 일부를 고려에 보내는 한편으로 송균의 계략을 몽골 중서성에 보고
충렬왕 30년 (1304) 3월	병부상서 백백(伯伯) 유(劉)학사	송균, 송방영(宋邦英) 등 문초. * 고려신료들의 요청으로 송방영 압송
충렬왕 30년 (1304) 4월	참지정사 홀련(忽憐) 한림직학사 임원(林元)	오기, 석천보(石天補) 일당을 진압하기 위함

(전거: 『고려사』, 『고려사절요』. *의 내용은 직접적 사명(使命)이 아닌 사신들의 활동)

앞서 이야기한 바와 같이 탑찰아와 왕약의 사행은 충렬왕 24년 (1298) 충선왕 폐위와 충렬왕 복위 이후 정국 분열과 관련된 것이었는데, 직접적으로는 이들의 사행과 같은 해인 충렬왕 29년(1303) 7월 첩목아불화 등의 사행과 관련되어 있다. 첩목아불화 등은 당시 고려인 김세가 충렬왕의 측근 가운데 한 명인 석주를 몽골 중서성에 고발한 것과 관련해서 이들 둘을 몽골로 소환하여 대질하기 위해 온 사신들이었다. 그런데 이때 홍자번을 비롯한 고려의 신료들은 충렬왕의 또 다른 측근인 오기의 잘못에 대해서도 첩목아불화 등에게 처벌을 청했고, 첩목아불화가 이에 별달리 응하지 않자, 왕궁을 포위하여 오기를 체포하고 몽골로 압송하게 했다.[21] 첨목아불화가 오기를 처벌하지 않은 것과 관련해, 고려 측 사료에는 그가 오기로부터 뇌물을 받았기 때문이라고 하여 오기를 치죄할 의사가 없었던 것처럼 서술하고 있다.[22] 그러나 그가 돌아가고 얼마 후인 같은 해 10월에 오기를 데려가기 위해 몽골에서 탈탈첩목아를 파견하고 있는 것을 볼 때,[23] 첨목아불화는 몽골로 돌아간 후 고려 신료들이 오기를 고발한 사안에 대해 보고를 한 것으로 보인다. 즉, 오기의 일족을 치죄하기 위해 고려에 왔던 탑찰아와 왕약의 사행은 앞선 첨목아불화의 사행 결과로부터 파생된 것이었다고 할 수 있다. 또한 이들이 심문했던 송린은 직전에 충렬왕이 충선왕의 환국을 저지하고 계국대장공주의 개가(改嫁), 즉 다른 종실과의 재혼을 추진하기 위해 시도한 친조(親朝)를 계획했던 인물이었다.[24]

한편, 탑찰아 등의 사행은 그것으로 끝나지 않고 또 다른 상황과 사행을 발생시켰다. 즉, 이들의 직접적인 사신으로서의 임무는 오기의 일족과 송린 등을 치죄하는 것으로 일단락되었다. 그러나 추가로, 혹은 포괄적인 사명(使命)의 일환으로 귀국길에 이승우로부터 빼앗은 금보 찍은 종이를 몽골 중서성에 제출했고, 이 문제를 해결하기 위한 또 다른 사행이 이루어진 것이다. 탑찰아 등이 귀국한 후 얼마 지나지 않아 고려에 온 병부상서 백백과 유학사는 황제의 지(旨)를 전한 후, 충렬왕과 송균, 그리고 사건에 연계되어 있던 관련자들을 차례차례 국문하고 재상들에게도 증언하게 했다.[25] 이후 백백이 돌아가려 할 때, 고려 신료들이 이

---

21) 『고려사절요』 권22, 忠烈王 29년 7월, 8월.
22) 『고려사절요』 권22, 忠烈王 29년 8월.
23) 『고려사』 권32, 세가32, 忠烈王 29년 冬10월 癸巳.
24) 『고려사절요』 권22, 忠烈王 29년 9월 庚午;『고려사』 권32, 세가32, 忠烈王 29년 9월 庚午, 10월 乙未.
25) 『고려사절요』 권22, 忠烈王 30년 2월, 3월.

사건 관련자이자 충렬왕 측근이었던 송방영 등에 대한 처벌을 황제에게 청해줄 것을 요청했고, 백백은 송방영 등을 몽골로 압송했다.[26] 그리고 이렇게 연이은 고발과 사건 조사를 위한 사행 이후, 몽골에서는 홀련과 임원을 보내어 고려에 머무르면서 정국의 분열상을 감시하고 억제하도록 했다.[27]

즉, 이러한 '정치적 사신'들의 활동은 고려에서의 분쟁을 조정하라는 취지의 포괄적인 황제의 명령에 따라 이루어진 것으로 실제 활동 과정은 그러한 큰 틀에서 벗어나지 않는 범위 내에서 스스로의 판단과 현지 상황에 따라 다소 자율적, 임기응변적으로 이루어졌다. 경우에 따라서는 직접적인 사행 업무 이외에 추가적인 업무를 수행하기도 했다. 이러한 점은 대개 문서에 담긴 그들을 파견한 군주의 뜻을 '전달'하는 것을 주된 업무로 하는 전형적인 사신들의 활동과는 차이를 보인다. 또한 그들이 처리하고 있는 업무의 성격 및 범주는 위에서 본 바와 같이 고려—몽골 간의 외교적 사안이라기보다는, 혹은 그에 더하여 고려 내의 정치적 분쟁과 관련한 사안을 포함하는 것이라는 점에서 이 시기 고려—몽골 관계의 특징적 면모를 보여준다.

몽골과의 관계 이전에도 실무적인 사행은 있었으며, 무신집권자에 의한 왕위 교체와 관련해 금(金)에서 사건의 정황을 파악하기 위한 사신을 파견해온 사례도 있었다.[28] 그러나 이러한 경우는 대개 단발적인 사행으로 끝이 났고, 관련한 사행이 연이어 계속되거나 유사한 사행이 다시 발생하여 이후의 사행에, 혹은 고려의 정국에 어떤 영향을 미치지는 않았다. 이에 비해 몽골과의 관계에서 이루어진 '정치적 사행'은 고려의 정국과 연동되어 또 다른 사행을 발생시켰고, 그것이 다시 고려 정국에

26) 『고려사절요』 권22, 忠烈王 30년 3월, 4월.
27) 『고려사』 권32, 세가32, 忠烈王 30년 4월 丁未.
28) 『고려사』 권19, 세가19, 明宗 원년 8월 甲辰; 권21, 세가21, 神宗 원년 6월.

영향을 미치고 있었다는 점에서, 그리고 살펴본 바와 같이 이 과정에는 고려 신료들의 역할이 중요한 비중을 차지하고 있었다는 점에서 이전 시기 사행과는 차이를 보인다.

Ⅲ. 고려 측 사행(使行) 양상의 변화

사행 양상의 변화는 몽골 측 사행뿐 아니라 고려 측 사행에서도 나타났다. 몽골과의 관계 형성 이후 고려 측 사행에 나타난 변화상과 관련해서는 우선 최해(崔瀣)의 다음 글이 참조된다.

삼한(三韓)이 예로부터 중국과 국교를 맺어 (중략) 매번 사신을 파견할 때에는 반드시 그 관속들을 신중하게 가려 뽑았고, 그 일행이 혹 300명에서 500명이 되기도 하고 적을 때라 하더라도 100명 이하로는 내려가지 않았다. (중략) 천자를 뵐[參謁] 때부터 절하고 물러날[拜辭] 때까지 내전[內殿]에서 잔치를 열어주고 음식을 마련하여 국빈(國賓)으로 대접해 주는가 하면 어찰(御札)을 특별히 내려 향기로운 차[茶香], 술과 과일[酒果], 의복, 장식품[器玩], 안장 얹은 말[鞍馬] 등 예물을 끊임없이 넉넉히 내려주었는데, 그때마다 표(表)나 장(狀)을 지어 배신(陪臣)을 칭하며 사은(謝恩)하였다. 또 사적으로 중국 재상들을 만나게 될 때에도 계(啓)나 차자[箚]를 주고받는 경우가 많았다. 그러므로 서기(書記)의 직임은 학식이 달통한 사람이 아니면 제대로 수행하기 어렵다고 일컬어져왔다. (중략)

원(元)에 귀의한 이후로 장인과 사위의 관계를 맺어 한집안처럼 지내게 되었으므로 양국 간의 일은 정실(情實)을 돈독히 하고 예(禮)는 형식적인 것을 생략하게 되었다. 원에 품달(稟達)할 일이 있으면 한 사람이 역마(驛馬)를 타고 곧장 황제가 계신 곳에 가서 전달하여 한 해 동안 빠지는 달이 없을 정도로 왕래가 잦았다. 그리하여 더 이상 사신으로 갈 사람을 가려 뽑지 않게 되었으니, 지극히 두터운 은혜를 입은 것이다. 오직 연절(年節)에 있어서만은 의례적으로 표문을 올려 하례를 드리고 또 천자에게 공물을 바치므로 고관[國卿]으로 정사(正使)와 부사(副使)를 충원하여 대충이나마 옛 관례를 따른다. 서기의 명칭 역시 겨우 남아 있기는 하지만 문장을 짓는 일에 대해 아무런 책임도 지지 않는다. 이 때문에 근년에는 요행만을 바라는 염치없는 자들이 왕왕 이익을 탐내어 앞 다투어 그 자리를 차지하려 하였으므로 행인(行人)과 장교(將校)들조차도 이를 명망이 높은[淸望] 자리로 대우하지 않는 지경에 이르고 말았다. (하략)[29]

이는 충숙왕 후3년(1334) 3월에 최해가 지은 「송정중부서장관서(送鄭仲孚書狀官序)」, 즉 서장관으로 사행을 떠나는 정중부를 송별하며 지은 글의 일부로, 당시 고려-몽골 관계 속에서 변화한 고려 측 사행 양상에 대해 언급하고 있다. 이에 따르면 이즈음 고려에서 몽골에 보내는 사행은 "예(禮)는 형식적인 것을 생략하고" 일이 있을 때마다 수시로 한 명이 몽골로 가서 일 처리를 하게 됨으로써 사신을 가려 뽑지도 않았으며, 연절(年節)에는 형식적으로 옛 관례를 따르지만 서장관의 직임은 사실상 유명무실한 것이 되었다고 한다.

이 글이 서장관으로 가는 정중부를 송별하면서 지은 글이라는 이유도 있겠으나, 최해가 사행단의 인선(人選)과 관련해서 특히 문제로 삼고 있는 것은 서장관의 역할과 비중이 축소된 점이다. 서기(書記), 즉 서장관이 "문장을 짓는 일에 대해 아무런 책임을 지지 않으며" 이에 "요행을 바라는 염치없는 자들"이 이 자리를 채운다는 것이다. 대개 정사(正使)와 부사(副使) 이외의 사행단 구성원은 사료에 드러나지 않지만, 간헐적으로 확인되는 몽골 복속기 고려 측 서장관의 사례들을 보면 그들의 선발에 문학적 재능이 전혀 고려되지 않았던 것 같지는 않다. 확인되는 사례로서 공민왕 2년(1353)에 황후의 천추절(千秋節)과 태자 책봉을 하례

---

29) 崔瀣, 『졸고천백(拙藁千百)』 권2, 「送鄭仲孚書狀官序」.

하기 위한 사행에 서장관으로 수행했던 이색(李穡)의 사례,[30] 공민왕 12년 (1363)에 덕흥군(德興君)을 왕으로 세우려는 시도에 대한 진정표문을 보내는 사행에 수행한 임박(林樸)의 사례,[31] 공민왕 15년(1366) 하남(河南)의 확곽첩목아(擴廓帖木兒)에게 보낸 사행에 수행한 김제안(金齊顔)의 사례[32] 등은 비록 몽골과의 관계 후반이며 '반원개혁' 이후이기는 하지만, 문장력이 뛰어난 인물이 몽골로의 사행에 서장관으로 수행한 사례들이다.

물론 최해의 언급처럼, 몽골과의 관계 속에서, 서장관을 선발하는 데에 이전처럼 그의 학식과 문학적 재능을 적극적으로 고려하지 않게 되었던 것은 사실일 수도 있다. 그러나 위의 사례들이나 최해가 송별하고 있는 정중부의 사례를 보더라도, 몽골에 보내는 서장관의 자질로 문학적 재능이 '전혀' 고려되지 않았다고 보기는 어렵다. 그보다는 서장관의 역할과 재능이 그다지 필요하지 않은 사행이 늘어나고 사신에게 요구되는 또다른 역할과 재능이 부각되는 가운데, 이전에 비해 사신의 문학적 재능에 대한 고려 비중이 축소되었던 것이 아닌가 한다.

즉, 이 시기 고려의 사신 인선(人選)은 최해의 글처럼 단지 "가려 뽑지 않은" 것은 아니었다. 이 시기 사신 인선은 이전과는 다른 기준을 적용하여 사신을 '가려 뽑았던' 것으로 보인다. 몽골 복속기 사신 인선에 새로운 기준이 적용된 것은 사행 양상의 변화를 배경으로 하는데, 이를 크게 두 가지로 나누어 살펴보겠다.

한 가지는 최해의 글에 언급되어 있는 바와 같이, 몽골에 품달(稟達), 즉 보고해야 할 일들이 많이 발생하게 되었다는 점이다. 하례나 사례를 위한 의례적 사행이 아니라 보고를 해야 할, 그리고 처리해야 할 구체적

---

30) 『고려사절요』 권26, 恭愍王 2년 10월.
31) 『고려사절요』 권27, 恭愍王 12년 3월.
32) 『고려사절요』 권28, 恭愍王 15년 6월.

인 업무를 띤 사행이 증가하게 됨에 따라 나타난 변화라는 것이다. 이에 기존에는 사행단이 신년 혹은 성절 등 특정 시기에만 정례적으로 파견되던 것에 비해 이제는 업무가 발생할 때마다 수시로 사행이 이루어지게 되었으며, 사신 파견 시기가 정해져 있어 몇 달 전부터 준비하여 대규모의 사행단이 움직였던 것에 비해 이제는 시일을 다투는 업무일 경우 소수의 인원이 신속하게 사행을 다녀오게 되었던 것이다. 이러한 실무적 사안들은 고려-몽골 간 외교 현안부터 고려 정치와 관련한 문제에 이르기까지 다양한 범주에 이르렀으며, 이를 위한 사행은 몽골에서의 구체적 활동 양상에서도 이전 시기 의례적 사행단의 활동 양상과 차이를 보였다. 이러한 차이는 사행단의 인선 기준, 인적 구성 변화의 두 번째 배경이 된다.

몽골과의 관계에서 비중이 확대된 실무적 사행의 구체적 사례로 원종 9년(1268) 이장용(李藏用)의 사행을 들 수 있다. 당시 일본 초유 등의 문제로 인해 고려의 '복속'에 대한 불신이 깊었던 쿠빌라이는 원종 9년 3월, 사신을 보내어 고려가 이른바 '6사(六事)'를 제대로 이행하지 않은 것을 힐책하는 한편으로, 송(宋)을 정벌하는 데에 군대와 병선, 군량 등을 보낼 것을 요구하고, 관련한 내용을 당시 무신집정이었던 김준(金俊)과 이장용으로 하여금 몽골에 와서 보고하도록 했다.[33] 이에 고려에서는 같은 해 4월, 이장용을 보내어 황제에게 표문을 바치게 했는데,[34] 이때 이장용의 역할은 원종이 쿠빌라이에게 보낸 표문을 바치는 데에서 끝나지 않았다.

이때의 사행과 관련, 『고려사』 열전에는 다음과 같은 기록이 있다. 몽골의 사(史) 승상이 이장용을 중서성으로 불러, 당시 몽골에 있으면서 고려에 38령(領)의 군대, 총 38,000명의 군사가 있다고 한 영녕공(永寧

---

33) 『고려사』 권26, 세가26. 元宗 9년 3월 壬申.
34) 『고려사』 권26, 세가26. 元宗 9년 夏4월 丙戌.

公) 왕준(王綧)의 보고와 관련하여 그 사실 여부를 질문했다. 이에 대해 이장용은 그의 말이 잘못되었음을 이야기했고, '옆에 있던' 왕준은 더 이야기하지 못했다. 이후에도 사(史)승상은 이장용에게 몇 가지 질문을 더 했고 양자 간 대화는 이어졌다.[35] 이장용은 고려의 군사 수효와 관련한 중서성에서의 '질의문답'에 이어 황제와도 '면대(面對)'하여 관련한 이야기를 했던 것으로 보인다. 이에 대해서는 『고려사절요』에 당시 이장용이 황제를 '알현하자[謁]' 황제가 이장용에게 왕준의 말을 들어 질문하고 이장용의 대답을 들은 후, 왕준을 불러 "이장용과 대변하라"라고 했다는 기록이 보인다. 이후 몇 차례의 질문과 대답이 이어졌는데, 왕준이 군사와 관련한 일을 말하려 하자 이장용이 "지존 앞에서 논쟁할 수 없다"라고 하며 사신을 보내어 조사할 것을 청했다고 한다.[36] 즉, 이장용은 몽골에 사신으로 가서 몽골에서 요구한 사안에 대한 고려 국왕의 표문을 전하는 사행 업무 외에도 해당 사안과 관련한 황제 및 중서성 측의 질문에 답하고 관련자와 대질하기도 했던 것이다.

사행의 목적과 관련해서, 혹은 이외의 실무적 사안과 관련해 사신들이 질문을 받거나 관련자와 대질한 사례는 더 찾아진다. 원종 9년(1268) 11월, 이듬해의 신년을 하례하기 위해 몽골에 갔던 하정사(賀正使) 이순익(李淳益)에게 쿠빌라이는 당시 선주(宣州)와 인주(麟州)의 사람들이 보고한 바, 고려가 황제의 조서를 빙자해 선박을 만들어 바다 가운데로 들어가려 한다는 말의 사실 여부를 물었다. 이에 대해 이순익은 적절히 대처했고 쿠빌라이는 고려에 대한 의심을 풀고 참소를 듣지 않겠다고 했다고 한다.[37] 원종 11년(1271), 배중손(裵仲孫) 등의 반역 사실 보고와 성절 하례를 위해 세자 왕심(王諶, 뒤의 충렬왕)이 몽골에 갔을

---

35) 『고려사』 권102, 열전15, 李藏用 傳.
36) 『고려사절요』 권18, 元宗 9년 6월.
37) 『고려사절요』 권18, 元宗 10년 2월.

때 그를 수행했던 추밀원부사(樞密院副使) 원부(元傅) 등의 사례도 주목된다. 당시 이들은 강화에서 출륙할 당시 두련가(頭輦哥) 국왕과 행성(行省) 관원들이 작폐한 일을 황제에게 아뢰었는데, 쿠빌라이가 관련자인 행성 관원들을 불러 면대하여 해명하게 했고, 원부 등이 '말이 부족해' 결국 굴복했다고 한다.[38]

즉, 이 시기 사신들은 우선 그들이 '품달'해야 할 업무와 관련한 문서, 국왕의 표문일 수도 있고 다른 기관의 것일 수도 있는 문서를 전달했다.[39] 그러나 이들의 업무는 문서 전달에 그치지 않았다. 문서의 내용과 관련한 몽골 황제나 중서성의 질문에 답하기도 했고, 혹은 경우에 따라 관련자들 간에 대면하여 논쟁이 이루어지기도 했다. 이는 이들이 전달한 문서의 내용이 하례나 사례와 같은 의례적 내용에 그치지 않고 양국 간 현안이나 실무적인 성격을 가진 데에 기인한 것이다. 또한 양국 사이에 실무적인 사안들이 수시로 발생하는 상황에서, 하례와 사례를 주된 사행 임무로 하는 정례적·의례적 사행단의 사신들도 실무 사안에 대한 질의에 응답해야 하는 상황이 다수 발생했다.

한편, 당시 고려의 사신들은 공식적인 문서를 전달하는 것 외에 중요한 사안을 '구두(口頭)'로 보고하기도 했다. 원종 2년(1261), 아릭부케를 평정한 것을 하례하기 위해 세자 왕심이 입조할 당시, 원종은 황제에게 보내는 표문에 "내가 편지에 다 쓰지 못한 사연을 세자에게 부탁하여 구두로 보충하게 하려는 것"이라고 적었다.[40] 이외에도 원종 10년(1269) 10월, 이듬해의 신년 하례를 위한 사신을 보내면서 원종은 표문을 통해

---

38) 『고려사』 권26, 세가26, 元宗 11년 12월 乙卯.
39) 고려-몽골 간에는 다양한 주체들 간의 문서행정이 이루어졌다. 이와 관련해서는 다음 논문들이 참조된다. 森平雅彦, 「牒と咨のあいだ―高麗王と元中書省の往復文書」, 『史淵』 144, 2007; 『モンゴル覇権下の高麗: 帝国秩序と王国の対応』, 名古屋大学出版会, 2013; 정동훈, 「高麗明 外交文書 書式의 성립과 배경」, 『한국사론』 56, 2010.
40) 『고려사』 권25, 세가25, 元宗 2년 夏4월 己酉.

직전에 발생한 최탄(崔坦) 등의 반란에 대해 언급했는데, 표문에는 관련한 사항을 "하정사가 상세히 보고할 것"이니 그에 따라 잘 살펴주기 바란다는 내용이 실려 있다.[41] 즉, 이들은 사행을 갔다가 현장에서 맞닥뜨린 필요에 의해 질의에 대한 응답을 했던 것 이상으로, 애초에 구두로 고려 측의 사정을 전하도록 예정되어 있었던 것이다.

사행에서 서장관의 비중과 역할이 축소되었던 것은 이처럼 사신의 역할 변화에 기인한 것으로 생각된다. 표문 등 문서의 전달과 관련한 의례 참석, 사행 일정 중에 이루어지는 잔치 및 그에 사례하는 글의 작성, 주요 인물들과의 시문 교유 등이 중심을 이루고 그 자체가 외교의 방식이었던 '전통적인' 사행에서는 서장관의 역할과 비중이 클 수밖에 없었을 것이다.[42] 그러나 수시로 발생하고 있었던 현안과 관련한 보고 및 현장에서 이루어지는 질의와 답변, 경우에 따라서는 관련자들과의 대질 등이 사행의 중요한 부분을 구성하게 된 몽골 복속기 사행에서는 관련 업무에 정통한 관료, 경우에 따라 직접적인 의사소통이 가능한 관료가 사행에서 보다 중요한 역할을 할 수밖에 없었다. 특히 전자의 경우는 응대를 잘하면 좋은 평가를 받을 수 있는 정도이지만, 후자의 경우는 위 이순익과 원부의 사례에서 보듯이 사신의 응대 여부에 따라 양국 간의 실제적인 문제를 해결할 수도, 혹은 새로운 문제를 발생시킬 수도 있다는 점에서 적합한 사신 선발은 더 중요할 수밖에 없었다.

몽골과의 관계 속에서 몽골어 실력을 바탕으로 사행에서 공을 세워 재상위까지 오른 조인규(趙仁規), 유청신(柳淸臣) 같은 인물들이 등장할

---

41) 『고려사』 권26, 세가26, 元宗 10년 冬10월 庚子.
42) 고려 전기, 송과의 관계에서 파견되었던 사신들의 경우를 보면, 서장관 뿐 아니라 정사를 선발하는 데에 있어서도 그의 가문 배경 및 관품, 학식 등이 인선의 중요한 기준이었던 것으로 보인다. 관련해서는 박용운, 「高麗·宋 交聘의 목적과 使節에 대한 考察(上)·(下)」, 『한국학보』 21·22, 1995·1996 참조.

수 있었던 것은 이러한 상황에 기인한 것이다.[43] 이전 시기에도 통역은 존재했으며 이들은 외교의 현장에서 일정한 역할을 했지만, 의례적인 사행이 주를 이루었던 시기 그들의 역할은 제한된 범위에 한정되어 있었다. 이에 비해 몽골과의 관계 형성 이후 사신의 활동 양상이 변화한 상황에서, 그리고 국왕이 친조하여 황제와의 '면대(面對)'를 통해 중요한 사안들을 결정하기도 했던 상황에서[44] 이들의 역할과 비중은 증대될 수밖에 없었다.

한편, 사행이 구체적 사안의 보고 등 실무적인 성격을 띠게 되면서 사행 업무와의 직접적 관련성이 사신 인선 과정에서 고려되었던 것으로 보인다. 예컨대, 원종 대 일본 초유와 관련한 사행에서 원종 8년(1267) 1월에 사신으로 파견되었던 송군비(宋君斐)와 김찬(金贊)은 앞서 전년 11월에 몽골 사신들과 함께 일본에 갔던 인물들이었다.[45] 원종 9년 (1268) 7월에 초유의 결과를 보고하기 위해 사신으로 갔던 반부(潘阜) 역시 앞서 원종 7년(1266)과 8년 두 차례의 일본행에 참여했던 인물이었고,[46] 원종 10년(1269) 4월에 역시 초유의 결과 보고를 위해 몽골로 간 신사전(申思佺)은 전년(1268)에 몽골 사신들과 함께 일본에 갔던 인물이었다.[47] 몽골 복속기 들어와 전반적으로 장군 등 무관직을 보유한

---

43) 고려시대의 역관(譯官) 및 고려후기 통역관의 역할 및 비중 증대와 관련해서는 다음 연구들을 참조할 수 있다. 박용운, 「고려시기의 통문관(사역원)에 대한 검토」, 『한국학보』 120, 2005; 이명미, 「왕의 장인이 된 원간섭기 몽골어 통역관, 조인규」, 『내일을 여는 역사』 32, 2008; 이미숙, 「고려시대의 역관연구」, 『한국사상과 문화』 46, 2009; 이정신, 「고려후기의 譯官」, 『한국중세사연구』 38, 2014 외.

44) 대표적인 사례가 충렬왕 4년(1278)의 친조이다.(『고려사』 권28, 세가28, 忠烈王 4년 7월 甲申; 丙申) 이 '친조외교'의 성과와 의미에 대해서는 이익주, 「高麗·元 관계의 構造와 高麗後期 政治體制」, 서울대학교 국사학과 박사학위논문, 1996, 59~65쪽 참조.

45) 『고려사』 권26, 세가26, 元宗 7년 11월 丙辰 ; 8년 정월.

46) 『고려사』 권26, 세가26, 元宗 8년 8월 丙辰, 丁丑 ; 9년 7월 丁卯.

47) 『高麗史』 권26, 세가 元宗 9년 12월 庚辰 ; 10년 4월 戊寅.

인물의 사행이 증가하고 있는데, 특히 군사 업무와 관련한 사행에는 대개 이러한 인물들이 선발되었던 점도 사행 임무와의 직접적 관련성을 고려한 결과일 가능성이 있다. 또한 한 가지 업무와 관련해서 사행이 거듭 이루어질 경우 이전에 사신으로 갔던 인물이 계속해서 사행을 가는 사례들이 나타나고 있는 점이 주목되는데, 이는 업무 수행의 연속성을 담보하여 업무 처리의 효율성을 제고하기 위한 것으로 보이기도 한다.[48] 이러한 양상들은 사행이 의례적인 성격을 넘어 실무적 성격을 띠게 됨으로 해서 나타난 변화라고 할 것이다.

관련선상에서, 충렬왕비 제국대장공주(齊國大長公主)의 겁령구(怯怜口), 즉 사속인(私屬人)으로서 고려에 왔던 인후(印侯)의 사례는 몽골 복속기 사신 인선의 새로운 기준과 관련해 주목되는 사례이다. 그가 "성정이 광패하고 탐욕스러웠음에도 명령을 수행하는 데에[將命] 능하여" 충렬왕이 "황제에게 전할 일이 생기면 반드시 그를 파견하여 처리하게 했다"라는 기록은[49] 몽골에 보내는 사신을 선정하는 과정에서 고려되었던 사신의 자질을 보여준다. 인후는 몽골인이었으므로 몽골어에 능하다는 것도 한 가지 이유였겠지만, 그가 사행 업무를 수행하는 데에 능했다는 점, 그리고 그가 제국대장공주의 사속인으로서 공주가 사망하기 전까지는 충렬왕의 측근이기도 했다는 점 등이 그가 자주 사신으로 파견되었던 데에 중요한 이유가 되었던 것으로 보인다. 사명을 완수할 수 있는 인후의 능력과 관련해서는 그가 스스로 한, "말을 잘 해서 상국(上國)의 대신들을 기쁘게 하는 데에 그대와 나 중 누가 나으며, 재화가 풍부해 권귀(權貴)들에게 뇌물을 쓰는 것이 그대와 나 중 누가 나은가."라는 말이 주

---

48) 일례로 삼별초의 난 발생 당시, 고려에 와 있던 몽골군과의 관계에서 발생한 문제 등을 보고하기 위해, 장군 인공수(印公秀)가 세 차례에 걸쳐 몽골에 파견되었던 사례를 들 수 있다(『고려사』 권27, 세가27, 元宗 12년 정월 己巳; 2월 乙卯; 8월).

49) 『고려사』 권123, 열전26, 印侯 傳.

목된다.[50] 이는 충선왕이 복위 후 몽골에 계속 머물고 있는 가운데 그의 귀국을 요청하고 충선왕 측근의 권력 행사를 저지하기 위해 몽골로 가려던 김심(金深)을 전별하면서 인후가 한 말이다. 인후는 그러한 '자질-정치력'을 바탕으로 김방경에 대한 무고를 해명하는 과정에서, 그리고 평양을 회복하는 과정에서 사명을 완수하여 '성과'를 냈다.[51]

몽골과의 관계가 전개됨에 따라 사행에서 보고, 전달되는 사안이 외교적 사안에 그치지 않고 고려의 정치적 사안에까지 확장되면서 사행 양상, 혹은 사신 인선에 보이는 위와 같은 변화는 더욱 심화되었던 것으로 생각된다. 특히 국왕위 계승과 관련하여 정치세력 간에 정쟁이 일어나던 시기에 국왕의 측근 세력들이 사행길에 오르는 사례가 증가하는 상황 역시 변화한 사행 양상으로 인한 사신 인선 변화와 관련된다. 즉, 고려에서 몽골에 파견되었던 사신의 사행 역시 단지 외교적 역할을 수행하는 것을 넘어, 혹은 그에 더하여 정치적 역할까지 수행하는 사신으로 변모하고 있었다고 볼 수 있으며, 이에 이러한 사안과 관련한 사행에는 이전시기 정례적·의례적 사행단을 구성했던 사신들과는 다른 자질과 요건, 예컨대 몽골어 구사 능력, 사행의 실무적 목적과의 직접적 관련성, 혹은 사행의 목적을 잘 완수할 수 있는 능력 등을 갖춘, 그리고 국왕의 측근인 인물이 사행에 참여하는 비중이 증가하게 된 것으로 보인다.

---

50) 『고려사절요』 권23, 忠宣王 후5년 2월.
51) 『고려사』 권123, 열전26, 印侯 傳.

Ⅳ. 고려-몽골 간 사행 양상 변화의 배경

이전 시기 일반적 국가 간 사행의 양상과 차이를 보이는 위와 같은 고려-몽골 간 사행 양상 변화의 배경은 크게 두 가지로 이야기할 수 있다. 먼저, 위와 같은 사행 양상은 몽골과의 관계 속에서 상대화한 고려 국왕 위상의 문제, 즉 권력구조의 문제에서 비롯된 측면이 있다.[52] 고려의 정치가 고려라는 국경 안에서 고려 국왕을 최고권으로 해서 이루어지지 못하고 몽골 황제권을 실질적 정점으로 하는 권력구조 안에서 이루어지게 되면서, 이전 시기에는 주로 외교적인 역할만을 수행했던 사신이 정치적인 역할까지 담당하게 되었고, 이에 따라 발생하게 된 변화상이라는 것이다.

몽골에서 고려의 내정 문제와 관련해 발생한 분쟁을 조정하기 위해 사신들이 파견되어 왔던 것은 많은 경우 고려 국왕이 그러한 정쟁의 한 축인 관계로 스스로 분쟁을 조정하기 어려운 상황에서였다. 위에서 검토한 탑찰아와 왕약의 사행 전후 상황에서 보듯, 충렬왕 복위 후 그 측근 세력은 충선왕의 환국을 저지하고 계국대장공주를 다른 종실 구성원과 다시 혼인하도록 하여 그 복위 가능성을 차단하려 했다. 이에 대해 불만을 가진 다수의 고려 신료들은 충렬왕 측근 세력의 불법적 행위를 처벌하고자 했으나, 충렬왕은 오히려 측근 세력에 호응하여 스스로 친조를 통해 그들의 활동에 힘을 싣고자 했으며, 관련하여 투옥되었던 인물을 억지로 석방하는 등 정쟁을 조정할 의사가 없었다.[53] 한편 홍자번을 비

---

52) 몽골 복속기 고려의 권력구조와 국왕 위상과 관련해서는 이명미, 『13~14세기 고려·몽골 관계 연구-정동행성승상 부마 고려국왕, 그 복합적 위상에 대한 탐구』, 혜안, 2016 참조.

53) 당시 몽골 사신 탑찰아(塔察兒)는 귀국길에 이승우로부터 충선왕을 음해하기 위해 만들었던 금보를 찍은 종이를 빼앗았는데, 이를 가지고 몽골로 돌아가 중서성에 알리는 한편으로, 종이의 일부를 이승우에게 돌려주어 고려 재상들에게 전하게 했다. 이에 고려의 재추들은 충렬왕에게 고해 이 종이들과 관련되어 있던 송균을 순군옥에 가두었으나, 얼마 후 충렬왕은 억지로 그를 석방했다

롯한 고려의 신료들이 충렬왕의 반대에도 불구하고 군사력을 동원해 오기를 몽골로 압송한 것에서 보이듯이 신료들 또한 국왕의 조정 능력에 대한 신뢰를 보이지 않고 있었다.

이러한 점은 몽골 사신들의 언급에서도 누차 확인되는 바인데, 왕약이 충렬왕에게 경계하여 이야기한 것도 그런 맥락의 말이었으며, 충렬왕 복위 후 1299년에 고려에 왔던 정동행성(征東行省) 평장정사(平章政事) 활리길사(濶里吉思)와 좌승(左丞) 야율희일(耶律希逸)도 그들에 앞서 고려에 왔던 좌승 합산(哈散)이 한희유 무고사건 등을 경험한 후 몽골에 귀국해 "국왕이 자기 신하들을 통솔하지 못하니 조정에서 관원을 보내어 왕과 같이 나라를 다스리게 하는 것이 좋겠다"라고 보고한 결과 파견된 자들이었음은[54] 주지의 사실이다. 충렬왕 30년(1304) 4월에 고려에 왔던 홀련(忽憐) 역시 연이은 문사(問事)와 처벌 이후에도 측근들의 왕 부자 이간으로 인한 혼란상이 진정되지 않는 상황에서 이를 진압하기 위해 파견된 것이었다. 이듬해 2월에 홀련이 위독하여 고려 측에서 약을 권하자, 그가 "그대들의 나라에서는 간신들이 왕명을 좌우하고 왕 부자가 서로 음해하려고 하므로 황제가 나를 이곳에 보내어 감독하게 한 것이니, 내가 만일 그 약을 먹고 죽으면 뒷말이 없을 수 있겠는가?"라고 하고 먹지 않고 죽었다는 것을 통해 볼 때,[55] 홀련을 비롯한 몽골 측 정치적 사행의 목적이 고려 내 정쟁을 조정하여 정국을 안정시키기 위한 것이었다

(『고려사』 권32, 세가32, 충렬왕 30년 2월 乙巳; 3월 辛未). 여기에서 유의되는 점은 당시 탑찰아가 이승우에게 종이를 돌려주면서 충렬왕이 아닌 재상들에게 보여주라고 했다는 점이다. 이는 탑찰아(塔察兒) 역시 이 문제를 충렬왕이 해결하지 못할 것임을, 혹은 그리하지 않을 것임을 이미 알고 있었음을 보여준다. 이 문제를 포함하여, 몽골과의 관계 속에서 변화한 고려 국왕의 사법적 위상과 관련해서는, 이명미, 「司法 문제를 통해서 본 몽골 복속기 고려국왕 위상 - 다루가치·管軍官 체재기의 '雜問'을 중심으로-」, 『사학연구』 121, 2016; 「몽골황제권의 작용과 고려국왕의 사법적 위상 변화」, 『동국사학』 60, 2016 참조.

54) 『고려사』 권31, 세가31, 忠烈王 25년 10월 甲子.
55) 『고려사』 권32, 세가32, 忠烈王 31년 2월 庚辰.

는 언급은 수사로만 보기 어렵다.

한편, 몽골의 정치적 사신들의 활동이 대개 애초 고려 신료들의 고소 혹은 고발을 계기로 시작되고 계속되었다는 점은 고려의 신료들 역시 위와 같은 몽골 사신들의 혹은 그들이 대표하는 몽골 황제의 분쟁 조정자 혹은 중재자로서의 위상을 적극적으로 인식하고 활용하고 있었음을 보여준다. 오기를 고발한 후 왕명에 반하여 왕궁을 포위하기까지 하며 오기 압송을 주도했던 홍자번은 오히려 이후 몽골 조정에서 이 문제에 대해 언급하자 자신의 행동을 후회했다고 한다.[56] 이러한 고려 신료들의 행동은 충렬왕이 스스로 정쟁의 한 축이 되면서 정치 세력들 간 분쟁을 조정할 수 있는 위상을 상실한 데에서 비롯된 것인 동시에, 이 시기 몽골 사신을 통해 대변되는 몽골 황제권이 그러한 분쟁의 조정자로서의 위상을 갖게 된 상황을 잘 보여준다.[57]

이러한 점은 다른 사례들에서도 확인되는데, 충숙왕 대 일부 정치세력이 심왕(瀋王)을 고려국왕으로 세우고자 한 일련의 시도로 인한 정쟁과 관련한 사행이 그 한 사례이다. 관련한 사신 파견 사례들 가운데, 심왕 세력이었던 유청신, 오잠(吳潛 = 오기) 등이 충숙왕을 무고한 내용의 사실 여부 확인을 위해 충숙왕 15년(1328) 7월, 고려에 파견된 평장정사 매려(買驢)와 사인(舍人) 역특미실불화(亦忒迷失不花)의 사행이 주목된다. 무고의 내용은 왕이 귀머거리고 벙어리여서 정사를 친히 돌볼 수 없다는 내용도 있기는 했으나 주로 심왕과 관련된 것이었다. 이에 매려 등 몽골 사신들은 충숙왕의 건강 상태를 확인하고, 심왕이 충선왕으로부터 받았던 세자 인장을 충숙왕이 빼앗았다는 무고에 대해서도 충숙왕의

---

56) 『고려사절요』 권22, 忠烈王 29년 8월.
57) 몽골 복속기 권력구조의 특징, 특히 충렬-충선왕 대 발생한 국왕 위상 변화 문제와 관련해서는 이명미, 「몽골 복속기 고려국왕 위상의 한 측면-忠烈~忠宣王代 重祚를 중심으로-」, 『동국사학』 54, 2013 참조.

변론을 들은 후 돌아갔다.[58] 이 사행에서 주목되는 점은, 그에 대한 고려 신료들의 반응이다. 우선 매려가 왔을 때, 당시 왕의 측근으로서 옥송(獄訟)을 거래하고 관직을 파는 등 권력을 마음대로 행사하고 있던 최안도(崔安道) 등은 화를 당할까 염려하고 두려워했다고 한다. 최안도 등이 몽골 사신으로부터 견책을 당할 수도 있다는 '우려'는 그 자신들만의 것은 아니었던 것으로 보인다. 이 사행과 관련해서 백문보(白文寶) 역시 최안도 등이 "매려에게 견책을 당하지 않은 것은 요행이었다."라는 사신(史臣) 찬(撰)을 남기고 있기 때문이다.[59]

당시 매려 등이 고려에 온 것은 충숙왕에 대한 무고의 사실 여부를 확인하기 위함이었다. 그럼에도 최안도 등이, 그리고 백문보가 그의 사행에 대해 위와 같은 반응을 보인 것은 당시 고려 신료들에게 몽골 사신은 그 직접적인 사행 목적이 무엇이었든 간에 자신들의 잘못된 행위를 견책할 수 있는 존재로 인식되고 있었음을 보여준다는 점에서 주목된다. 물론, 당시 충숙왕에 대한 무고 가운데 그가 친히 정치를 돌보지 못한다는 내용도 있었으므로, 그러한 상황에서 정치를 좌우한 권신들에 대한 처벌역시 포괄적 의미에서 매려의 사명(使命)에 포함된다고 볼 수도 있다. 백문보의 사신 찬이나 최안도 등의 불안이 이러한 점을 의식한 것이었다면, 이 역시 당시 몽골 측 사신들이 직접적인 사명 이외에 추가적이고 포괄적인 정치적 역할을 해왔던 상황 속에서 생겨난 의식이었을 것이다.

한편 이 사행에서 매려는 충숙왕에 대한 문사 외에, 이전에 고려에 와서 계속 머물면서 뇌물을 받는 등 문제가 되는 행동을 하고 있던 몽골 사신들도 모두 독촉하여 몽골로 돌아가게 했다고 한다.[60] 이는 그의 귀국길에 충숙왕이 최안도 등을 통해서 전달한 금은, 비단 등의 선물을 모

---

58) 『고려사』 권35, 세가35, 忠肅王 15년 7월 己巳, 丙子.
59) 『고려사절요』 권24, 忠肅王 15년 7월.
60) 『고려사』 권35, 세가35, 忠肅王 15년 7월 己巳.

두 받지 않았다는 사례에서[61] 보이는 매려의 개인적 성향과 관련된 행동일 수 있다. 그런 한편으로, 충숙왕 후4년(1335)에 고려에 왔던 몽골 사신인 단사관 교화가리시가(敎化哥里廝哥)가 어향사 탑사불화(塔思不花)를 참수하고 그의 가산을 몰수, 그 처와 일당들을 행성에 가두었던 사례를[62] 볼 때, 위에 보이는 매려의 행동은 정치적 사신으로서 몽골 사신의 일반적 역할과 관련된 것으로 보이기도 한다.

이러한 가운데, 이 시기 고려-몽골 간 사행 양상 변화와 관련해서 주목되는 다른 한 가지는 이러한 '정치적 사행'이 물론 고려의 국가 간 사행 전통에서는 새로운 것이지만 몽골의 사행 전통에서는 낯설지 않은 것이라는 점이다.

일반적으로 사신은 군주의 명령을 받아 외국에 파견되어 외교적 업무를 담당하는 사절을 의미하는 용어로 사용되지만, 조정과 국내 다른 지역의 관부 사이에서 의사 전달을 담당하는 관원 역시 '사신'이라고 칭해진다.[63] 이러한 점은 몽골에서도 그러하여, 몽골에서 '사신'은 조정이나 기타 관부의 명령을 받고 '국내'에 사행을 가서 여러 가지 전문적 임무를 수행하는 관원이라는 보다 포괄적인 의미로도 사용되었던 것으로 보인다.[64] 이러한 사신들은 몽골제국 초기 주변의 여러 정치단위-부족단위와 관계를 형성하고 유지하는 과정에서, 그리고 이후 제국의 국가체제가 완성되고 난 이후에는 주변국들과의 관계뿐 아니라 제국 내 정치주체들 간의 관계를 매개하는 과정에서 중요한 역할을 했다.

주지하다시피 몽골은 종왕(宗王)·제왕(諸王)·부마(駙馬) 등에 대한

---

61) 『고려사』 권35, 세가35, 忠肅王 15년 7월 丙子.
62) 『고려사절요』 권25, 忠肅王 후4년 7월.
63) 『고려사』 권84, 지38, 형법1, 公牒相通式, 外官.
64) 『원전장(元典章)』에는 사신과 관련하여 「사신불과삼참(使臣不過三站)」, 「사신기마수목(使臣起馬數目)」 등의 편목이 있는데(『元典章』 권36, 兵部3) 여기에서의 사신은 관부의 差遣을 받아 牌符를 갖고 역마를 이용하여 관련한 업무를 수행하는 관원을 가리킨다(苗冬, 「元代使臣硏究」, 3쪽).

분봉을 근간으로 국가체제가 구성되고, 각각의 분봉지에 대해, 그리고 제국의 정치에 대해 권리만이 아닌 권력을 갖고 있었던 피분봉자들과 황제-조정의 연계 속에서 제국의 정치와 통치가 이루어졌다. 또한 황제는 상도(上都)와 대도(大都) 두 개의 도읍을 주기적으로 순행했고, 종왕들은 막북의 본령(本領)에 머물면서 화북(華北)과 강남(江南)의 분령(分領)에 대해서도 지배권을 행사하고 있었다. 이러한 국가체제 아래에서 각 정치 주체들은 사신을 통해 상호간 정치적 소통을 이루었고, 사행은 제국의 정치와 통치를 가능하게 하는 중요한 수단이 되었다. 이처럼 유목사회의 전통, 혹은 국가체제에서 비롯된 몽골제국의 사신을 엘치[elči]라고 한다.[65]

몽골의 사신-엘치는 몇 가지 특징적 면모를 보인다. 우선 몽골에서는 황제뿐 아니라 황후, 태자, 제왕의 위하(位下) 및 여러 관부 등 다양한 주체가 사신을 파견했다. 이들은 단지 사명(使命)을 '전달'하는 것 이상의 업무를 수행하는 경우가 많았으므로 파견 주체의 신임을 받는 인물들[누케르,[66] 케식 등]로 구성되는 경우가 많았고, 관련한 실무적 능력을 가진 인물이 파견되었다. 몽골제국 초기 이러한 사신들의 업무는 주로 군사적인 업무와 관련된 것이었지만, 정치적 업무들까지도 포괄했다. 한편, 이들의 업무가 실무적인 성격을 갖는 것이다 보니, 이들은 사안이

---

65) 엘치[elči]는『몽골비사』에는 '額勒赤'으로 표기되며, 이외에도 乙里只(『金史』), 乙力支(『魏書』), 宴赤(『至元譯語』), 額里臣(『華夷譯語』,『韃靼譯語』) 등으로 음사(音寫)되는데, 몽골어의 älji(äli, älčn, elči)의 음사로 사자(使者)를 가리킨다 (苗冬, 같은 논문, 14쪽).

66) 누케르는 '벗, 심복'을 의미하는 몽골어 nökör에서 나온 것으로, 단순히 인정적인 차원에서의 친밀함을 넘어 약탈과 방어가 일상적으로 일어나는 초원사회에서 일종의 군사동맹으로서의 성격을 갖는 것이었다. 테무진, 즉 칭기스칸이 몽골초원의 부족을 통일하고 몽골제국을 건설하여 '칸'으로 추대된 이후 원래 평등한 동맹관계였던 칭기스칸과 누케르들 간 관계는 지배와 종속의 상하관계로 변하였지만 그의 누케르들은 제국 건설 과정 및 초기 제국 기반을 다지는 과정에서 중요한 역할을 담당했다(김호동,『몽골제국과 세계사의 탄생』, 돌베개, 2010, 98쪽).

발생할 때마다 수시로 파견되었으며, 문자를 사용하지 않았던 몽골제국 초기에는 구두(口頭)로 명령을 전달했다. 이러한 몽골 사신―엘치의 특징적 면모는 몽골제국 초기의 사신들에게서 더욱 분명하게 나타나며, 이는 아직 관료제도가 미비하고 문자가 갖추어지지 않았던 상황과 관련이 있다. 그러나 이러한 사신을 통한 정치는 제국 전체를 아우르는 관료체제가 마련되고 문서행정이 일반화한 이후의 사행에도 남아서 중요한 기능을 했다.[67] 즉, 몽골에서 사신[엘치]의 사행은 제국의 정치와 통치를 가능하게 하는 하나의 시스템이었다고 할 수 있다.

몽골제국은 쿠빌라이의 집권을 계기로 큰 변화를 보였다.[68] 쿠빌라이가 집권하면서 국가 제도를 정비하는 과정에서 이른바 '한법(漢法)'을 적극적으로 도입하여 중앙집권화를 추진하기도 했지만, 카안울루스 내에서도 분봉을 근간으로 한 종왕들의 정치적 권한은 여전히 인정되었다.[69]

---

67) 이상 몽골의 사신―엘치의 특징적 면모와 관련해서는 苗冬, 같은 책, 2010, 25~27쪽, 39~41쪽 참조. 한편, 몽골 사신들의 구두(口頭) 전달 전통과 관련하여, 몽골에서 쟈를릭[jarliγ], 즉 성지(聖旨) 및 조령(詔令), 명령문 등이 지방과 명령 대상자에게 전달되는 과정이 주목된다. 이러한 성지 및 조령 등은 우선 경사(京師)에서 개독(開讀)된 후 사신을 통해 관련한 지방관부로 전해지며 그곳에서 다시 한번 개독되었는데, 이때 황제의 말인 성지는 몽골어로 되어 있었기 때문에 개독 역시 일차적으로는 몽골어로 이루어졌다. 그리고 이러한 조령 등은 그것이 실제 실행되기 위해 구두로, 혹은 방문(榜文)이나 비각(碑刻)을 통해서, 그리고 분벽(粉壁)의 방식을 통해서 민(民)에 전달되었다. 특히 구체적이고 실제적인 명령 내용과 관련해서는 구두 전달과 분벽을 통한 전달이 많이 활용되었다. 분벽 방식은 쿠빌라이 시기 도입된 이후 한지(漢地)에서 많이 이용되었는데, 그러한 가운데에서도 구두 전달방식도 유지되었고, 특히 초원지역에서는 계속해서 구두 전달이 주된 전달방식이었다고 한다. 관련한 자세한 내용은 다음 논문들을 참조할 수 있다. 舩田善之, 「元代の命令文書の開讀について」, 『東洋史研究』 63-4, 2005; 설배환, 「몽골제국에서 詔令의 對民 전달―粉壁과 구두 사례 분석―」, 『古文書研究』 43, 2013.

68) 이러한 변화에 대해서는 전통적으로 제국의 분열이라고 이야기해 왔으나, 최근에는 변용으로 보기도 한다. 관련해서는 김호동, 「몽골제국사 연구와 '集史'」, 『경북사학』 25, 2002 참조.

69) 분봉을 근간으로 한 몽골의 국가체제에 대해서는 李治安, 『元代分封制度研究』, 天津古籍出版社, 1989 참조. 쿠빌라이 집권 이후에도 종왕들이 막북의 본령뿐 아니라 화북과 강남의 분령에 대해서도 지배권을 행사하고 있었음에 대해서는 杉山正明, 「八不沙大王の令旨碑より―モンゴル諸王領の實態」, 『モンゴル

이들은 자신들의 본령과 분령에 대해 권한을 가지고 있었을 뿐 아니라, 정벌전과 같은 국가 사무, 카안위 계승이라는 제국의 정치과정에서도 여전히 중요한 주체였다.

주지하다시피 몽골에서 카안위의 계승은 적장자 계승이 아닌 적임자 계승의 원칙을 따랐다.[70] 선대 카안이 후계와 관련한 유지(遺旨)를 남기며 이는 후계 결정 과정에서 중요한 의미와 권위를 갖지만, 이것이 카안위 계승에 절대적이고 유일한 요건이 되지는 않았다. 결과적으로 선대 카안이 지명한 아들이 후계가 되더라도, 그가 카안위에 오르기 위해서는 여러 종왕들이 함께 모이는 쿠릴타이에서 그들의 승인과 추대를 받아야만 했다. 그리고 이 과정에서는 해당 인물이 가진 군사력, 어느 정도의 지지 세력을 확보하고 있는가가 중요한 요소로 작용했다. 즉, 모든 종왕들이 카안위 계승 자격을 가질 수 있는 것은 아니었지만, 이들은 자신들이 원하는 인물을 지지하는 적극적인 방법을 통해서, 혹은 원하지 않는 인물이 소집한 쿠릴타이에 참가하지 않는 소극적인 방법을 통해서 카안위 계승 과정에 영향력을 행사했다.[71] 이에 몽골의 카안들은 그러한 분쟁이 표면화된 시기는 말할 것도 없고 일상적으로도 다른 종왕들을 회유하고 제압해야 했으며, 이 과정에서 행성과 같은 관료조직을 이용하기도 했지만 결정적인 순간에는 사신을 통해 이들과의 갈등을 해결하거나 조정했다.

帝國と大元ウルス』, 京都大學學術出版會, 2004 참조.
70) 김호동, 「고대유목국가의 구조」, 『강좌 중국사』 II, 지식산업사, 1989; 「몽고제국의 형성과 전개」, 『강좌 중국사』 III, 지식산업사, 1999.
71) 카안위 승계 과정에서 쿠릴타이를 통한 종왕들의 동의 여부가 미치는 영향력은 단지 명목상, 형식상으로 작용하는 것이 아니라 매우 실질적인 의미를 갖고 작동했다(Elizabeth Endicott-west, "Imperial Governance in Yüan Times", *Harvard Journal of Asiatic Studies*, Harvard-Yenching Institute, 2013). 이러한 상황은 쿠빌라이 집권 이후 황태자제도 도입 등을 계기로 어느 정도 변화를 보이기는 하지만 몽골에서 동아시아의 적장자계승제는 온전히 정착하지 못했고, 카안위 계승과정에서 종왕들의 정치력은 여전히 중요한 비중을 차지하고 있었다.

관련한 사례들 가운데 쿠빌라이 집권 이후의 사례로서 아사불화(阿沙不花)라는 인물의 사행 사례가 주목된다. 아사불화는 1287년(世祖 至元 24) 동방3왕가의 일원이었던 나얀[乃顔]의 난이 발생했을 당시 쿠빌라이의 친정(親征)에 앞서 그에 호응했던 제왕들을 회유하는 과정에서 사신으로 파견되었다. 그는 나얀에게 호응했던 제왕 나야[納牙]를 찾아가 그와 나얀의 사이를 이간하면서 회유했다.[72] 기록상의 문제일 수도 있으나, 이 과정에서 그는 문서를 전달한 것으로 보이지는 않는데, 이미 반란이 발생한 상황에서 그에 호응한 종왕을 회유하기 위해 파견된 사신에게 언변을 포함한 상당한 정치력이 필요했을 것임은 충분히 예상 가능하다.

한편, 아사불화(阿沙不花)는 캉글리족 출신으로 스스로는 14살 때부터 쿠빌라이의 케식에 들어갔으며, 아버지 아아(牙牙) 역시 우구데이 카안의 케식에 들었던 대대의 친신(親臣)이었다. 이러한 아사불화와 쿠빌라이의 관계는, 아사불화의 '말'이 상대방에게 신뢰와 권위를 갖도록 하는 데에, 그리고 아사불화가 상대방에게 회유될 가능성 혹은 쿠빌라이의 의사에 반하여 개인적인 이익을 위해 사행을 이용할 가능성을 최대한 배제하는 데에 중요한 의미를 가졌을 것이다.[73] 아사불화는 이후에도 무종(武宗) 카이샨과 인종(仁宗) 아유르바르와다가 동시에 카안위에 올라 분

---

72) 『元史』권136, 阿沙不花傳. "乃顔叛, 諸王納牙等皆應之. 帝問計將安出, 對曰, '臣愚以爲莫若先撫安諸王, 乃行天討, 則叛者勢自孤矣.' 帝曰, '善, 卿試爲朕行之.' 卽北說納牙曰, '大王聞乃顔反耶?', 曰, '聞之.' 曰, '大王知乃顔已遣使自歸耶?' 曰, '不知也.' 曰, '聞大王等皆欲爲乃顔外應, 今乃顔旣自歸矣, 是獨大王與主上抗. 幸主上聖明, 亦知非大王意, 置之不問. 然二三大臣不能無惑, 大王何不往見上自陳, 爲萬全計.' 納牙悅許之. 於是諸王之謀皆解. 阿沙不花還報, 帝乃議親征, 命徵兵遼陽, 以千戸帥昔寶赤之衆從行."

73) 우구데이 카안 시기, 이란 지역 관부와 중앙의 조정 간 관계에서 사신으로 파견되었던 쿠르구즈의 사례는 사신이 애초의 사명(使命)과 달리 개인적인 목적을 위해 사행을 활용하여 문제가 된 대표적 사례라고 할 수 있다(라시드 앗딘 저, 김호동 역주, 『부족지』, 사계절, 2002, 230~232쪽; 『칸의 후예들』, 사계절, 2005, 83쪽).

쟁이 발생할 수 있었던 상황에서 아유르바르와다의 사신으로 카이샨에게 가서 아유르바르와다가 카안위에 오른 것이 다른 뜻이 있는 것이 아님을 잘 설명하여 형제 간 갈등 요소를 무마하고 카이샨을 맞이해 와서 카안위 계승을 순조롭게 이루는 데에 공헌했다.[74]

한편, 몽골 황제들은 제왕·종왕과의 관계에서 뿐 아니라, 지방의 고위 관료나 장수 등을 문사(問事)하고 치죄하는 과정에서 사법기관을 통하지 않고 직접 사신[엘치]를 파견하여 처리하기도 했다. 관련한 사례들이 확인되기도 하지만,[75] 지방의 일부 세력이 조사(詔使)를 가칭하고 지방의 고위관료들을 주살한 사례가 다른 시기에는 거의 보이지 않음에 비

---

74) 『元史』 권136, 阿沙不花傳. 아사불화의 사례 외에도 유사한 사례들이 확인되는데, 몇 가지 예를 들자면 다음과 같다. 정종(定宗) 구육 사후 뭉케가 주치가(家) 바투의 지원으로 카안위에 오르고자 하는 과정에서 그에 반대했던 우구데이가(家)와 차가다이가(家) 종왕들에게 수차례 사신을 파견했는데, 그 가운데 실레문 비틱치와 알람다르 비틱치가 사신으로 파견되고 있음이 확인된다. 이들은 '비틱치', 즉 케식관 가운데 하나인 비체치(必闍赤, bichêchi)로 뭉케의 친신(親信)을 받는 신하들이었다(라시드 앗딘 저, 김호동 역주, 앞의 책, 2005, 311~316쪽). 뭉케가 사망한 후, 당시 감국(監國)하고 있던 아릭부케와 쿠빌라이가 카안위를 놓고 경쟁했을 때에도 서로간에 그리고 다른 종왕들과의 사이에서 많은 사신들이 왕래했다. 그 가운데, 아릭부케의 명으로 쿠빌라이의 봉지(封地)에서 군사를 징발했던 도르지가 자신의 누케르를 통해 아릭부케에게 긴밀한 사안을 전하고 있는 모습이 확인되며, 쿠빌라이 역시 아릭부케 측에게 사신을 보낸 뒤 그들에게 누케르 한 명을 함께 〈사신으로〉 보내라고 하고 있다. 아릭부케가 알구를 차가다이 울루스의 수장으로 삼은 후 그곳에 사신을 보내 재화와 마필과 무기를 징발하도록 했을 때, 그 사신단의 수령 가운데 한 명이 '부리타이 비틱치'였음도 주목된다(라시드 앗딘 저, 김호동 역주, 위의 책, 2005, 373~374, 385쪽). 이외에 천력(天曆)의 난 당시 문종(文宗) 톡테무르를 맞아오는 데에 공을 세웠던 사신(使臣) 명리동아(明里董阿)는 케식 출신이었고(『元史』 권32, 文宗 즉위년(泰定帝 致和 元年), 8월 甲午 ; 『元典章』 권57, 刑部 권19, 禁聚衆, 「禁聚衆賽社集場」) 문종이 여러 세력의 지원을 얻고자 하는 가운데 쿵크라트로 사행을 갔던 장가동(張佳童)은 쿵크라트 출신으로 문종 황후의 잉신(媵臣), 즉 사속인(私屬人)이었다(『元史』 권33, 文宗 天曆 2년 정월 丙戌).

75) 예컨대, 세조 쿠빌라이 당시 반역 보고가 있었던 사천(四川)의 장수 흠찰(欽察)에 대한 안문(按問) 사례(『元史』 권126, 廉希憲傳), 문종 즉위 직후, 그에 불복했던 정황이 보고된 강절행성(江浙行省) 관료들에 대한 문사(問事) 사례(『元史』 권143, 自當傳) 등을 들 수 있겠다.

해 몽골제국기에는 다수 확인되고 있음은[76] 몽골에서 황제가 사신을 통해 직접 관료를 치죄하는 것이 일반적으로 행해지고 있었음을 보여주는 것이기도 하다.

이러한 몽골 사신[엘치]의 특징적 면모들은 이 시기 고려와 몽골 사이를 오고 갔던 사신들, 그들의 사행 양상에서도 확인된다. 앞에서 본 바와 같이, 몽골에서 고려에 온 사신들 가운데에는 단지 문서나 성지(聖旨)를 '전달'하는 것 이상으로 보다 확장된 업무를 수행하는 사신들이 다수 포함되었다. 이들은 실제 수행할 업무와 직접적인 연관성을 가진 인물들인 경우가 많았는데, 일례로 원래 재판관을 의미하는 자르구치[札魯忽赤]에서 유래하여, 주로 형옥 등 사법 관련 업무를 담당했던 몽골의 '단사관(斷事官)'들이 고려에 와서 수행한 업무 중 큰 비중을 차지하는 것이 사법 관련 업무였던 점을 들 수 있다. 고려에 사신으로 온 몽골의 단사관들이 모두 사법과 관련한 업무를 수행했던 것은 아니지만, 이러한 업무상의 관련성은 주목되는 부분이다.[77] 이들은 많은 경우 황제의 조서 혹은 중서성의 공문 등 문서를 전달했지만, 문서 외에 추가로, 혹은 문서 없이 구두(口頭)로 명령을 전달하는 경우도 많았다. 또한 고려에 온 몽골 사신들 가운데에는 카안의 친신이라고 할 수 있는 비체치 등 케식관직을 가진 인물들도 확인된다.[78]

---

76) 이러한 점은 당시 사신들이 문서를 소지하지 않고 구전(口傳)으로 성지(聖旨)를 전하기도 했던 양상과도 관련된다(『元史』 권173, 崔彧傳).

77) 고려에 사신으로 온 몽골 단사관들의 활동과 관련해서는 안병우, 앞의 논문, 2009 참조. 이외에도, 원종 9년(1268)에 일본 원정과 관련해 군대 사열과 조선(造船) 감독을 위해 왔던 몽골사신들이 모두 장군직을 갖고 있었던 것도(『高麗史』 권26, 세가 원종 9년 10월 庚寅) 사신의 직책과 업무의 연관성을 살필 수 있는 사례이다.

78) 몽골 복속기 몽골 측 사신 전체에 대한 통계는 아니지만, 쿠빌라이 대의 몽골 측 사신을 검토한 연구에서 제시한 부표(양영화, 「쿠빌라이시기 고려에 파견된 사신에 대한 연구」, 54~62쪽)의 사신 구성을 분석해보면, 케식관이 사신으로 온 사례가 대략 전체의 10%에 이르는 것으로 보인다. 사행 관련 기록에서 그들이 케식관이 아닌 다른 관직으로 표시되어 있다 하더라도 그 출신이 케식관

이렇게 볼 때, 당시 고려에 파견되었던 몽골 측 사신들의 활동은, 세밀하게 구성된 관료조직 혹은 제도와는 다르지만, 그 자체로 제국의 운영을 위한 하나의 시스템으로 기능했던 몽골의 사신[엘치] 시스템의 맥락 속에서 이해할 수 있는 부분이 있지 않을까 한다. 몽골 복속기 초기에 다루가치가 고려에 상주하기도 했고, 후반에는 정동행성이라는 몽골의 관부가 고려에 설치되기도 했지만, 고려와 몽골 간에 정치적 관계를 매개하는 기구 혹은 조직이 온전한 형태로 갖추어져 있지는 않았다. 이러한 가운데 사신들은 필요한 경우 수시로 파견되어 양국 간의 정치적 관계를 매개하는 역할을 했던 것이다.

한편, 위와 같은 몽골 사신[엘치]의 특징적 면모들이 고려 측 사행 양상에서도 확인된다는 점은 앞서 살펴본 바와 같다. 물론 그렇다고 해서 이러한 사행 양상의 유사함만을 가지고 고려 측에서 몽골에 파견되었던 사신들 역시 '엘치'로 규정하는 것은 성급한 개념 적용일 것이다. 다만, '정치를 매개하는 사신'이라는 몽골 사신[엘치]의 성격, 그리고 그들이 매개한 '정치'가 몽골의 국가체제에서 비롯된 특징적 면모를 가짐으로 해서 그 활동 양상 역시 일반적인 '사신'과는 다른 면모를 가지게 되었다는 점을 고려할 필요가 있다. 이렇게 볼 때, 고려 측 사행 양상에 보이는 특징적 면모들이 살펴본 바와 같이 외교와 정치의 경계가 흐려진 이 시기 고려-몽골 관계에서 비롯된 것이었으며, 이에 구체적인 활동 양상 면에서 몽골 사신[엘치]의 그것과 유사한 면모를 띨 수밖에 없었다는 점은 주목되는 부분이다.

인 경우도 다수 있으므로, 그 비중은 실제 확인되는 것보다 더 높을 가능성이 크다.

V. 맺음말

이상 고려–몽골 간을 왕래했던 사신들, 특히 실무적·정치적 사신들의 활동 양상 및 그 배경에 대한 검토를 통해 고려–몽골 관계의 특징적한 단면을 살펴보았다. 살펴본 내용을 정리하는 것으로 글을 마무리하도록 하겠다.

고려–몽골 간 사행은 사행의 목적 및 사신들의 활동 양상 면에서 이전 시기와는 큰 차이를 보였다. 고려에 온 몽골 사신들 가운데 실무적목적, 특히 분쟁 조정이라는 정치적 목적으로 고려에 온 사신들은 이전시기 중국 측 사신들과 차별성을 갖는 사행으로서 주목된다. 이들은 포괄적인 사명(使命)을 받아 파견되어 자신들을 파견한 군주의 뜻을 '전달'하는 것 이상으로 구체적인 업무를 수행했으며, 그들이 수행한 업무는고려–몽골 간 외교적 사안에 그치지 않고 고려의 정치적 사안까지 포함하는 것이었다. 이러한 몽골 사신들의 활동이 주로 고려 국왕이 정쟁의한 축인 관계로 스스로 분쟁을 조정하기 어려운 상황에서, 대개 고려 신료들의 고소를 계기로 시작되고 있었던 점은 이 시기 고려 국왕의 위상및 몽골 사신을 통해 대변되는 몽골 황제권의 위상을 잘 보여준다.

한편, 이러한 몽골 측의 정치적 사행은 종왕·제왕·부마 등에 대한분봉을 근간으로 국가체제가 구성되고, 각각의 분봉지에 대해, 그리고제국의 정치에 대해 권리만이 아닌 권력을 갖고 있었던 피분봉자들과 황제–조정의 연계 속에서 제국의 정치와 통치가 이루어졌던, 그리고 황제가 상도와 대도, 두 개의 도읍을 주기적으로 순행했던 몽골의 국가체제아래에서 상호간 정치적 소통을 통해 제국의 정치와 통치를 가능하게 하는 중요한 수단이었던 몽골제국의 사신, 엘치[elči]와 맥락을 같이 한다는 점에서 주목된다. 이들은 파견 주체와의 친신(親信) 관계나 구두 전달과 같은 특징적 면모를 갖기도 하는데, 이는 관료조직이 미비하고 문자가 발달되지 않았던 몽골제국 초기의 사행 양상과 관련된다.

　　몽골과의 관계 속에서 고려의 사행 양상도 변화했다. 이 시기 고려 측 사신들은 그들이 품달해야할 업무와 관련한 문서를 전달하는 외에도, 당시 고려-몽골 간에 빈발했던 실무적 사안과 관련하여 황제나 중서성으로부터 질문을 받고 그에 대답해야 했으며, 경우에 따라서는 관련자들 간에 대면하여 논쟁이 벌어지기도 했다. 이러한 실무적 사안은 외교적 사안에 그치지 않고 고려의 정치적 사안까지 확대되었으며, 이러한 사행 양상과 사신 역할의 변화는 사신의 인선 기준에도 변화를 가져왔다. 학식과 문장력보다는 몽골어 실력, 사행의 실무적 목적과의 직접적 관련성 및 수행 능력 등을 갖춘 인물이 사행에 참여하는 비중이 증가하게 된 것이다. 또한 정치와 외교의 경계가 흐려진 고려-몽골 관계에서 국왕 위상이 상대화하고 국왕위를 둘러싼 분쟁이 빈발하는 가운데, 관련한 사행에는 국왕의 측근 신료가 사신으로 선발되는 비중이 증가하기도 했다.

　　즉, 주로 외교적 역할을 담당했던 이전 시기의 사신들과는 달리, 고려-몽골 간을 왕래했던 고려와 몽골의 사신들은 확장된 정치 공간에서 정치를 매개하는 역할을 하는 보다 포괄적인 의미의 사신들이었으며, 이러한 사신의 존재 및 그 사행 양상은 이 시기 고려-몽골 관계의 특징적한 단면을 보여주고 있다.

◈ 참고문헌

김호동, 『몽골제국과 세계사의 탄생』, 돌베개, 2010.
라시드 앗딘 저, 김호동 역주, 『부족지』, 사계절, 2002.
_____, 『칸의 후예들』, 사계절, 2005.
장동익, 『高麗後期外交史硏究』, 일조각, 1994.

김호동, 「고대유목국가의 구조」, 『강좌 중국사』 Ⅱ, 지식산업사, 1989.
_____, 「몽고제국의 형성과 전개」, 『강좌 중국사』 Ⅲ, 지식산업사, 1999.
_____, 「몽골제국사 연구와 '集史'」, 『경북사학』 25, 2002.
明平孜, 「이승휴의 『賓王錄』 연구」, 『한문학논집』 28, 2009.
모리히라 마사히코, 「목은 이색의 두 가지 入元 루트 – 몽골시대 고려-大都 간의
    육상 교통」, 『진단학보』 114, 2012.
박용운, 「高麗·宋 交聘의 목적과 使節에 대한 考察(上)·(下)」, 『한국학보』 21·22,
    1995·1996.
_____, 「고려시기의 통문관(사역원)에 대한 검토」, 『한국학보』 120, 2005.
변동명, 「이승휴 빈왕록」, 『한국사시민강좌』 42, 2008.
설배환, 「몽골제국에서 詔令의 對民 전달-粉壁과 口頭 사례 분석-」, 『古文書硏究』
    제43호, 2013.
안병우, 「高麗王府 斷事官과 高麗-元 관계」, 『역대 중국의 판도 형성과 변강』, 한신
    대학교출판부, 2008.
_____, 「원 단사관(斷事官)과 고려의 사법권」, 『문화로 보는 한국사』 5-세계 속의
    한국사, 태학사, 2009.
양영화, 「쿠빌라이시기 고려에 파견된 사신에 대한 연구」, 동아대학교 대학원 사학
    과 석사학위논문, 2007.
윤은숙, 「大元 使行을 통해 본 李承休의 현실 인식」, 『인문과학연구』 36, 2013.
이명미, 「왕의 장인이 된 원간섭기 몽골어 통역관, 조인규」, 『내일을 여는 역사』
    32, 2008.
_____, 「몽골 복속기 고려국왕 위상의 한 측면-忠烈~忠宣王代 重祚를 중심으
    로-」, 『동국사학』 54, 2013.
_____, 「元宗代 고려 측 對 몽골 정례적·의례적 사행 양상과 그 배경」, 『한국문화』

69, 2015.

_____, 「13~14세기 고려·몽골 관계 연구-정동행성승상 부마 고려국왕, 그 복합적 위상에 대한 탐구」, 혜안, 2016.

_____, 「司法 문제를 통해서 본 몽골 복속기 고려국왕 위상 – 다루가치·管軍官 체재기의 '雜問'을 중심으로 –」, 『사학연구』 121, 2016.

_____, 「몽골황제권의 작용과 고려국왕의 사법적 위상 변화」, 『동국사학』 60, 2016.

이미숙, 「고려시대의 역관연구」, 『한국사상과 문화』 46, 2009.

이익주, 「高麗·元 관계의 構造와 高麗後期 政治體制」, 서울대학교 국사학과 박사학위논문, 1996.

이정신, 「고려후기의 譯官」, 『한국중세사연구』 38, 2014.

이형우, 「13세기 고려 지식인 이승휴의 對元 인식」, 『한국중세사연구』 34, 2013.

정동훈, 「高麗明 外交文書 書式의 성립과 배경」, 『한국사론』 56, 2010.

_____, 「고려 공민왕대 대중국 사신 인선의 특징」, 『동국사학』 60, 2016.

_____, 「고려 원종·충렬왕대 대몽골 사신 인선의 특징」, 『한국중세사연구』 57, 2019.

진성규, 「이승휴의 『賓王錄』 연구」, 『백산학보』 85, 2009.

채웅석, 「『제왕운기』로 본 이승휴의 국가의식과 유교관료정치론」, 『국학연구』 21, 2012.

杉山正明, 「八不沙大王の令旨碑より-モンゴル諸王領の實態」, 『モンゴル帝國と大元ウルス』, 京都大學學術出版會, 2004.

森平雅彦, 「『賓王錄』にみる至元十年の遣元高麗使」, 『東洋史研究』 63-2, 2004.

_____, 「牒と咨のあいだ-高麗王と元中書省の往復文書」, 『史淵』 144, 2007.

(이상 森平雅彦, 『モンゴル覇権下の高麗 ; 帝国秩序と王国の対応』, 名古屋大学出版会, 2013에 재수록)

舩田善之, 「元代の命令文書の開讀について」, 『東洋史研究』 63-4, 2005.

苗冬, 『元代使臣研究』, 南開大學 博士學位論文, 2010.

李治安, 『元代分封制度研究』, 天津古籍出版社, 1989.

Elizabeth Endicott-west, "Imperial Governance in Yüan Times", *Harvard Journal of Asiatic Studies*, Harvard-Yenching Institute, 2013.

1900년대 초 재조일본인
사회의 변화와 명사록 출판

함동주

Ⅰ. 머리말

일본은 러일전쟁을 계기로 본격적인 제국주의 국가로 변모하였다. 일본은 조선과 만주로 세력을 확장하였으며 국제사회에서는 제국주의 열강의 일원으로 자리 잡았다. 이를 계기로 일본인들의 조선 이주가 급증하면서 재조일본인 사회의 규모와 구성에도 커다란 변화를 가져왔다.

기존의 연구에서 일본 영토 외부에 생활 근거를 지닌 재조일본인은 일본의 국가사의 대상에서 배제되었고 조선에서도 총독부를 중심으로 하는 지배기구에 포함되지 못했던 점 때문에 일본의 식민지배 연구에서 주변적 주제로 여겨졌다. 그런데 식민사 연구가 사회와 문화 전반으로 관심이 확장되고 국민국가를 넘어선 탈국가적 관점이 부상하면서 재조일본인에 대한 관심과 연구가 활발하게 진행되고 있다.[1] 재조일본인 연구들은 주로 재조일본인 사회의 정치적 입장과 일본당국의 재조일본인

---

1) 이형식, 「재조일본인연구의 현황과 과제」, 『제국과 식민지의 주변인』, 보고사, 2013 참조.

정책, 재조일본인들의 경제적 실태 등을 다루고 있다.[2]

그런데 재조일본인들이 조선에 이주하여 정착하였지만 모국인 일본의 영향을 받으며 생활하였다. 한 예로 1900년대 초 일본사회에서 유행했던 입신출세와 성공담론의 영향을 들 수 있다. 일본인들의 조선 이주를 장려하기 위해 발간된 조선 이주서들을 보면 일본과 달리 조선에서 성공의 기회를 얻을 수 있다는 점이 강조되었다.[3] 조선으로의 이주를 설득하는 논리였던 '성공'에의 지향은 이주 이후에도 여전히 강하게 작동하였다. 일본에서의 사회경제적 한계를 식민지 개척을 통해 극복할 것을 권장하는 식민지 성공 담론이 실제 이주 이후의 재조일본인 사회에서도 영향을 끼친 것이다.

본고는 러일전쟁 이후에 재조일본인 개인 성공기나 성공한 인사들을 수록한 명사록과 같은 출판물들이 간행되기 시작한 점에 주목하고자 한다. 이들 출판물은 어떤 맥락과 목적을 갖고, 어떤 내용으로 출간된 것일까? 이와 관련하여, 이들 출판물이 재조일본인의 성공 사례들을 적극적으로 알리고 '성공인'으로서의 이미지를 구축하고 강조한 점을 중심으로 검토하고자 한다. 즉, 러일전쟁 이후 출간된 재조일본인 명사록들을 통해 이른바 '성공한 일본인'의 배경 및 경력들을 검토하고, 이들의 성공이 재조일본인 사회에서 지니는 사회적 의미를 살펴볼 것이다.

---

2) 高崎宗司, 『岩波講座 近代日本と植民地, 5, 膨脹する帝國の人流』, 東京: 岩波書店, 1993; 高崎宗司, 『(岩波新書 新赤版(790)植民地朝鮮の日本人』, 東京: 岩波書店, 2002; 木村健二, 『在朝日本人の社會史』, 未來社, 1989; 방광석, 「한국병합 전후 서울의 '재한일본인' 사회와 식민권력」, 『역사와 담론』 56, 2010; Uchida Jun, *Brokers of Empire: Japanese Settler Colonialism in Korea, 1876-1945*, Cambridge: Harvard University Press, 2012.

3) 함동주, 「러일전쟁기 일본의 조선이주론과 입신출세주의」, 『역사학보』 221, 2014.

II. 러일전쟁과 재조일본인 사회의 변화

1. 러일전쟁과 도한의 증가

1904년 2월 일본 정부는 대러 개전을 결정하고 러일전쟁을 개시하였다. 그리고 조선을 장악하고 2월 23일에는 한일의정서를 체결하여 조선에 대한 침략의 발판을 마련하였다. 이후 조선의 내정간섭뿐 아니라 경부선, 경의선 철도부설권, 조선 연해의 어업권과 같은 각종 이권들을 점유하면서 본격적인 식민지화의 기반을 만들어갔다. 또한 일본 정부는 일본인의 조선이주를 장려하여 인적인 지배 기반을 마련하고자 하였다. 일본 정부는 일본인의 조선 이주 장려책을 국가적 차원에서 조직적으로 추진하였으며,[4] 일본 정부뿐 아니라 언론, 지식인과 같은 사회지도층 사이에 조선 식민지화의 방향과 방식, 구체적인 실천방안에 대한 논의들이 전개되었다.[5]

러일전쟁 전후 일본인의 조선이주는 먼저 수적인 면에서 큰 변화를 보였다. 아래의 표에서 보이듯이, 조선 내 일본인 거주자는 1876년부터 서서히 증가하다가 청일전쟁을 계기로 1만 명을 넘어섰다. 이후 완만하게 증가하다가 러일전쟁을 계기로 대폭적인 증가세가 시작되었다. 1905년에 4만 명을 넘었고 1910년에는 5년 사이에 4배가 넘게 증가하여 17만 명을 넘었다. 이후에도 계속적인 증가세를 지속하여 1944년에는 70만 명을 넘어섰다.

---

4) 최원규, 「日帝의 初期 韓國植民策과 日本人'農業移民'」, 『동방학지』79, 1993, 707쪽.
5) 함동주, 「러일전쟁 이후 일본의 한국식민론과 식민주의적 문명론」, 『동양사학연구』 94, 2006 참조.

〈표 1〉 조선 거주 일본인 규모의 추이

연도	인구수	연도	인구수
1876	54	1915	303,659
1880	835	1920	347,850
1885	4,521	1925	443,402
1890	7,245	1930	527,016
1895	12,303	1935	619,005
1900	15,829	1940	707,742
1905	42,460	1944	712,583
1910	171,543		

출처: 권숙인, 「도한의 권유」, 『사회와 역사』 69, 188쪽(원출처: 梶村秀樹, 「植民地と日本人」, 『日本生活文化史 8 生活のなかの国家』, 東京: 河出書房新社, 1974, 80쪽.)

또한 이주자의 계층적 성격에서도 확연한 변화가 나타났다. 초기 이주자들은 일시적 이주를 생각하고 도한을 한 경우가 많았고, 그 출신 계층도 빈농, 소상인과 소자본가, 부랑자들과 같은 하층민에 속했다. 이들의 직업은 소매잡상인, 무역상, 행상, 전당포, 수공업, 건설노동자, 창기/작부, 요식업 등 상업과 서비스업이 주였다. 그러나 러일전쟁 이후가 장기거주를 목적으로 한 일반인들과 식민관료, 기업인, 회사원 등 화이트칼라 계층이 급증하였다. 절대다수가 대도시나 지방 도시에 거주하고, 직업 구조상 관리, 피고용인, 상인의 비율이 상당히 높았다.[6] 이는 아래의 표를 통해서 자세히 볼 수 있다.

〈표 2〉 1908년 말 조사 조선 거주 일본인 직업

직업	인수	직업	인수
1) 상업	47,396	8) 예창기작부	4,253
2) 잡업	16,815	9) 어업	2,956
3) 관공리	15,584	10) 의사산파	1,166
4) 노력	15,237	11) 교원	918

---

6) 권숙인, 「도한의 권유」, 『사회와 역사』 69, 190쪽.

직업	인수	직업	인수
5) 공업	11,763	12) 신문잡지기자	379
6) 농업	4,889	13) 승려선교사신관	278
7) 무직업	4,424	14) 변호사소송대리인	108

출처: 神戸正雄, 『朝鮮農業移民論』, 東京: 有斐閣, 1910, 5-6쪽.

2. 재조일본인 사회의 성장과 갈등

러일전쟁 이후 일본은 조선통감부를 설치하고 조선에 대한 지배를 본격화했다. 이러한 정치적 변화의 영향으로 일본인의 조선이주도 크게 증가하였고 재조일본인 사회의 규모와 구성에도 급격한 변화가 진행되었다. 그런데 조선으로의 이주민이 지속적으로 유입되는 것에 대한 재조일본인 사회의 입장은 양면적이었다.

먼저 통감부는 조선의 통치에 필요한 관리와 교사, 의사와 같은 지식인층과 같이 집중적으로 이주시키면서, 일본 거류민 사회를 단속하였다. 그 단속과정에서 주된 통제대상은 난폭한 행동을 해서 국내외에서 일본의 위신을 떨어뜨리는 거류민과 통감부 통치방식에 반대하는 대륙낭인이었다.[7] 이러한 통감부의 단속 정책에 대해 재조일본인은 '한국본위주의'라고 비판하였다. 이들은 "식민지에 이주해오는 인물은 어느 나라나 순량한 분자가 적고, 모험적 또는 사행적 분자가 많으며, 자본가가 적고 무자본자가 많은 것이 보통"이라면서, 가난한 일본 이주민들을 차별하는 것을 비판하였다.[8] 이러한 입장을 펼친 것은 신규 이주자 유입에 의한 재조일본인 사회의 규모가 확대되는 것이 재조일본인 사회의 발전에 유리했기 때문이었다.

이러한 대립은 1910년 식민지화를 계기로 총독부는 조선의 거류민단

---

7) 방광석, 「한국병합 전후 서울의 '재한일본인' 사회와 식민권력」, 190-191쪽.
8) 박양신, 「통감정치와 재한일본인」, 『역사교육』 90, 2004, 167쪽.

을 해체하는 방침을 세우면서 다시 불거졌다. 거류민단 해체 결정에 대해 일본 거류민들은 자신들이 이룬 성과와 장래의 이익에 피해를 보았다고 생각했다. 또한 거류민은 자신들이 한국에 대한 지배기반을 형성하는데 기여한 공로를 제대로 인정받지 못하게 되었다는 불만을 드러냈다.[9]

그렇지만 재조일본인들의 신규 이주자에 대한 태도는 이중적이고 모순적이었다. 이들은 신규이주자들에 대해 통감부의 정책을 비판하면서 동시에 자신들도 차별적이며 부정적인 인식을 드러냈다. 무계획적인 신규 이주자들에 대한 부정적 인식은 조선통감부의 입장과도 일치한다. 재조일본인들은 종주국민으로의 자각 강조와 일본인의 저열한 품성과 자질에 대한 우려를 표명하였다.[10] 특히 이주민의 다수가 경제력이 없는 빈곤층으로 일확천금을 노리고 유입되고 있다는 우려와 함께 이들에 대한 부정적인 평가를 드러냈다.

러일전쟁 직후의 이주민 급증의 사태에 대한 재조일본인 사회의 태도와 시각은 『조선지실업(朝鮮之實業)』의 기사들에서 확인할 수 있다. 『조선지실업』은 1905년 5월, 부산의 재조일본인 단체인 조선실업협회에서 조선 내부의 경제관련 정보의 공유 및 제공하기 위한 창간된 잡지이다. 그 설립 취지문에서 "한반도가 우리의 보호세력 범역에 들었으니 내치외교는 물론 농상공업, 어업, 광업, 철도의 경영에 이르기까지 우리 대일본제국의 부액·개발에 의지하지 않을 수 없게 되었다"라고 밝혔다. 협회 회칙 제1조가 "한국의 부원을 개발하여 모국과 각종 사업의 연락을 원만하고 민활하게 할 것을 목적으로 한다"는 것이었다.[11] 또한 일본에까지 회원을 확보하였으며 일본의 경제정보도 일부 게재하였다. 조선-

---

9) 방광석, 「한국병합 전후 서울의 '재한일본인' 사회와 식민권력」, 194쪽.
10) 박양신, 「재한일본인 거류민단의 성립과 해체- 러일전쟁 이후 일본인 거류지의 발전과 식민지 통치기반의 형성」, 『아시아문화연구』 26, 2012, 164쪽.
11) 檀國大學校附設東洋學硏究所 編, 『開化期 在韓日本人 雜誌資料集: 朝鮮之實業』, 國學資料院, 2003.

일본의 경제행위를 연결 짓는 가교와 같은 역할 상정하였음을 알 수 있다. 이처럼 조선실업협회는 러일전쟁 이후 조선에서 일본인들이 경제적 기회를 최대한 활용하여 조선에 대한 경제적 지배권을 장악하려는 의도에 따라 부산 지역의 일본인들이 중심이 되어 결성되었다. 이러한 설립 배경에서 알 수 있듯이 『조선지실업』은 부산의 재조일본인들 중에서도 유력자들이 중심이 되어 창간한 잡지로서, 이들 유력일본인의 입장을 대변하는 것으로 보아도 무방하다.

『조선지실업』의 신규 이주자에 대한 입장은 양면적이었다. 새로운 이주자들에 대해 깊은 관심을 보이면서 호의적으로 태도를 보이면서도 이주자들의 자질과 태도에 대해서는 경계와 주의를 촉구했다. 『조선지실업』은 러일전쟁이 아직 종결되지 않은 1905년 5월의 창간호에서부터 신규 이주자 문제를 논하였다. 「한국 작금의 도래자」라는 제목의 기사는 아사오카 난메이(淺岡南溟)가 난메이생(なんめい生)이라는 필명으로 쓴 것이었다. 그는 러일전쟁 이후 증가한 이주자들 대다수가 일확천금을 노리고 무일푼으로, 아무런 계획도 없이 도한하여 여러 가지 문제를 일으키고 있는 점을 경계하고 있다. 즉 "이 3개월간의 34인의 사람들은 누구든 일정한 목적 없고, 자본도 없이 조선에 가면 금이 떨어지는 것처럼, 또는 아사오카 난메이를 방문하면 언제든 일거리가 생기는 거처럼 오해하고 있는 것에는 완전히 할 말이 없기 때문에, 그대는 무슨 목적으로 왔는가, 또는 품안에 어느 정도의 자본을 갖고 있는가라고 물으면, 누구든 오늘밤의 숙박료부터 곤란한 무리들뿐이다"라고 그 문제점을 지적하였다. 그러면서 "실제로 도항을 꾀하는 사람은 잡지나 신문으로 잘 조사"할 것, "친구나 한국 거주자에게 의중을 보이고 이 목적의 성공여부를 물어서 한 명이라도 재한자에게 찬성을 얻은 후에 도항"할 것을 당부하였다.[12]

---

12) 「韓國昨今の渡來者」, 『朝鮮之實業』 1-1, 1905.

우치다 다케사부로(內田竹三郎)는 "무자본인 자는 결코 오지 마시오. 박지약행(薄志弱行)인 자 자본이 있어도 오지 마시오. 조선은 돈과 힘이 활발한 자가 아니면 흥미로울 바가 없다. 그 대신에 돈도 있고 정신도 건전하다면 우리 유신시대에 방불하는 오늘날의 성공을 기대하고 맞을 것이다"라고까지 선언하였다.[13] 이주자들의 상당수가 일본의 하층민 출신으로 '자본도 없이' 도한을 감행하는 것을 무모하다고 보고 노골적으로 비판한 것이다.

신규 이주자에 대한 부정적 평가는 '도한광'인 '정신병자'라는 극단적 평가로까지 이어졌다. 절영도 둔율방(絕影島 鈍栗坊)이라는 필자는 최근 모국에는 '도한광'이라고 하는, 매우 박약한 '정신병자가 수십만이나 발생'하였다면서 앞으로 더욱 계속 만연할 경향이 있다고 경고하였다. 그는 "최근의 도래자 중에는 쓰레기 같은 인물"이 많으며 "일확천금의 구름"을 잡으려 한다고 평가했다. 그런데 흥미로운 점은 신규 이주자와 기존 이주자들을 차별화하는 부분이다. 조선 이주와 기존의 이주민들에 대해 다음과 같이 주장하였다. 즉, 그는 조선은 단지 돈을 벌기 위한 곳이 아니라면서, 조선은 "돈을 마련하는 곳, 사업의 장소, 생활의 땅"이라고 하였다. 또한 조선에서 부를 쌓는 것에 대해, 조선은 "일조일석에 돈이 모이는 곳"이 아니라면서, 각 거류지의 유력인사들은 누구나 도한 이래 이십 년 내지 삼십 년의 세월을 지나면서 각고 속에 경영을 쌓아온 이들뿐이라고 하였다.[14] 필자는 빈곤한 신규 이주자들을 정신병자라고까지 부르면서 깊은 반감을 표출했다. 이러한 반응은 러일전쟁으로 급격히 팽창하는 재조일본인 사회의 내적 갈등의 한 단면을 보여주는 것이다.

그런데 위의 글에서 눈에 띄는 또 다른 점은 기존의 재조일본인들에 대한 인식이다. 필자는 기존의 이주자들이 조선에서 오랫동안 난관을 극

---

13) 內田竹三郎,「渡韓希望者에게 告함」,『朝鮮之實業』1-6, 1905, 21쪽.
14)「渡韓狂에의 一大鐵槌」,『朝鮮之實業』4-28, 1907, 26-29쪽.

복하며 기반을 마련하였음을 강조하였다. 다시 말해, 조선에서 경제적 기반을 마련한 기존의 이주자들이 신규 이주자들에 대해 부정적인 입장을 표출하면서 동시에 재조일본인 사회에서의 자신들의 입지와 위상을 구분하고 있는 것이다.

이상과 같이, 러일전쟁 이후 재조일본인 사회는 급격한 팽창 과정에서 이주민들의 사회경제적 양극화가 진행되었다. 그리고 재조일본인 간의 계층적 격차의 확대는 성공한 '유지'들과 빈곤한 '무뢰배'의 차별화 의식으로 이어졌다.

III. 입신출세와 재조일본인 명사록의 출간

1. 재조일본인 명사록의 출간

러일전쟁 이후 재조일본인 사회는 커다란 전환점에 놓였다. 조선통감부가 설치된 후 일본의 정치적 지배가 본격화되었으며 신규 이주자가 급증하였다. 또한 일확천금을 노리며 제대로 된 준비도 없이 도한을 하는 신규 이주자들에 대한 부정적 인식이 확대되었다. 이러한 상황에서 기존의 유력자들을 중심으로 자신들의 사회적 지위를 공고화하기 위한 움직임이 본격화되었다. 제도적으로는 거류민단의 법제화였으며, 인식적 차원에서는 성공담론의 확대였다. 그 중에서 후자는 일본사회의 입신출세주의의 영향에 따른 것으로서, 조선에서의 성공 여부는 이주자들의 정체성 규정에 중요한 열쇠가 되었다.

근대일본에서 입신출세란 계층 상승을 통한 사회적 성공을 가리키는 용어이다. 입신출세란 용어는 문명개화기에 신분보다 개인의 노력을 중시하는 풍조 속에 등장하였다. 대표적으로 1871년 출판되어 문명개화기의 베스트셀러가 된 『서국입지편(西國立志編)』이다. 이 책은 새뮤얼 스마일스의 저서 *Self Help*를 나카무라 마사나오(中村正直)가 번역하여 소개한 것으로, 개인 스스로의 노력을 통한 성공의 길을 주창하였다. 메이지 후반기, 특히 1900년대가 되면서 입신출세론이 일본 사회 전반에 보급, 확립, 고정되었고,[15] 입신출세나 성공이 청년층의 당연한 목표로 인식되게 되었다.[16] 입신출세주의가 서민들에게까지 침투하면서, 고학생과 같은 서민층을 독자로 한 잡지나 각종 입신안내서 등이 출간되었다.[17]

입신출세열의 이면에는 입신출세의 통로가 좁아진 현실이 자리 잡고 있었다. 1902년에 창간된 잡지인 『성공(成功)』은 당시 입신출세를 목표로 하는 청년들을 독자로 발행된 것으로, 고학생과 지방청년, 즉 정규학교의 계단을 밟는 엘리트 코스에서 배제된 청년들을 주된 독자로 하였다.[18] 그런데 『성공』은 일본 국내에서가 아닌 해외에서의 성공에 대한 기사들을 다수 게재하였다. 「해외활동」, 「실업」란을 개설하여 조선, 시베리아, 사할린, 만주, 미국에서의 사업전망에 대한 기사를 매월 대량으로 게재하였다.[19] 나아가, 『성공』을 발간한 성공잡지사는 그 후 『탐험세계(探險世界)』(1906), 『식민세계(殖民世界)』(1908)도 발행하였다. 일본의 제국주의적 팽창에 따라 개인의 입신출세 욕망과 결합하면서 식민지 개척과 이주를 성공의 기회로 인식하게 된 것이다. 러일전쟁을 전후한 일본 사회의 '입신출세열', '성공붐'이라는 분위기가 조선으로의 이주를 조

---

15) 竹內洋, 「立身出世主義の論理と機能－明治後期・大正前期を中心に－」, 『教育社会学研究』 3, 1976, 119쪽.
16) 天川潤次郎, 「明治日本における「立身出世主義」思想の起源」, 『經濟學論究』 43-3, 1989, 507쪽.
17) 竹內洋, 「立身出世主義の論理と機能－明治後期・大正前期を中心に－」, 122-123쪽.
18) 三上敦史, 「雑誌『成功』の書誌的分析」, 『愛知教育大学研究報告. 教育科学編』 61, 2012.
19) 傅澤玲, 「明治三〇年代における立身出世論考：『成功』を中心に」, 『比較文学・文化論集』 11, 1995, 12쪽.

장하는데 큰 역할을 한 것이다.

일본 사회의 입신출세주의가 재조일본인 사회에서 어떻게 구체화되었는지를 보여주는 자료로서 '성공'한 일본인들의 이력과 성공 과정 등을 소개하는 출판물들이 있다. 조선의 개항에서 일제 말에 이르는 재조일본인 관련 인물 자료들은『일본인물정보대계 조선편(日本人物情報大系 朝鮮編)』에 대부분 수록되어 있다.[20] 전체 시리즈 중에서 71권에서 80권까지의 10권으로,[21] 이 중에서 러일전쟁에서 1910년대까지의 자료는 주로 71권(식민지화 이전까지)과 72권(1910년대)에 수록되어 있다. 그 외에『일본인물정보대계 만주편(日本人物情報大系 滿洲編)』에 수록된『만주조선의 제국지실업성공자열전』이 있다.[22]

이 자료들은 편찬목적이나 수록정보 등에 따라 일정한 차이를 갖고 있으며, 크게 조선 관련 인물과 기관 등에 대한 기초 정보 수록에 중점을 둔 '인명록'과 수록 인물에 대한 세부정보와 인물평까지 담고 있는 '명사록'으로 나눌 수 있다. 먼저, 단순 정보 위주의 출판물들을 보면 인명(상점명), 주소, 직종, 전화번호 등의 정보를 수록하였다. 또한 수록 대상은 적게는 수백 건, 많은 경우는 1만여 건에 이르렀다.[23] 이들 서적의 편찬목적은 주로 정보의 공유와 편의제공에 있었다. 즉, "내지 상공업자

---

20) http://www.libro-koseisha.co.jp/top03/rb818.html#80 (검색일: 2017. 6. 11.)
21) 전체 구성은 다음과 같다. 71권: 식민지화 이전, 72권: 1910년대, 73권: 1920년대, 74권: 1930년대 중반까지(중일전쟁), 75권: 중일전쟁에서 패전까지, 76권, 77권: 출신 부현별, 78권: 영업종별, 79권: 공공단체와 동호회 멤버, 80권: 경성, 부산, 평양의 상공회의소 회원.
22) 『日本人物情報大系 第2回 滿洲編』卷10(通卷20) 수록.
23) 예컨대, 農商務省,『農商務省商工局臨時報告』; 317건 수록, 회사, 상점명, 인명 등.『日韓商工人名錄』下, 1908; 일본 국내와 해외 각지 중, 한국도 포함. 약 2800명 수록, 영업종목, 세액, 상점 마크(다수).『朝鮮紳士錄』, 경성신보사, 1909; 약 11,000명 수록. 지역, 관공서, 회사, 단체 등으로 구분. 이름, 주소, 출신지, 훈위, 학력, 직종, 전화번호 외에, 납세액 등 기록.

들이 연락하거나 거래하는데 참고하는데 편의 제공"하거나,[24] "사교상, 사업경영상 필수적인 재선 내지인의 『신조선성업명감』으로서 …… 재선 동포의 친화를 증진하고, 또한 모국에 재선의 동포와 그 사업을 소개"하기 위해서였다.[25] 여기에는 재조일본인의 수적 증가로 인해 출판물의 형태로 정보를 제공할 필요가 생겼다는 점도 이유가 되었다. 예컨대, 『조선재주내지인실업가인명사전(朝鮮在住內地人実業家人名辞典)』의 편찬자는 "최근 모국인의 이주가 날로 격증하고 사회적 조직 또한 점점 복잡하기 이를 데 없다. 실제로 조석으로 서로 보아도 어떤 사람인지 모르고, 함께 사업을 기획한다고 해도 그 사람됨을 판별하지 못한다. 그 불리 불편함을 실로 말을 할 수 없다. 혹시 이 한 권의 서적으로 천만인을 망라하여 한눈에 그것을 상실(詳悉)할 수 있다면 그 편리함이 얼마나 되겠는가. 그것이 본서의 간행을 기획한 이유"라고 밝혔다.[26]

단순한 인명록의 성격을 지닌 출판물과 달리, 대상 인물에 대한 세부적 정보와 인물평에 비중을 둔 출판물들이 있다. 이 출판물들은 조선에서 성공한 일본인들의 이력과 성공 과정 등을 다루고 있다. 인명록에 비해 개인의 출생과 성장, 도한 이유와 성공 과정 등의 내용을 포함하였다.

명사록은 특히 성공의 가치에 대해 매우 높은 의미를 부여했다. 명사록들의 서언에서 밝힌 성공에 대한 평가와 시각은 다양하다. 예컨대 1905년 출판된 『재한인사명감(在韓人士名鑑)』은 출판 취지서에서 "솔선하여 한국에 도항하고, 경영 참담해도 결국 이겨내고, 오늘날의 성공을 이룬 것들을 전해야 하지 않겠는가. 따라서 본서는 한국재류의 우리 신사 상공가들의 성공 내역을 드러내고 빛내고 더불어 대한 무역 그 외 각

---

24) 農商務省, 『農商務省商工局臨時報告』(『日本人物情報大系 朝鮮編』 71), 3쪽.

25) 朝鮮公論社, 『在朝鮮内地人紳士名鑑』(『日本人物情報大系 朝鮮編』 72), 373쪽.

26) 川端源太郎, 『朝鮮在住内地人実業家人名辞典』 72, 朝鮮実業新聞社, 1913; 약 700명, 은행회사 등 약 150건 수록.

종 방면에서 연고를 가진 우리 본국의 신사 상공가들을 소개하여, 서로를 연결하고 상호의 관계를 밀접하게 하는 것을 취지로 한다"[27]고 하였다. 『재한성공지구주인(在韓成功之九州人)』(1908)은 제목에서부터 '성공'을 강조하고 있는 경우로서, 다음과 같이 큰 의의를 부여했다.

세속에서 소위 성공이라고 하는 것은 복덕(福德)이 인력에 감응하여 具象하는 것을 의미한다. 따라서 지대무상(至大無上)의 성공에 대해 조사하는 데는 도고 대장의 위공과 같이 신비한 법력에까지 이른다고 하겠지만, 세속적 성공의 범위에 있어서도 또한 그 걸출한 자는 옆사람으로 하여금 불가사의한 행운으로 느끼게 하는 것이 보통이다. 따라서 성공의 연원을 거슬러 올라가면 정신과 기백이 타력(他力)을 흡인하고 천력(天力)에 순응하는 것 외에 하나도 없다.
성공하는 사람, 성공하고자 하는 사람은 모두 상술한 성공의 연원을 명심하는 것이 필요하다. 그리고 이미 (성공을) 얻은 자의 퇴보를 막는 것이며, 앞으로 얻고자 하는 자의 묘지력(妙智力)이다.[28]

1914년 출간된 『만주조선의 제국지실업성공자열전』은 조선에서 성공을 거둔 인물들의 경력과 성공 비결을 소개하면서, "성공자는 반짝이는 새벽별보다도 드물다. 모국 이상의 인재, 오히려 초범한 수완과 자금을 갖고 영구적 토착의 목적을 갖고 이주하지 않으면 어떤 것에서도 쉽게 성공할 수 없다"라고 하였다. 이와 반대로 실패자는 "일확만금의 사행심을 가진 자, 혹은 자아의 철저한 불평가, 모험가의 부류가 질서정연한 모국의 제재를 견디지 못하고 일어나 …… 단번에 성공을 기대하며 맹진"한 부류로 간주하였다.[29]

---

27) 『在韓人士名鑑』, 木浦新報社, 1905, 34쪽.
28) 高橋刀川, 「序」, 『在韓成功之九州人』, 虎與号書店, 1908, 2-3쪽
29) 佐々木泰治, 「自序」, 『満洲朝鮮に於ける帝国之実業成功者列伝』, 佐々木泰治,

『신조선성업명감(新朝鮮成業名鑑)』도 "선배사업가의 활동 발전의 경로와 그 성공의 비결을 공개하는 것"이며 "조선의 각 지역별로 가장 큰 성공을 거둔 인물들을 소개"한다고 밝히면서, 수록 인사들에 대해 다음과 같이 한층 높은 평가를 내렸다. 즉,

> 우리 관원과 함께 각종 사업에 그 독득(獨得)의 수완을 발휘하는 인사는 실로 우리 신조선의 건설자이다. 우리들은 그 성공자에게 충분한 경의와 사의를 표하지 않을 수 없다. …… 우리의 분투 활동한 선배 여러분의 성업전(成業傳)은 곧 후진 인사의 모범이며 사업계의 지남차임을 잃지 않는다. 우리의 본서 편찬의 취의는 대저 여기에 있다. …… 즉, 본서의 내용은 우리 선배사업가의 활동 발전의 경력과 그 성공의 비결을 공개하는 것으로, 우리 후진 사업가의 모범의 표적인 것은 물론, 본서에 열전의 여러분은 일본 그것을 자손에게 전하고 역사적으로 자손을 고무, 훈계, 유도하는 선량한 가정적 장서를 얻을 것이다.[30]

다시 말해, 조선에서 성공을 거둔다는 것은 단순히 운 좋은 개인의 영달에 그치지 않고 모범적인 기질과 사업 활동에 의한 것이며 나아가 국가 및 후세에 모범이 될 만큼의 높은 가치를 지닌 것이라고 본 것이다. 따라서 재조일본인 사회에서 명사록은 단순한 인물정보의 전달을 넘어서 재조일본인들 중에서 가장 성공한 인물들을 선별하고 조선 내에서의 우월한 위치를 확인해 주는 역할을 하였다.

1914, 2쪽.

30) 靑柳綱太郎編, 「序」, 『新朝鮮成業名』, 朝鮮硏究所, 1917, 1–3쪽. 원문: http://daegulib.koreanhistory.or.kr/dslDetail.do?recordId=dsl_017 (검색일: 2017. 6. 11.).

2. 재조일본인 명사록 분석

러일전쟁 이후 재조일본인 사회의 구성과 성격은 식민지 지배체제의 성립과 더불어 일정하게 변화해 갔다. 이러한 변화는 재조일본인 명사록에도 반영되어 있다. 여기서는 러일전쟁 종전 후에서 식민지배 초기까지의 기간에 출간된 명사록 3종을 분석하고자 한다. 『재한성공지구주인』은 이바라키현 출신의 다카하시 도센(高橋刀川)이 출판한 것으로 지방별 인명록으로 가장 오래된 것이다. 내용은 규슈 출신 실업가 17명의 경력과 사업 내용을 소개하였다.[31] 두 번째로 『만주조선의 제국지실업성공자열전』(1914)은 佐々木泰治가 저술한 것으로, 수록자 53명 중에서 재만일본인 36명, 재조일본인 17명이다. 수록자의 숫자는 적지만 개인별 서술 내용이 자세하다. 개개인과 면담을 한 결과를 수록한 것이라고 한다.[32] 『신조선성업명감(新朝鮮成業銘鑑)』은 아오야기 쓰나타로(青柳綱太郎)가 출간하였으며 경기도를 시작으로 도별로 회사, 인물, 병원 등의 개요를 기술하였다. 실업가의 경우는 사업경영의 현황과 함께 소개하였다.[33] 이 서적들은 러일전쟁에서 식민지배 초기인 1910년대에 걸쳐 출판된 것으로, 식민지화의 진전에 따라 재조일본인 사회가 인구 규모나 구성원의 성격이 크게 변해 가는 실태를 반영하고 있다.

먼저, 명사록 수록 인물의 이주 시기는 아래와 같다. 1908년 『재한성공지구주인』은 러일전쟁 이전이었지만, 1910년대를 지나면 러일전쟁 이후 이주자들이 반 이상을 차지하며, 그 비중을 계속 증가하였다. 러일전쟁을 계기로 새로운 이주자들이 증가하면서 재조일본인 사회에서의 영

---

31) http://www.libro-koseisha.co.jp/top03/rb818.html#80 (검색일: 2017. 6. 11.).

32) http://www.libro-koseisha.co.jp/top03/rb812.html (검색일: 2017. 6. 11.).

33) http://www.libro-koseisha.co.jp/top03/rb818.html#80 (검색일: 2017. 6. 11.).

향력도 이들 신규 이주자들 중심으로 이동해 간 것을 알 수 있다.

〈표 3〉 조선으로의 이주시기

	在韓成功之九州人	満洲朝鮮に於ける帝国之実業成功者列伝	新朝鮮成業名鑑
러일전쟁 이전	17/17	6/17	12/58
러일전쟁 이후	0/17	8/17	34/58
불명	0/17	3/17	12/58

구체적으로, 『재한성공지구주인』에 수록된 인물들의 도한 시기를 보면 1871년에서 1895년 사이에 분포되어 있다. 1871년 도한한 인물은 후쿠다 조헤이(福田增兵衛)이다. 그는 쓰시마번 출신으로 1871년 처음 부산에 건너왔으며 1875년부터 부산에 정착하여 훗날 부산의 3대 부호로 불릴 만큼 큰 성공을 거둔 인물이다. 인천의 '제1의 성공자'로 불린 고모리 킨타코(郡金三郎)도 1875년에 도한하였다. 청일전쟁 중인 1984년에서 1895년 사이에 도한을 한 인물로는 인천의 가라이 에이타로(加来栄太郎)와 경성의 신라쓰마(進辰馬), 구기모토 도지로(釘本藤次郎)가 있다. 그 외에는 대부분 조선의 개항 이후 1880년대에 이주하였다.

『만주조선의 제국지실업성공자열전』의 인물들은 가장 빠른 경우가 1882년 부산에 건너와서 인천에 정착한 호리 리키타로(堀力太郎)이며, 가장 늦게 이주한 인물은 1911년 도한을 한 의사였다(伊藤医院主). 러일전쟁 중에 도한한 경우가 아라이 하쓰타로(荒井初太郎)(1904), 오모리 고로(大森五郎)(1904), 香椎源太郎(1905)가 있으며, 그 외에는 러일전쟁 직후 도한한 佐々木清綱와 1908년 도한의 中野谷秀 사이에 3명이 분포되어 있다. 러일전쟁을 계기로 재조일본인의 이주가 급증한 사실과 일치한다.

한편 『신조선성업명감』에는 러일전쟁 이후의 이주자들이 2/3 가까이 차지하고 있다. 이를 다시 1910년 식민지화를 기준으로 구분하면, 러일전쟁에서 1910년이 26명이고, 1910년 이후가 8명이다. 러일전쟁을 계기로 이주가 급증했으며, 또한 식민지화 이후 시간이 지나면서 이주민 유입이 지속되었음을 알 수 있다.

둘째로, 명사록에 수록된 재조일본인의 거주지 분포를 보면 초기에는 경성과 대도시에 집중되어 있었다. 『재한성공지구주인』에는 경성 거주자가 전체의 반이 넘는 9명이며 나머지는 부산과 인천 거주자였다. 재조일본인의 거주지는 식민지배가 진행되면서 전국적으로 확대되었다. 대구, 평양, 원산 등의 도시로, 평안남도와 충청남도 등의 지방으로 거주지가 확산되었다. 1917년 자료를 보면 경성, 인천, 부산이 속한 경기, 경남은 전체의 24%에 불과하였다. 대신에 충남은 경기와 같은 19%에 이르렀고, 평남 등의 북한 지역이 44%를 차지할 만큼 크게 증가하였다. 이러한 결과는 식민지배가 자리를 잡으면서 재조일본인의 거주지도 개항장과 대도시 위주에서 벗어나 지역적 분포가 확대되어간 사실을 반영한다.

〈표 4〉 조선에서의 거주 지역 분포

		在韓成功之九州人	満洲朝鮮に於ける帝国之実業成功者列伝	新朝鮮成業名鑑
경기	경성	9	5	11
	인천	3	3	
경남	부산	5	2	3
	마산	·	·	
경북	대구	·	1	
황해	진남포	·	·	·
전북	군산	·	·	4
전남	강진	·	·	1
	목포	·	·	
	영산포	·	·	
충북	평산리	·	1	2
충남		·	·	11

		在韓成功之九州人	満洲朝鮮に於ける帝国之実業成功者列伝	新朝鮮成業名鑑
황해	서흥	·	2	·
평남	평양	·	1	11
평북		·	·	8
함남	원산	·	1	3
함북		·	·	4
합계		17	17	58

　이러한 거주지역의 변화는 경제적 여건의 추이와 밀접한 관련을 가졌다. 재조일본인 명사들의 직종을 보면 1908년에는 상업이 절대적인 비중을 차지했지만, 1910년대를 넘어서면 제조업, 광업, 토목업의 비중이 증가했으며, 특히 의사, 변호사와 같은 전문직의 비중이 증가하였다. 이처럼 직종이 다변화되면서 개항장 중심의 상업 종사자 위주에서 벗어서 지역적 분포가 확산되었고, 특히 광업으로 성공한 인물들이 크게 늘어나면서 평안도, 함경도 지역의 거주자들이 뚜렷이 증가한 것을 볼 수 있다.

〈표 5〉 조선에서의 업종 및 직종 분포

	在韓成功之九州人	満洲朝鮮に於ける帝国之実業成功者列伝	新朝鮮成業名鑑
농업	2	3	2
상업	13	3	1
수산업	·	1	·
광업	·	1	26
제조업	·	2	5
토목건설	·	1	7
서비스업	2	2	4
금융업	·	2	·
전문직 (의사, 변호사)	·	2	10
언론	·	·	2

이상을 정리해 보면, 러일전쟁에서 1910년대에 이르는 재조일본인 사회의 변화는 다음과 같다. 첫째, 이주시기를 보면 러일전쟁을 계기로 이주민이 급증하였다. 둘째로 재조일본인의 거주지역은 개항 직후에 부산, 인천과 같은 개항장에 집중되었으나 일본의 식민지배가 자리 잡으면서 전국적으로 확대되었다. 마지막으로 직업분포를 보면 초기에는 상업이 중심이었으나 식민지 시기가 되면 전문직과 광업 종사자가 크게 늘어났다.

러일전쟁 이후 재조일본인 사회가 크게 성장하면서 일확천금을 노리고 무작정 조선으로 건너오는 일본의 하층민 출신자들이 늘어난 한편으로 조선에서 커다란 부와 사회적 위신을 얻는 경우도 증가하였다. 이는 곧 재조일본인 사회의 계층 분화의 시작을 의미한다. 따라서 다양한 개인의 성공 사례를 소개하고 칭송한 재조일본인 명사록들은 재조일본인 사회의 변화를 반영하였다.

IV. 재조일본인 명사록의 '성공' 내러티브

재조일본인 명사록들은 서술 분량이나 서술방식은 차이가 있지만 공통적으로 조선에서 성공한 일본인들의 경력을 소개하고 이들이 성공하게 된 개인적 자질과 과정을 서술하는 것으로 구성되었다. 따라서 이들 서적은 1900년대 초 재조일본인 사회의 '성공'에 대한 인식과 시각을 보여주는 자료적 의미를 지닌다. 여기서는 재조일본인 명사록의 성공 내러티브의 내용과 특징을 살펴보고자 한다.

먼저 재조일본인 명사록에 수록된 인물들의 선정 기준을 보자. 수록 인물들의 면면을 통해 재조일본인 사회에서 성공의 기준을 엿볼 수 있다. 가장 압도적인 성공의 조건은 경제력이었다. 즉, 조선에서 어느 정도의 부를 축적하고 사업 기반을 만들었는 가에 따라 성공 여부를 판단한 것이다. 『재한성공지구주인』은 부산 3대 성공인으로 하자마 후사타로(迫間房太郎), 오이케 츄스케(大池忠助), 후쿠타 조베에(福田增兵衛)를 꼽으면서[34] 다음과 같이 그 성공의 내용을 서술했다. 먼저, 후쿠다의 최대 성공 비결은 토지 매수에 있으며,[35] 오이케는 "재산 수십만의 거액"에 달하는데, 그 성공의 원인은 여관 운영과 토지가옥의 매수라고 하였다.[36] 하자마의 경우도 토지매수를 성공의 가장 큰 원인으로 평가하였다.[37] 이들이 토지를 매입하는 과정이나 수단의 정당성 여부는 문제시되지 않았으며 결과적으로 토지매입을 통해 부를 성취한 점에 입각하여 '성공인'에 포함하였다.

사업의 종류와 성격은 시간이 지나면서 일정하게 변화하였다. 러일전쟁 직후인 1908년에는 상업 종사자가 가장 많았으며, 토지 매수하여 지주로 성공한 경우도 다수였다. 이에 비해 1914년과 1917년의 명사록에는 건설 청부업, 광업 등의 분야에서 큰 성공을 거둔 경우가 크게 늘었다. 가시이 겐타로는 남선에서 수산왕의 칭호를 얻을 만큼 '입신성공'을 한 인물이다. 그는 1905년 가을 군용 통조림 제조를 목표로 삼고 한국에 건너왔다. 그 후 어업과 통조림 제조를 하며 어업권을 획득하여, 대표적인 성공자의 한사람이 되었다.[38] 후카미 가쓰사부로(深見勝三郎)는 인천에서 주조업을 본업으로 한 인물이다. 그는 조선에 주조 세금이 없다는 것을 알고 소자본을 갖고 조선에 건너왔다. 사전에 면밀한 계획을 한 후에 사업을 시작한 것이 오늘날 성공에 이르는 비결이었다고 평

34) 『在韓成功之九州人』, 2쪽.
35) 같은 책, 8쪽.
36) 같은 책, 70-71쪽.
37) 같은 책, 73쪽.
38) 『満洲朝鮮に於ける帝国之実業成功者列伝』, 199-203쪽.

가하였다.[39] 1917년의『신조선성업명감』에 수록된 58명 중 26명이 광업으로 성공한 인물이었다. 경제적 성공 사례는 조선이주가 늦어질수록 토지매입 이외의 사업을 통한 경우가 대부분을 차지하였다.

성공인으로 평가 받는 두 번째 기준은 사회적 명망으로, 부의 규모에 대한 언급보다는 일본 본국에서의 학력이나 개인의 인격 같은 것들을 강조하며 서술했다. 이 경우에 해당하는 인물들은 일본에서 대학을 졸업하고 변호사나 의사 자격을 얻어서 활동하던 중에 도한을 하였으며, 기업에 취업하여 경험과 자본을 어느 정도 손에 넣은 후에 건너온 경우가 많았다. 조선에서 변호사로 성공한 오쿠보 마사히코(大久保雅彦)는 1889년 영길리법률학교 원서과를 졸업하고 1894년 변호사시험에 합격하여 개업을 했다가 러일전쟁 직후인 1905년 9월에 도한을 했다. 그는 성격이 온아근후(溫雅謹厚)한 신사라는 평을 받았다.[40] 흑연광업자로 성공한 사와라 다쓰오(佐原辰雄)는 도쿄대 공대 토목공학과를 우수한 성적으로 마친 학력 엘리트 출신으로 식민지화 이후인 1913년 도한했다. 당시 조선에서 활동하던 일본인이 대부분이 '사리사욕', '인격열등'하고 '염치를 모르는' 자들인데 반해, 그는 인격고결하고 빛나는 경력과 풍부한 학식을 지닌 인물로서 위대한 성공을 거두었다고 평하였다.[41] 도야마 기에몬(外山喜右衛門)은 메이지대학 출신으로 일본에서 육영사업을 하던 중에 한국정부 특허변호사로 도한한 인물로서, "두뇌명민, 사려주밀, 학재식견 탁월"하였다.[42] 후쿠오 신(富久尾溁)도 온량공겸한 성품으로 지방인에게 존경과 사랑을 받는다고 하였다.[43]

이와 같이, 재조일본인의 성공은 사업을 통한 우월한 경제력을 쌓는

---

39) 『滿洲朝鮮に於ける帝国之実業成功者列伝』, 94쪽.
40) 『新朝鮮成業名鑑』, 176-177쪽.
41) 같은 책, 68-72쪽.
42) 같은 책, 52쪽.
43) 『新朝鮮成業名鑑』, 51쪽.

것과 일본에서도 엘리트에 속하는 학력과 명성을 지닌 것으로 평가하였다. 단순히 경제적 부를 쌓은 것과는 다른 차원의 기준으로 인물의 성공과 사회적 지위를 판단한 것이다.

한편 재조일본인 명사록의 특징적인 면은 대상 인물들이 성공한 이유하게 된 개인적 자질을 강조하고 설명을 덧붙인 것이다. 이러한 방식은 개인의 경제적, 사회적 성공이 우연에 의한 것이 아니며, 성공한 인물들은 그렇지 못한 이들이 갖지 못한 특별한 자질과 품성을 지녔다는 평가를 담고 있다. 구체적인 성공인의 자질과 특징은 아래와 같다.

첫 번째 강조된 것은 역경을 이겨내는 불굴의 의지이다. 경성에서 큰 성공을 거둔, '한국 굴지의 성공자'인 나카무라 사이조(中村再造)는 어려운 환경에서 성장하였으며, 갖은 고난과 위험을 피땀으로 이겨내고 명예와 재산을 얻는 인물이었다. 그는 청일전쟁 중에 피난자의 토지가옥을 매수하여 큰 이익을 거두었고 경성거류지 개척에 앞장섰는데, 불굴의 태도로 이를 관철해냈다.[44] 모리 가쓰지(森勝次)도 같은 경우였다. 『재한성공지구주인』의 저자는 한국에서의 성공자 대부분이 간난과 신고를 견뎌내고 고심참담하게 자기운명을 개척했는데, 모리도 그 중 한명으로, 불굴불요하며 천신만고 끝에 죽음을 각오한 덕에 성공했다고 하였다.[45] 경성의 광고청부업자인 사토 구마타로(佐藤熊太郎)는 1903년에 부산상품진열관의 건축 감독으로 도한하여 처음에는 큰 어려움이 없이 사업을 시작하였지만 러일전쟁 발발하면서 사업이 실패했다. 그러나 "하늘이 그를 버리지 않아서 이 간난으로 단련되어 결국 성공에 이르렀다"고 하였다.[46]

두 번째로 강조된 성공의 이유는 성실하고 검소한 태도였다. 여기에

---

44) 『在韓成功之九州人』, 12-22쪽.
45) 같은 책, 53-69쪽.
46) 『満洲朝鮮に於ける帝国之実業成功者列伝』, 100쪽.

해당하는 인물로 아키기치 도미타로(秋吉富太郎)가 있다. 그는 대표적인 성공 사례였던 나카무라 사이조의 친동생이었지만 중촌의 상점 점원으로 일하였으며, 질서를 중시하고 계획에 따라 움직이며 검소하고 근면하였다.[47]

세 번째 성공 이유는 철저하고 명민한 자질에 있다. 이러한 인물을 표현한 대표적 용어가 사려주밀, 명민과결이었다. 광업에서 성공한 야마구치 준키치(山口順吉)도 사려주밀, 명민과결하였고,[48] 후쿠이 다케지로(福井武次郎)도 식민지에서 활약한 포부를 갖고 도한한 인물로서 명민총혜하며, 사업활기 파악에 능숙했다.[49]

마지막으로 전문가의 전문적 지식과 식견이 있다. 의사, 변호사와 같은 전문직에서 성공한 인물이 다수 소개되었는데, 이들은 전문지식의 탁월한 실력을 강조하였다. 야스스미 도키타로(安住時太郎)는 도쿄제대 법과를 우등 졸업한 변호사로서, 판사, 검사를 거친 후에 1907년에 도한하였다. 그는 재판사무의 개선과 쇄신에 기여하고 1909년 통감부사법청 형사과장, 1912년 경성고등법원검사를 거쳐 1913년 변호사 개업을 하였다. 그는 논리가 정확하고 판결이 공정한 인물이었다.[50] 의사로 성공한 이케다 스에오(池田季雄)는 1900년 제5고등학교 의학부에 입학하였으며, 1904년에 현립나가사키병원의 조수를 거쳐 1906년 경성민단 설립의 한성병원에 근무하였으며 그 후에 독립 개원하였다. 그는 주치과목인 소아과와 내과에 관해 심원광범한 지식을 풍부히 갖추었으며, 적확한 경험을 갖추어 환자의 신뢰를 받았다.[51]

이상과 같이 재조일본인 명사록은 재조일본인 사회의 유력자들을 소

---

47) 『在韓成功之九州人』, 143-150쪽.
48) 『新朝鮮成業名鑑』, 165-166쪽.
49) 같은 책, 90-94쪽.
50) 같은 책, 178-179쪽.
51) 같은 책, 189-190쪽.

개하며, 이들이 성공한 이유와 자질을 소개하였다. 이를 통해 이들의 성공이 타당한 근거와 이유를 가졌다는 점을 강조하여 이들의 사회적 지위와 명망을 한층 높여주는 역할을 하였다.

재조일본인 명사록은 이주해 온 일본인들이 조선 내에서 어느 정도의 부와 명망을 쌓았는지를 보여주는 자료이다. 그런데 성공의 이유에도 시간의 흐름에 따라 일정한 변화가 드러난다. 성공에 대한 평가 기준의 차이가 러일전쟁 직후인 1908년과 식민지화 이후인 1917년 사이에 두드러지게 나타난다.

먼저, 일본에서의 사회경제적 위치에 있어 일정한 차이를 보인다. 『재한성공지구주인』의 인물 소개는 입지전적 인물임을 강조하는 경우가 태반인데 비해『신조선성업명감』에 소개된 인물들은 일본에서 정규 교육 과정을 거친 변호사나 의사, 또는 직장이나 자본을 가진 비율이 높았다. 이러한 차이는 성공의 이유에 대한 설명과도 연결된다. 즉, 고난을 극복한 인물들은 불굴의 의지를 지닌 인물이었다면, 높은 교육을 받은 전문가들은 명민하고 탁월함을 지녔다.

그런데 자세히 살펴보면 일본의 조선지배가 진전되는 것에 따라 수록 인물의 일본에서의 사회경제적 위치가 변화하는 것을 볼 수 있다. 재조일본인 사회는 러일전쟁과 조선의 식민지화를 거치면서 일본 국내에서 높은 수준의 교육을 받고 직장을 갖고 일정한 자본을 지닌 인물들의 유입이 크게 늘어난 것이다. 앞에서 언급한 잡지『성공』의 해외이주론은 학력사회로 진입한 일본에서 입신출세의 길을 찾지 못한 소외계층에게 식민지 이주를 통해 일본 국내에서는 찾을 수 없는 성공을 가능성을 얻을 것을 재촉했지만, 조선에서의 현실은 그와 다르게 흐르고 있었다. 조선의 일본인 사회도 러일전쟁 이후 식민지화가 진행되면서 일본의 학력 엘리트층에 의해 주도되면서 빈손의 성공 스토리가 불가능해지고 있었다. 다시 말해, 재조일본인의 구성이 초기에는 경제적 기반이나 교육 수준을 갖추지 못한 인물이 어려움 끝에 성공한 경우가 대부분이었는데 러일전쟁 이후 조선의 식민지배가 자리 잡으면서 일본 내에서 어느 정도 경제력과 교육 수준을 지닌 인물들 중심으로 전환되어 간 것이다.

이러한 변화는 조선에서의 성공 여부가 일본의 조선지배 강화와 일치한 것을 보여준다. 러일전쟁 직후 간행된 『재한성공지구주인』(1908)에는 조선의 개항 초기부터 이주하여 오랜 기간 동안 기반을 마련한 인물들이 대부분이었다. 이에 비해 식민지화 이후 간행된 『만주조선의 제국지실업성공자열전』(1914)과 『신조선성업명감』(1917)에는 러일전쟁기에 전쟁 관련의 토목건축업이나 군용품조달업과 같은 업종으로 도한하거나 조선의 식민지화 이후에 경제적 기회를 이용하기 위해 이주한 인물이 많았다. 그리고 이주가 늦은 경우일수록 일본 내에서 중학교 내지 전문학교의 학력을 이수하거나 사업적 경험과 자본을 갖고 도한을 하는 경향이 있었다. 다시 말해, 조선의 식민지화가 진전될수록 재조일본인 사회의 '성공'한 인물의 경력과 성공의 이유가 변하였다. 수록 인물들의 경력을 보면 조선의 식민지화가 이들의 성공에 커다란 계기가 되었다. 그중에서도 1910년대 출간된 명사록 속의 '성공'한 이주자들 중에는 일정한 자본과 학력을 갖추고 식민지화 정책의 도움 하에 일본 본국에서 얻지 못한 유리한 기회를 발판으로 조선 내에서 기반을 구축한 사례가 뚜렷이 늘어났다.

V. 맺음말

일본이 러일전쟁의 승리로 조선에 대한 지배를 본격화하면서 일본인들의 조선이주도 급증하였다. 그 결과 재조일본인 사회의 구성과 영향력도 큰 변화를 겪게 되었다. 그런데 이 시기부터 재조일본인 명사록들이 출판되기 시작하였다. 재조일본인 명사록은 조선에 이주한 일본인들 중에서 경제적, 사회적 성공을 거둔 인물들을 소개하고 그 경력과 성공담을 소개하고 서술한 출판물이다. 본고에서는 이 중에서 러일전쟁 이후인 1908년에서 일본의 조선 식민지배 초기인 1917년까지 출판된 서적을 분석했다. 이를 통해 재조일본인들이 지닌 성공의 평가 기준, 성공에 필요한 개인적 자질, 그리고 조선통감부에서 조선총독부체제로의 정치적 전개에 상승한 수록인물들의 변화를 살펴보았다.

재조일본인 명사록은 유력 일본인들의 성공 비결로 개인의 개척정신과 노력과 품성을 강조함으로써 단순히 행운에 의한 것이 아님을 강조하고 있다. 이에 비해 러일전쟁과 조선의 식민지화에 따른 일본군부, 조선총독부와 같은 권력기관의 개입이라는 변수는 배경으로만 서술했을 뿐, 전면에 드러내지 않고 있다. 이러한 재조일본인 명사록의 특징은 조선에서의 성공을 개인의 자질과 능력에 의한 것으로 그려냄으로써 이들을 여타 이주자들과 차별화하려는 전략의 결과로 볼 수 있다.

◈ 참고문헌

『新朝鮮成業名鑑』
『在韓成功之九州人』
『満洲朝鮮に於ける帝国之実業成功者列伝』

권숙인, 「도한의 권유」, 『사회와 역사』 69, 2006.
檀國大學校附設東洋學研究所 編, 『開化期 在韓日本人 雜誌資料集: 朝鮮之實業』,
　　國學資料院, 2003.
박양신, 「재한일본인 거류민단의 성립과 해체 - 러일전쟁 이후 일본인 거류지의
　　발전과 식민지 통치기반의 형성」, 『아시아문화연구』 26, 2012.
_____, 「통감정치와 재한일본인」, 『역사교육』 90, 2004.
방광석, 「한국병합 전후 서울의 '재한일본인' 사회와 식민권력」, 『역사와 담론』 56,
　　2010.
이규수, 「재조일본인의 취이와 존재양태: 수량적 검토를 중심으로」, 『역사교육』
　　125, 2013.
이형식, 「재조일본인연구의 현황과 과제」, 『제국과 식민지의 주변인』, 보고사,
　　2013.
정연태, 「大韓帝國 後期 日帝의 農業殖民論과 移住殖民政策」, 『한국문화』 14,
　　1993.
천지명, 「통감부의 재한일본인 정책과 거류민단의 변화」, 『한국민족운동사연구』
　　79, 2014.
최원규, 「日帝의 初期 韓國植民策과 日本人'農業移民'」, 『동방학지』 79, 1993.
함동주, 「러일전쟁 후 일본의 한국식민론과 식민주의적 문명론」, 『동양사학연구』
　　94, 2006.
_____, 「러일전쟁기 일본의 조선이주론과 입신출세주의」, 『역사학보』 221, 2014.

高崎宗司, 『植民地朝鮮の日本人』, 東京: 岩波書店, 2002.
_____, 『岩波講座 近代日本と植民地. 5. 膨張する帝國の人流』, 東京: 岩波書店,
　　1993.
菅原亮芳, 「明治期「進学案内書」にみる進学・学生・受験の世界」, 『調査資料』 168, 1992.
藤田繁, 「少年海洋冒険小説における太平洋の帝国覇権」, 『英文学論考』 37, 2011.

木村健二,「近代日本の移民・植民活動と中間層」,『歴史学研究』613, 1990.

_____,「在朝鮮日本人植民者の「サクセス・ストーリー」(特集/移民と近代社会),『歴史評論』625, 2002.

_____,「在朝日本人史研究の現状と課題 −在朝日本人実業家の伝記から読み取り得るもの−」,『日本學』35, 2012.

_____,『在朝日本人の社會史』, 未來社, 1989.

_____, 責任編集・解題,『日本人物情報大系 朝鮮編』(全10巻), 東京: 皓星社, 1999.

梶村秀樹,「植民地と日本人」,『日本生活文化史 8 生活のなかの国家』, 東京: 河出書房新社, 1974.

山田史郎,「イタリア系アメリカ人名士録: 1930年代の移民コミュニティに関する一考察」,『同志社アメリカ研究』25, 1989.

三上敦史,「雑誌『成功』の書誌的分析」,『愛知教育大学研究報告. 教育科学編』61, 2012.

傳澤玲,「明治三〇年代における立身出世論考:『成功』を中心に」,『比較文学・文化論集』11, 1995.

竹内洋,『立身出世主義: 近代日本のロマンと欲望』, NHK出版 [増補版]世界思想社, 1997.

_____,「立身出世主義の論理と機能 −明治後期・大正前期を中心に−」,『教育社会学研究』3, 1976.

天川潤次郎,「明治日本における「立身出世主義」思想の起源」,『經濟學論究』43-3, 1989.

塚瀬進 責任編集・解題,『日本人物情報大系 第2回 満洲編』巻10, 東京: 皓星社, 1999.

Uchida Jun, *Brokers of Empire: Japanese Settler Colonialism in Korea, 1876-1945*, Cambridge: Harvard University Press, 2012.

M.L.오즈본의 포로 교육 경험과 '관전사(貫戰史, Trans-War History)'로서의 심리전

고바야시 소메이(小林 聰明)

I. 머리말

한국전쟁기 유엔군 포로수용소에서는 조선인민군이나 중국인민의용군 포로에 대한 교육프로그램이 실시되고 있었다. 이는 종종 '포로(재)교육 프로그램(Orientation Program)'이라고 불리며, 유엔군민간정보교육국(Civil Information and Education, United Nations Command: CIE/UNC)에 의해 실시되었다. 이러한 포로 교육은 그 전 시대에 미국에서 행했던 포로교육이나 심리전과 어떻게 연결되고 있었을까 그리고 그 후 시대의 포로교육 혹은 심리전과 어떻게 연결되고 있었을까. 이러한 문제의식에 입각하여 본고는 한국전쟁기 실시되었던 포로 교육에서 중심적인 역할을 수행하고 있던 어떠한 미국인의 경험을 더듬어가면서 아시아의 시공간을 관통하여 전개했던 미국에 의한 심리전의 다이너미즘에 대해 고찰하려 한다. 그것은 '관전사(貫戰史, Trans-War History)'로서 심리전을 파악하는 연구의 조류의 일단을 담당하는 것으로서 위치지어질 것이다.

지금까지 CIE/UNC에 의한 포로 교육에 관한 연구는 적지 않은 축적을 볼 수 있다.[1] 그 대부분은 포로 교육의 커리큘럼 내용이나 운영방법 등에 착안하여 그 실태에 대해 실증적으로 해명하면서 포로 교육에 내포된 의미를 해석하려는 것이었다. 그러나 거기에는 몇 가지 부족한 점이 보인다고 생각된다.

첫 번째, 포로 교육을 심리전으로서 파악하는 시점이다. 한국전쟁기 미국을 중심으로 한 유엔군은 북조선의 전투원인 민간인, 한국의 민간인 외에 후에 참전하게 된 중국이나 소련의 전투원을 대상으로 한 심리전을 전개하고 있었다. 항복한 전투원은 포로로서 수용소로 보내졌고, 그들에 대한 포로 교육이 행해졌다. 그것은 포로의 마음이나 정신에 작용한다[win the hearts and minds]는 의미에서 확실히 심리전의 한 형태였다.

그러나 여태까지 한국전쟁에 있어서 심리전에 관한 연구에서는 선전 삐라나 잡지, 라디오 방송, 영화 등의 미디어를 분석했던 것이 다수 보여졌다. 한편 포로 교육에 관한 연구는 이러했던 심리전 연구와는 자칫 분리되어 의논되는 경향을 보였다. 그러나 포로 교육은 틀림없이 심리전을 구성하는 중요한 하나의 요소가 되고 있다. 포로 교육을 심리전의 한 형태로서 파악하는 것은 심리전 자체에 관한 연구에 깊이를 갖게 할 뿐만 아니라 교육과 프로파간다, 혹은 심리전과의 분간하기 어려운 관계성을 되묻는 중요한 계기가 될 것이다.

두 번째, 한국전쟁기의 포로 교육에 대하여 시간적인 연속성과 공간적인 확대 속에서 파악되는 시점이다. 여태까지 한국전쟁기의 포로 교육은 한국

---

1) 조성훈, 「한국전쟁기 포로교육의 실상」, 『군사』 30, 1995; 고바야시 소메이, 「한국전쟁 유엔군의 포로교육 프로그램」, 『문화냉전과 아시아: 냉전 연구를 탈중심화하기』, 소명출판, 2012; 이선우, 「한국전쟁기 거제도포로수용소 내 '친공포로'의 딜레마와 폭동」, 『역사문제연구』 38, 2017; 최혜린, 「6·25전쟁기 미군 포로정책의 전개 양상: 전범조사부와 민간정보교육국의 활동을 중심으로」, 서울대학교 국사학과 석사학위논문, 2017; 창청 지음, 박혜조 역, 「미국의 포로 자원송환과 재교화 정책, 전쟁의 최종 결과를 결정하다: 워싱턴 정책 입안부터 거제도 정책 시행까지」, 『열전속 냉전, 냉전속 열전: 냉전 아시아의 사상심리전』, 진인진, 2017 등.

전쟁기에 한정하여 분석되어져 왔다. 그러나 해당 기간의 포로 교육에는 그 이전에 행해졌던 포로 교육이나 심리전에서 노하우나 기술을 포함한 다양한 경험이 계승된다. 그 후의 포로 교육이나 심리전에서 그러한 경험이 이어지고 있었다. 이러한 중층적인 경험에는 몇몇의 전쟁을 관통하는 시간적인 연속성과 중국으로부터 일본, 한국, 오키나와, 베트남에 이르는 공간으로의 확대가 내포되어 있었다. 시간적인 연속성과 공간적인 확대 속에서 한국전쟁기의 포로 교육을 파악하려는 것은 해당 시기의 포로 교육이 지닌 새로운 의미를 파헤치고, 동시에 제2차 세계대전기부터 베트남전쟁기에 이르는 시공간에서 미국이 어떻게 버전업을 시도해가며 심리전을 전개했을까, 그 역사적 여정의 일단을 부각시키는 것이 된다.

이상의 점을 근거로 하여 본고에서는, 몇몇의 전쟁에서 심리전에 관계하였던 미국인 개인에 착목한다. 한국전쟁기의 포로 교육을 담당했던 미국인은 제2차 세계대전기의 중국에서 대일(對日) 심리전의 경험을 지녔거나, GHQ/SCAP(General Headquarters, the Supreme Commander for the Allied Powers) 점령기 일본에서 심리전의 일환으로서 파악될 수 있는 교육 프로그램에 관여했던 자 등, 복수의 '관계자'를 확인할 수 있다.

그린(J. Woodall Greene)은 일본점령과 한국전쟁에서 심리전에 종사했던 육군 장교였다. GHQ/SCAP 민간정보교육국(CIE/SCAP)의 참여(Executive)에 취임했던 것을 피력하며 1946년 4월에 CIE/SCAP 분석조사과 주임담당관이 되고, 1948년 10월까지 같은 과에서 소속하였다.[2] 그 후 미극동군(Far East Command: FEC) 심리전부(Psychological Warfare Branch: PWB)의 책임자가 되었다.[3] 1951년 6월, PWB가 극동군 G-3로 이관되고 심리전국(Psychological Warfare Section: PWS)이 설립되었

---

2) 佐藤秀夫, 「文部省科学研究費補助金研究成果報告書」, 『連合国軍の対日教育政策に関する調査研究』, 東京: 国立教育研究所, 1981–1983.
3) 고바야시 소메이, 「냉전 아시아에서 미국의 심리전과 거점으로서 오키나와」, 『열전 속 냉전, 냉전 속 열전: 냉전 아시아의 사상심리전』, 진인진, 2017.

다.[4] 그린은 PWS 국장에 취임하여 한국전쟁기에 극동군의 심리전이나 특수공작 등을 지휘하였다.[5] 우다드(William P. Woodard)는 한국전쟁 발발 직후에 포로교육계획이 책정된 때 그 중심을 담당하고 있던 인물이었다. 당시 우다드는 동경의 CIE/SCAP 종교문화자원과에 근무하며 종교조사나 야스쿠니신사 문제 등 종교정책을 담당하고 있었다.[6] 그 이외에도 포로교육에 종사했던 인물으로서 오즈본(Monta L. Osborne)이 있었다. 본고에서는 오즈본의 경험을 더듬는 것으로 아시아의 시공간을 관통하며 전개했던 심리전의 모습을 서술하고자 한다.

본고가 오즈본에 주목한 이유는 다음 두 가지 점에 있다. 첫 번째, 오즈본이 시간적인 연속성과 공간적인 확대를 지닌 미국의 심리전을 체현한 인물로서 파악될 수 있기 때문이다. 오즈본은 중국, 일본, 한국, 오키나와, 베트남 심리전이나 포로 교육에 종사했던 경험을 갖고 있었다.

두 번째, 오즈본에 관한 귀중한 자료의 분석이 가능하게 되었기 때문이다. 여태까지 미국의 심리전이나 포로교육에 관한 연구는 주로 미국국립문서관소(NARA)에 소장된 공문서를 이용하여 수행되어 왔다. 그러나 그러한 연구에서는 실제로 심리전이나 포로 교육에 종사했던 개인이 남긴 자료는 충분히 검토되지 않고 있다. 이러한 점을 보안하기 위해 본고에서는 주된 자료로서 오즈본의 수기(手記)(『Life Has Loveliness to Sell: A Sort of Autobiography』 written by Monta lee Osborne, June 1984, 이하 수기)를 이용하겠다. 수기는 오즈본의 아내나 아들의 요구에 응하여 오즈본이 직접 집필했던 것이다. 오즈본 자신이 직접 쓴 수기는, 아내와 두 명의 아

---

4) 장영민, 「한국전쟁 전반기 미군의 심리전에 관한 고찰」, 『군사』 55, 2005.
5) *Establishment of Psychological Warfare Section and Announcement of Staff*, 300.4 General Orders Hq., Box8, RG554, NARA.
6) William P. Woodard, *The Allied Occupation of Japan 1945-1952 and Japanese Religions*, Unknown Binding, 1972: William P. Woodard, 阿部美哉 訳, 『天皇と神道-GHQの宗教政策-』, サイマル出版会, 1988.

들, 형제자매, 한두 명의 가까운 친구에 한정하여 전해진 것으로 여겨지며 간행하여 널리 유통할 것을 상정하고 있지 않았다.[7] 따라서 수기에는 ISBN 은 붙여져 있지 않고, 미의회도서관이나 NARA에는 소장을 확인 못 하고 있다. 본고에서 사용하는 수기는 오즈본의 친구였던 프라이마스(Edward Freimuth)의 개인문서(프라이마스 컬렉션)의 안에 수록되어 있었다.[8] 여태까지 같은 수기를 사용하여 행해졌던 심리전이나 포로교육에 관한 연구는 보기가 어렵다. 이러한 귀중한 자료가 활용가능하며 자료적 측면에서도 적지 않은 의의를 지닌다고 하는 점에서 본고에서는 몇몇 미국인 중에서 오즈본에 착목하였다.

본고에서는 다음의 3개의 과제의 해명을 통해 시간과 공간을 관통하며 가동(稼動)을 지속했던 미국 심리전의 다이너미즘의 한 단면에 개인의 '경험' 레벨에서 빛을 보게 하려 한다. 첫 번째로, 중국에서의 경험에 대한 것이다. 오즈본은 제2차 세계대전기 중국전역(China Theater)에 걸친 대일심리전에서 어떻게 관계하고 있었을까. 그것은 어떠한 경위에서 중국전역으로 파견되고, 또한 대일전 종결 후 중국에 잔류하여 어떻게 일본인 피억류자에 대한 정치교육에 종사하게 되었을까에 대해서도 묻는 것이 된다. 두 번째로, 일본이나 한국에서의 경험에 대해서이다. 오즈본은 GHQ/SCAP 요원으로서 중등교육에 관한 점령정책을 수행했다. 동경에서는 조선인민군이나 중국인민의용군의 포로에 대한 교육 프로그램을 실행할 책임자로서 활동하며

---

7) Monta Lee Osborne, *Life Has Loveliness to Sel: A Sort of Autobiography*, written by Monta Lee Osborne, June, 1981, Edward Freimuth Collection, Okinawa Prefectural Archives(沖縄県公文書館.), Naha, Okinawa.

8) 프라이마스는 1946년에 미육군 장교로서 오키나와에 부임하고 류큐 열토 미국민정부(United States Civil Administration of Ryukyu Islands: USCAR) 섭외부장등 요직을 역임한 후 1966년 7월에 워싱턴 DC로 귀임하였다. 그가 수집한 오키나와 관계 자료는 2001년에 오키나와현 공문서관에 기증되어 2003년부터 동 공문서관에서 Edward Freimuth Collection으로 공개되어 있다. 『沖縄公文書館だより—アーカイブズ』 22, 沖縄県公文書館, 2003.

종종 전시(戰時)하의 한국을 방문했다.

GHQ/SCAP 점령기부터 한국전쟁기에 이르는 일본이나 한국에서 오즈본은 어떻게 심리전이나 포로교육에 종사하고 있었을까. 그 경험을 묻는 것이 두 번째 과제가 될 것이다. 세 번째로, 오키나와에서의 홍보활동이나 베트남에서의 심리전의 경험에 대해서이다. 미군통치 하의 오키나와의 주민에 대한 홍보활동은 심리전과 표리일체(表裏一體)의 양상을 보이고 있었다. 오즈본이 오키나와나 베트남에서 행했던 심리전은 어떠한 것이며, 그곳에서는 어떠한 경험이 축적되었을까. 이 점에 대해 세 가지 과제로 묻겠다.

이하, 즉시 중국에서의 경험으로부터 보도록 하겠다.

II. 중국에서의 대일(對日)심리전 경험

1. 첫 심리전 활동

1912년 11월 25일, 오즈본은 미주리주 바리군(Barry County) 셀리그만(Seligman)에서 약국을 경영하는 양친의 사이에서 7명의 형제 중 6번째로 태어났다. 오즈본 탄생 후, 곧 일가는 미주리와 캔자스의 주 경계 부근으로 이주하여 약국경영을 지속하면서 작은 농장을 경영했다.[9] 세계가 세계공황에 의한 불황으로 고난에 있을 때 오즈본은 1931년 고교를 졸업했다. 고교 클래스 대표였던 오즈본에게는 몇몇의 대학으로부터 장학금의 신청이 왔다. 그러나 이들은 모두 수업료만 커버할 뿐 주거비 등의 생활비는 포함하고 있지 않았다. 오즈본은 장학금을 받았지만 두 명의 형으로부터 100달러를 빌려 남서 미주리 주립 교원양성대학(Southwest Missouri State

---

9) Osborne, *Life*, Chapter 1, p.1.

Teachers College, 후의 남서미주리대학)에 진학했다.[10] 입학 후 주거비나 식비를 벌기 위하여 신문배달 등의 직에 응모했으나 충분히 일자리를 얻지 못했다. 1932년 3월 하순, 오즈본은 경제적으로 곤란한 상황에 빠져 대학을 휴학하지 않으면 안 되어 본가로 돌아왔다. 이것은 그에게 있어 '인생 최고의 슬픈 날'이었다고 한다.[11]

1933년 7월, 대학을 휴학했던 오즈본은 루즈벨트(Franklin D. Roosevelt) 대통령이 실업대책으로 창설했던 직업훈련을 목적으로 한 시민보전대(Civilian Conservation Corps: CCC)에 입대했다. 통상 교원자격은 주 교육국(州 敎育局)의 교원시험에 합격한 것으로 취득할 수 있었다. 그러나 1930년대에는 특례조치가 강구되고 있었다. 그것은 같은 시험에 합격하지 않아도 군(郡)의 학교책임자에 의해 자격을 줄 수 있다는 것이었다. 오즈본도 이 조치에 의해 교원자격을 얻었다. 1933년 여름, 미주리주 맥도날드 군(郡)(McDonald County) 쟈켓(Jacket)의 복식학급(複式學級)의 교사로 채용되었다.

1933년 8월 23일, CCC를 제대한 후 쟈켓으로 부임했다. 오즈본은 쟈켓의 지역공동체의 일원으로서 교사생활을 만끽하고 있었다. 그러나 대학에 복학하여 남은 단위를 취득하여 졸업을 목표로 하기로 결정했다. 1938년 가을, 쟈켓에서의 교사생활을 그만두고 대학이 있는 스프링필드로 돌아왔다.[12] 대학으로 복학했던 오즈본은 역사학과 정치학, 영미문학을 배우면서 고교교사가 되기 위한 훈련을 받았다. 1940년 5월, 교육학의 학사 학위를 받고 졸업했다. 이 학위에 대하여 오즈본은 '후에 미군에서, 그리고 육군성(陸軍省)의 직원으로서 행했던 이른바 기초'가 되었다고 회고하고 있다.[13]

---

10) 같은 자료, Chapter 3, p.2.
11) Osborne, *Life*, Chapter 3, p.2.
12) 같은 자료, p.6.
13) 같은 자료, p.8.

졸업 후 교사의 직은 그다지 어렵지 않게 찾을 수 있었다. 오즈본은 1940년부터 41년에 걸쳐 '선진적인 교육'으로 말해졌던 스프링필드의 중학에서 교사를 하였다. 동시에 중학 1년생용의 문장법 커리큘럼을 작성하는 특별위원회의 멤버로서도 활동했다.[14]

1941년 6월 22일, 오즈본은 미 육군으로부터 징병에 응하여 미주리주 센터루이스 근교의 제퍼슨 배럭스(Jefferson Barracks)로 갔다. 결혼한 지 불과 5주 후의 일이었다. 23일 건강진단에 합격, 29일에는 배속지인 캘리포니아주 로버츠 기지(Camp Roberts)에 있는 야전포병(野戰砲兵) 교체훈련센터(Field Artillery Replacement Training Center)에 도착했다.[15] 오즈본은 적성검사를 받은 후 무선통신관련의 업무에 잠재적인 적성이 있다고 판단되어 무선통신에 관한 집중적인 훈련을 받았다.[16] 이후 조지아주 포트 베닝(Ft. Benning)의 미육군기지 등에서 자동차정비 등 몇몇의 교육 프로그램을 받았던 오즈본은 1945년 2월 5일에 캘리포니아주 포트 오드(Fort Ord)에 있는 미 육군기지로의 이동 명령을 받았다.[17] 이 기지에서는 해외의 전지(戰地)로 파견된 장교를 재교육하기 위한 코스가 설치되어 있었다.

1945년 2월 23일, 오즈본은 포트 오드로 향하여 출발하여 27일에 도착했다. 이 지역으로의 이동은 중국전선으로의 파견을 전제로 했던 명령이며 오즈본도 그것을 충분히 인식하고 있었다.

오즈본은 약 3주간에 걸쳐 포트 오도에서 야간잠입활동이나 카빈 총, 바주카포의 취급에 관한 훈련, 일본군에 관한 지식의 교육 등을 받았다.[18] 3월 하순, 캘리포니아 산 페트로(San Pedro)에서 미 해군잠수함(USS General LeRoy Eltinge)에 승선하여 인도로 향했다. 그러나 일본군의 잠

---

14) 같은 자료, p.9.
15) Osborne, *Life*, Chapter 5, pp.1-2.
16) 같은 자료, pp.4-5.
17) 같은 자료, p.8.
18) Osborne, *Life*, Chapter 7, p.1.

수함이 출몰하고 있었기 때문에 인도로의 직행이 불가능하였으므로 멜버른으로 우회하는 항로가 선택되었다.[19]

4월 27일, 오즈본이 탔던 수송함은 후글리(Hooghly) 천(川)을 거슬러, 캘커타에 도착했다. 28일 캘커타에서 25마일 떨어진 칸치라파라 기지(Camp Kanchrapara)로 이동, 최종 목적지로의 이동 명령이 오기까지 그 기지에서 대기했다.[20] 곧 최종 목적인 아삼 주(州) 챠부아(Chabua)로의 이동 명령이 내려졌다. 거기에는 히말라야산맥을 넘어 중국으로 비행하기 위한 미 공군기지가 설치되어 있었다.[21] 기온이 높고 습도도 높은 챠부아의 기후는 오즈본에게는 견딜 수 없는 것이었고 오즈본은 인도에 체류하는 것 자체가 비극이라고 느끼고 있었다. 오즈본은 이러한 상황에서 운남성 곤명으로 이동 명령을 받기까지 몇 주간 챠부아에서 지냈다.[22]

5월 20일, 오즈본은 곤명을 향해 미군 C46수송기로 챠부아 공군기지를 이륙했다. 그러나 히말라야산맥을 넘기 위한 고도를 확보할 수 없어 기지로 돌아오게 되었다. 다음 날 21일, 이번에는 미군 C47수송기로 바꾸어 타고 산소마스크를 쓰고 히말라야산맥을 넘기에 도전, 무사히 곤명에 도착했다.[23] 오즈본에게 주어지고 있던 곤명에서의 임무는 미군보병학교 자동차부(部)의 장교들과 함께 국민당 군에 의한 보병부대·자동차학교의 설립을 지원하는 것이었다. 그러나 중국전역(China Theater)의 미군 후방 제대(梯隊) 본부(Rear Echelon Headquarters)의 조사에 의하면 이미 국민당 군에 의한 자동차학교는 완성되었고 1년 전부터 운영되고 있었던 것이 판명되었다. 이 정보는 워싱턴의 관료기구나 포트 베닝의 기지에서는 침투하고 있지 않았다. 오즈본은 '뜻밖의 사건'에 의해 해야 할 임무를 잃게 되어 버렸다

19) 같은 자료, p.2.
20) Osborne, *Life*, Chapter 7, p.3.
21) 같은 자료, p.5.
22) 같은 자료.
23) Osborne, *Life*, Chapter 8, p.1.

고 기록하고 있다.[24] 곤명의 미군장교는 새로운 임무로 자동차정비를 오즈본에게 주려 하였으나 그는 이것을 거부했다. 그 때문에 오즈본은 스스로 곤명에서 임무를 찾아야 했다.[25]

이 때 미국은 곤명을 심리전의 거점으로 만들기 위한 정비작업을 급 피치로 진행하고 있었다. 1944년 12월, 전시정보국(Office of War Information: OWI)은 곤명에서 심리전의 거점이 되는 심리전반(心理戰班)을 설치했다. 1945년 3월, 미 육군의 페이글스(Edward A. Pagels) 중령이 중국에서 전역(戰域)심리전사령관으로 취임하고, 군의 조직으로 심리부(Psychological Warfare Section:PWS)가 발족했다. 중국 전역(戰域)에서 심리전 전체를 관리하는 책무가 페이글스에게 주어졌다.[26] 미국은 일본군지배지역의 후배지(後背地)였던 곤명을 심리전이나 인텔리전스의 가장 중요한 거점으로 위치 짓고 미전략첩보국(Office of Strategic Service: OSS)이나 국민당과 미군의 혼성부대인 제14공군(14th Air Force)을 두고 있었다. 곤명은 미군이나 연합국에 있어 심리활동이나 첩보공작을 용이하게 할 수 있는 장소가 되고 있었다.[27]

곤명에서의 심리전 활동은 미 육군과 OWI의 공동작전으로서 행해졌다. OWI는 요원과 장비의 일부를 제공하고, PWS가 OWI의 활동을 감독하고 있었다. 거기에는 국민당 군에 의한 심리전의 지원, 선전삐라의 작성, 선전삐라로 사용하는 소재 수집을 위한 첩보활동, 선전삐라에의 반응을 떠보기 위한 포로의 심문 등이 행해지고 있었다.[28]

임무를 찾고 있던 오즈본은 곤명의 미군 인사부의 게시판에서 심리전

---

24) 같은 자료.
25) 같은 자료.
26) 土屋礼子, 『対日宣伝ビラが語る太平洋戦争』, 東京: 吉川弘文館, 2011, 128-129頁.
27) Osborne, Life, Chapter 8, p.3.
28) 같은 자료, pp.9-10.

요원의 모집을 발견하고 곧 페이글스에게 연락을 하였다.[29] 1945년 7월 18일, 미군 후방 제대 본부에 심리전 요원(Assistant Psychological Warfare Officer)으로 채용되었다. 임무는 다음의 사람들을 심리전 대상자로 선정하여 그러한 심리를 모은 선전삐라의 작성과 살포를 OWI에 명하는 것이었다.[30]

· 중국주둔 일본군이나 중국주재의 일본의 민간인 수 천 인 중의 수백인
· 일본점령지역의 중국인
· 프랑스령 인도차이나의 일본군이나 민간인
· 미국의 항공기가 비행하는 지역이나 긴급 탈출했던 파일럿이 구출된다고 여겨지는 지역에 모인 사람들

오즈본이 종사했던 심리전은 다음과 같은 목적을 지니고 있었다. 첫 번째로 일본인에게 항복을 설득하고 그들의 사기나 활동을 저하시키는 것, 둘째, 일본군 점령지역의 중국인을 격려하고 일본군은 패배하고 있다는 것을 전하며 일본군을 지원하지 않도록 하는 것, 셋째, 프랑스령 인도차이나에서의 사람들 안에서 일본군으로의 저항을 높이고 사보타쥬를 조장시키는 것이었다.[31] 그 중에서도 주목할 것은 이러한 목적을 지닌 심리전이 포로구출이라는 특수임무와 연계하고 있던 것이었다.

만주로부터 프랑스령 인도차이나에 걸친 태평양 연안지역에 수용소를 설치해두고 그 70개소에 연합국 포로가 수용되고 있었다. 중국 전역(戰域)의 심리전 활동에서는 이들 포로를 구출하는 것에 전력이 주어지고 있었다.[32] 오즈본 등에게는 다음과 같은 메시지를 쓴 선전삐라의 작성·살포가

---

29) 같은 자료, p.2.
30) 같은 자료, p.4.
31) Osborne, *Life*, Chapter 8, p.4.
32) 같은 자료, p.7.

명시되고 있었다. 첫 번째, 연합국의 포로에게의 선전삐라이다. ①가까운 장래 수용소로부터 구출될 것, ②구원팀이 포로가 있는 곳에 찾아올 것, ③수용소로부터 탈출 혹은 반란이나 곤란을 일으킬 필요가 없음을 전하는 메시지가 게재되었다. 두 번째, 수용소의 일본인 사령관에게의 선전삐라이다. 그것은 그들에게 ①전쟁이 끝날 것, ②전후(戰後) 포로를 학대했던 수용소 사령관은 엄격히 책임을 물어 심판을 받게 된다는 것을 말한 것이었다.[33] 오즈본 등에 의한 심리전 활동에서는 연합국 포로 구출팀을 지원하는 역할이 주어지고 있었다.

오즈본은 중국 전역에서의 경험을 통하여 심리전의 중요성을 강하게 인식하고 있었다. 사실 그는 심리전에서 전쟁종결까지의 수개월간 수 천 인의 일본인 병사를 항복시키고 혹은 경향을 주었다. 심리전은 비교적 작은 비용으로 보다 큰 가치를 가져온다고 결론지어지고 있었다.[34]

2. 일본인 피억류자의 정치적 재교육 프로그램 활동

중일전쟁·태평양전쟁 종결 후인 1945년 9월, 오즈본은 곤명에서 중경(戰後)의 중국 전역(戰域)본부로 배치가 바뀌게 되었다. 9월 24일, 한발 빨리 중경으로 이동하고 있던 페이글스는 오즈본에게 중국 전역(戰域)심리전반 전문부(Special Staff Section)로의 이동을 명하였다.[35] 10월, 중국 전역 본부가 중경으로부터 상해로 이동하는 것이 되어 중경 지휘부가 설립되었다. 중경 지휘부에는 중경의 국민정부(國府)와 일하기 위하여 잔류했던 미국인 요원이 소속되었다. 그들 중에 카라웨이(Paul W. Caraway) 준장이 있었다. 그는 중국에서 오즈본의 상사였다. 그로부터 약 15년 후, 카라웨이

---

33) 같은 자료.
34) Osborne, *Life*, Chapter 8, p.8.
35) 같은 자료, p.11.

는 류큐열도 미민정부(美民政府, USCAR) 고등판무관으로 취임하여 오키나와에서 다시 오즈본의 상사가 되었다.

전쟁 종결 후에도 오즈본은 중국에 잔류하게 되었다. 그것은 그에게 새로운 임무가 주어졌던 것을 의미하고 있다. 새로운 임무는 '부대교육프로그램'(Troop Education Program)의 책임자로서 중국에서 귀향과 철수를 기다리는 일본의 군인·민간인에게의 교육(orientation)을 행하는 것이라고 정해져있었다.[36] 오즈본은 이러한 일본인을 '피억류자'(Japanese Internee)로 인식하고 그들에게 정치적 재교육을 실시하는 것으로서 '부대교육프로그램'을 인식하고 있었다. 그것은 '일본인 피억류자의 정치적 재교육'(이하, 재교육 프로그램)이라고 부르며 오즈본은 책임자로서 1945년 9월 24일부터 1946년 4월 20일까지 종사했다.[37]

재교육 프로그램은 오즈본에 의해 심리전을 강화하는 계획이 일환으로서 기초되었다. 이 프로그램은 다음의 두 가지의 목적에서 실행되었다. 첫째로 중국인 공산주의자에 의한 '단골' 프로파간다 캠페인에 대항하는 것, 두 번째로 일본인 피억류자에 대해 정치적인 재교육을 행하는 것으로 일본으로 송환될 일본인이 일본 점령으로의 공헌을 행할 수 있는 심리적인 준비를 하게 하는 것이었다.[38] 오즈본이 전문부의 요원으로서 최초로 맞이한 임무는 재교육 프로그램의 필요성에 대하여 국민정부를 납득시키는 것이었다. 오즈본의 예상에 반하여 국민정부는 주저 않고 그 중요성을 인정했다. 또한 오즈본에게는 '중국에서 송환대기 일본인의 정치적 재교육에 대한 총통고문(總統顧問)'이라는 칭호가 수여되었다. 이후, '총통고문'으로서 오즈본에 의한 국방부나 정보국, 교육부로의 조언이 행해졌다.[39]

---

36) 같은 자료, p.10.
37) Osborne, Life, Chapter 8, p.11.
38) 같은 자료.
39) 같은 자료, p.12.

당초 중국 전역의 미군 측에서는 국민정부의 책임을 기반으로 재교육 프로그램을 실시하려 하고 있었다. 그러나 워싱턴은 미국인에 의한 재교육 프로그램의 실시를 명하였다.[40] 그 때문에 재교육 프로그램의 일의적(一義 的)인 책임은 국민당군사위원회(國府軍事委員會)에 있으면서도 실제로 일본 인을 대상으로 하는 재교육 프로그램은 전역 사령관이 담당하며 각 수용소 에 설치되었던 정치교육위원회를 통하여 행해지게 되었다.[41] 여기에서의 최 대의 문제 중 하나는 아무리해도 일본인에게 일본이 패배했다는 것을 납득 시킬 수 없다는 것이었다. 중국에 있는 일본인은 패배를 믿고 있었으나 그 것을 믿는 것을 거부하고 있었기 때문이었다.[42]

재교육 프로그램은 국민정부와 협력하면서 다양한 미디어를 이용하여 실시되었다. 그것은 신문이나 잡지 등의 인쇄 미디어 외에 영화나 라디오라 는 시청각 미디어도 구사하여 행해졌던 미국과 국민정부에 의한 공동의 대 일(對日) 심리전이었다.

재교육 프로그램에서 오즈본에게 부과되었던 임무는 국방부, 정보국, 교육부로의 조언이나 재정·장비에 관한 지원·조정이었다. 그 중에서도 오 즈본이 강하게 관심을 향했던 것이 학교교육으로, 국민정부 교육부와 함께 송환예정의 일본인 자제가 중국에 통하고 있는 학교의 재개에 향했던 노력 을 거듭하고 있었다.[43]

1946년 4월 20일, 재교육 프로그램이 종료되었다. 오즈본은 재교육 프 로그램의 성과로 200만 명의 일본인 송환자의 다수가 재교육 프로그램을 통하여 서양식의 민주주의를 믿게 되었다고 보았다. 그들이 맥아더가 일본 에서 달성하려 하는 것을 이해하고 일본의 재건에 참가하여 하는 의사를 지

---

40) 같은 자료, p.31.
41) 같은 자료, p.12.
42) 같은 자료, p.14.
43) Osborne, *Life*, Chapter 8, p.15.

니게 되었다고 지적했다.[44] 재교육 프로그램에 대하여 오즈본은 높이 평가하고 있었다.

재교육 프로그램 종료 후 오즈본은 참모 3부 송환부(G-3 Repatriation Section)로 배속을 명받았다.[45] 그것은 '정신이 아닌 육체를 다루는 송환 프로그램에 풀타임으로 종사하는 것'이 되었다.[46] G-3에서는 다음과 같은 임무가 주어졌다.[47] 오즈본에게 할당된 업무는 송환자에 관련한 것이 있었지만, '정신'을 다루는 것이 아니고 심리전의 경험을 살려 행하는 것도 아니었다.

1. 송환정책의 지원
2. 중국, 만주, 대만, 인도차이나의 승선지점에서 일본의 하선(下船) 지점까지 원활하고 계획적인 일본인의 이송
3. 중국 각지의 송환자 수용소에 관한 시찰과 권고서의 작성
4. 화북에 있는 미해병대의 관할 하에 있는 항(港)에서 송환된 사람들의 취급에 관한 시찰과 권고서 작성
5. 공식사(公式史) 『중국, 대만, 인도차이나로부터의 일본인 송환자의 역사』 (History of Repatriation of Japanese Nationals From China, Formosa, and Indo-China) 집필

다시 오즈본에 의한 '정신'을 다루는 임무의 기회가 찾아왔다. 1946년 5월 6일, GHQ/SCAP의 인사과(Chief of Personnel) 미드(Mead) 과장은 오즈본과 면담하여 GHQ/SCAP 민간정보교육국(CIE/SCAP: Civil Information and Education Section)에 응모하도록 조언하였다.[48] 이 시

---

44) 같은 자료.
45) 같은 자료, p.31.
46) 같은 자료.
47) 같은 자료, p.32.
48) Osborne, *Life*, Chapter 8, p.33.

점에서는 CIE/SCAP로의 채용이 결정되고 있던 것은 아니지만, 오즈본은 어쨌든 일본에 가기로 했다.

III. 일본·한국에서의 포로교육 경험

1. 포로교육 프로그램의 입안과 시험적인 실시

1946년 6월 26일, 오즈본이 탑승했던 항공기는 상해에서 나가사키를 경유하여 요코하마 행하여 아쓰기(厚木)비행장에 내렸다. 그 후 요코하마를 거쳐 동경에 도착하여 고탄다[五反田]역 근처의 옛 시마즈[島津] 공작저(邸)에서 짐을 풀었다. 28일, CIE/SCAP 교육과장에 있던 오아(Mark Orr) 중위의 면접을 받았다. 전전기(戰前期), 오아는 노스캐롤라이나대학 역사학부에서 학부장을 경험했던 교육의 전문가였다. 면접 때 오아는 연봉 7500달러로 CIE/SCAP 교육과 중등교육계의 계장직(Secondary Branch Chief)을 제안했다. 오즈본은 매우 좋은 연봉으로 제안을 흔쾌히 수락했다.[49]

CIE/SCAP에 의한 일본의 교육개혁에 대하여 지금까지 많은 연구가 축적되어 왔다. 여기에서는 교육개혁의 내용이나 활동에 대해 새롭게 논하는 것이 아닌 오즈본의 업무 내용에 한하여 보도록 한다.

오즈본은 CIE/SCAP 중등교육계의 책임자로서 소학교 6년간과 중학교 3년간을 합쳐 9년간을 의무교육으로 하는 제도의 실현에 진력하였다. 또한 사회과 과목의 주임관으로서 사회과 도입이나 학습지도요령의 작성, 교과서 편찬 등으로 중심적인 역할을 다하였다. 1946년 6월 이후 오즈본은 중등교육을 재건을 위해 GHQ/SCAP 상급 고문에 취임하여 교육커리큘럼이

---

49) Osborne, *Life*, Chapter 10, p.1.

나 그 실천을 위해 사용하는 시청각 자료의 작성에 나섰다. 그 과정에서 오즈본은 일본인들의 머리 안에서 국가주의적인 사상을 폐하고, 동시에 그들 머리 안으로 공산주의 사상의 침투되기를 방지하며 민주주의적인 사고방식을 주입하기 위한 노하우나 기술을 얻었다. 이러한 것은 한국전쟁 시기에 실시되었던 유엔군 포로수용소에서의 임무에 활용되었다고 추측된다.

1950년 6월 25일, 한국전쟁이 발발하였다. 이 날 오즈본은 CIE/SCAP 교육과의 용무로 아오모리[青森]현으로 파견되어 있었다. 동경의 GHQ/ SCAP로부터 바로 동경으로 돌아와 '특별 프로젝트'(Special Project)를 입안하도록 명령을 받았다. 특별 프로젝트의 내용은 동경에 도착하자마자 CIE/SCAP의 뉴전트(Donald Nugent) 국장으로부터 전해졌다. 그것은 북조선 포로에게 교육을 실시하고 동시에 오락(recreation)을 제공한다는 것이었다. 오즈본은 명령을 받자마자 1주간 특별 프로젝트 계획을 책정했다.[50]

오즈본은 중국 전역에서 일본인 피억류자에 대한 정치적 재교육을 실시했던 경험을 가진 '총통고문'이었다. 뉴전트는 이 점에 착목하여 오즈본을 '특별 프로젝트'의 계획입안자로 임명했다.[51] 특별 프로젝트 계획은 뉴전트의 지시를 기반으로 오즈본과 그의 부하에 있는 하크네스(Kenneth N. Harkness)를 중심으로 기초되었다.[52] 이 안은 뉴전트에 의해 승인된 후 맥아더에게 보내졌다. 1950년 10월 12일, 맥아더는 포로의 심문이나 교화, 훈련을 실시하기 위한 시설을 급히 설치하는 것을 요구하는 정책적 성명(NSC81/1)에 기반하여 워커(Walton H. Walker) 제8군(Eighth United States Army in Korea: EUSAK) 사령관에게 포로교육의 실시를 명하였

---

50) 같은 자료, Chapter 11, p.1.
51) Osborne, *Life*, Chapter 11, p.1.
52) 고바야시 소메이, 「한국전쟁기 유엔군의 포로교육 프로그램」, 232쪽.

다.[53] 워싱턴은 포로교육이 유엔군 수용소에 있는 북조선 포로 중, 소규모인 집단에 한정하여 행하게 하는 실험적 프로그램이어야 한다는 조건을 걸어 특별 프로그램안을 승인했다.[54] 11월, EUSAK 사령부는 북조선 포로를 대상으로 했던 교육 프로그램의 실험적인 실시를 결정했다.

뉴전트는 오즈본과 하크네스에게 서울로의 출장을 명했다. 서울에서 포로 교육의 실시 준비에 맞추게 하기 위해서였다.[55] 서울에 도착한 오즈본 등이 최초로 맞이한 것은 연령이나 교육 수준, 직업, 정치성향, 군의 계급 등을 기준으로 하여 포로 교육의 대상이 되는 북조선 포로 500명을 선출하는 것이었다. 다음 임무는 포로 교육을 행하는 장소를 선정하는 것이었다. EUSAK가 이미 서울 교외에서 용지(用地)를 찾고 있었다. 오즈본과 하크네스는 포로 교육의 실시에 필요한 한국인 교관이나 작가(writter), 통역자의 확보에도 나서고 있었다. 이 후 교관의 채용은 한국 교육부 장관의 협력을 받아 한국의 대학이나 중학교에서 구해졌다.

북조선 포로 500명을 대상으로 했던 실험적인 교육은 오즈본과 하크네스, 그리고 함용준(咸龍俊, Ryong C. Hahm)[56]을 중심으로 행해졌다. 함용준의 역할은 교육부문의 책임자로서 교관의 통괄 등 포로 교육에서 교육 프로그램의 실무 면을 담당하는 것이었다.[57] 함용준에게는 1944년부터 45년의 종전 후에 걸쳐 해군정보부(Office of Navy Intelligence: ONI)나 OSS, SSU(Special Services Unit)에서 모집활동이나 특수공작, 심리전의 경험이 있었다. 또한 한국어, 중국어, 일본어, 영어를 감당해 내는 언어능력

---

53) *Prisoner of War Orientation*, Aug. 3 1950, Folder10, Box1, RG6, MacArthur Memorial Archives.

54) Osborne, *Life*, Chapter 11, p.1.

55) 같은 자료, p.2.

56) 함용준(Ryong C. Hahm)은 1903년에 서울에서 태어나 경성제국대학 등에서 공부한 후 1931년에 미국으로 건너갔다. Vanderbilt University에서 신학을 배우고 Yale University에서는 법학 박사 학위를 취득했다. 그 후 1942년부터 43년까지 Harvard University에서 강사로 근무했다.

57) Osborne, *Life*, Chapter 11, p.4.

과 '동양인의 심리(Oriental psychology)'에의 이해의 깊이도 함룡춘이 포로 교육이 중핵요원으로서 뽑혔던 배경에 있었다.

포로 교육에서 사용된 교재는 오즈본이 중심이 되어 작성되었다. 그의 역할은 ①교재 집필자에게 교재의 개요를 보이고 작성을 지시하는 것, ②한국어로 번역할 가치가 있는 영어자료를 선택하는 것, ③미국 해외공보처(United States Information Agency: USIA)가 제작했던 모든 한국어 출판물 중에서 포로 교육의 목적에 맞다고 여겨지는 것을 선별할 것, ④포로 교육을 담당하는 교관을 훈련하는 것이었다.[58]

포로 교육에서는 오즈본이 작성했던 인쇄 미디어 외에 라디오 방송이나 영화 등의 시청각미디어도 사용되었다. 포로 교육의 내용은 이미 기존의 연구에서 논한 것이 있다.[59] 그 때문에 여기에서는 인쇄·시청각미디어가 사용된 방법이 지닌 몇몇의 특징적인 모습에 대해 서술해 두고 싶다.

첫 번째로, 라디오의 사용방법이다. 포로수용소에 설치된 라디오 수신기는 NHK나 VOA, KBS의 채널을 수신하고 있었다. 이들 채널은 라디오 수신기에 접속된 포로수용소 내의 확성기를 통하여 포로에게 들려지고 있었다.[60] 두 번째로, 영화의 사용방법이다. USIA나 USIS 뿐 아니라 CIE/SCAP가 제작한 영화도 포로 교육에서는 사용되었다. CIE/SCAP 영화는 일본인을 위해 상영되고 있었기 때문에 일본어 더빙이 붙어 있었다. 그 때문에 당초 일본어 더빙을 지운 CIE/SCAP 영화가 동경에서 서울로 운반되고 있었다. 포로 교육에서 CIE/SCAP 영화가 상영되는 때에는 한국인 교관이 한국어로 나레이션을 더한다는 방법이 취해졌다. 그것은 포로들에게 일본어를 들리게 하지 않기 위한 것이 일본의 식민 지배를 받았던 한반도 사람들에게의 배려라고 오즈본 등이 생각하고 있었기 때문이었다. 그러나 포로들

---

58) 같은 자료, p.3.
59) 고바야시 소메이, 「한국전쟁기 유엔군의 포로교육 프로그램」.
60) Osborne, *Life*, Chapter 11, p.6.

이 왜 일본어 나레이션을 들려주지 않나 불만을 표시했기 때문에 일본어 더 빙이 붙은 채 CIE/SCAP 영화를 상영했다.[61] 포로 교육에서 인쇄·시청각미디어의 포괄적인 사용은 선술했던 바와 같이 중국에서 오즈본이 행했던 일본인 피억류자에게의 정치적 재교육 프로그램에서도 나타났다. 중국에서의 그의 경험이 한국에서 새롭게 개시되었던 포로 교육의 실천에서도 활용되었다고 추측할 수 있을 것이다.

포로 교육이 실험적으로 개시되었던 것과 거의 같은 시기 전황(戰況)은 크게 변화하기 시작했다. 1950년 10월 25일, 중국인민지원군이 참전하여 12월 5일에는 중조군(中朝軍)에 의해 평양이 탈환되었다. 1951년 1월 4일에는 중조군이 다시 서울을 손아귀에 넣었다. 이러한 전황의 변화는 포로 교육의 실시에도 큰 영향을 주었다. 1950년 12월에는 EUSAK에 의해 포로 교육의 중지가 명해졌다.[62] 포로 교육은 충분한 성과를 올릴 수 없었고 중단되었다.[63]

포로 교육의 중지 후 북조선 포로 500명은 즉각 서울에서 부산으로 이송되었으며, 또한 거제도의 유엔군 제1포로수용소로 보내졌다. 오즈본이나 하크네스, 함룽춘도 서울 탈출을 위한 계획을 책정하는 등 긴장감에 휩싸이고 있었다. 그들은 항공기로 부산으로 떠나 동경으로 돌아왔다.[64]

2. 거제도에서의 포로 교육

1951년 3월 14일, 유엔군은 중조군(中朝軍)의 손으로부터 다시 서울을 탈환하는 데에 성공하였다. 전황이 어지럽게 변화하는 가운데 워싱턴에서는

---

61) 같은 자료, p.7.
62) 같은 자료, p.2.
63) 고바야시 소메이, 「한국전쟁기 유엔군의 포로교육 프로그램」, 233쪽.
64) Osborne, *Life*, Chapter 11, p.8.

중지되고 있던 포로 교육 프로그램을 전개시키는 계획을 승인했다.[65] 3월 19일, 거제도의 유엔군 제1포로수용소를 관리하는 유엔군 제60연대(60th General Depot)와 주한미국공보원(United States Information Service: USIS)은 EUSAK의 지령에 의해 포로 교육의 일환으로서 대규모의 정보 프로그램(Information Program)을 개시했다.[66] 3월 하순 동경의 CIE/SCAP에서는 다시 포로 교육을 실시할 수 있는 준비가 본격화하고 있었다.[67]

1951년 4월 3일, 유엔군 사령부 일반명령 제8호가 발해지고 유엔군 사령부 막료부(幕僚部)에 포로 교육을 담당하는 민간정보교육국(CIE/UNC)이 설치되었다.[68] 오즈본에 의하면 당초 동경의 CIE/SCAP가 재개된 포로 교육을 담당할 것이었다. 그러나 미군내부에서는 유엔군에 의한 포로 교육이 GHQ/SCAP에 의해 행해지는 것에 회의적 의견이 넓어지고 있었다. 오즈본은 CIE/SCAP에게는 유엔군으로서의 포로 교육 실시를 위한 정당한 기능이 갖춰져 있지 않다는 생각에서 유엔군 산하에 별도 CIE가 설립되었던 것을 지적하고 있다.[69] CIE/UNC 국장에는 CIE/SCAP 국장인 뉴전트가 취임했다. 그것에 의해 두 개의 CIE 국장직이 뉴전트에 의해 겸무(兼務)되었다. 오즈본은 CIE/UNC 본부장(Director)이 되었다.[70]

오즈본은 1951년 4월 상순에 CIE/UNC의 조직 구축을 본인이 직접 했다고 증언하고 있다. CIE/UNC는 본부와 교재 제작부(Material Production Division: MPD), 거제도 야전부(Filed Operation Division: FOD)로 구성되었다. 본부와 MPD는 동경의 사가번[佐賀藩] 나베시마[鍋

---

65) 같은 자료, p.9.
66) 고바야시 소메이, 「한국전쟁기 유엔군의 포로교육 프로그램」, 233쪽.
67) *Initial Procedures in Organization of Reorientation Program*, March 19, 1951, 320 Organization (CIE/UNC), General Correspondence 1951, Box.1, Civil Information and Education Section, RG554, NARA.
68) 조성훈, 「한국전쟁기 포로교육의 실상」.
69) Osborne, *Life*, Chapter 11, p.9.
70) 같은 자료.

島]의 저(邸)에 설치되었다. 후자는 포로 교육을 위한 교재 작성이나 그를 위한 자료 수집을 담당했다.[71] FOD는 거제도의 유엔군 포로 제1수용소에 두어져 프로그램의 실시 기관으로서의 역할을 지니고 있었다.[72] 그러나 이들 기관이 위치했던 장소나 조직 구성은 CIE/UNC의 작전 자체가 높은 기밀성을 지니고 있었기 때문에 은닉되었다. CIE/UNC은 CIE/X로 불리며 외부에서는 알 수 없도록 하였다.[73]

1952년 4월 18일, 유엔군 사령부 일반명령 제18호가 발표되고 오즈본에게 포로에의 정보 교육 프로그램에 관한 전(全)권한이 주어지는 결정이 내려졌다.[74] 오즈본이 뉴전트를 대신하여 국장으로 취임했다.

오즈본이 본부장에서 국장으로 취임하는 시기에 걸쳐 '포로 재교육 프로그램'[75]으로 맞은 것은 다음과 같은 임무였다.[76]

1. 포로 재교육 프로그램을 담당하는 요원의 감독
2. 인사(人事)나 보급(補給)에 관한 극동군 사령부나 GHQ/SCAP 제(諸) 기관과의 제휴 외에 CIE/UNC와 포로 재교육 프로그램에 관계한 포로수용소나 심리전 등의 실시에 책임을 지닌 군(軍)기관과의 관계 유지
3. 포로 재교육 프로그램에 관계한 USIS나 한국정부, EUSAK 등과의 정책 레벨의 제휴 유지
4. CIE/UNC 국장에게 포로 재교육 프로그램의 장비나 자료의 필요성을 계속 전할 것

---

71) 같은 자료, p.12.
72) 고바야시 소메이, 「한국전쟁기 유엔군의 포로교육 프로그램」, 236쪽.
73) Osborne, *Life*, Chapter 11, p.12.
74) 같은 자료, p.10.
75) 오즈본은 포로재교육과 포로교육이라는 두 가지 용어를 사용했다. 두 용어를 어떻게 분리시키고 사용하는지 명확하지 않지만, 오즈본 자신이 극장이 취임한 다음에 포로교육이란 말을 쓰면서도 포로재교육이라는 말을 많이 사용했다고 보인다. 본고에서는 자료에 따라 포로교육, 혹은 포료재교육이라는 용어를 구분하며 사용하지만, 양자는 거의 같은 뜻으로 볼 수 있다.
76) Osborne, *Life*, Chapter 11, pp.9-10.

5. MPD나 FOD의 책임자를 통하여 포로 재교육 프로그램용의 자료 작성과 사용에 대해 조정할 것

6. CIE/UNC국장의 승인을 전제로 하여 포로 재교육 프로그램의 정책초안을 MPD나 FOD의 책임자로부터 인정받을 것

7. 포로 교육 프로그램에 종사하는 요원을 훈련하는 방법이나 자료를 준비하고 훈련의 전체에 책임을 지닐 것

8. CIE/UNC국장에게의 정기 보고, 특별 보고의 준비

중요한 것은 오즈본이 국장에 취임하자마자 미군 내부에서 CIE/UNC에 의한 포로 교육으로의 비판이 높아지고 있던 점이다. 오즈본에 의하면 어떤 장교는 예전부터 포로 교육이 제네바조약의 정신에 위배된다고 생각하여 그 중지를 명했다고 한다. 결국, 워싱턴의 지령에 기반하여 포로 교육은 계속되었다.[77] 포로수용소 사령관들도 포로 교육을 달갑게 여기지 않았으며 중지를 요청하고 있었다. EUSAK는 종종 중지요청을 승인했지만 동경에서는 자주 불승인(不承認) 되었다.[78] 당시 포로수용소에서 임무를 맡은 미군인으로의 물류지원이 충분히 행해지지 않고 있기 때문에 현장의 사령관들에 의한 반발이 일어나고 있었는데, 오즈본은 이 점이 포로 교육으로의 비판을 높이는 원인이 되고 있었다고 보고 있었다.[79]

현장의 미군인에 대한 설득공작이 개시되었다. 그 일환으로서 오즈본은 거제도의 포로수용소를 방문했다. 그러나 수용소 사령관은 냉담한 태도를 보여줄 뿐 아니라 종종 시비조로 응대했다. 오즈본으로부터 포로 교육이 수용소 안에서의 포로의 규율 유지에 역할하고 있는 것으로서 실제 포로 교육이 실시되고 있는 수용소에서는 소란이 일어나지 않고 있는 것이 지적되

---

77) Osborne, *Life*, Chapter 11, p.27.
78) 같은 자료.
79) 같은 자료.

었다.[80] 그러나 수용소 사령관들에게의 설득 공작은 난항이었다. 수용소 사령관들은 CIE/UNC에 의한 포로 교육을 신뢰하지 않고 유해한 것으로서 문제시하고 있었다. 실제 수용소 측은 포로 교육이 포로의 속마음으로의 압력을 통하여 공산주의로의 신념을 방기시키고 반공적인 입장을 선택하게 하려는 매우 강한 정치성을 지니고 있는 것, 또한 포로 교육 프로그램을 담당하기 위해 대만에서 파견되어 온 국민당계의 중국인 요원에 의한 포로에 대한 압박 등이 수용소 내부에서의 공산포로와 반공포로의 대립을 격화시키고, 충돌을 빈발시키는 요인이 되고 있다고 보고 있었다.[81]

국제적십자(ICRC)도 CIE/UNC가 행하고 있는 포로 교육의 문제성을 강하게 인식하고 있었다. 1952년 3월 25일, 유엔군 포로수용소의 실태조사를 행했던 ICRC의 르노(Otto Lehnor) 단장은 리지웨이(Matthew B. Ridgway) 유엔군 사령관에 대해 본래 정치적인 사항에 대해서는 관여하지 않는 입장이었으나, 인도주의의 관점에서 CIE/UNC에 의한 정치적 프로그램은 중지해야 한다고 제언했다. 리지웨이는 이것에 동의하여 다음 날 26일, 유엔군 참모본부로부터 포로 교육 프로그램으로 사용하고 있는 교재와 절차에서 노골적인 반공 프로파간다의 요소를 제거하도록 지시했다.[82]

1952년 4월 초순, 귀환희망 의사를 기준으로 했던 포로의 분리·분산 수용이 개시되어 귀환을 거부하는 포로는 거제도에서 육지와 제주도의 수용소로 이송되었다. 5월, 뉴전트는 포로 교육에서 정치성을 없애고 사회생활을 위한 실용적인 훈련의 측면을 중시했던 교육 프로그램을 변경한다는 담화를 발표했다.[83] 6월, CIE/UNC는 육지와 제주도의 새로운 수용소에서 귀환을 희망하지 않는 반공포로에 한정했던 교육 프로그램을 실시했다.[84]

---

80) 같은 자료, p.28.
81) 고바야시 소메이, 「한국전쟁기 유엔군의 포로교육 프로그램」, 236, 241-243쪽.
82) 같은 논문, 244쪽.
83) Stars and Stripes, May 4 1952.
84) 고바야시 소메이, 「한국전쟁기 유엔군의 포로교육 프로그램」, 243-246쪽.

오즈본은 육지나 제주도와 포로를 분리·분산 수용한 이후 FOD와 수용소 사령관과의 제휴가 원활히 행해지게 되었다고 지적하고 있다.[85] 그것은 현장 레벨에서 생겨나고 있던 포로 교육에의 엄격한 시선이 어느 정도 누그러진 것을 시사한다. 그렇다고 하지만, 실제로는 거제도 사건이 같은 해 5월 7일에 발생했던 것도 있어 현장 레벨에서는 여전히 포로 교육이 수용소 내의 규율을 위협하는 유해한 것으로 계속 인식되는 것을 볼 수 있다.

1953년 7월 27일, 한국전쟁이 휴전에 이르렀고 포로 교육도 종료됐다. 오즈본은 포로 교육에 대하여 그것을 어떻게 평가하며 그 의의를 어떻게 인식하고 있었을까. 오즈본은 자신이 내용에 관여하지 않았다는 인간관계연구기구(Human Relations Research Organization: HumRRO)가 정리한 최종보고서를 인용하여 다음과 같이 기록하고 있다.

포로 교육은 포로에게 민주주의나 민주적인 제도, 민주적인 행동을 이해시키며 공산주의체제의 동기로의 통찰력을 함양하였다. 포로는 교육을 받고 미국 등 자유세계 국가에 대한 호의적인 자세를 보이게 되었다. 한편, 소련이나 중국, 북조선과 같은 공산주의체제로의 호감을 확실히 저하시켰다. CIE/UNC에 의한 포로 교육은 이러한 의미 있는 변화를 가져왔다.

이러한 HumRRO의 평가를 제시한 뒤, 오즈본은 포로 교육의 성과에 대하여 다음의 두 가지 점에서 언급하고 있다. 첫번째로, 포로 교육이 공산주의체제를 거부하는 수천 명의 포로를 낳고 그들이 중화민국이나 대한민국의 시민이 되는 것을 택하는 것으로의 공헌이다. 둘째로, 보다 큰 성과로서 미국의 외교방침에 있어서 교의(敎義)로서 '비강제귀환'의 원칙을 수립한 것이다. 본래 제네바조약은 적대행위종료 후에 '본국'(중국 혹은 북조선)으로 송환하도록 하고 있다. 포로 교육의 성과로서 수립된 원칙은, 제네바조약에 기반하지 않고 포로의 '자유의지'에 의해 송환을 결정한다는 것이었

---

85) Osborne, *Life*, Chapter 11, p.28.

다.[86] 그러나 이러한 '자유의지'에는 수용소 내에서 생겨나고 있던 가혹한 폭력이 구조화되었고, CIE/UNC에 의한 포로 교육이 그러한 폭력을 만들어낸 하나의 원인이 되었던 것은 간과할 수 없을 것이다.[87]

오즈본은 포로 교육으로의 공헌이 치하되어져 1956년 미국과 한국으로부터, 1964년에 중화민국으로부터 모두 4개의 훈장을 받았다. 하나는 미육군성으로부터 문민복무(文民服務) 특별상(Exceptional Civilian Service Award)이며, 두번째는 미국방총성(美國防總省)으로부터 문민복무 우수상(Distinguished Civilian Service Award)이었다. 한국으로부터는 위에서 세 번째인 무공훈장인 충무무공훈장(忠武武功勳章)을 수여받았다. 중화민국으로부터는 운휘훈장(雲麾勳章)이 수여되었다.[88] 그러나 미국, 한국, 대만으로부터 치하된 오즈본의 포로 교육의 공적에는 포로에 가해졌던 격렬한 폭력의 존재가 떠나지 않고 있다.

IV. 류큐·베트남에서의 홍보/심리전 경험

1. USACAR 홍보국장으로서의 홍보활동

1952년 12월, CIE/UNC은 극동군(Army Forces, Far East: AFFE) 참모 3부(G3) 심리전국(Psychological Warfare Section: PWS)의 일부가 되었다. 다음 해 1월에는 PWS로부터 심리전 임무를 계승하고 있던 제1라디오·선전삐라부대(1st Radio Broadcasting And Leaflet Group: 1st RB&L)가 CIE/UNC와 병합했다. 1953년 7월의 휴전 후, 1st RB&L는 활

---

86) Osborne, *Life*, Chapter 11, p.44.
87) 고바야시 소메이, 「한국전쟁기 유엔군의 포로교육 프로그램」, 245-246쪽.
88) Osborne, *Life*, Chapter 11, p.45.

동을 정지하고 미국으로 귀환했다. 그 때문에 PWS가 다시 심리전 임무를 담당하게 되었다.[89] 1954년 11월 20일, AFFE는 EUSAK와 합병하여 AFFE/8A가 되었다.

한국에서의 포로 교육종료 후, 오즈본은 PWS 계획·작전부장(Chief of Plans and Operations Divisions: POD)으로 임명되었다. CIE/UNC의 활동종료에 따른 PWS 안에서의 인사이동이었다. POD부장으로서 오즈본에게 주어졌던 임무는 한국뿐 아니라 오키나와나 일본 본토에서도 수행하는 것으로, 다음의 6개로 구성되고 있었다.[90]

· AFFE/8A의 심리전 담당자에게의 조언
· 국가나 전역(戰域)의 정책에 기반했던 라디오나 시각미디어의 내용을 커버하는 정책의 추진
· 심리전을 위한 라디오나 시각미디어의 내용을 지도하는 계획의 추진·감독
· 정책이나 계획을 지원하기 위한 자료작성의 감독. 전역(戰域)에서의 심리작전 임무를 실행하기 위해 라디오방송이나 비주얼 자료의 질과 양을 충분히 보증할 것
· 심리전에 관계한 군민(軍民) 양방의 기관, 그 중에서도 재일미국인 센터(USIS Japan), 주한미국공보원(USIS Korea), 유엔군경제조정실(Office of Economic Coordinator), 한국군심리전부대 등의 제휴 유지
· 심리전 계획, 라디오 채널 제작, 비주얼 자료의 제작, 조사·분석, 평가에 종사하는 모든 부대책임자의 감독

오즈본은 매일 스텝회의를 주재하고 최근 24시간에 일어났던 모든 중요 뉴스에 대해 의논했다. 거기에서는 심리전에서 사용하는 뉴스나 해설에 어

---

89) 고바야시 소메이, 「냉전 아시아에서 미국의 심리전과 거점으로서 오키나와」, 331쪽.
90) Osborne, *Life*, Chapter 12, p.3.

떻게 접근할까가 결정되었다.[91]

한국이나 오키나와, 일본 본토에서 행해졌던 심리전에서 사용된 출판물의 발행에서 가장 주력했던 것을 오즈본은 회상하고 있다. 오키나와에서는 한국어 잡지 『자유의 벗』이나 일본어 잡지 『守禮の光』(Shurei-No-Hikari) 외에 달력이나 포스터 등 다양한 출판물이 발행되었다.[92] 오즈본에 의하면, 출판의 목적은 다음과 같은 것이었다고 한다.[93]

- 일본, 한국, 류큐에 관한 미국의 외교정책을 설명하고 정당화할 것
- 미국인과 극동의 사람들 사이에 존재하고 있는 상호이익을 확인할 것
- 미군이 주둔하고 있는 극동의 국가가 지닌 문화에 대하여 미국인이 바르게 이해할 것
- 공산주의자의 대미(對美) 프로파간다의 대규모 홍수에의 저항
- 극동에서 군사, 사회, 경제적인 발전을 위해 미국의 프로그램을 지원할 것

오즈본은 동북아시아 지역의 심리전을 담당하는 속에서 '현장'을 떠나 연구하고 싶다고 생각하게 되었다. 그의 머릿속에는 군사적 심리전의 잠재적인 대상으로서 소련병사에 관한 연구와 실천적 조사라는 아이디어가 존재하고 있었다. 1957년 5월, 육군장관은 오즈본의 연구 테마를 평가하고, 그것을 실행하기 위한 '육군장관조사·연구 펠로우쉽'의 수여를 결정했다. 그 배경에는 연구 테마의 내용뿐 아니라 여태까지의 오즈본의 공적에 대한 평가가 포함되어 있었다.[94]

1957년 8월 26일, 오즈본은 FOD부장으로서의 직을 그만두고 11년 간 지낸 일본을 떠나 가족과 함께 시애틀로 향했다. 시애틀에 있는 워싱턴대학

---

91) Osborne, *Life*, Chapter 12, p.3.
92) 고바야시 소메이, 「냉전 아시아에서 미국의 심리전과 거점으로서 오키나와」.
93) Osborne, *Life*, Chapter 12, p.6.
94) 같은 자료, p.9.

극동·러시아연구소(The Far East and Russian Institute of the University of Washington)에서의 12개월을 포함한 15개월간 미국에 체재하며 펠로우쉽에 의한 소련연구를 행하게 되었기 때문이었다.[95] 오즈본에게 있어 워싱턴대학에서의 1년은 '너무나 빨리 지나갔다.'[96] 1958년 11월, 오즈본은 심리전의 '현장'에 복귀하기 위하여 시애틀을 떠났다. 먼저 향한 곳은 오키나와였다. 전 소속이었던 PWS가 몇 번의 재편 혹은 통합을 거쳐 오키나와로 이동하여 주둔하고 있었기 때문이었다.

1956년, PWS는 극동육군방송·시각활동부대(US Army Broadcasting and Visual Activity, Far East: USABVAFE)로 재편되었다. 1957년 1월, 극동군과 미태평양군(Pacific Army Command: PACOM)이 통합되고 그 구성 부대의 하나로서 미태평양육군(US Army Pacific Command: USARPAC)이 발족했다. 1958년 1월, USARPAC는 동경에 주둔하는 USABVAFE와 하와이에 있는 제14라디오·선전대대(宣傳大隊)(14th Radio Broadcasting and Leaflet, Battalion: 14th RB&L)를 지휘 하에 두었다. 같은 해 2월 15일, USABVAFE는 태평양육군방송·시각활동부대 (US Army Broadcasting and Visual Activity, Pacific: USABVAPA)로 재편되고 14th RB&L은 그 산하로 위치되었다. 양 부대는 2월 하순에 오키나와로 파견되었다.[97]

1958년 11월 25일에 오키나와에 도착했던 오즈본은 USABVAPAC의 일원으로 심리전 활동에 다시 종사하게 되었다.[98] 오키나와는 군사적인 의미 뿐 아니라 심리전을 전개하는 상에서의 '태평양의 요석(要石)'이 되고 있었다.[99]

---

95) 같은 자료, p.10.
96) 같은 자료, p.12.
97) 고바야시 소메이, 「냉전 아시아에서 미국의 심리전과 거점으로서 오키나와」.
98) Osborne, *Life*, Chapter 13, pp.1-3.
99) 小林聰明, 「冷戰期アジアにおけるVOAの展開と中繼所の世界的配置」, 『占領する眼

오즈본이 지적하는 바와 같이 당초 오키나와에 머무는 미군이 주된 대상으로 생각하고 있던 심리전의 작전지역은 일본, 한국, 오키나와였다. 그러나 1950년대 후반에 걸쳐 USABVAPAC에게 동남아시아로의 긴급계획에 관한 임무가 주어지게 되어 베트남이나 라오스 등에서 조사를 위한 요원이 파견되게 된다. 오즈본 자신도 1958년부터 1960년까지 '특별작전'으로서 라디오에 관한 연구를 행해고 있었다.[100] 오키나와는 동북아시아지역부터 동남아시아까지 넓어진 광대한 범위를 커버하는 심리전을 위한 일대 거점이 되고 있었다.[101]

1959년의 말, 류큐열도 미국 민정부(USCAR)의 부스(Donald P. Booth) 고등판무관은 오즈본에게 USCAR 홍보국장으로의 취임을 요청했다. 이 요청에 대하여 오즈본은 내키지 않았다. 1957년, 당시의 고등판무관이었던 무어(James Edward Moore)의 요청으로 오즈본은 오키나와로 파견되어 USCAR의 정보 프로그램에 대해 연구했는데, 그 때의 경험에서 오즈본은 USCAR의 홍보활동에 매력을 느끼고 있지 않기 때문이었다.[102] 최종적으로는 USARPAC 사령관인 화이트(I.D. White) 장군이 오즈본을 면접했던 자리에서 USCAR로의 전속을 명하였고, 그것을 부스가 찬성한다는 형태로 그의 홍보국으로의 소속이 결정되었다.[103]

1960년 1월 1일, 오즈본은 USCAR 홍보국 부국장에 취임했다. USCAR에 의한 심리작전의 기술·프로그램 책임자로 일하고 있었기 때문에, 반년간에 걸쳐 USCAR의 홍보활동과 겸직하게 되었다. 7월 1일, 오즈본은 USCAR 홍보국장으로 취임하며 겸무(兼務) 체제는 해소되었다.[104] 홍

／占領する声—CIE／USIS映画とVOAラジオ』, 東京: 東京大学出版会, 2012.
100) Osborne, *Life*, Chapter 13, p.3.
101) 小林聰明, 「冷戦期アジアにおけるVOAの展開と中継所の世界的配置」.
102) Osborne, *Life*, Chapter 13, p.5.
103) 같은 자료.
104) 같은 자료.

보국장으로서의 오즈본에게는 다음과 같은 임무가 주어지고 있었다.[105]

1. 뉴스 제공
2. 브리핑
3. 뉴스와 사진의 제공
4. 연설 집필
5. 류큐 문화교류
6. 압력단체로의 가이던스 제공
7. 류큐정부 홍보부
8. USCAR의 존경받는 이미지의 유지
9. 정보의 보급 상황에 관한 조사
10. 류큐의 사람들에 대한 세계 혹은 미국의 사건의 전달
11. 미국인에 관한 이해(理解)의 촉진
12. USCAR의 정보 프로그램의 평가
13. 미국에 의한 오키나와 통치에 대하여 류큐의 사람들의 일부로부터 합리적인
    묵종(黙従)을 얻는 노력을 행할 것

이러한 임무에는 미국에 의한 오키나와 통치의 안정적인 계속이라는 목적이 명확히 들어가 있었다. 그 목적을 실현하기 위한 홍보활동이 오즈본을 책임자로 하여 전개되었다. 오즈본은 중국, 일본, 한국에 이어, 오키나와에서도 미국에 의한 통치=지배의 안정성을 확보할 수 있는 심리전에 종사하고 있었다.

1966년 1월 초순, 오즈본은 홍보국장을 사임했다. 심리전이 격하게 행해지고 있는 새로운 '전지(戰地)'를 향했다. 전시 하의 베트남이었다.

---

105) 같은 자료, p.17.

2. Chieu Hoi 프로그램 활동[106]

오즈본의 베트남 파견에 향한 움직임은 한 통의 메모랜덤(memorandum)으로부터 시작했다. 그것은 1965년 4월 16일자로 출발된 USIA의 반스 극동담당차장으로부터 미육군의 피어즈(William R. Peers) 작전부장(Deputy Chief of Staff for Military Operations)에게 보내진 것이었다. 거기에는 우선 USIA의 로완(Carl Rowan) 장관이 베트남에서의 심리전에서 가장 재능 있는 인재의 등용을 바라고 있는 것, 그리고 베트콩의 이반(離反)과 남(南)베트남으로의 배반을 시도하는 Chieu Hoi 프로그램에서 남베트남정부와 제휴하면서 미통합홍보실(Joint U.S. Public Affairs Office: JUSAPAO)의 요원으로서 공헌하려는 인재의 확보 등이 언급되고 있었다. 메모랜덤에서는 이러한 인재로는 첩보활동이나 포로수용소의 임무 등의 경험을 지닌 자가 요구되고 있다고 쓰여 있었다. 반스는 오키나와에서 USCAR 홍보국장을 지내고 심리전에 대해 풍부하고 다양한 지식을 갖고 있었다. 또한 한국전쟁에서는 중국인 포로에 대한 교육 프로그램에서 중심적인 역할을 수행했다. 이러한 점을 들어 오즈본이 Chieu Hoi 프로그램을 담당하는 것이 최적이라고 판단, 반스는 메모랜덤을 피어즈에게 전했다.[107]

반스가 오즈본을 적임자로 판단했던 데에는 한 가지 더 이유가 있던 것으로 생각된다. 그것은 반스와 오즈본이 1946년부터 1951년까지 CIE/SCAP의 동료이며, 서로 잘 아는 관계에 있었다는 것이다. 전술한 바와 같이 반스는 CIE 종교문화자원과의 과장으로서 포로 교육에 관한 계획 책정에도 관여했던 경험을 갖고 있었다.

오즈본에게는 USIA를 통하여 사이공 행(行)이 타진되었다. 1965년 여

---

106) Chieu Hoi는 항복한 적을 환영한다(to welcome a surrendered enemy)는 듯이다. [편자 주]
107) Osborne, *Life*, Chapter 14, p.1.

름, USIA직원이 오즈본을 면접하여 USIA로의 이적이 결정되었다. 그러나 왓슨 2세(Albert Watson II) 고등판무관이 그 대신 홍보국장을 찾기까지 이적을 허용하지 않았다. 시간을 요하기는 하였지만 결국 USIA의 에반스(Joseph Evans)가 USCAR 홍보국장으로 취임하게 되었다. 1965년 12월 28일, 오즈본이 남베트남의 임무에 종사하기 위해 USIA로의 이적이 발표되었다.[108]

1966년 1월 21일, 오즈본은 사이공에 도착했다. 이 때, 이미 미합중국 국제개발처(US Agency for International Development: USAID)나 JUSPAO에 의한 Chieu Hoi 프로그램이 실시되고 있었다. 전자는 Chieu Hoi 프로그램의 예산에 관한 권한을 지니고, 센터나 Chieu Hoi촌(村)의 건설, 운영 및 해당 센터에서의 정치교육이나 직업훈련 프로그램에 대하여 남베트남 정부로의 지원과 조언을 제공하고 있었다. JUSPAO는 '유인 프로그램'이라고 불리는 심리전 공작을 행하고 있었다. 그것은 남베트남에 있는 베트콩이나 북베트남 병사가 부대에서 탈출하여 남베트남의 시민이 되려 하는 것을 설득하는 것이었다. 오즈본의 최초의 임무는 USAID 혹은 JUSPAO에의 조언과 함께 MACV와 함께 USAID와 JUSPAO의 사이에서 Chieu Hoi 프로그램에 관한 조정을 행하는 것이었다.[109]

오즈본은 베트남에서의 경험을 보이는 상세한 기록을 가지고 있지 않고, 그 경험의 내실에 대하여 스스로의 기억과 아내나 지인에게의 편지의 기술만으로 수기를 썼다고 서술하고 있다.[110] 오즈본이 베트남에서 어떠한 활동에 종사하고 거기에서 경험했던 것이 어떠한 의미를 갖고 있었을까에 대해서는 그의 기억이나 편지의 기술을 상대화할 수 있는 NARA에 소장된 미군문서 등의 일차사료를 섭렵하고 분석할 필요가 있다. 본고에서는 이 이상

---

108) Osborne, *Life*, Chapter 14, p.2.
109) 같은 자료, pp.12-13.
110) 같은 자료, p.13.

오즈본의 베트남 경험에 간섭하지 않고 별고에서 논하겠다.

베트남에서의 임무는 약 2년으로 끝을 고했다. 베트남을 떠나기 직전인 1968년 11월 4일, USIA는 오즈본에게 특별영예상(Superior Honor Award)을 수여했다. 그것은 남베트남의 심리전에서 훌륭한 활약을 보였던 것, 특히 Chieu Hoi 프로그램이나 국정선거, 지방 프로그램에의 지원에서 공적을 쌓았던 것이었다.[111]

1968년 12월 5일, 오즈본은 사이공을 떠나 워싱턴DC에 도착했다. 8일, 버지니아주 알렉산드리아에 집을 얻고 워싱턴DC의 USIA 본부에서 근무하게 되었다. USIA 본부에서는 베트남작업반(Vietnam Working Group)에 배치되었다. 워싱턴 레벨에서 베트남 현지로의 미국이 심리작전을 지원하는 것이 오즈본에게 있어서의 새로운 임무가 되었다. 구체적인 임무 내용은 JUSPAO로부터의 문의에 대응하는 것이나 JUSPAO의 작전에 대하여 필요에 따라 지도를 주는 것이었다. 백악관이나 국무성, CIA, USAID, 국방성과의 사이에서 베트남에서의 심리전에 관계한 사항의 모든 것에 대해 조정을 꾀하는 것 혹은 베트남으로 파견된 국무성원에의 교육에 관계하는 것도 USIA 본부에서의 오즈본의 임무가 되었다.[112] 그의 경험은 포로 교육이나 심리전에 종사하는 차세대에게 계승되었다.

1971년 8월 2일, 통합참모본부(Joint Chiefs of Staff: JCS)의 요청에 의해 오즈본은 USIA에서 JCS로 출향하여 심리작전에 관련한 상급고문으로 취임하였다. 상급고문으로서의 역할은 국방총성에 의한 모든 심리전 프로그램을 체크하는 것 외에 현지 부대로의 지령을 기초(起草)하는 것이었다. 그것은 JCS를 퇴역하는 1972년 11월 30일까지 계속되었다.[113] 그 후 1973년부터 74년에 걸친 반년 간 오즈본은 정부와 계약하고 있는 조사기

---

111) Osborne, *Life*, Chapter 15, p.1.
112) 같은 자료, pp.2-3.
113) 같은 자료, pp.2-4.

관에서 컨설턴트로 근무했다. 심리작전에 관한 정보를 컴퓨터를 이용하여 축적한 것이 그 업무 내용이었다. 1976년에는 반년간 국방총성의 월간지 『태평양방위포럼(Pacific Defense Forum)』에서 부편집장(Associate Editor)으로도 일했다.[114] 이것이 오즈본의 마지막 공직이었다. 중국, 일본, 한국, 오키나와, 베트남에서 축적되었던 심리전 전문가로서의 오즈본의 약 70년에 이르는 커리어는 여기에서 막을 내렸다.

V. 맺음말

한국전쟁기에 유엔군 포로수용소에서 실시되었던 CIE/UNC에 의한 포로교육은, 그 전후로 행해졌던 미국에 의한 심리전이나 포로 교육과 밀접하게 맺어져 있었다. 이것은 미국이 제2차 세계대전기부터 베트남전쟁에 이른 약 30년간에 걸쳐 심리전을 계속시키면서 동시에 중국 대륙에서 일본열도, 한반도, 오키나와, 베트남으로 심리전이 전개되는 공간을 확대하며 지속해 왔던 것을 의미하고 있었다. 이러한 시간적인 연속성과 공간적인 확대를 체현하고 있던 인물이 오즈본이었다. 다른 시대와 공간을 관통하면서 어떻게 심리전이나 포로 교육이 행해져 왔을까, 본고에서는 이 물음에 대해 오즈본 경험을 따라가며 응답을 시도해왔다.

하지만 말할 필요가 없듯이 이 본고에 한계가 내포되어 있다. 그것은 오즈본의 수기에 의거해서 논의했다는 점으로, 다른 자료도 수집해서 검토하는 등 수기를 상대화시킬 자료 비판이 부족하다는 것이었다. 이제까지 실시했던 자료조사에서는 수기 이외에 오즈본 관련 자료는 찾지 못하고 있다. 자료에 대해 비판적으로 검토하기 위해 미국 국립 문서보관소(NARA) 등에서 자료 발굴을 계속해서 노력해 나갈 필요가 있다. 이 점을 앞으로 해야

---

114) Osborne, *Life*, Chapter 15, pp.2-5.

하는 과제로서 먼저 제시한 다음에 아래와 같이 본고애서의 논의를 통해 이후 제기될 수 있는 과제에 대해 지적해두고자 한다.

첫 번째로 포로는 누구인가 라는 점이다. 오즈본은 미주리주에서 중학·고교 교사로서 교단에 섰던 경험을 시작으로 베트남에서의 임무가 종료하기까지 일관적으로 교육활동에 종사했다. 중국에서는 일본인 억류자에 대한 정치적 재교육을 실시시켜 일본인의 태도에 영향을 주었다. 그것은 일본 사회 안에서 GHQ/SCAP의 점령정책에 이바지하는 인재를 만들겠다는 것이었다. 점령 하의 일본에서는 CIE/SCAP의 중등교육정책의 책임자로서, 군민주의적(軍民主義的) 사상을 폐하고 민주주의를 이해하는 인재육성을 담당했다. 그것은 교육을 통해 점령지 주민인 일본인의 태도변용을 촉구하는 것이었다. 한국전쟁기의 포로 교육에서는 공산주의를 부정하고, 민주주의를 지향하며, 미국에 호감을 지니게 하는 활동이 전개되었다. 오키나와에서는 '홍보(Public Information)'라는 이름이 사용되었는데, '바람직한 태도'를 형성·유지하려 하는 시도가 실시되었다. 베트남에서는 매우 노골적인 형태로 북베트남의 사람들에게 태도변용을 요하는 심리전이 전개되었다. 피억류자, 점령지 주민, 포로, 혹은 적국민 모두 '교육'을 실시할 수 있는 대상이 되고 있었다. 그렇다고 한다면, 피억류자와 점령지 주민, 혹은 포로나 적국민과의 '경계'는 어디로 설정되어 있을까. 심리전의 관점에서 본 경우, 대체 포로라는 것은 누구일까 라는 본질적인 질문을 들 수밖에 없다. 이러한 질문은 20세기 후반의 미국과 아시아 국가들(혹은 사람들)이 어떠한 관계를 맺고 있었을까 그리고 그 관계를 유지시켜왔던 힘의 제원(諸元)은 어떠한 것이었을까 라는 중요한 문제를 비추고 있다.

두 번째로, 태도변용을 촉구하게 하는 심리전이나 포로 교육이 어떻게 폭력과 결합하고 있었을까, 혹은 결합되지 않았을까, 그 관계를 묻는 것이다. 오즈본은 포로에게 가해졌던 가혹한 폭력에 대해 거의 언급하고 있지 않다. 그러나 적어도 한국전쟁기에 행해졌던 포로 교육은 포로에 대한 폭력과 밀접관계를 지니고 있다. 그렇다면, 일본인 피억류자나 일본인 '공산주의자', 베트콩, 북베트남병사에 대해 '교육'을 행하는 때, 폭력의 행사가 어떻게 되었을까. 여기에서는 심리전와 폭력의 관계가 앞으로도 물어야 할 중요한 논점인 것을 지적해주고 싶다.

세 번째로, 미국이 집적했던 심리전이나 포로 교육의 경험이 어떻게 현지 정부(local government)로 계승되고 그것이 어떻게 동맹·협력관계를 구축·기능시키는 한 쪽 팔을 담당하고 있었을까 하는 점이다. 미국에 의한 심리전이나 포로 교육은 그것들을 행하는 대상이나 장소를 관할하는 현지 정부의 협력 없이는 할 수 없는 것이었다. 그 과정에서 포로 교육을 포함한 포괄적인 심리전의 기술이나 노하우가 현지 정부에게 제공되고, 현지 정부의 심리전에 관한 경험치도 향상되고 있었다. 현지 정부는 이러한 기술이나 노하우, 경험을 이어나가 어떻게 심리전을 전개시키고 있었을까, 그 과정에서 어떠한 동맹 혹은 협력관계가 미국과의 사이에서 구축되어 기능하고 있었을까. 이러한 물음에의 응답은 제2차 세계대전 종결 후부터 현재에 이르는 미국과 현지 정부와의 사이에 존재하며 계속 기능하는 동맹이나 협력 관계의 중층적인 구조의 일단을 비추어 내게 된다.

제1차 세계대전에서 모습을 나타내고 제2차 세계대전에서 본격화한 심리전은 냉전종결 후에도 끝나지 않고 지금도 이어지고 있다. 이러한 '끝나지 않은 전쟁'은 어떻게 행해지고 있을까, 그리고 그것은 세계에 사는 사람들에게 어떠한 의미를 가져오고 있나. 종결된 전쟁을 묻는 것의 중요성은 말할 필요도 없다. 그러나 '끝나지 않은 전쟁'도 질문을 계속해야 한다. 이러한 물음에 답하기 위해, '관전사(貫戰史)'로서 심리전을 그리는 것의 의미를 재차 강조하며 본고를 마치고자 한다.

◈ 참고문헌

Establishment of Psychological Warfare Section and Announcement of
 Staff, 300.4 General Orders Hq., Box.8, RG554, NARA, College
 Park, Mayland.
Initial Procedures in Organization of Reorientation Program, March 19,
 1951, 320 Organization (CIE/UNC), General Correspondence
 1951, Box.1, Civil Information and Education Section, RG554,
 NARA, College Park, Mayland.
Prisoner of War Orientation, Aug. 3 1950, Folder10, Box.1, RG6,
 MacArthur Memorial Archives, Norfolk, Virginia.
Monta Lee Osborne, *Life Has Loveliness to Sell – A Sort of
 Autobiography*, written by Monta Lee Osborne, June, 1981,
 Edward Freimuth Collection, Okinawa Prefectural Archives,
 Naha, Okinawa.
Stars and Stripes, May 4 1952.

沖縄県公文書館, 『沖縄公文書館だより-アーカイブズ』22, 2003.
土屋礼子, 『対日宣6ビラが語る太平洋戦争』, 東京: 吉川弘文館, 2011.
William P. Woodard, *The Allied Occupation of Japan 1945-1952 and
 Japanese Religions*, Unknown Binding, 1972. 阿部美哉 訳, 『天皇と
 神道-GHQの宗教政策-』, サイマル出版会, 1988.

조성훈, 「한국전쟁기 포로교육의 실상」, 『군사』 30, 1995.
이선우, 「한국전쟁기 거제도포로수용소 내 '친공포로'의 딜레마와 폭동」, 『역사문제
 연구』 38, 2017.
최혜린, 「6·25전쟁기 미군 포로정책의 전개 양상: 전범조사부와 민간정보교육국
 의 활동을 중심으로」, 서울대학교 국사학과 석사학위논문, 2017.
고바야시 소메이, 「한국전쟁기 유엔군의 포로교육 프로그램」, 『문화냉전과 아시아:
 냉전 연구를 탈중심화하기』, 소명출판, 2012.

_____, 「냉전 아시아에서 미국의 심리전과 거점으로서 오키나와」, 『열전 속 냉전, 냉전 속 열전: 냉전 아시아의 사상 심리전』, 진인진, 2017.

小林聰明, 「冷戦期アジアにおけるVOAの展開と中継所の世界的配置」, 『占領する眼 / 占領する声－CIE／USIS映画とVOAラジオ』, 東京: 東京大学出版会, 2012.

장영민, 「한국전쟁 전반기 미군의 심리전에 관한 고찰」, 『군사』 55, 2005.

창 청, 「미국의 포로 자원송환과 재교화 정책, 전쟁의 최종 결과를 경정하다: 워싱 턴 정책 입안부터 거제도 정책 시행까지」, 『열전속 냉전, 냉전속 열전: 냉 전 아시아의 사상심리전』, 진인진, 2017.

佐藤秀夫, 「文部省科学研究費補助金研究成果報告書」, 『連合国軍の対日教育政策に 関する調査研究』, 東京: 国立教育研究所, 1981–1983.

1950년대 재미한인『독립』그룹의 비미(非美)활동조사위원회(HUAC) 청문회 소환과 추방

정병준

Ⅰ. 머리말

1947년은 세계사에서 냉전이 전면화되는 해였다. 트루먼대통령이 그리스와 터키의 공산화를 저지하겠다는 트루먼독트린을 발표함으로써 유럽에서 냉전이 본격화되었다. 신문기자인 월터 리프먼(Walter Lippmann)은 1945년 소설가 조지 오웰(George Orwell)이 만들어 낸 냉전(cold war)이라는 세계사에 남을 신조어를 유행시켰다. 훗날 '냉전의 기획자'로 평가받게 된 조지 케넌(George Kennan)은 소련의 공산주의팽창을 경고한 '긴 전문(long telegram)'의 축약 대중판을 X라는 필명으로 포린 어페어즈(Foreign Affairs)에 발표해 대중적 반향을 얻었다.

유럽의 냉전은 아시아로 확산되었다. 1947년 5월 서울에서 재개된 제2차 미소공동위원회가 무기휴회됨으로써 미국과 소련은 한반도에서 타협의 마지막 수단을 거두었다. 한국에서 남북 분단정부의 수립과 대결이 가시화되었다. 일본에서는 역(逆)코스(reverse course)가 본격화되면서 일본의 탈군국주의적 민주화가 후퇴하기 시작했다. 군국주의자들에 대한 추방 대신 레드 퍼지(red purge)가 만연했다.

냉전은 상대방에 대한 두려움과 공포에 기생하는 폭력적이고 적대적 면모를 가지고 있었다. 모스크바와 워싱턴은 물론 세계 각처에서 스파이와 이적행위에 대한 색출과 공포가 만연했다. 적대적 양체제의 긴장과 갈등은 결국 제국의 변경에서 물리적 충돌로 귀결되었다. 미소 양진영은 냉전을 유지했지만, 양진영의 후견하에 남북한으로 분립해 갈등하던 한반도에서는 열전이 벌어졌다.

한국에서 분단의 가시화는 재미한인사회에도 영향을 끼쳤다. 재미한인사회는 기독교 보수주의적 기반 위에 서있었으나, 일제 시기 이래 이승만을 둘러싼 찬성과 반대의 진영으로 명확하게 갈라져 있는 상태였다.[1] 1948년 한국정부의 수립은 재미한인 사회를 삼분했다.

첫 번째 진영은 이승만 지지자들로 구성된 동지회계열들로 이들은 한국정부의 수립과 이승만의 정치적 승리를 환영했다. 이들은 조직규모에서는 국민회에 뒤졌지만, 조직의 결속력과 이승만에 대한 충성도에서는 자타가 공인할 정도로 뛰어났다.

두 번째 진영은 이승만의 반대파이자 임정 지지세력이었던 국민회 계열이었다. 이들은 한반도의 분단에는 반대했으나 미국이 후원하는 한국정부의 수립 자체를 반대하지는 않았다. 재미한인 조직사회에서 가장 큰 조직규모를 가졌던 국민회 계열은 중립과 침묵을 지켰다.

세 번째 진영은 재미한인 사회 내의 소수파인 『독립(Korean Independence)』그룹이었다. 이들은 가장 강력한 반이승만파였는데,

---

1) 양은식은 재미한인사회는 기본적으로 정치적으로 복잡하지 않은 기독교공동체였고, 보수적인 속성을 지녔다고 평가했다. Eun Sik Yang, "Korean Revolutionary Nationals in America: Kim Kang and the Student Circle, 1937-1956", in Yu, Eui-Young, Kandal, Terry R, *The Korean Peninsula in the Changing World Order*, Center for Korean-American and Korean Studies and California Socialist, California State University, 1992, p.197.

한국정부의 수립에 반대하며 북한을 지지했다. 태평양전쟁기 조선민족혁명당 미주총지부와 주간 『독립』신문에 참가했던 이들은 1948년 결정적 계선을 넘어섰다. 1943년 『독립』 창립 시점에서는 100여명을 상회했던 『독립』그룹은 1948년 이후 20~30명으로 축소되었고, 한국전쟁 발발 이후에는 편집진과 극소수 지지자들만이 남았다.

1950년 한국전쟁이 발발하자, 미국정부와 의회는 이들 재미 『독립』그룹에 대한 사찰과 조사를 본격화했다. 『독립』의 핵심 지도부는 미 하원 비미(非美)활동조사위원회(House Un-American Activities Committee: HUAC) 청문회에 소환되었고, 이후 미이민귀화국(INS)에 의해 체포·추방되었다. 재미한인 진보진영 가운데 모두 5명(김강, 현피터, 현데이비드, 선우학원, 남궁요설)이 청문회에 소환되었다. 이민국에 의해 모두 5명(김강, 곽정순, 이춘자, 전경준, 송안나)의 재미한인들이 북한으로 추방되었고, 현데이비드, 신두식, 박상엽, 남궁요설 등 여러 명이 추방위협을 받았다.[2] 현데이비드의 경우 추방을 면했지만, 체포·재판·석방과정에 무려 16년의 세월을 보내야 했다.

이 글은 이들 재미한인들이 소환되어 심문받은 청문회 기록과 추방과정을 간략하게 살펴봄으로써, 한국전쟁을 전후한 시기 이들이 가지고 있었던 재미한인 정체성과 귀속의식을 살펴보는 것을 목적으로 한 것이다. 이 글은 미 하원 비미활동조사위원회 청문회 기록, 이민국의 추방관련 기록, 추방관련 재판기록 등에 의거한 것이다.

---

2) 1950년대 아시아계 이민·재미한인의 추방에 대해서는 다음을 참조. 제인 홍, 「워싱턴에서의 조망: 미국의 정치적 국외추방과 한인 디아스포라」, 『역사문제연구』 26호, 2011; Cindy I-Fen Cheng, *Citizens of Asian American: Democracy and Race During the Cold War*, New York: New York University Press, 2013; Jane H Hong, "Reorienting America in the World: Race, Geopolitics, and the Repeal of Asian Exclusion, 1940-1952," *doctoral dissertation*, Harvard University, Department of History, 2013.

II. 비미활동조사위원회 청문회에 소환된 재미한인들

미 하원 비미활동조사위원회는 1938년 설립되어 1969년 국내안보위원회(House Committee on Internal Security)로 변경된 조직이다. 주로 냉전시기 비(非)미국적 활동(Un-American Activities)을 조사하는데 주력한 위원회였다. 위원회는 하원 의원들을 위원으로 하고, 그 밑에 연방정부의 사찰기관 공무원들로 구성된 조사관이 배속되어 있었다. 이들의 주요 목표는 외국인, 노동조합, 좌파적 정당·사회·문화단체, 공산당 등이었다. 미국적이지 않은 타자를 특정해 조사하고 청문하고, 이들에 대한 법률적 조치를 취하는 것이 이 위원회의 목표였다.[3]

상원에서 매카시(Joseph Raymond McCarthy)가 반공 선풍을 불러일으키기 전에 이미 미국사회는 냉전과 공산주의에 대한 공포가 사회적으로 확산되는 상황이었다. 공무원·교사 등은 미국 국가에 충성한다는 충국(忠國)서약을 해야 했으며, 이를 거부한 인사들은 공직과 교직에서 추방되었다.[4] 이 여파는 재미한인사회에서 파급되어, 하와이에서는 국민회의 청년들이 선제적으로 반공산주의 충국서약을 주장함으로써 파장을 불러일으키기도 했다. 한편 호놀룰루 한국영사관의 신임 영사들은 재미한인들의 교민등록을 주장하면서, 교민등록을 하지 않는 한인들을 공

---

3) 1938~1968년간 비미활동조사위원회 활동기록을 정리한 목록집이 2책으로 발간되었으며, 각각 1344쪽과 994쪽이었다. 위원회의 활동량을 알 수 있다. Committee on Un-American Activities, U.S. House of Representatives, *Cumulative Index to Publications of the Committee on Un-American Activities, 1938-54*, Washington D. C: U.S. GPO, 1955; Committee on Internal Security, U.S. House of Representatives, *Supplement to Cumulative Index to Publications of the Committee on Un-American Activities, 1955 through 1968, inclusive*, Washington D. C: U. S. GPO, 1970.

4) 「라성공직자 '충국서약'을 부인」, 『독립』1948. 7. 28; 「충국선언에 교수단 항의」, 『독립』1950. 3. 8; 「가주대학교 교수 충국서약에 강경반대」, 『독립』1950. 3. 15; 「가주대학 충국서약사건 해결」, 『독립』1950. 5. 3; 「미국 대심원의 새 결정」, 『독립』1951. 1. 3; 「충성서약의 헌법상 위반」, 『독립』1951. 4. 11.

산주의자라고 주장하기도 했다.[5]

비미활동조사위원회는 전국 주요 도시·지역을 순회하면서 주요 공산
주의 혐의자들을 청문회에서 심문하는 한편 전복·반역조직의 명단을 발
표하고, 위원회의 청문회·조사결과 보고서를 간행하는 것을 주요 활동
으로 삼았다.

1954~56년간 재미한인 가운데 모두 5명이 소환되었다. 이들의 명
단과 청문회 증언일자는 다음과 같다.

1. 선우학원(鮮于學源, Harold Sunwoo): 1954년 6월 18일, 시애틀
2. 남궁요설(南宮堯卨, Namkung Josel): 1954년 6월 19일, 시애틀
3. 김강(金剛, Diamond Kimm): 1955년 6월 28일, 로스앤젤레스
4. 현데이비드(玄驊燮, David Hyun): 1956년 12월 6일, 로스앤젤레스
5. 현피터(玄駿燮, Peter Hyun): 1956년 12월 8일, 로스앤젤레스

선우학원(鮮于學源: 1918~생존)은 일본 아오야마(靑山)학원을 졸업
한 후 도미 유학했으며, 1945년 미공군에 참전함으로써 미국 시민권을
얻었다. 해방 후 시애틀 워싱턴주립대학에서 강사로 일했으며, 1946년
미국공산당에 가입했다. 활발한 공산당 활동을 벌이다가 1949년 런던을
거쳐 체코 프라하대학에 유학해 박사학위를 받았다. 1948년 11월 15일
이경선목사와 함께 김일성·박헌영에게 보내는 편지를 쓴 바 있다. 체코
에서 공산당의 현실을 목격하고 북한 입국이 거부되자 한국전쟁 직전 미

---

5) 1949~1950년 하와이에서는 김영섭 영사의 교민등록 강요, 국민회 회원들의
반발과 공산주의 반대 선언을 둘러싼 갈등, 로스앤젤레스 독립 및 민생사 등 좌
파적 단체와의 연계 등이 문제가 되었다. "Title: Survey of Korean Activities
in the Honolulu Field Division", 1950. 8. 4, FBI File no. 100-15, by
Harold L. Child, Jr. RG 319, Entry 47-E1, Box 1, Records of the Army
Staff, Office of the Assistant Chief of Staff for Intelligence(G-2),
Military Intelligence Division (MID). Decimal File, 1949-1950.

국으로 귀환했다.[6]

남궁요설(南宮堯卨: 1919~2013)은 연희전문을 졸업한 성악가 출신으로 1946년 시애틀로 음악유학을 떠났다. 그는 선우학원의 친구였으며, 이경선·선우학원의 편지를 들고 잠깐 귀국한 바 있다. 그는 편지를 김공석이라는 인물에게 전달했으며, 이 편지사건으로 오랫동안 미 이민당국의 추방위협에 시달렸다.[7]

김강(金剛: 1902~1965?)은 협성신학을 졸업한 감리교전도사로 1928년 도미유학해 광산학·지질학을 공부했다. 중일전쟁 발발 이후 급격히 좌경화되었으며, 중국후원회·조선의용대 후원회·조선민족혁명당 미주총본부·독립의 핵심인물로 활동했다. 1945년 초 OSS에 입대해 한반도 침투작전인 냅코프로젝트(Napko Project) 요원으로 일했다. 종전이후 수차례 귀국 청원을 했으나 기각되었고, 이후 『독립』의 주필로 오래 활동했다.[8]

6) 선우학원, 『아리랑 그 슬픈 가락이여』, 서울: 대흥기획, 1994; "Testimony of Harold W. Sunoo, Johsel Namkung," *Investigation of Communist Activities in the Pacific Northwest Area—Part 7*, Seattle: Unites States House of Representatives, Subcommittee of the Committee on Un-American Activities, Friday, June 18, 1954.

7) "Testimony of Harold W. Sunoo, Johsel Namkung," *Investigation of Communist Activities in the Pacific Northwest Area—Part 7*, Seattle: Unites States House of Representatives, Subcommittee of the Committee on Un-American Activities, Friday, June 18, 1954; Ronald Holden, "Johsel Namkung's Remarkable Nature Photographs," Opus Opera: Arts & Entertainment Dispatches, September 16, 2011, http://opusopera.blogspot.kr/2011/09/johsel-namkungs- remarkable-nature.html

8) "Diamond Kimm", RG 226, Records of the Office of Strategic Services, OSS Personnel files, 1941-1945, Box 404; "Testimony of Diamond Kim", June 28, 1955, United States. Congress. House. Committee on Un-American Activities. *Investigation of communist activities in the Los Angeles, Calif., area. Hearings before the Committee on Un-American Activities*, House of Representatives, Eighty-fourth Congress, first session. June 27 and 28, 1955, pp.1543-1572; "Biographical Sketch of Diamond Kimm", ca. 1961. Los Angeles

현피터(玄駿燮: 1906~1993)와 현데이비드(玄驊燮: 1917~2012)는 모두 현순(玄楯: 1879~1968)목사의 아들이다. 현피터는 1906년 하와이에서 출생한 미국시민이었고, 현데이비드는 1917년 한국에서 출생한 외국인이었다. 현피터는 1920년대 초반 상해에서 박헌영의 지도를 받으며 소년혁명단활동을 하는 등 사회주의에 접한 바 있다. 1925년 미국으로 돌아온 이후 1930년대 뉴욕·브로드웨이에서 좌파 연극운동에 참가하기도 했다. 1944년 미군에 입대해서 군사언어학교(MILS)를 졸업한 일본어 언어전문가가 되었으며, 한인포로들이 수감된 맥코이수용소(Camp McCoy)에서 통역으로 일한 바 있다. 해방 후 주한미군 통역으로 일하다 박헌영 등 조선공산당과 접촉·연락한 이유로 추방되었다.[9] 현데이비드는 재미한인사회와 깊은 연관이 없었지만, 하와이 사탕수수 노동자들의 파업을 주도하는 등 노동운동에 깊숙이 개입했으며, 1950년대에는 로스앤젤레스에서 미국인들과 함께 좌파적 단체에서 활동했다.[10]

이들은 변호사를 동반하고 청문회에 출석했으며, 대부분의 경우 증

Committee for Protection of Foreign Born Records, 1938-1974, Box, folder 11-1, Diamond Kimm Files, Southern California Library for Social Studies and Research; "The Case of Diamond Kimm," *Korea Independence*, July-August, 1955.

9) Peter Hyun, *MAN SEI: The Making of a Korean American*, Honolulu: A Kolowalu Book, University of Hawaii Press, 1986; Peter Hyun, *In the New World: The Making of a Korean American*, Honolulu: A Kolowalu Book, University of Hawaii Press, 1995; "Testimony of Peter Hyun," Los Angeles, Calif., December 8, 1956, *Communist Political Subversion —Part 1*, Washington, D. C.: Hearing Before the Committee on Un-american Activities, House of Representatives, Eighty-Fourth Congress, Second Session, 1957, pp.6838-6847; 정병준, 「해방 직후 주한미군 내 공산주의자그룹과 현앨리스」, 『한국근현대사연구』 162호, 2013.

10) "Testimony of David Hyun" Los Angeles, December 6, 1956, *Communist Political Subversion—Part 1*, Washington: Hearing Before the Committee on Un-american Activities, House of Representatives, Eighty-Fourth Congress, Second Session, United States, Government Printing Office, 1957.

언을 거부했다. 여기에는 이유가 있었다. 현피터는 1956년 12월 8일 청문회 출두를 앞두고 법률자문을 담당하는 미국시민자유연맹(the American Civil Liberties Union)의 유명 시민권 변호사인 알 위런(Al Wiren)과 만났다. 위런은 피터에게 청문회에서 답변을 거부하라고 조언했다. 이유는 간단했다. 첫째 일단 답변을 시작하면 계속 답변을 해야 하고, 만난 사람들 및 나눈 대화 등을 요구할 것이며 만약 이를 거부하면 의회모독죄로 투옥될 것이다. 둘째 공산당과 관련이 있냐고 질문받을 경우에 "예"라고 답변하면 스미스법(Smith Act)에 따라 무력·폭력으로 미국정부 전복을 옹호했다는 혐의로 기소되어 중형을 선고받을 것이고, "아니오"라고 답변하면 그를 공산당 모임에서 만났거나 그를 공산주의자로 알고 있다는 증언을 동원해 위증죄로 감옥에 보낼 것이다. 때문에 수정헌법 제5조에 의지해, 자신에게 불리한 증언을 거부할 권리를 주장해야 한다는 것이었다.[11] 청문회 기록에 따르면 현피터는 헌법과 권리장전, 특히 수정헌법 제1조 및 제5조에 근거해 답변을 거부했다. 때문에 김강, 현데이비드도 청문회에서 증언을 거부했다.

반면 선우학원은 청문회에 소환된 재미한인 가운데에서 가장 적극적으로 협력했다. 그는 변호사를 동반하지 않은 채 출석했으며, 자신은 공산주의자였다가 체코의 현실을 보고 공산주의를 부정하게 되었다고 증언했다. 그는 미국 정부의 공산주의자 색출 조사과정에 적극 협력했고, 이미 노출된 시애틀의 미국인 공산주의자들과 북한으로 간 현앨리스, 이사민, 체코에 있는 정웰링턴 등을 공산주의자로 지목한 바 있다.[12] 선우

11) Peter Hyun, *In the New World*, pp. 268-269.
12) "Testimony of Harold W. Sunoo, Johsel Namkung. Accompanied by Counsel, Kenneth A. MacDonald", *Investigation of Communist Activities in the Pacific Northwest Area—Part 7*, Seattle: Unites States House of Representatives, Subcommittee of the Committee on Un-American Activities, Friday, June 18, 1954, pp. 6489-6509.

학원은 청문위원들이 바라던 공산주의의 실체를 폭로한 결과 청문위원들의 격려와 칭찬을 받은 유일한 재미한인 증인이 되었다.

이들 재미한인들이 청문회에 소환된 핵심적인 이유는 『독립』 신문과의 연관성을 비롯해, 남가주평화십자군(the Southern California Peace Crusade), 외국출생자보호위원회(the Committee for Protection of Foreign Born), 미국공산당 등에 관련된 혐의 때문이었다. 즉 미국공산당 및 북한과의 관련 혐의였다. 미국 정보·사찰당국은 1948년 11월 이경선·선우학원이 김일성·박헌영에게 보낸 편지를 입수해, 이를 핵심적 증거로 활용했다.

III. 비미활동조사위원회 청문회의 주요 쟁점

1. 1948년 이사민·선우학원 편지사건

이사민·선우학원이 김일성·박헌영에게 쓴 1948년 11월 15일자 편지는 한국전쟁 중 평양을 점령한 미군에 의해서 노획되었다. 미 농지에 타이프라이터로 작성한 6쪽 분량의 편지는 맥아더의 미극동군사령부 군사정보국 연합통역번역대(Allied Translator and Interpreter Section: ATIS)에 의해 1950년 10월 27일 영어로 번역되었다.[13] 편지 번역본은 FBI의 수중에 들어갔고, 몇 년 뒤 재미한인 공산주의자 혐의자들을 수사하고 국외 추방하는데 직접적으로 활용되었다. 편지에 이름이 등장하는 김강, 선우학원, 신두식, 현피터, 곽정순, 남궁요설 등이 1954~56년간 미 하원 비미활동조사위원회 청문회에 증인으로 소환되

---

13) 「李思民·鮮于學源이 金日成·朴憲永에게 보내는 편지」(1948. 11. 15), RG 242, Entry Captured Korean Records, Box no. 8, Document no. 200710.

었고, 체포·투옥·추방되거나 추방위협을 당했다.

편지의 발신자는 두 사람으로 되어 있지만, 선우학원은 미 하원 청문회에서 편지는 이사민이 준비했고, 자신은 공동서명자였다고 증언했다.[14] 편지를 작성한 이사민의 본명은 이경선(李慶善: 1900~1956?)으로 협성신학교를 졸업한 감리교 목사였다. 그는 흥사단원이었으며, 1937년 도미한 이후 점차 좌경적 노선을 겪었다. 이경선은 중국후원회·조선의용대 미주후원회·조선민족혁명당 미주총지부·독립신문으로 이어지는 재미한인 진보진영의 핵심인물이 되었다. 1945년 초 OSS에 입대해 중국 곤명·서안까지 진출한 바 있다. 제대 후 미국 시민권을 얻었으며, 1946년부터 시애틀 워싱턴대학에서 선우학원과 함께 한국어 강사로 일했다. 1949년 체코를 통해 입북했는데, 1955년 소위 박헌영간첩사건에서 현앨리스와 함께 미국 첩보기관의 스파이로 규정된 바 있다.[15]

이들이 편지를 쓴 주요 목적은 크게 세 가지로 첫째 미국의 정세 보고, 둘째 "재미당동지(在美黨同志)"들의 동향 보고, 셋째 북한으로의 귀국 희망 피력 등이었다.

미국의 정세는 대통령 선거와 관련된 이야기 정도였고, 훗날 가장 논란이 된 것은 이 편지에서 언급하고 있는 '당동지'의 동향이었다. 이 편지에 따르면 재미한인 당동지는 LA 13명, 샌프란시스코 1명, 시애틀 5명, 시카고 1명, 뉴욕 4명, 워싱턴 2명 등 총 26명이었으며, '조선당원대표'로 이름이 밝혀진 인사는 로스앤젤레스의 변준호·김강·현앨리스, 시애

---

14) "Testimony of Harold W. Sunoo," pp.6489-6509; 「선우학원 인터뷰」 (2012. 2. 15. LA Hollenbock Palms retirement home)

15) 최기영, 「1930~40년대 미주 기독교인의 민족운동과 사회주의」, 『한국기독교와 역사』 20호, 2004; 「윤심온(이경선의 사위)인터뷰」(2012. 2. 15. LA 자택); "Subject: Biographic Information of Yi Sa Min, by Everett F. Drumright, Counselor of Embassy", Seoul, 1950. 1. 15, 795.521/1-1450, RG 263, Records of the Central Intelligence Agency, The Murphy Collection on International Communism 19171958, Korea & Japan, Box. 70.

틀의 선우학원·이사민, 뉴욕의 신두식·곽정순 등 7명이었다. 문맥으로 보면 이는 미국공산당에 가입한 재미한인 공산당원을 뜻하는 것이었다. 그렇지만 선우학원은 하원 청문회에서 이를 부인했다.[16] 선우학원은 미국에 남아있는 자신의 옛 동료인 재미한인들 진보주의자들을 보호하려 한 것이다.[17]

편지에는 로스앤젤레스에 한국인 당원수가 많고, 한인 거류중심지이므로 "미국정부(米國黨部)의 허락으로 조선인 그룹을 재조직(전에도 조직되였으나 연래(年來)로 좀 해이하여젓음"하고 1개월에 1차씩 회집(會集)"한다고 쓰고 있다. 이는 로스앤젤레스에 미국공산당 산하 한국인그룹이 조직되어 매월 1차씩 회의를 한다는 뜻이었다.

편지에 따르면 "조선당원대표로 나성(羅城)에 변준호(卞峻鎬) 김강(金剛) 현(玄)앨니스 사항(沙港)에 선우학원(鮮于學源) 이사민(李思民) 뉴욕에 신두식(申斗湜) 곽정순(곽正淳) 以上 7인이 당원을 대표하여" 당원연락, 당정책 심의, 미국 당본부와 연락을 주관한다고 되어 있다. 즉 이는 로스앤젤레스 뿐만 아니라 한인이 거주하는 로스앤젤레스·시애틀·뉴욕에 한인 공산주의 연락망 혹은 조직망이 존재함을 의미했다. 현 앨리스를 포함한 총7명의 '당원대표'는 재미한인 진보진영의 핵심인사이자, 1946~49년간 『독립』 그룹을 형성한 인물들이었다.

이 편지의 또 다른 핵심은 북한과 연락·연대하기 위해 재미한인 진보진영이 기울인 노력에 대한 설명이었다. 이들은 체코 프라하의 한흥수를 알게 된 이후 그를 통해 북한과 연락을 시도했다. 이 편지에 따르면 총 4차례 북한과 연락시도가 있었다.

---

16) "Testimony of Harold W. Sunoo", pp.6489-6509.
17) 선우학원은 필자와의 인터뷰에서 "이들은 공산당원이 아니고 북의 동지들이 하는 일을 지원한다. 그러니까 우리도 지원하는 것을 승인해달라"는 것이었다고 했다. 「선우학원 인터뷰」(2012. 2. 15, LA Hollenbeck Palms retirement home)

제1차 연락은 1947년 4월 이사민이 작성한 편지였는데, 해방 후 재미한인의 정세, 독립운동상황, 미국의 정세, 재미 당원의 활동을 적은 것이었다. 이 편지는 1947년 6월 체코의 한흥수 및 체코에서 개최된 세계직업연맹에 참석하였던 북한대표단을 통해 김일성에게 전달을 시도했다.[18]

제2차 연락 역시 체코의 한흥수를 통해 이루어졌다. 1947년 7월 체코 프라하에서 개최된 세계청년대회에 참석하였던 대표를 통하여 이사민이 작성한 「변증법적 유물론(辨證法的 唯物論)」 번역원고와 서신이 북한에 전달되었다.[19]

제3차 연락은 1948년 9월이었고, 역시 체코를 통해서 이루어졌다. 이 시점에서 한흥수는 북한에 들어간 후였으므로 체코에 유학을 가게 된 현앨리스의 아들인 정웰링턴(Wellington Chung)이 전달자 역할을 했다. LA의 변준호·김강·현앨리스·이사민 4인 명의로 김일성에게 보내는 서신이었다. 정웰링턴은 체코 프라하의 찰스대학 의학과에 입학하기 위해 1948년 9월 29일 로스앤젤레스를 출발했다.[20] 1948년 현앨리스, 변준호, 김강이 이경선과 함께 편지를 쓰게 된 동기는 이들이 로스앤젤레스 '조선인그룹'의 대표였기 때문일 것이다.

4차 연락, 즉 1948년 11월 15일자 이사민·선우학원이 김일성·박헌영에게 보내는 편지는 남궁요설이라는 귀국 유학생 편으로 전달되었다. 바리톤 성악가였던 남궁요설은 1947년 9월 미국 워싱턴주 샤를시의 샤를패시픽메소시스트대학으로 유학을 왔고, 워싱턴주 시애틀에 거주하던 선우학원·이사민과 친분을 맺었다.[21] 선우학원은 이 편지가 임화를 통

---

18) 「조선노동조합대표 일행 푸라하 도착」, 『독립』 1947. 6. 25; 한흥수, 「우리 전평대표는 세계근노대중 압헤 민족의 슬흠을 호소」, 『독립』 1947. 7. 2.
19) 한흥수, 「세계민청축전 관방기」 1~9회, 『독립』 1947. 10. 12~12. 17.
20) 「인사소식: 이경선, 정웰링턴」, 『독립』 1948. 9. 29.
21) 『동아일보』 1947. 9. 16; 『독립』 1947. 11. 12.

해 박헌영에게 전달되었다고 들었는데, 미국 정보당국의 수중에 들어간 것을 보고 박헌영이나 임화가 미 정보당국에 편지를 넘겼을 가능성이 있다고 의심했다.[22]

그런데 남궁요설이 1954년 6월 19일 미 하원 비미활동조사위원회 시애틀 청문회에서 증언한 바에 따르면 그는 임화가 아닌 김공석이라는 인물에게 편지를 전달했다.[23]

이 편지에 등장하는 7인의 재미한인 공산주의자, 즉 로스앤젤레스의 김강·현앨리스, 시애틀의 선우학원 이사민, 뉴욕의 신두식·곽정순 가운데 현앨리스, 이사민은 체코를 통해 북한에 들어갔고, 선우학원은 체코까지 갔지만 미국으로 귀환했다. 미국은 김강, 곽정순을 체코로 추방했고, 신두식도 수년간 추방절차를 밟았다. 또한 현앨리스의 남동생인 현피터와 현데이비드, 김강, 선우학원은 하원 청문회에 소환해 심문했다. 이 편지가 『독립』을 중심으로 한 재미한인 그룹의 공산주의 활동을 증명하는 핵심 증거로 활용된 것이다.

미 하원 청문회는 선우학원, 남궁요설, 현피터, 김강에 대한 증인심문에서 이 편지를 언급하며 이들이 공산주의자인지 여부를 집요하게 캐물었다. 제일 먼저 개최된 선우학원 청문회(1954. 6. 18. 시애틀)에서 청문위원들은 이 편지의 전문을 읽으면서 문단마다 사실여부를 선우학원에게 확인했다. 선우학원은 성실하게 응답했다.[24]

김강 청문회(1955. 6. 28. 로스앤젤레스)에서 청문위원들은 1948년 편지에 등장하는 이사민(이경선), 선우학원, 변준호, 현앨리스, 현피터,

---

22) 선우학원, 『한미관계50년사: 알려지지 않은 이야기』, 일월서각, 1997, 49쪽.
23) "Testimony of Johsel Namkung", *Investigation of Communist Activities in the Pacific Northwest Area—Part 8*, Seattle: Unites States House of Representatives, Subcommittee of the Committee on Un-American Activities, Saturday, June 19, 1954, pp. 6511-6512
24) "Testimony of Harold W. Sunoo", pp. 6489-6509.

정웰링턴 등에 대해 질문했지만, 김강은 수정헌법 제1조와 제5조에 근거해 답변을 거부했다. 이사민·선우학원의 '편지사건'에 등장하는 로스앤젤레스의 한국인 '좌경인사 13인'에 대한 추궁은 미국헌법이 보장하는 사상과 결사에 관한 것이며, 청문회에서 제시된 편지는 영어로 번역한 '복사사진판'일 뿐 원본이 아니며, 어떤 법정에서도 제시된 바 없다고 주장했다.[25]

현피터의 청문회(1956. 12. 8, 로스앤젤레스)에서 청문위원들은 편지를 거론하며, 그의 누나 현앨리스가 북한에 들어간 사실, 현피터의 미국공산당 관련 여부를 집요하게 질문했다. 현피터는 수정헌법 제1조와 제5조에 근거해 답변을 거부했다.

2. 『독립』신문의 논조와 활동

청문회에 소환된 재미한인들에게 쏟아진 가장 큰 혐의는 『독립』을 통한 공산주의 활동에 대한 질문이었다. 『독립』은 1943년 재미한인 진보진영이 창간한 신문이다. 『독립』은 국민회와 동지회의 보수적 노선에 반대하며, 적극적인 대일무장투쟁을 주장했다.

그렇지만 해방 이후 『독립』의 논조는 급격하게 과격한 방향으로 선회했다. 1946년 상반기 이후 『독립』은 국내에서 간행되던 조선공산당·남로당 기관지인 『해방일보』·『조선인민보』·『청년해방일보』·『현대일보』 등의 기사를 전재하며 좌파적 입장을 명백히 했다. 독립은 1947년 좌파적 노선을 공식 입장으로 정했다.[26] 1947년 1월 1일 신년호에서 러시아 볼셰비키 혁명의 승리를 가져온 『프라우다』의 정치적 역할을 자임하기까지

---

25) 「미국회위원의 질문」, 『독립』 1955. 7–8쪽.
26) 「금년도 독립신문사 신임원」, 『독립』 1947. 1. 29.

했다.[27] 1948년『독립』은 반미군정·반우익·반이승만 노선을 취하며 단독정부 주장자는 민족적 원수라고 규정했다.[28] 반면 사설을 통해 북한정부가 통일정부이며 이를 지지한다고 선언했다.[29] 한국전쟁기『독립』은 남한이 북한을 침략했다는 북침설을 주장하며, 미국의 전쟁개입을 반대하는 한편 북한의 승리를 후원했다.『독립』은 북한을 조국이라 부르며, 한국전쟁을 남한에 의한 북한침략으로 묘사하며 미국과 남한을 비난했다. 1953년『독립』신문은 미군이 북한전역에 세균전을 벌였다는 북한 측 주장을 여러 차례 게재한 바 있다.[30]『독립』이 공산진영이 주장하던 미군의 세균전 감행 기사를 게재하며, 포로로 잡힌 미 공군조종사의 증언을 게재한 것은 한국전쟁에 참전 중인 미국에게 용납하기 어려운 일이 되었다. 이는 하원 비미활동조사위원회 청문회에서 미국 정보당국이『독립』과 관련해 가장 중요하게 지목한 반미·반역행동이었다.

1952년 대한인국민회가 헌장을 개정해 공산주의 배척 및 반민주·독재자 배격을 명시하자,『독립』신문은 이것이 '공산사회주의 반대진영에 가입한다는 총괄선언'이자 비겁한 사상이며 동족 수백만을 도륙한 것은 "자유민주주의를 선전하는 앵글로 양키"라고 맹비난했다.[31] 심지어『독립』의 간부 최능익은 FBI 로스앤젤레스 지부요원과 인터뷰하면서, 자신

27) 「독립의 사명과 혁명적 지위」,『독립』1947. 1. 1.
28) 「시사단평: 조선에 단독정부 수립은 민족적 잔멸」,『독립』1948. 3. 10.
29) 사설은 상해 임시정부가 중국정부가 아니라 민족의사를 총합한 것과 마찬가지로, 북한정부도 북방정부가 아니라 '민족대표가 우리 당에서 통일정부'를 주장한 것이라고 주장했다. 「사설: 통일정부 그 의의와 전도」,『독립』1948. 10. 13.
30) 「원산에 병균투하」,『독립』1953. 5. 27; 「전쟁략사: 38선에서 락동강까지」,『독립』1953. 7. 29; "American Germ War officers Interviewed," *Korea Independence*, 1953. 9. 30; 「사설: 리론답지 않은 미국의 독균답변」,『독립』1953. 10. 28.
31) 국민회 헌장 3조에 새로 들어간 내용은 다음과 같다. 1. 자유 세계민주주의 민족들과 제휴 병진, 2. 공산주의와 그 정책을 배척, 3. 민주주의에 위반되는 반동세력과 독재자를 배척, 4. 국가안전을 위하여 침략적 전쟁조장자를 타도. 「사설: 미주 국민회의 반동」,『독립』1953. 1. 21; 「국민회는 근본정신을 찾으라」,『독립』1953. 4. 29.

들이 모스크바 주재 북한대사관을 통해 북한신문을 수령하고 있으며, 최근 5월분 신문을 영문주필인 박상엽의 주소로 받은 바 있다고 밝히기까지 했다.[32]

사정이 이러했으므로『독립』의 주요 간부들이 미국 정보·사찰당국의 감시와 압력을 회피할 수는 없었을 것이다. 1950~54년 사이 이민국 관리들은『독립』신문 사무실을 세 차례나 불시에 단속해, 1955년까지 직원 5명에게 추방 소환장을 발부했다. 주요 타깃은 한글 편집인 김강, 영문 편집인 박상엽, 인쇄인 전경준, 기자 곽정순과 부인 이춘자, 현데이비드 등이었다.[33]

이미 1948년 캘리포니아주 상원 비미활동조사위원회는『독립』을 공산주의전선으로 규정했고, 1956년 미 하원 비미활동조사위원회 보고서는『독립』이 소련과 북한의 정책을 촉진시키는 도구로 활용되고 있다고 썼다.[34]

특히『독립』의 주필이었던 김강과 현피터에 대한 청문회에서『독립』의 논조가 부각되었다. 김강 청문회에서 청문위원들은『독립』이 반미·친소·친북 활동의 공간이며 김강이 그 핵심인물임을 부각시키려 했다. 김강은 청문위원들의 질문이 출판의 자유, 언론의 자유를 침해하는 것이며, 자신은 미국 헌법과 권리장전을 옹호한다고 주장했다. 한국전쟁기 미군의 '독균보도사건'에 대한 추궁은 미국헌법상 절대의 자유가 보장된 언론과 출판을 침해하는 것이며, 세균전보도는 없는 사실을 조작한 것이

32) "Title: Survey of Korean Activities in the Los Angeles Field Division", October 31, 1950, File no. 100-17151, by Douglas G. Bills, RG 319, Records of the Army Staff, Office of the Assistant Chief of Staff for Intelligence(G-2), Military Intelligence Division(MID), Decimal File, 1949-1950, Box 1.

33) 제인 홍, 「워싱턴에서의 조망」, 265쪽.

34) House Committee on Un-American Activities, *Annual Report for the Year 1955*, U.S. Government Printing Office, 1956, p.27; Cindy I-Fen Cheng, *Citizens of Asian American*, pp.138.

아니라 『상하이 뉴스(Shanghai News)』의 언론보도를 게재(reprint)한 것이므로 탄압의 대상이 될 수 없다고 주장한 것이다. 청문위원들은 "북한인으로 미국에 살며 한국전에서의 세균전을 보도하는 것과 같은 '범죄'를 저지른다"고 비판했고, 『독립』은 청문위원들이 다른 증인보다도 김강을 더욱 심하게 모욕했다고 주장했다.[35]

1950년대 반미·친북적 입장이 분명했던 김강과 『독립』은 청문회장에서 제기된 청문위원들의 공박이 모두 미국헌법상 권리를 위배하는 것이라고 맞섰던 것이다. 『독립』은 "미국의 헌법은 민주적이요 위대하다"고 칭송했다.[36] 즉 이 시점에서 김강과 『독립』진영은 미국 헌법에 의지해서야만 미국 정부의 추방·투옥을 회피할 수 있었던 것이다. 『독립』그룹은 미국을 침략자라 비판하면서도 미국헌법에 의지해야 하는 위태롭고 모순적 공간에 위치해 있었다. 『독립』은 김강사건이 『이상한 나라의 앨리스』의 한 장을 읽는 것 같다고 표현했지만, 사실은 김강과 『독립』의 처지가 그런 소설적 맥락에 놓여 있었다.[37]

3. 외국출생자보호위원회 로스앤젤레스 지부

청문회에 소환된 재미한인들의 경우 미국공산당과 관련되었다는 혐의를 받았는데, 청문회 석상에서 청문위원들은 미국공산당을 직접 거론하기보다는 그와 연계된 '불온한' 비미(Un-American) 조직들인 남가주평화십자군, 외국출생자보호위원회 로스앤젤레스 지부 등을 거론했다. 미국공산당 당원 여부는 특정할 수 없지만, 이들 조직·단체와 연계는 증거가 명백했기 때문이다. 특히 외국출생자보호위원회 로스앤젤레스 지

---

35) "Editorial," *Korea Independence*, 1955. pp. 7-8.
36) 「백절불굴하는 독립」, 『독립』 1955. 7-8쪽; 「미국회위원의 질문」, 『독립』 1955. 7-8쪽.
37) "The Case of Diamond Kimm," *Korea Independence*, 1955. pp. 7-8.

부가 주된 타깃이 되었다.

외국출생자보호위원회(the American Committee for Protection of Foreign Born: ACPFB, 1932~1982)는 1933년 뉴욕에서 미국공산당이 조직한 것이다. 외국 출신 급진주의자·공산당원의 권리를 보호하기 위해서 이민법, 개별 이민소송, 관련 대중교육 등을 벌였으며, 주요 활동은 1950년대에 집중되었다.[38] 외국출생자보호위원회 로스앤젤레스 지부(이하 '로스앤젤레스위원회')는 1950년 9월 조직되었고, 로즈 체르닌(Rose Chernin)이 설립자 겸 위원장을 맡았다. 로즈 체르닌 자신이 청년공산주의연맹(Young Communist League) 회원이란 혐의로 스미스법 위반으로 추방위협을 당했다. 그녀는 1952년 유죄로 판정되어 귀화취소 절차에 당면했다. 그러나 대법원은 1957년 그녀의 혐의와 귀화취소명령을 번복했다.

로스앤젤레스위원회가 다룬 가장 대표적인 사건은 1951년 '터미널 아일랜드의 4인조' 사건으로, 이는 향후 로스앤젤레스위원회의 활동방식과 개입범위를 정한 것이었다. 이들은 맥캐런법의 첫 희생자였으며, 자택과 직장에서 영장 없이 체포되어 터미널 아일랜드에 6개월간 구금되었다. 로스앤젤레스위원회는 재정후원, 법정 및 이민귀화국 앞에서의 피켓시위·항의시위 조직, 리플렛·팸플릿 제작·유포 등의 활동을 벌였다. 이들의 활동은 1952년 제정된 맥캐런-월터법(McCarran-Walter Law)을 폐지하는데 집중되었다.[39] 로스앤젤레스위원회는 헌데이비드,

---

38) Guide to the Records of the American Committee for Protection of Foreign Born TAM.086, The Tamiment Library & Robert F. Wagner Labor Archives, Elmer Holmes Bobst Library, New York University; Committee on Un-American Activities, U.S. House of Representatives, *Guide to Subversive Organizations and Publications (and appendixes)*, Washington, D.C.: Revised and published 1961. 12. 1, p. 18.

39) 로스앤젤레스위원회는 매카시선풍이 불던 1950년대 내내 외국 출생자들의 인권을 옹호해 투쟁했고, 1960년대 인권운동이 본격화되면서 흑인민권운동으로

김강, 곽정순, 전경준, 신두식 등 『독립』 관련 재미한인들의 추방사건을 변호하는데 전력을 기울였다.

현피터 청문회에서 그가 주필이었던 『독립』 신문, 그가 집행위원장을 지낸 남가주평화십자군, 그가 후원한 외국출생자보호위원회 로스앤젤레스 지부 등이 거론되었다. 또한 청문위원들은 가족 관계를 집요하게 캐물었다. 누나 현앨리스가 북한에 있는가, 추방절차에 놓인 현데이비드가 동생인가, 제수인 현메리가 외국출생자보호위원회의 간부이자 공산당원인가 등을 공박했다.[40] 미국 사찰당국은 현피터를 옭아매기 위해서 아니타 슈나이더(Anita Bell Schneider)라는 잠복요원을 현피터의 조직에 침투시켰다. 그녀는 평화십자군 조직이 "빨갱이 전선조직"이며 현피터는 "전국을 돌아다니며 적기를 흔들며 미국인들로 하여금 우리가 전쟁광 국가라고 믿게 하려고 했다"고 주장했다. 또 현피터가 "미국 내 중국공산당 독재자 마오쩌둥의 제1요원"이라고 발언했다.[41] 그녀는 FBI의 정보원으로 1951년 8월부터 1954년 12월까지 일했으며, 1951년 8월 미국공산당에 위장 가입하기까지 했다. 그녀는 이미 6개월 전인 1955년 6월 27일 비미행동조사위원회 로스앤젤레스 청문회에서 현피터에 대해 증언한 바 있다.[42]

초점이 이동했다. 이에 따라 1967년 조직명을 '외국출생자 보호 및 민권 방어 로스앤젤레스 위원회(Los Angeles Committee for Defense of the Bill of Rights and Protection of Foreign Born)'로 변경했다. Los Angeles Committee for Protection of Foreign Born Records, 1938–1973. MSS 080, Online Archie of California (OAC); Kim Chernin, *In My Mother's House*, San Francisco: MacAdam/Cage, 2003.

40) "Testimony of Peter Hyun," pp. 6838–6847.
41) Peter Hyun, *In the New World*, pp. 269–271.
42) "Testimony of Anita Schneider," Los Angeles, Calif., June 27, 1955, *Investigation of Communist Activities in the Los Angeles, Calif., Area, Part 1*, Hearings before the Committee on Un-American Activities, House of Representatives, Eighty-Fourth Congress, First Session, June 27 and 28, 1955, U. S. Government Printing Office, 1955, pp. 1498–1522.

한편 현데이비드에 대한 1956년 12월 6일 하원 비미활동조사위원회 로스앤젤레스 청문회에서도 청문위원들은 아니타 슈나이더의 증언을 거론하며, 로스앤젤레스위원회의 활동에 대해 집요하게 공격했다. 청문위원들은 데이비드가 공산당원인지를 질문하며, 맥캐런—월터법의 '신체박해' 조항 때문에 데이비드가 "한국에 추방되면 아마도 총살될 이 사람을 보내지 못하게" 되었다고 공격했다.[43]

Ⅳ. 미국에서 추방된 재미한인들

미국 정부는 청문회와는 별도로 시민권이 없는 재미한인 진보주의자들을 추방하기 위한 절차를 진행했다. 특히 1952년 제정된 맥캐런—월터법이 미국 내 외국인 공산주의자, 노동조합 관련자를 추방하는 핵심 무기가 되었다. 이 법은 1950년 맥캐런(국내안보)법(McCarran (Internal Security) Act)의 반이민·반공산주의 정책을 강화한 것으로 반공을 표방하고 있지만, 노조를 와해하는 무기로도 사용되었다. 맥캐런법(1950)·맥캐런—월터법(1952)은 미국공산당이 소비에트의 지령에 따라 움직인다거나 무력·폭력으로 연방정부를 붕괴시키려고 한다는 증거를 미 법무부가 제시하지 못했기 때문에 공산당원으로 의심되는 '외국인'들을 추방하기 위한 목적으로 만든 법률이었다. 이에 따라 이민당국은 외국인으로 공산당원인 것이 확인되면, 체포·구금·추방할 수 있는 권한을 갖게 되었다. 연방정부는 소수 민족의 반인종차별주의 정치를 국가통합을 붕괴시키고 국제 공산혁명의 씨앗을 뿌리려는 외국인들의 책동으로 규정하려고 시도했다. 현데이비드·김강의 재판에서 이러한 시도는

---

43) "Testimony of David Hyun", p. 6717.

잘 드러났다.[44)]

현데이비드는 한국에서 태어나 중국여권을 가지고 미국에 입국한 외국인이었는데, 1950년 10월 21일 추방을 목적으로 한 체포명령이 발행되었다. 이후 데이비드는 체포·구금·추방위협과 항소·석방·캠페인 사이를 오가며 16년간을 보내야 했다. 그의 생애는 매카시 시절 소수 민족의 인권운동의 상징이 되었다. 데이비드는 1950년 10월 다른 3명과 함께 체포되어 터미널 아일랜드(Terminal Island)에 수감되었고, 이들은 '터미널 아일랜드의 4인'(Terminal Island Four)으로 불렸다.[45)] 현데이비드는 만 6개월 반을 터미널 아일랜드에 구금되었다.[46)]

현데이비드에게 결정적 도움을 준 것은 외국출생자보호위원회 로스앤젤레스지부였다. 이들은 적극적으로 팸플릿을 배포하고, 자금을 모으고 언론에 홍보했다.[47)] 김강·전경준·곽정순 등 다른 재미한인들이 추방된 반면 데이비드와 『독립』의 주필 박상엽이 추방을 면할 수 있었던 것은 전적으로 언론과 미국 친구들의 도움 때문이었다. 외국출생자보호위원회는 전담위원회를 구성해 1960년대 중반까지 지속된 소송에 맞서 법률적·재정적 도움을 제공했다. 어린 나이에 미국에 이주한 데이비드는 영어를 유창하게 구사했고, 미국 백인 사회 내에 다방면의 사교 네트워크를 구축했기 때문에 살아남았을 수 있었다.[48)] 데이비드에 대한 추방명령은 1966년 공식 철회되었다.

김강의 스토리는 현피터·현데이비드와 전혀 다른 구조적 맥락을 가

---

44) Cindy I-Fen Cheng, *Citizens of Asian American*, pp. 120-121.
45) 나머지 3명은 프랭크 칼손(Frank Carlson), 미리암 크리스틴 스티븐슨(Miriam Christine Stevenson), 해리 카알라일(Harry Carlisle)이었다. 칼손은 폴란드 출신으로 6세에 미국으로 이민을 왔고, 카알라일은 아일랜드 출신의 할리우드 영화각본 작가였으며, 스티븐슨은 유럽 출신으로 결혼한 주부였다. 「미국 대심원의 새 결정」, 『독립』 1953. 1. 3.
46) Cindy I-Fen Cheng, *Citizens of Asian American*, p. 128.
47) Cindy I-Fen Cheng, Ibid., p. 127.
48) 제인 홍, 「워싱턴에서의 조망」, 271-272쪽.

지고 있었다.[49] 현씨 형제는 미국에 정착한 감리교목사의 자식들이었고, 또한 미국시민과 결혼해서 자녀들을 가지고 있는 가장이었다. 현씨 형제는 미국 중산층에게 어필할 수 있는 미국화의 모델에 근접해 있었다. 반면 김강의 경우 1950년대 이래 『독립』이라는 협소한 한국인 매체에서만 활동했을 뿐 미국 주류사회와는 격리되어 있었다. 그는 미군 복무의 대가로 미국 시민권 신청자격을 얻었지만, 한국인으로 남길 선택했다. 또한 그는 미국 내에 가족이 없는 독신자였다. 미 이민당국이 그의 체류자격과 공산당 관련을 문제삼아 추방하려 했을 때 그가 미국에서 거주해야 할 당위성을 설명하기는 어려웠다. 김강은 한국전쟁 발발 직전 체포되었고, 추방을 위한 청문회가 개최되었다. 김강은 체류기간을 넘겨 미국에 거주하는 '전복적' 외국인으로 규정되었다. 1951년 3월 13일 김강은 맥캐런법에 근거해 재차 체포되었고, 1952년 1월까지 추방한다는 명령을 받았다. 김강의 변호인들은 김강이 공정한 재판절차를 갖지 못했고, 현 데이비드의 사례와 마찬가지로 남한으로 추방될 경우 '신체박해'를 받을 것이라며 항소했다. 김강의 추방재판은 1960년 10월 20일 연방대법원의 최종 판결로 종결되었고, 그는 1962년 1월 13일 체코슬로바키아로 출국했고, 프라하를 경유해 북한으로 입국했다.[50] 김강은 파니아 굴위치(Fania Goorwitch)라는 러시아계 여성과 결혼한 상태였다.

한편 바이올리니스트 곽정순과 피아니스트 이춘자 부부도 추방되었다. 연희전문을 나온 곽정순은 1935년 시카고음악학원으로, 이화여전을 나온 이춘자는 1938년 미시간대학으로 유학했다. 이들은 유력한 음악가로 활동했으며, 2차 대전 시기에는 시카고·뉴욕우체국 검사부에서 일했다. 종전 후에는 미국의 소리(Voice of America)에서 일했다. 그러나

---

49) Cindy I-Fen Cheng, Ibid., p.139.
50) Letter to William Samuels by Diamond Kimm and Fania Goorwitch, January 24, 1962, Praha, Diamond Kimm Files, Southern California Library for Social Studies and Research.

곽정순이 『독립』과 관계를 맺으며 1948년 이사민·선우학원 편지에서 거론될 정도로 좌파적 지향을 보이자, 1949년 9월 이민당국은 이들에 대한 추방조치를 시작했다. 곽정순 부부는 1956년 1월 29일 뉴욕을 떠나 체코슬로바키아로 향했다.[51]

한편 『독립』의 타자원이었던 전경준과 그의 부인 송안나(Anna Song)도 추방대상이 되었다. 전경준은 1943년부터 『독립』이 문을 닫은 1956년까지 타자원으로 일했으며, 1920~30년대 국민회 뉴욕지방회의 충실한 회원이었다. 전경준은 미국공산당 당원이자 중국후원회·조선의용대 미주후원회·조선민족혁명당 미주총지부의 핵심 지지자였다. 전경준 부부는 1957년 9월 14일 체코슬로바키아에 도착했다. 로스앤젤레스에서 출생한 송안나는 2차례나 남편을 따라 북한에 들어가 끔찍한 삶을 경험했다. 첫 번째 남편 임성기와의 사이에서 낳은 그녀의 둘째 딸 임헬렌은 할머니 손에 의해 자랐고, 해방 후 토지개혁으로 모든 것을 빼앗긴 후 북한을 탈출했다. 임헬렌은 어머니를 찾아 1963년 로스앤젤레스에 도착했지만 송안나는 북한으로 떠난 후였다.[52]

마지막으로 신두식(申斗湜, Doo-sik Shynn)의 사례가 있었다. 그는 1950년대 사상적인 문제로 미국에서 추방의 위기를 겪은 가장 나이 많은 재미한인 인사였다. 그는 상해 임시정부에서 내무부 비서국장을 역

---

51) 「곽정순씨 내외 유럽으로, 1월 29일 뉴욕」, 『독립』1956. 2; "The Story of Choon Cha & Chungsoon Kwak", "Save Them From at the Hands of Rhee Syngman", *Korea Independence*, 1954. 4; Cedric Belfrage and James Aronson, *Something to Guard: The Stormy Life of the National Guardian 1948-1967*, New York: Columbia University Press, 1978, pp. 119-129.

52) National Archives of Czechoslovakia, UV-KSC; K.W. Lee, with Dr. Luke and Grace Kim, "A Child of the Lost Century: A daughter of han, a life of forlorn search," *KoreAm Journal*, volume 17, no. 4, 2006. 4, pp. 56-64; Marn J. Cha, *Koreans in Central California (1903-1957), A Study of Settlement and Transnational Politics*, Lanham: University Press of America, 2010, pp. 139-140.

임(1920. 3. 4~5. 20)한 독립운동가 출신이자 국민회의 중견인물로
『신한민보』 주필을 지낸 바 있다. 연배와 사회적 위상을 고려할 때 신두
식의 사례는 냉전 시기 재미한인사회에서 '추방(deportation)'의 공포가
어떠한 위력을 가지고 있었는지, 미국이 '공산주의자'로 의심되는 인사들
을 어떻게 다루었는지를 보여주는 대표적인 실례가 되었다.

그는 60세의 나이에 자신의 발언 때문에 추방위협을 당했고, 냉전시
대 미 이민국이 가지고 있는 공권력의 자의적 해석에 따라 소수 민족의
비시민권자들에게 가해진 공포의 과정을 보여주었다. 신두식은 주소지
를 신고하지 않았다는 이유로 이민국에 소환된 1954년부터 위험한 외국
인이라는 혐의를 받고 1956년까지 추방위협에 시달려야 했다.[53]

V. 맺음말

미 하원 비미활동조사위원회 청문회에 소환되고, 이민국에 의해 추
방된 재미한인들은 1937년 중일전쟁 발발 이후 재미한인사회에서 진보
적 진영을 대표하는 인물들이었다. 시대와 상황에 따라 이들의 정체성은
변화했다.

중일전쟁 이후 태평양전쟁 시기 동안 이들은 중국의 조선민족혁명당
과 조선의용대를 후원·지지했으며, 독립운동의 방략으로 무장투쟁을 옹
호했다. 사상적으로는 사회주의적 경향이 있었다. 이들은 1944년 말 주
미외교위원부 개조과정에서 민족혁명당 미주총지부가 분열되자 미군에
입대했다. 이들은 무장투쟁에 근거한 한국독립의 신봉자이자 실천자였다.

---

53) Affidavit of Doo-sik Shynn, Motion to Remand to Special Inquiry
Officer for Further Hearing. "Doo Sik Synn: briefs, affidavits,
argumentation", Doo Sik Shynn deportation case, Korean Heritage
Library Subject Files, University of Southern California.

종전 이후에도 이들은 이전의 관성에 따라 국내 좌파의 노선을 추종했고, 그 연장선상에서 반이승만·반미군정 노선을 취했다. 이들은 정당·사회단체가 아닌 『독립』신문을 중심으로 활동하기 시작했다. 1947~48년간 분단정부가 수립되는 과정에서 이들은 단정반대 뿐만 아니라 북한정부 지지를 자신의 노선으로 선택했다. 이들은 재미한인사회에서 소수파로 고립되기 시작했고, 미국 정부당국의 사찰과 감시 속에 놓였다. 양은식의 지적처럼 이들은 재미한인 사회에 공산주의의 씨앗을 뿌리고 싶었지만, 재미한인사회의 보수적·기독교적 토양을 알지 못했으므로 성공할 수 없었다. 이들이 참여하고 싶은 현실 정치는 한반도에서 벌어졌지만, 이들은 미국에 위치하고 있었다. 또한 이들과 이념적·활동적 친연성을 가진 좌파는 북한으로 자리를 옮겼다.

　재미한인사회에서 입지를 잃은 이들은 북한행을 희망했으나, 시민권이 있는 현앨리스, 정웰링턴, 이사민, 선우학원 등 극소수만이 체코 프라하를 통해 북한으로 입국하거나 입국할 기회를 가질 수 있었다. 이들은 여러 차례에 걸쳐 북한과 접촉하기 위해 편지를 쓰거나 연락을 시도했다. 나머지 재미한인들은 『독립』신문을 통한 미약한 활동을 지속했다.

　한국전쟁기 남한과 미국을 침략자로 규정하기에 이른 이들 『독립』그룹은 결국 미국 의회와 정부의 조사와 추방절차에 당면하게 되었다. 얼마나 미국에 거주했는지와 관계없이 시민권이 없는 『독립』 그룹은 추방의 대상이 되었다. 미국 내에 가족들이 존재했던 현데이비드, 미국 주류사회의 도움을 얻을 수 있었던 박상엽, 고독한 노인이었던 신두식, 미하원 청문회와 FBI 등에 적극 협력한 선우학원 등은 추방을 면했지만, 김강·파니아(Fania Goorwitch) 부부, 곽정순·이춘자 부부, 전경준·송안나 부부는 재판 끝에 추방되었다.

　이들은 추방되는 과정 속에서 자신들이 남한으로 추방되면 신체박해를 받을지 모른다며 북한으로 향할 길을 모색했다. 서울에서는 임정의 지도자 김구가 암살되었고, 국민회 출신으로『독립』신문 지지자가 된 최능익의 동생 최능진이 처형되었다. 한국정부는 재일·재미한인 공산주의자를 처벌하기 위해 한국으로 송환할 것을 일본과 미국정부에 요구하고 있었다. 역설적으로 맥캐런−월터법에 포함된 신체박해 금지조항, 즉 물리적·육체적 박해를 받을 수 있는 곳으로의 추방을 금지한다는 조항이 이들의 한국행을 저지할 수 있는 법률적 근거가 되었다.

이들은 체코정부의 도움으로 프라하를 거쳐 북한으로 입국할 수 있었다. 그러나 이들은 북한에 도착한 이후 미국의 친구들은 물론 자신들을 도와준 미국공산당 관련자들과의 연락마저 중단되고 말았다. 이들은 북한을 자신들의 사상의 조국, 진정한 모국이라고 여겼으나, 정작 북한에서 미국의 스파이나 위험분자로 분류되었다. 1949년 입북한 현앨리스와 이경선은 모두 미국의 스파이로 지목되었다. 현앨리스는 1953년 남로당 재판과정에서 이미 미국의 스파이로 지목되었으며, 1955년 박헌영 재판과정에서 이경선과 함께 박을 "미제국주의의 고용간첩"으로 규정하는 핵심 인물로 부각되었다. 이들은 1956년 8월 박헌영의 처형 시점을 전후해 처형되었을 것이다. 김강 부부는 1965년 평양에서 사진을 보낸 후 연락이 두절되었다. 곽정순·이춘자 부부 역시 평양에 들어간 이후 더 이상 외부세계와 접촉이 이뤄지지 않았다. 전경준·송안나 부부는 딸 임헬렌에게 편지 한 장을 남긴 채 사라졌다. 이들의 정확한 최후는 알려지지 않았으나, 북한사회와 외부세계로부터 격리·차단됨으로써 그 운명을 증명했다.[54]

이로써 1937년 중일전쟁 이후 재미한인사회 내에서 100여명 이상의 세력을 형성했던『독립』그룹은 소멸되었다. 미국에서 살아남은『독립』그룹 관련자들도 더 이상 진보적이거나 반이승만·반미국의 기치를 내세

---

54) 이에 대해서는 정병준,「제8장: 그 후, 남겨진 자의 운명」,『현앨리스이야기』, 돌베개, 2015 참조.

울 수 없었다. 이들은 추방과 투옥을 피하기 위해 전력을 기울였고, 자신들이 반대하던 '침략자 미국'의 헌법과 법률, 미국 시민단체의 후원에 의지해야 했다. 이들은 자신들이 충분히 미국화되었고, 미국의 가치에 적합하다는 것을 증명하고 설득함으로써 생존할 수 있었다. 이들이 살아남았을 때, 더 이상 예전의 진보적·좌익적 사회·정치활동은 존재하지 않았다. 이들은 고립된 개인의 삶을 영위하는데 만족해야 했다.

◈ 참고문헌

• 남가주사회연구조사도서관(Southern California Library for Social Studies and Research) 외국출생자보호위원회 로스앤젤레스지부 문서(Los Angeles Committee for Protection of Foreign Born Records, 1938–1974) 김강문서(Diamond Kimm Files).

"Biographical Sketch of Diamond Kimm," ca. 1961. Los Angeles Committee for Protection of Foreign Born Records, 1938–1974, Box, folder 11–1, Diamond Kimm Files.

「Letter to William Samuels by Diamond Kimm and Fania Goorwitch」, January 24, 1962. Praha. Diamond Kimm Files.

• 남가주대학 한국전통도서관(Korean Heritage Library Subject Files, University of Southern California)

Doo Sik Shynn deportation case, Korean Heritage Library Subject Files, University of Southern California.

• 미국립문서기록관리청(the National Archives and Records Administration)

RG 226, Records of the Office of Strategic Services, OSS Personnel files, 1941–1945, Box 404, "Diamond Kimm"

RG 242, Entry Captured Korean Records, Box no. 8, Document no. 200710. 「李思民・鮮于學源이 金日成・朴憲永에게 보내는 편지」(1948. 11. 15)

RG 263, Records of the Central Intelligence Agency, The Murphy Collection on International Communism 19171958 Korea & Japan. Box. 70. Subject: Biographic Information of Yi Sa Min, by Everett F. Drumright, Counselor of Embassy, Seoul, January 14, 1950. 795.521/1–1450.

RG 319, Entry 47–E1, Box 1, Records of the Army Staff, Office of the Assistant Chief of Staff for Intelligence(G–2), Military Intelligence Division(MID). Decimal File, 1949–1950, box 1.

"Title: Survey of Korean Activities in the Los Angeles Field Division".

October 31, 1950. File no. 100-17151, by Douglas G. Bills; "Title: Survey of Korean Activities in the Honolulu Field Division", August 4, 1950. FBI File no. 100-15, by Harold L. Child, Jr.

- 미 하원 비미(非美)활동조사위원회 청문회(Hearing, House Committee on Un-American Activities)

"Testimony of Diamond Kim", June 28, 1955, United States. Congress. House. Committee on Un-American Activities. *Investigation of communist activities in the Los Angeles, Calif., area.* Hearings before the Committee on Un-American Activities, House of Representatives, Eighty-fourth Congress, first session. June 27 and 28, 1955.

"Testimony of Harold W. Sunoo, Johsel Namkung," *Investigation of Communist Activities in the Pacific Northwest Area—Part 7,* Seattle: Unites States House of Representatives, Subcommittee of the Committee on Un-American Activities, Friday, June 18, 1954.

"Testimony of Anita Schneider," Los Angeles, Calif., June 27, 1955, *Investigation of Communist Activities in the Los Angeles, Calif., Area, Part 1,* Hearings before the Committee on Un-American Activities, House of Representatives, Eighty-Fourth Congress, First Session, June 27 and 28, 1955, Washington D. C.: U. S. GPO, 1955.

"Testimony of David Hyun" Los Angeles, December 6, 1956, *Communist Political Subversion, Part 1,* Hearing Before the Committee on Un-american Activities House of Representatives, Eighty-Fourth Congress, Second Session, Washington D. C.: U. S. GPO, 1957.

"Testimony of Peter Hyun," Los Angeles, Calif., December 8, 1956, *Communist Political Subversion, Part 1,* Hearing Before the Committee on Un-american Activities, House of Representatives, Eighty-Fourth Congress, Second Session, Washington, D. C.: U. S. GPO, 1957.

Committee on Internal Security, U.S. House of Representatives,

Supplement to Cumulative Index to Publications of the Committee on Un-American Activities, 1955 through 1968, inclusive, Washington D. C.: U. S. GPO, 1970.

Committee on Un-American Activities, U.S. House of Representatives, *Cumulative Index to Publications of the Committee on Un-American Activities, 1938-54*, Washington D. C.: U. S. GPO, 1955.

House Committee on Un-American Activities, *Annual Report for the Year 1955*, Washington D. C.: U. S. GPO, 1956.

Committee on Un-American Activities, U.S. House of Representatives, *Guide to Subversive Organizations and Publications* (and appendixes), Revised and published 1961. 12. 1, Washington, D. C.: U. S. GPO, 1961.

• 체코국립문서보관소
National Archives of Czechoslovakia, UV-KSC

「선우학원 인터뷰」(2012. 2. 15, LA Hollenbeck Palms retirement home)
「윤심온(이경선의 사위)인터뷰」(2012. 2. 15, LA 자택)

선우학원, 『아리랑 그 슬픈 가락이여』, 대흥기획, 1994.
선우학원, 『한미관계50년사: 알려지지 않은 이야기』, 일월서각, 1997.
정병준, 「제8장: 그후, 남겨진 자의 운명」, 『현앨리스이야기』, 돌베개, 근간.
정병준, 「해방 직후 주한미군 내 공산주의자그룹과 현앨리스」, 『한국근현대사연구』 162호, 2013.
제인 홍, 「워싱턴에서의 조망: 미국의 정치적 국외추방과 한인 디아스포라」, 『역사문제연구』 26호, 2011.
최기영, 「1930~40년대 미주 기독교인의 민족운동과 사회주의」, 『한국기독교와 역사』 20호, 2004.

Cedric Belfrage and James Aronson, *Something to Guard: The Stormy Life of the National Guardian 1948-1967*, New York: Columbia University Press, 1978.

Cindy I-Fen Cheng, *Citizens of Asian American: Democracy and Race During the Cold War*, New York: New York University Press, 2013.

Eun Sik Yang, "Korean Revolutionary Nationals in America: Kim Kang and the Student Circle, 1937-1956", in Yu, Eui-Young, Kandal, Terry R, *The Korean Peninsula in the Changing World Order*, Center for Korean-American and Korean Studies and California Socialist, California State University, 1992.

Jane H Hong, "Reorienting America in the World: Race, Geopolitics, and the Repeal of Asian Exclusion, 1940-1952," doctoral dissertation, Harvard University, Department of History, 2013.

K.W. Lee, with Dr. Luke and Grace Kim, "A Child of the Lost Century: A daughter of han, a life of forlorn search", *KoreAm Journal, volume 17*, no. 4, 2006.

Kim Chernin, *In My Mother's House*, San Francisco: MacAdam/Cage, 2003.

Marn J. Cha, *Koreans in Central California (1903-1957)*, A Study of Settlement and Transnational Politics, Lanham: Press of America, 2010.

Hyun, Peter, *In the New World: The Making of a Korean American*, Honolulu: A Kolowalu Book, University of Hawaii Press, 1995.

Peter Hyun, *MAN SEI: The Making of a Korean American*, Honolulu: A Kolowalu Book, University of Hawaii Press, 1986.

Ronald Holden, "Johsel Namkung's Remarkable Nature Photographs," Opus Opera: Arts & Entertainment Dispatches, 2011. 9. 16. http://opusopera.blogspot.kr/2011/09/johsel-namkungs-remarkable-nature.html

논문출처

이 책에 수록된 글들의 출처는 아래와 같으며, 해당 논문은 저자의 수정·보완을 거쳐 수록한 것이다.

- 김호동, 「'변방사'로 세계사 읽기: 중앙유라시아사를 위한 변명」, 『역사학보』 제228집, 2015.

- 최재영, 「일본의 '동부유라시아' 연구의 전개와 향방」, 『중국고중세사연구』 제61집, 2021.

- 박혜정, 「대학 세계사 교양교육을 위한 세 가지 교수모델: 세계문명사, 빅히스토리, 사료와 이미지 비판」, 『역사교육논집』 제64집, 2017.

- 리전더, 「밖에서 본 중국: 『醫心方』의 서적 인용과 婦人科 논술」, 『이화사학연구』 제50집, 2015.

- 김영미, 「11세기 후반 『釋摩訶衍論』의 동아시아 유통과 영향」, 『이화사학연구』 제49집, 2014.

- 최해별, 「13-18세기 동아시아 검험 지식의 전승과 변용」, 『역사문화연구』 제61집, 2017.

- 남종국, 「몽골 평화 시대 아시아에서 유럽 상인들의 상업 활동」, 『서양중세사연구』 제28호, 2011.

- 이명미, 「고려-몽골 간 사신들의 활동양상과 그 배경」, 『한국중세사연구』 제43호, 2015.

- 함동주, 「식민지기 재조일본인의 경성안내서 출판과 '경성' 이미지」, 『이화사학연구』 제63집, 2021.

- 고바야시 소메이, 「M. L. 오즈본의 포로 교육 경험과 '貫戰史(Trans-War History)'로서의 심리전」, 『이화사학연구』 제56집, 2018.

- 정병준, 「1950년대 재미한인 『독립』 그룹의 비미(非美)활동조사위원회(HUAC) 청문회 소환과 추방」, 『이화사학연구』 제48집, 2014.

찾아보기

저자소개 (가나다 순)

고바야시 소메이(小林聰明)

니혼대학(日本大學) 법학부 교수로 재직 중이다. 전공은 동아시아 현대사, 미국−동아시아 관계사, 한국 지역연구이다.

김영미

이화여자대학교 사학과 교수로 재직 중이다. 신라와 고려의 불교를 연구하고 있으며, 고려와 거란의 불교 교류에 대해 관심을 기울이고 있다.

김호동

서울대학교 명예교수이자 학술원 회원이다. 중앙아시아사, 몽골제국사 전공이다.

남종국

이화여자대학교 사학과 교수로 재직 중이다. 중세 지중해 교류사와 순례를 연구하고 있으며, 『샤일록 구하기: 이자 대부에 대한 인식의 변화』를 쓰고 있다.

리전더(李貞德)

대만 중앙연구원 역사어언연구소(中央研究院 歷史語言研究所) 소장으로 재직 중이다. 중국 중세 법률제도와 의료문화를 연구해왔으며, 현재는 대만사·동아시아의료사로 범위를 확대하고 있다.

박혜정

연세대학교 교양교육연구소 전임연구원으로 재직 중이다. 독일현대사, 지구사, 환경사(기후사), 융합교양교육 관련 연구를 진행하고 있다.

이명미

경상국립대학교 사범대학 역사교육과 조교수로 재직 중이다. 고려후기 관계사, 정치사에 대한 연구를 주로 진행하고 있다.

정병준

이화여자대학교 사학과 교수로 재직 중이다. 한국현대정치사와 인물을 연구하고 있으며, 지금은 김규식평전을 쓰고 있다.

최재영

서울대학교 역사교육과 부교수로 재직 중이다. 수당 장안성 및 중국도성사에 대한 연구를 진행하고 있다.

최해별

이화여자대학교 사학과 부교수로 재직 중이다. 중국 송대의 법제사, 여성사, 의료사에 대한 연구를 진행하고 있다.

함동주

이화여자대학교 사학과 교수로 재직 중이다. 근대 일본의 대외관과 역사인식에 관한 작업을 해왔으며, 최근에는 일본제국과 조선의 인적 교류에 대한 연구를 하고 있다.